D A Z H I L I F A

大智立法

新中国成立70年立法历程

主　编／沈春耀　许安标

副主编／臧铁伟　刘运龙

法律出版社 LAW PRESS · CHINA

图书在版编目(CIP)数据

大智立法：新中国成立70年立法历程／沈春耀，许安标主编. -- 北京：法律出版社，2019
ISBN 978-7-5197-3862-4

Ⅰ．①大… Ⅱ．①沈… ②许… Ⅲ．①立法-工作-中国 Ⅳ．①D920.0

中国版本图书馆CIP数据核字(2019)第208843号

大智立法：新中国成立70年立法历程
DAZHI LIFA：XINZHONGGUO CHENGLI 70 NIAN LIFA LICHENG

沈春耀　许安标　主编

策划编辑　张发靖　袁　芳
责任编辑　李　群　董　昱
版式设计　凌点工作室
装帧设计　汪奇峰

编辑统筹　法规出版分社　《中国法律评论》编辑部
出版　法律出版社
开本　710毫米×1000毫米　1/16
总发行　中国法律图书有限公司
印张　32.25
经销　新华书店
字数　402千
印刷　中煤(北京)印务有限公司
版本　2019年10月第1版
责任印制　吕亚莉
印次　2019年10月第1次印刷

法律出版社／北京市丰台区莲花池西里7号(100073)
网址／www.lawpress.com.cn
投稿邮箱／info@lawpress.com.cn
销售热线／400-660-8393
举报维权邮箱／jbwq@lawpress.com.cn
咨询电话／010-63939796

中国法律图书有限公司／北京市丰台区莲花池西里7号(100073)
全国各地中法图分、子公司销售电话：
统一销售客服／400-660-8393/6393
第一法律书店／010-83938432/8433　西安分公司／029-85330678　重庆分公司／023-67453036
上海分公司／021-62071639/1636　深圳分公司／0755-83072995

书号：ISBN 978-7-5197-3862-4　**定价**：99.00元

本书编委会

主　编

沈春耀（全国人大常委会法制工作委员会主任）

许安标（全国人大常委会法制工作委员会副主任）

副主编

臧铁伟（全国人大常委会法制工作委员会研究室主任）

刘运龙（全国人大常委会法制工作委员会研究室二级巡视员）

撰稿人（以姓氏笔画为序）

王洪宇　王媛媛　毛　雨　达　吉　曲　頔　任才峰

刘运龙　罗小曼　罗焕星　赵振宏　胡　健　侯晓光

出版说明

今年是中华人民共和国成立70周年。70年来，在中国共产党的领导下，我国社会主义现代化建设各项事业蓬勃发展，成功开创了中国特色社会主义。中国特色社会主义制度不断完善发展，焕发出勃勃生机。中国特色社会主义法治体系建设稳步推进，立法工作取得巨大成就，以宪法为核心、与国家治理体系和治理能力现代化相适应的中国特色社会主义法律体系如期形成并不断完善。

不忘初心，方得始终。习近平总书记指出："只有回看走过的路、比较别人的路、远眺前行的路，弄清楚我们从哪儿来、往哪儿去，很多问题才能看得深、把得准。"70年来特别是改革开放40多年来，在党中央坚强领导下，全国人大及其常委会紧紧围绕党和国家中心工作，开创性地开展立法工作，走过了极不平凡的历史进程，取得了举世瞩目的巨大成就，积累了行之有效的宝贵经验。党的十八大以来，以习近平同志为核心的党中央高度重视全面依法治国，坚持党的领导、人民当家作主、依法治国有机统一，坚定不移走中国特色社会主义法治道路，紧紧围绕坚持和发展中国特色社会主义，坚持以实践基础上的理论创新推动制度创新，推动构建系统完备、科学规范、运行有效的制度体系建设取得重大新进展，使各方面制度更加成熟更加定型，以宪法为核心、与推进国家治理体系和治理能力现代化进程相适应的中国特色社会主义法律体系不断完善发展。在新中国成立70周年之际，加强对70年来特别是党的十八大以来我国法治建设尤其是立法成就的理论阐释和宣传，对于我们在立法工作中增强“四个意识”、坚定“四个自信”、做到“两个维护”，自觉投身法治中国建设，具有重要意义。

全国人大常委会法工委作为国家立法机关的参谋助手，为全国人大及其常委会行使国家立法权提供服务保障。70年来特别是改革开放40多年来，一代代立法工作者，以对党、对人民、对历史高度负责的精神，秉持发展社会主义民主、加强社会主义法制的理想，执着追求、默默奉献、团结奋斗，直接参与和见证了中国特色社会主义法律体系提出、形成、完善的历史进程和伟大成就。作为立法工作者和立法历史的见证人，有责任也有义务讲好中国人大故事、立法故事，展现国家根本政治制度的优势、特点和功效，展现立法工作的历程、成就和经验。为此，法工委研究室组织力量，以坚持、完善和发展中国特色社会主义制度、推进国家治理体系和治理能力现代化为主线，分十四个专题，对新中国成立70年的立法历程、成就和经验作了专题研究，注重理论性、时代性、史料性，向新中国成立70周年献礼。

本书由全国人大常委会法工委主任沈春耀同志、副主任许安标同志担任主编，全国人大常委会法工委研究室臧铁伟同志、刘运龙同志担任副主编。参加本书编写工作的同志及分工包括：刘运龙同志负责前言、“新中国成立70年立法的光辉历程和伟大实践”、结语并对全书进行统稿；王洪宇同志负责“党领导立法工作的理论发展与实践创新”“我国立法工作的基本经验”；罗焕星同志负责“中华人民共和国宪法制定和发展完善历程”；达吉同志负责“符合中国国情和实际的立法体制”；胡健同志负责“中国特色社会主义法律体系的提出、形成和完善”“贯彻落实‘一国两制’方针的立法实践”；任才峰同志负责“行政法规的发展历程和地位作用”“科学立法、民主立法、依法立法的理论与实践”；罗焕星、曲頔同志负责“地方性法规的发展历程和地位作用”；侯晓光、王媛媛同志负责“新中国成立70年人权保障立法成就”；毛雨同志负责“国际法与新中国成立70年立法实践”；罗小曼、赵振宏同志负责“‘立改废释’的立法实践与发展”；侯晓光同志负责“加快形成完备的法律规范体系　推进国家治理体系和治理能力现代化”。

由于作者水平有限，书中难免存在不准确或不全面之处，恳请读者批评指正。

目　录

前　言

1949年10月1日，在世界东方古老的中国大地上，响起一声让世界为之震撼的春雷：中国共产党和中国人民的伟大领袖、中央人民政府主席毛泽东，在北京天安门城楼向世界庄严宣告中华人民共和国成立。鲜艳的五星红旗在天安门城楼升起，一个崭新的中国屹立在世界东方。中国人民实现国家富强的梦想从此开始。在中国共产党的坚强领导下，中国人民坚定不移地走上了民族复兴的伟大征程。中国的历史翻开了崭新的一页，极大影响和改变了世界。

岁月如流，转眼共和国走过了70年光辉而又曲折的历程。

国家的建立昭示着制度的选择。新中国成立70年的发展历程，是对中国几千年旧的落后的专制制度的否定，是对建立和完善一种新型国家制度的探索，是对建立在这种国家制度基础上的国家社会治理方式的探索，是对实现中华民族伟大复兴道路的探索。新中国成立，完成新民主主义向社会主义的过渡，建立社会主义制度，探索建设中国的社会主义；改革开放，积极推动解放和发展生产力，消灭贫穷，建设中国特色社会主义；中国特色社会主义进入新时代，围绕实现共同富裕，全面深化改革、扩大对外开放，统筹推进“五位一体”总体布局、协调推进“四个全面”战略布局，明确“两个一百年”奋斗目标，使前进步伐更加扎实，举措方案更加成熟。

70年翻天覆地沧海桑田，70年旋转乾坤强国富民。

70年来，以毛泽东、邓小平、江泽民、胡锦涛、习近平同志为主要代表的几代中国共产党人，历经艰辛探索，薪火相传，成功开辟、坚持和发展了中国特色社会主义，新时代中国特色社会主义建设事业正朝着“两个一百年”奋斗目标迈出坚实步伐，成功谱写着人类社会发展历史上最壮丽的篇章。

70年来，中国共产党历代中央领导集体团结带领中国人民，为实现近代以来中华民族伟大复兴的中国梦，把马克思主义基本原理与中国革命、建设、改革的经验相结合，借鉴世界社会主义历史经验，对什么是社会主义、在中国怎样建设社会主义、建设什么样的社会主义，从理论到实践进行了认真的探索和回答，创造性地形成了中国特色社会主义的理论成果、实践成果、制度成果，坚守了中国共产党人的初心和使命，保证了中国的社会主义方向，开创了中国特色社会主义道路，成功把中国特色社会主义推向21世纪。

70年来，中国共产党历代中央领导集体团结带领中国人民，从成立新中国、开启新时期到跨入新世纪，从建立新制度、站上新起点到进入新时代，从站起来、富起来到强起来，历经艰辛、披荆斩棘、砥砺奋进，取得辉煌成就。

70年来，中国立法始终把坚持党的领导、人民当家作主、依法治国有机统一作为努力目标，坚持与历史同频率，与时代同步伐，与改革同振兴，与实践同发展，围绕中国特色社会主义制度的建立、巩固、完善和发展，围绕推进国家治理体系和治理能力现代化的不断健全、定型、成熟和实现，深深扎根于中国社会主义现代化建设事业的伟大实践，不懈努力，成就举世瞩目。

70年来，立法始终坚持党的领导不动摇。中国革命的历史证明，领导我们事业的核心力量是中国共产党。中国共产党的领导是历史的选择、人民的选择，是中国特色社会主义的本质特征。从新中国成立开始，我国的立法工作就是在党的领导下，围绕建立社会主义制度、发展社会主义经济、改善人民生活、努力建设伟大的社会主义现代化强国而展开的。这些既是党的主张，又是全国人民根本利益的反映，充分体现了人民的意志。从《中国人民政治协商会议共同纲领》（以下简称《共同纲领》）到1954年宪法，再到1982年宪法及其修正案，都反映了我国社会主义建设不同历史时期的发展目标和任务要求，都是党和人民根本利益的集中反映，无论世事怎样变化，都始终坚持中国共产党的领导这个本质特征没有变。立法始终坚持以马克思主义中国化的党的创新理论为指导，即坚持以毛泽东思想、邓小平理论、“三个代表”重要思想、科学发展观和习近平新时代中国特色社会主义思想为科学指引和行动指南，坚决贯彻落实党中央在各个不同历史时期的重大决策部署，坚持立法决策与党关于国家的改革发展决策相结合，积极应对在长期执政和改革开放条件下党所面临的各种问题。特别是自改革开放以来，始终注重坚持党在宪法和法律范围内活动的宪法原则，努力使立法与党法党规相衔接，使依法治国和依法依规治党相衔接，坚持中国特色社会主义法治，不为西方所谓“宪政”所惑，坚定不移推进中国特色社会主义法治体系建设。

70年来，立法始终坚持走社会主义道路不动摇。中国革命的历史证明，只有社会主义才能救中国，只有中国特色社会主义才能发展中国。新中国成立以来，无论我国经济社会怎样发展、经历什么样的曲折探索，社会主义原则都是国家根本法始终坚持的重要原则，社会主义制度都是国家的根本制度，国家的性质都是工人阶级领导的、以工农联盟为基础的人民民主专政的社会主义国家，国家的政权组织形式都是人民代表大会制度。这些不仅始终没有改变，而且随着国家社会主义现代化建设理论和实践的发展创新不断完善，被不断赋予中国特色社会主义的鲜明特征。无论世事怎样变化，无论在社会主义建设事业的哪个阶段，无论社会主义建设经历了什么样的曲折，我国的立法都始终坚持和体现了社会主义的原则和本质要求。立法工作始终坚持立足中国社会主义建设事业伟大实践，立足中国改革开放伟大实践，既不走封闭僵化的老路，也不走改旗易帜的邪路，坚持完善和发展中国特色社会主义民主政治，人民代表大会制度这一根本政治制度得以不断巩固、完善和发展，在国家政治和社会生活中发挥着越来越重要的作用；坚持社会主义公有制为主体、多种所有制经济共同发展的基本经济制度，最大限度调动人们从事经济和社会生产的积极性，促进解放和发展生产力，坚决消灭人剥削人的制度，坚持实行各尽所能、按劳分配的原则，努力消除两极分化，推动实现共同富裕；坚持社会主义文化前进方向，注重继承、弘扬中华民族优秀历史传统文化和当代革命文化，坚持不忘本来、吸收外来、面向未来，弘扬社会主义核心价值观，依法推动树立民族文化自信。

70年来，立法始终坚持人民代表大会制度这一根本政治制度不动摇。人民代表大会制度是坚持党的领导、人民当家作主、依法治国有机统一的根本政治制度安排，是中国特色社会主义制度最核心的组成部分，决定了中国特色社会主义制度的根本性质。新中国成立以来，始终坚持国家的一切权力属于人民，坚持人民通过全国人民代表大会和地方各级人民代表大会行使国家权力，坚持人民依照法律规定，通过各种途径和形式，管理国家事务，管理经济和文化事业，管理社会事务。从第一届全国人民代表大会召开以来，无论是全国人民代表大会还是地方各级人民代表大会代表的构成，都充分体现和保持了最广泛的人民性，形成了世界上独一无二的真正的人民当家作主的民主制度，为党和国家事业发展奠定了坚实的社会主义制度基础。改革开放以来，随着社会不断发展进步，各级人民代表大会得到进一步发展完善，人大代表逐步实现城乡人口同比例选举，民族平等得到充分保障，县级以上人民代表大会设立常务委员会，省、自治区、直辖市和设区的市人大及其常委会被赋予不同的地方立法权，各级国家机构不断健全，人大及其常委会的职能作用得到进一步发挥，中国特色社会主义制度得以不断巩固、完善和发展。我们坚持人民代表大会制度，坚持民主集中制不动摇，坚决抵制西方的

“两院制”“三权分立”，牢牢把握改革方向，该改的、能改的我们坚决改，不该改的、不能改的坚决不改，坚定坚持制度自信，充分发挥人民代表大会制度的政治优势，保证各级人大及其常委会职能作用的充分发挥，确保把党的领导、人民当家作主、依法治国真正打通、有机统一起来。这为坚持社会主义本质、实现国家安全、加强民族团结提供了有力的制度保证，为实现国家富强、民族振兴、人民幸福提供了有力的制度保证，为实现国家治理体系和治理能力现代化提供了有力的制度保证。

70 年来，立法始终坚持以人民为中心的思想不动摇。以人民为中心是我们党的立党之本。为中国人民谋幸福，为中华民族谋复兴，是中国共产党人的初心和使命。新中国成立以来，立法始终坚持从保证人民当家作主出发，坚持人民主体地位，信仰人民，依靠人民，坚持践行全心全意为人民服务的根本宗旨，自觉把党的群众路线贯穿到治国理政的全部活动中。坚持以民为本，立法为民，切实尊重和保障人权，从保护和正确处理人民的长远利益、整体利益和现实利益出发，主动倾听人民呼声，主动关注人民期盼，主动适应新时代人民群众对美好生活的新需求，注重人民对物质文化的需求，对民主、法治、公平、正义、安全、环境等的需求，注重从不同方面保障公民的经济权利、政治权利、文化权利、社会权利等基本权利。不断加强和改善民生，全面推进幼有所育、学有所教、劳有所得、病有所医、老有所养、住有所居、弱有所扶等民生领域立法；不断加强和改进生态文明和环境领域立法，加大生态环境治理力度，促进实现人与自然和谐相处，依法不断推进美化生态环境；改善人民生活、增进人民福祉，注重最大限度调动人民参与改革攻坚的积极性，努力实现由人民共创共建共享小康社会，确保改革开放成果和社会发展成果由人民共享，努力实现人的全面发展。

70 年来，立法始终坚持对依法治国、推进国家治理体系和治理能力现代化的探索追求不动摇。中华人民共和国的成立，标志着一种新型的国家制度在中国的确立，标志着古老的中国在国家治理方式上焕发出新的生机，创造了一种新型的法治国家。从具有临时宪法作用的《共同纲领》确立新中国的合法地位、国家的政权性质和组织形式开始，中国就选择了一条独特的社会主义文明建设之路。无论是社会制度还是国家治理的方式，它都既不同于中国传统的法制，又不同于近代以来的资本主义法治，而是一种立足当代中国、充满现代法治理念，又富有中国传统法制文明元素的新型的国家治理方式。从1954年宪法中众多“国家依照法律”管理经济社会事务的种种规定确立法律在治国理政中的作用，到1982年宪法及其修正案明确规定“国家维护社会主义法制的统一和尊严”“中华人民共和国实行依法治国，建设社会主义法治国家”的规定，国家治理一直在探求和实践更好的法治方式。在这些原则的指导下，从中华人民共和国成立初期制定中央人民政府组织法、婚姻法、土地改革法、工会法等，到经历“文化大革命”期间法制遭到严重破坏的曲折探索；从改革开放初期五届全国人大二次会议一次性通过地方各级人民代表大会和地方各级人民政府组织法（以下简称地方组织法）、刑法、中外合资经营企业法等7部法律，拉开新时期法制建设的序幕，到1982年年底全国人大常委会提出，“立法要从我国的实际情况出发，按照社会主义法制原则，逐步建立有中国特色的独立的法律体系”；从党的十五大提出“到二〇一〇年形成有中国特色社会主义法律体系”，到党的十八届四中全会提出全面推进依法治国，建设中国特色社会主义法治体系，建设社会主义法治国家，再到党的十九大提出“两个一百年”奋斗目标，最终实现国家治理体系和治理能力现代化，中国特色社会主义法治理论更加成熟，法治中国建设目标更加明确。立法围绕党中央关于法治中国建设的重大决策部署，以中国特色社会主义法治理论为指导，积极推动构建形成中国特色社会主义法律体系并不断完善发展，为推进实现依法治国的目标任务、实现国家治理体系和治理能力现代化，始终进行着不懈探索与追求。

70年来，立法始终坚持从国情和实际需要出发不动摇。社会实践是法律的基础，法律是实践经验的总结。法律由经济基础决定并为经济基础服务。不同的国家，因其民族、历史、地域、经济、文化不同，决定了一个国家的法律制度不同于他国的本质。坚持从我国国情和实际出发，是新中国立法始终坚持的重要原则。我国人口多、底子薄、发展不平衡是一个长期存在的现实问题。新中国成立以来，立法始终坚持解放思想、实事求是、与时俱进、求真务实，不迷信权威，不迷信西方，不屈服外来压力，坚持根据我国的社会现实和经济社会发展在不同阶段所呈现出的一系列阶段性特征，积极妥善应对发展面临的各种矛盾和问题，从恢复国家政治经济秩序、巩固国防安全，到促进社会主义经济、政治、文化等建设开始，积极推动法治建设取得长足发展。改革开放以来，立法更是坚持把改革开放和社会主义现代化建设的伟大实践作为基础，紧紧围绕经济建设这个中心任务，紧紧围绕全面建成小康社会的奋斗目标，紧紧围绕中华民族伟大复兴的中国梦，加强和推进。我们正确处理立法与改革的关系，坚持立法决策与改革决策相衔接，立法主动适应经济社会发展需要，确保重大改革于法有据，坚持在改革中完善法治，在法治下推进改革，不断完善以宪法为核心的中国特色社会主义法律体系，推进建设中国特色社会主义法治体系、建设社会主义法治国家。我们适应国家统一的现实需求，始终坚持依法推进祖国和平统一大业，通过国家根本法宪法明确，“国家在必要时得设立特别行政区。在特别行政区内实行的制度按照具体情况由全国人民代表大会以法律规定”，落实“一国两制”的方针政策，制定香港特别行政区基本法、澳门特别行政区基本法，依法确保香港和澳门顺利回归祖国，实现国家和平统一。注意正确处理学习与继承的关系，认真学习借鉴世界法治文明优秀成果，注重以现代法治文明理念支持国内立法工作，主动与 WTO 国际贸易规则接轨，遵守加入的国际公约和国际规则，注意研究外国的立法经验，从中汲取那些对我们有益的东西，但绝不照抄照搬。我们不用西方某些国家的法律体系来套中国特色社会主义法律体系，外国法律体系中有的法律，不符合我国国情和实际的，我们不搞；外国法律体系中没有的法律，我国现实生活需要的，我们及时制定。我们还注重从中华法制文明传统中学习汲取对现实有益的东西，将中国古代先进优秀的、仍然符合现在国情的法治理念和制度发扬光大，不断创新国家治理新模式。

70年来，立法始终坚持科学立法、民主立法的实践探索不动摇。中国新文化运动以来，“德先生”和“赛先生”即民主和科学就已经深入国人之心，也是中国近代以来革命的两面旗帜。“民主”与“科学”在中国社会主义革命、建设和改革开放实践中一直贯穿于党和国家工作的各个方面，发挥着重要的作用，推动中国从一个落后的半殖民地半封建社会不断走向新生。新中国坚持人民当家作主的宗旨，坚持立法的科学性民主性，通过完善规范的制度设计，广泛吸纳各方面人员积极参与立法事业，不断提高立法的科学化民主化水平。从与各民主党派和无党派人士共同协商通过《共同纲领》，到北京和全国各大城市组织各民主党派、各人民团体和社会各方面代表人物8000多人对1954年宪法初稿进行讨论，再到全国1.5亿人参加讨论提出118万多条意见；从制度化规范化召开立法座谈会、论证会、听证会，到部分法律草案公开公布广泛征求公民意见，再到立法法规定“列入常务委员会会议议程的法律案，应当在常务委员会会议后将法律草案及其起草、修改的说明等向社会公布，征求意见”“征求意见的情况应当向社会通报”，实现除涉及国家秘密等外的所有法律草案向社会公开，依法有序拓展公民参与立法渠道；从“编制立法规划和年度立法计划，应当认真研究代表议案和建议，广泛征集意见，科学论证评估”，到“列入常务委员会会议议程的法律案，一般应当经三次常务委员会会议审议后再交付表决”，再到立法应当“科学合理地规定公民、法人和其他组织的权利与义务、国家机关的权力与责任”；等等，无不充分彰显了社会主义立法的科学性民主性。

70年来，立法始终坚持社会主义法制统一不动摇。我国是一个集中统一的单一制的多民族的国家。新中国刚一成立，就结合中国国情和历史传统与实际，选择了适合中国国情的国家治理结构和方式，采取了中央集中统一的国家治理模式，即在中央集中统一领导下充分调动和发挥地方积极性的国家结构形式，为维护民族平等与团结，在各少数民族聚居的地方实行区域自治，使之成为国家的基本政治制度。从新中国成立开始，为维护社会主义国家法制统一，1954 年宪法即规定全国人民代表大会是最高国家权力机关，是行使国家立法权的唯一机关，自治区、自治州、自治县的自治机关可以依照当地民族的政治、经济和文化的特点，制定自治条例和单行条例，报请全国人大常委会批准。改革开放以来，为适应国家社会主义现代化建设和各地经济社会发展对法律制度的需求，解决立法不能适应经济社会快速发展的矛盾，1982 年宪法赋予全国人大常委会制定法律的权力，同时赋予国务院制定行政法规的权力、省级人大及其常委会制定地方性法规的权力。之后，通过制定和修改地方组织法、立法法又逐步赋予所有设区的市人大及其常委会地方立法权，即在不同宪法、法律、行政法规和本省、自治区的地方性法规相抵触的前提下，可以对城乡建设与管理、环境保护、历史文化保护等方面的事项制定地方性法规并报请省级人大常委会批准。改革开放 40 多年来，国务院和有立法权的各级地方人大及其常委会自觉坚持维护国家法制统一，坚持依法立法，在法定的权限范围内不断开拓创新，及时制定新的法规，根据国家法律适时修改、废止、清理不合时宜的旧法规，各地方自觉遵守“不抵触、有特色和可操作”的立法原则，共同推进了中国特色社会主义法律体系的形成和完善，维护了社会主义法律体系内部的科学和谐统一。

70 年春风化雨、春华秋实，社会主义制度极大改变了中国的面貌、中华民族的面貌、中国人民的面貌、中国共产党的面貌。70 年的立法，深深扎根于中国社会主义现代化建设事业的伟大实践，艰难困苦、玉汝于成。70 年的立法历经艰辛，深刻反映和体现了我们党对共产党的执政规律、社会主义建设规律、人类社会发展规律认识的不断深化，有力推动了中国特色社会主义制度的完善发展和国家治理方式的根本转变，以宪法为核心的中国特色社会主义法律体系形成并不断发展完善，中国特色社会主义法治体系建设深入推进，依法治国实践不断深化，法治中国建设阔步前行，国家治理体系和治理能力现代化有序推进。完善和发展中国特色社会主义制度、推进国家治理体系和治理能力现代化的全面深化改革目标正在逐步变成现实。70 年的立法实践，正在创造一个富有中国智慧、展现中国文明、体现中国特色的新型社会主义现代化的法治国家，正在以自己治国理政的成功经验为世界拿出中国方案。

70 年的立法实践充分证明，法治是国家和社会稳定前行的“压舱石”，是我们党治国理政方式的历史觉醒、深刻革命和使命担当，是完善和发展中国特色社会主义制度的应有之义，是决定实现“两个一百年”奋斗目标、实现中华民族伟大复兴的重要法宝。

“行之力则知愈进，知之深则行愈达。”70 年的立法实践所积累的宝贵经验是党和人民弥足珍贵的精神财富，对新时代坚持和发展中国特色社会主义制度、推进国家治理体系和治理能力现代化建设具有极为重要的指导意义，必须倍加珍惜、长期坚持，努力在实践中谱写中国特色社会主义法治体系建设的时代新篇章，扎实推进社会主义法治国家建设。

新中国成立70年立法的光辉历程和伟大实践

习近平总书记指出："国家治理体系和治理能力是一个国家制度和制度执行能力的集中体现。"[1]推进国家治理体系和治理能力现代化，是完善和发展中国特色社会主义制度的必然要求，是实现社会主义现代化的应有之义。我们实行改革的目的就是要使中国特色社会主义制度更好，让我们的制度成熟而持久，为实现中华民族伟大复兴的中国梦提供更强大的制度支撑，让中国人民享有更幸福美好的生活。党的十八届三中全会决定提出，"全面深化改革的总目标是完善和发展中国特色社会主义制度，推进国家治理体系和治理能力现代化"，这是我们党对新中国成立以来特别是改革开放以来的国家发展道路、制度建设和治理方式正反经验的科学总结，是在新时代对党的强国富民战略举措一脉相承的发展完善。

新中国成立70年来，我们党领导全国人民围绕国家富强、民族振兴、人民幸福的中华民族伟大复兴目标，以科学社会主义理论为指导，确立了社会主义的现实路径选择，开辟了中国特色社会主义道路，建立了中国特色社会主义制度，创立和发展了中国特色社会主义理论体系。70年来，党领导全国人民所进行的社会主义革命、建设和改革，是我们党全部理论和实践创新的基础。完善和发展中国特色社会主义制度，推

---

〔1〕 习近平：《习近平谈治国理政》，外文出版社2014年版，第91页。

进国家治理体系和治理能力现代化，是推进实现现阶段历史任务和目标、提升目标质量的具有战略意义的选择，既是实现历史任务和目标的方法途径，又是社会主义的内在要求。70年来，我国立法把党领导的社会主义革命、建设和改革开放的伟大实践作为基础，与党和国家事业发展的坎坷曲折共兴替，走过了一条迂回曲折的发展道路。这条道路经由了新中国成立初期法制意识的萌芽，到“文化大革命”时期法制夭折造成社会的混乱无序，又到改革开放初期提出加强社会主义法制建设，再到提出建设社会主义法治国家的过程。这是一个对共产党的执政规律认识不断深化的过程，是一个对社会主义建设规律认识不断深化的过程，是一个对人类社会发展规律认识不断深化的过程。

70年来，我国立法坚持党的领导、人民当家作主、依法治国有机统一，以社会主义现代化建设实践为基础，以改革开放为重大转折，坚持“以经济建设为中心、坚持四项基本原则、坚持改革开放”的党的基本路线，以高度的历史自觉，与时代同步伐，与改革同频率，与实践同发展，从“摸着石头过河”到加强顶层制度设计，始终坚持立法决策与改革决策相衔接，立法主动适应改革和经济社会发展需要，在法治下推进改革，在改革中完善法治。经过不懈努力，以宪法为核心的中国特色社会主义法律体系形成并不断完善发展，有力推动国家实现了经济发展从计划经济体制向市场经济体制、社会秩序从无法可依向良法善治、国家治理从政策主导向依法治理的不断转变和发展完善，为完善和发展中国特色社会主义制度、推进国家治理体系和治理能力现代化提供了坚实有效的法治保障，推动法治中国建设取得辉煌成就。

一、新中国成立后前30年对社会主义建设事业的曲折探索

社会主义社会，是以马克思科学社会主义理论为指导建立起来的人类社会迄今为止最为先进的社会。一个国家实行什么样的社会制度，关

键要看这种社会制度能否解决这个国家的历史性课题。历史和现实都告诉我们，只有社会主义才能救中国，只有中国特色社会主义才能发展中国。正如习近平总书记在2013年3月十二届全国人大一次会议上的讲话中所指出，中国特色社会主义道路来之不易，“它是在改革开放30多年的伟大实践中走出来的，是在中华人民共和国成立60多年的持续探索中走出来的，是在对近代以来170多年中华民族发展历程的深刻总结中走出来的，是在对中华民族5000多年悠久文明的传承中走出来的，具有深厚的历史渊源和广泛的现实基础”[1]。这是对中国人民探索中国特色社会主义道路实践的科学阐释，反映了中国人民选择中国特色社会主义发展道路的历史必然、现实基础和文化渊源。

习近平总书记指出：“我们党领导人民进行社会主义建设，有改革开放前和改革开放后两个历史时期，这是两个相互联系又有重大区别的时期，但本质上都是我们党领导人民进行社会主义建设的实践探索。”并强调：“中国特色社会主义是在改革开放历史新时期开创的，但也是在新中国已经建立起社会主义基本制度并进行了20多年建设的基础上开创的。”“不能用改革开放后的历史时期否定改革开放前的历史时期，也不能用改革开放前的历史时期否定改革开放后的历史时期。改革开放前的社会主义实践探索为改革开放后的社会主义实践探索积累了条件，改革开放后的社会主义实践探索是对前一个时期的坚持、改革、发展。”[2]要对新中国成立70年的立法实践作出正确科学的总结判断，就必须坚持历史唯物主义和辩证唯物主义的认识论和方法论，对我们党领导的社会主义革命、建设和改革历史有一个全面正确的理解和认知。回顾改革开放前的历史时期，我们党在领导社会主义革命和建设两个阶段，对什么是社会主义、在中国如何建设社会主义、建设什么样的社会主义，从理论到实践都进行了自己独立的思考与探索。

---

〔1〕 习近平：《习近平谈治国理政》，外文出版社2014年版，第39~40页。
〔2〕 习近平：《关于坚持和发展中国特色社会主义的几个问题》，载《求是》2019年第7期。

（一）关于建设中国的社会主义的理论思考与探索

我们党领导全国人民进行新民主主义革命的目的，是要实现国家独立、民族解放、民主自由，建设社会主义新中国，并通过社会主义实现国家富强、民族振兴、人民幸福，实现中华民族伟大复兴，最终实现共产主义。这一目的决定了中国革命的成功，必然带来中国社会制度和国家治理方式的根本改变。

国家的建立昭示着一种制度的选择。中国几千年的社会政治制度和治理方式是与以小农经济为主的农业社会这一经济基础相适应的，但在近代世界进入工业文明时代以后，则逐步走向衰落而沦为西方列强的殖民地，更不能适应近代中国社会发展变化的需求。近代以来，中国社会政治制度经历了两次巨变。第一次是1911年，孙中山先生领导的辛亥革命爆发，废除了封建帝制，完成了资产阶级民主革命，创立了中华民国，但没有从根本上改变中国贫穷落后的面貌，没有能够完成中华民族救亡图存和反帝反封建的历史任务。第二次是1949年，以毛泽东主席为领袖的中国共产党领导全国人民经过长期艰苦卓绝的武装斗争和其他形式的斗争以后，终于推翻了帝国主义、封建主义和官僚资本主义的统治，取得了新民主主义革命的伟大胜利，成立了中华人民共和国。从此，中国人民掌握了国家的权力，成为国家的主人。新中国确立了人民民主原则和建设社会主义的前进方向，实现了中国社会制度和国家治理方式的根本转型。中国社会开始由封建的人治社会转向对民主法治的现代化社会道路的探索和实践。

在中国这样一个人口多、底子薄、生产力发展水平落后且极不平衡的东方大国，如何进行社会主义建设，我们党从理论到实践都进行了积极有益的探索。新中国成立初期，毛泽东同志就指出，搞社会主义革命和建设，不能照搬苏联的经验和模式，因为“我国是一个东方国家，又是一个大国。因此，我国不但在民主革命过程中有自己的许多特点，在社会主义改造和社会主义建设的过程中也带有自己的许多特点，而且在将来建成社会主义社会以后还会继续存在自己的许多特点”。他在分析斯大林的错误时说：“阶级斗争已经完结，人民已经用和平的方法来保护生产力，而不是通过阶级斗争来解放生产力的时候，但是在思想上却没有认识到这一点，还要继续进行阶级斗争，这就是错误的根源。”“我们现在处在这么一个时代，就是大规模的阶级斗争基本上结束”。“阶级斗争基本结束，我们的任务转到什么地方？就是要转入到搞建设，率领整个社会，率领六亿人口，同自然界作斗争，把中国兴盛起来，变成一个工业国”。“阶级斗争改变上层建筑和社会经济制度，这仅仅是为建设、为发展生产、为由农业国到工业国开辟道路，为人民生活的提高开辟道路”。他于1957年提出了要“建设一个具有现代工业、现代农业和现代科学文化的社会主义国家”。1959年他又加上了“现代化国防”，最终完整提出了“四个现代化”目标，并强调中国经济建设发展的道路，要“跟苏联走的那条路有点区别”，所谓“有点区别”的路，就是“先搞轻工业、农业，行有余力再搞重工业”，“要从中国的特点和事实来研究中国问题”，“切实去摸，形成一条完整的我们中国建设社会主义的路线”，还特别提出必须实行马克思主义与中国实际的“第二次结合，找出在中国怎样建设社会主义的道路”，“现在要努力找到中国建设社会主义的具体道路”。[1]

毛泽东同志从“大跃进”运动中真切体会到探索社会主义建设规律很不容易，进而对社会主义的复杂性和长期性有了新的认识。从1959年12月到1960年2月，他组织读书小组，阅读讨论苏联出版的《政治经济学教科书》中的社会主义部分，得出一个结论：社会主义“分为两个阶段，第一个阶段是不发达的社会主义，第二个阶段是比较发达的社会主

〔1〕 毛泽东思想生平研究会、中央文献研究室第一编研部编：《从〈毛泽东年谱（1949—1976）〉看中国道路》，中央文献出版社2017年版，第197、38、39、78、213、215页。

义。后一阶段可能比前一阶段需要更长的时间”。随后，他又写了篇《十年总结》，承认中国的社会主义建设“还有一个很大的盲目性”[1]。这些可以说是毛泽东同志对建设中国的社会主义、走自己的道路实践探索的理论总结与概括，是对中国特色社会主义的一种实然描述。因此，中国特色社会主义是中国共产党从新中国成立开始就在积极进行的探索实践。正如邓小平同志所说，党的十一届三中全会以来，“从许多方面来说，现在我们还是把毛泽东同志已经提出、但是没有做的事情做起来，把他反对错了的改正过来，把他没有做好的事情做好。今后相当长的时期，还是做这件事情。当然，我们也有发展，而且还要继续发展”[2]。这已经被改革开放以来的社会主义实践所证实。

（二）建立起中国的社会主义民主政治制度

新中国一成立，就从根本上开始了不同于其他社会主义国家的中国社会主义政治制度探索，并“逐步建立起三大政治制度，即人民代表大会制度、中国共产党领导的多党合作和政治协商制度、民族区域自治制度，为国家长治久安奠定了深厚久远的政治制度基础”[3]。

回溯历史，在中国建立什么样的政治制度，是近代以来中国人民面临的一个历史性课题。为解决这一历史性课题，中国人民进行了艰辛探索。1840年鸦片战争后，中国逐步成为半殖民地半封建社会。为挽救民族危亡、实现民族振兴，中国人民和无数仁人志士孜孜不倦寻找适合中国国情的政治制度模式，但各种尝试都失败了。

1921年，中国共产党成立后，以实现中国人民当家作主和中华民族

---

〔1〕 毛泽东思想生平研究会、中央文献研究室第一编研部编：《从〈毛泽东年谱（1949—1976）〉看中国道路》，中央文献出版社2017年版，第188、189页。

〔2〕《邓小平文选》（第二卷），人民出版社1994年版，第300页。

〔3〕 毛泽东思想生平研究会、中央文献研究室第一编研部编：《从〈毛泽东年谱（1949—1976）〉看中国道路》，中央文献出版社2017年版，第137页。

伟大复兴为己任，带领中国人民经过艰苦卓绝的革命斗争，建立了人民当家作主的新中国，亿万中国人民从此成为国家和社会的主人。中国革命胜利后，国家政权应当怎样组织？国家应当怎样治理？这是关系国家前途和人民命运的一个根本性问题，也是摆在中国共产党人面前的一个重大问题。对此，以毛泽东同志为代表的中国共产党人在革命战争时期就从理论和实践上进行了认真探索与思考。1945 年 7 月，毛泽东同志在延安杨家岭窑洞同黄炎培谈到如何跳出中国历史上“人亡政息”周期率的时候，明确说道：“我们已经找到新路，我们能跳出这周期率。这条新路，就是民主。只有让人民来监督政府，政府才不敢松懈。只有人人起来负责，才不会人亡政息。”〔1〕其实，更早在 1940 年，毛泽东同志在《新民主主义论》中就明确指出：“没有适当形式的政权机关，就不能代表国家。中国现在可以采取全国人民代表大会、省人民代表大会、县人民代表大会、区人民代表大会直到乡人民代表大会的系统，并由各级代表大会选举政府。”〔2〕

1949 年 9 月 29 日，新中国成立前夕，与中国共产党一同并肩战斗过的各民主党派和无党派人士，与共产党通力合作，召开了中国人民政治协商会议第一届全体会议，并一致通过起临时宪法作用的《共同纲领》。《共同纲领》将毛泽东同志提出的采取人民代表大会政权形式的思想付诸实施，全面规定了我国的国体、政体及各个方面的基本的方针政策，庄严宣告中国实行人民代表大会制度。同时，这次政治协商会议，也标志着中国共产党领导的多党合作和政治协商制度的正式确立，“它与新中国人民民主专政的国体相适应，充分体现出最广泛的人民民主的本质和优势，是极富中国特色、中国智慧、极富创造性的一项政党制度”〔3〕，并

〔1〕 毛泽东思想生平研究会、中央文献研究室第一编研部编：《从〈毛泽东年谱（1949—1976）〉看中国道路》，中央文献出版社 2017 年版，第 221 页。

〔2〕 毛泽东：《毛泽东著作选编》，中共中央党校出版社 2002 年版，第 178 页。

〔3〕 毛泽东思想生平研究会、中央文献研究室第一编研部编：《从〈毛泽东年谱（1949—1976）〉看中国道路》，中央文献出版社 2017 年版，第 141～142 页。

按照我们党确定的“长期共存，互相监督，肝胆相照，荣辱与共”方针，在中国的民主政治建设中长久发挥着不可替代的重要作用。1982 年宪法规定了中国共产党领导的多党合作和政治协商制度将长期存在和发展，使这项基本政治制度成为中国特色社会主义制度的重要内容。《共同纲领》还确立了新中国成立后我们党处理民族问题的基本政策，即民族区域自治制度。这是在党的领导下建立的符合我国国情、富有远见的又一项基本政治制度，为形成平等团结互助和谐的社会主义民族关系、加强民族团结、维护国家统一奠定了坚实的政治基础，发挥了重要作用。

1954 年 9 月 20 日，一届全国人大一次会议以全票通过《中华人民共和国宪法》，它明确规定：“中华人民共和国是工人阶级领导的、以工农联盟为基础的人民民主国家”“中华人民共和国的一切权力属于人民。人民行使权力的机关是全国人民代表大会和地方各级人民代表大会”。这些内容确认了《共同纲领》规定的国家的国体和政体，其中政体即人民代表大会制度；确立了人民民主原则和社会主义原则。在《共同纲领》和 1954 年宪法的指引下，我国逐步实现了由新民主主义到社会主义的过渡，完成了生产资料私有制的社会主义改造，消灭了人剥削人的制度，建立了社会主义制度，走上了社会主义道路。从此，社会主义成为我国不可动摇的“立国之本”。

（三）建立起中国的社会主义经济制度

新中国成立初期，国家“一穷二白”，人民穷则思变，迫切渴望尽快摆脱贫穷，过上幸福生活。以毛泽东同志为代表的中国共产党人，团结带领全国人民，探索建立起不同于其他社会主义国家的中国的社会主义经济制度。

从中华人民共和国成立到基本完成社会主义改造，我国相继实现了从半殖民地半封建的旧社会到民族独立、人民当家作主的新社会，从新民主主义到社会主义两个历史性转变。根据《共同纲领》和有关法律规定，从1949年至1952年，党领导全国各族人民为巩固人民民主政权，基本完成了土地制度改革和其他民主改革任务，取得抗美援朝战争的胜利，极大地鼓舞和调动了广大人民进行革命建设的积极性，迅速恢复遭到严重破坏的国民经济，为向社会主义转变进而实现工业化准备了条件。1953年，党提出了过渡时期的总路线，并将之写入1954年宪法。按照宪法和有关法律的规定，党领导全国人民开始大规模的经济建设，到1956年基本完成对生产资料的社会主义改造，初步建立起社会主义基本制度，为当代中国一切发展进步奠定了政治前提和制度基础。[1] 正如习近平总书记在纪念毛泽东同志诞辰120周年座谈会上的讲话中指出的："以毛泽东同志为核心的党的第一代中央领导集体带领人民，在迅速医治战争创伤、恢复国民经济的基础上，不失时机提出了过渡时期总路线，创造性地完成了由新民主主义革命向社会主义革命的转变，使中国这个占世界四分之一人口的东方大国进入了社会主义社会，成功实现了中国历史上最深刻最伟大的社会变革。"[2]

从1956年到1966年"文化大革命"前，以党的八大为标志，党领导全国人民进行了全面的大规模的社会主义建设，对适合中国国情的社会主义道路进行了艰辛探索。这期间，党对中国社会的主要矛盾作出正确判断，提出了"四个现代化"和建设社会主义现代化强国的目标，让全国人民在前进的道路上有了遵循。由于党对社会主义建设规律的认识不足和经验缺乏，在经济工作的指导思想上也发生了"左"倾错误，出现"大跃进"、人民公社化运动等严重失误，甚至影响到政治和思想文化方面，法制建设被忽视，为"文化大革命"的爆发埋下了隐患。但经过党和全国人民的努力，这个时期我国还是建立起独立的比较完整的工业

---

〔1〕 参见中共中央党史研究室：《中国共产党的九十年（社会主义革命和建设时期）》，中共党史出版社、党建读物出版社2016年版，第356页。

〔2〕 中共中央文献研究室编：《十八大以来重要文献选编》（上），中央文献出版社2014年版，第690页。

体系和国民经济体系，为社会主义现代化建设奠定了重要的物质技术基础。

1966年到1976年的“文化大革命”，给党、国家和人民的事业造成严重灾难。这场全局性、长时间的“左”倾严重错误，使我国经济发展遭受严重挫折，社会秩序和法制建设受到巨大破坏。从1976年10月粉碎“四人帮”到1978年年底，“‘文化大革命’结束后的两年间，党和国家工作有所前进，一些领域的拨乱反正已经开始，经济建设、社会各项事业和外交工作在一定程度上有所恢复和发展，但由于‘左’的指导思想没有得到根本纠正，党和国家工作出现了在徘徊中前进的局面”〔1〕。直到改革开放，掀开了中国特色社会主义现代化建设的新篇章。经过“文化大革命”十年的严峻考验，“党、人民政权、人民军队和整个社会的性质都没有改变。历史证明党和社会主义制度具有强大的生命力”〔2〕。

值得强调的是，这个时期国家的经济制度在体制上虽然是计划经济，但仍然强调了价值规律的作用，党在努力推进中国由农业国向工业国转型发展的过程中，充分重视了农业的基础地位和作用。比如，毛泽东同志从“共产风”的教训中，深化了两个理论认识：一是在社会主义社会必须尊重价值法则，要搞商品交换；二是社会主义集体所有制，不能盲目扩大规模。在1961年5月21日至6月12日的中央纠“左”工作会议上，毛泽东说：“陈云同志过去讲过要以市场第一，当时有很多人反对，我也没有开腔，现在看，还不是回到那个轨道?”在纠正“大跃进”错误的时候，他还说，不懂得商品交换、价值规律，就是不懂得什么叫社会主义。〔3〕可以说，这期间我们党领导进行的社会主义建设经历了曲折的

〔1〕中共中央党史研究室：《中国共产党的九十年（改革开放和社会主义现代化建设新时期）》，中共党史出版社、党建读物出版社2016年版，第650页。

〔2〕中共中央党史研究室：《中国共产党的九十年（社会主义革命和建设时期）》，中共党史出版社、党建读物出版社2016年版，第560页。

〔3〕毛泽东思想生平研究会、中央文献研究室第一编研部编：《从〈毛泽东年谱（1949—1976）〉看中国道路》，中央文献出版社2017年版，第185、42、78页。

实践探索，也进行了积极的理论总结思考。这些都为后来改革开放的提出和推行奠定了思想基础，提供了物质准备，保证了改革开放的顺利进行。

（四）开始了中国社会主义法制建设的曲折探索

新中国的成立，为以法治的方式治国理政提供了可行的政治前提和基础。以法治方式开始治国理政的探索，是中国历史上前无古人的伟大实践，它从根本上保证实现了人民当家作主，废除了两千多年的封建统治和近代以来国民党的反动统治。

新中国成立后，在开展大规模的政治经济建设的同时，为保障政治经济建设规范有序进行，我们党带领人民创建了中国特色的法律体制。先是废除一切旧的法统，宣布旧社会和国民党统治时期的一切旧法律制度统统作废，并带领各党派代表制定了起临时宪法作用的《共同纲领》，确认了中国共产党领导全国人民进行革命斗争的成果，确立了我们的国家性质和政权形式。1950 年，根据《共同纲领》的规定，中央人民政府先后制定了暂行海关法、婚姻法、工会法、土地改革法、惩治反革命条例等法律。1954 年，一届全国人大一次会议在通过宪法的同时，还颁布了全国人民代表大会组织法、国务院组织法、人民法院组织法、人民检察院组织法、地方人民代表大会和地方各级人民委员会组织法等，并规定了民主集中制、民主监督、法律面前人人平等等一系列法制原则。这些法律制度，对巩固新生的国家政权、加快推动我国由新民主主义过渡到社会主义制度，推进国家治理方式由封建人治向民主法制的转型发展发挥了重要且积极的作用。据统计，从 1949 年到 1966 年“文化大革命”爆发为止，政协会议（根据《共同纲领》规定“执行全国人民代表大会的职权”期间）、中央人民政府、全国人大及其常委会共制定法律、法令、决议及法律问题的决定等 127 件，对社会主义制度的建立、巩固、完善和发展发挥了重要作用。当时，政治清明、社会祥和、安定有序、人心向上，社会主义制度显示出勃勃生机。由此可以看出，新中国对立法工作是重视的，对法治建设是重视的。

但是，由于1954年宪法规定全国人民代表大会是国家唯一的立法机关，所以法制建设的步伐并不能适应全国经济社会发展的需要。1956年，毛泽东同志在《论十大关系》中指出："应当在巩固中央统一领导的前提下，扩大一点地方的权力，给地方更多的独立性，让地方办更多的事情。这对我们建设强大的社会主义国家比较有利。我们国家这样大，人口这样多，情况这样复杂，有中央和地方两个积极性，比只有一个积极性好得多。""我们的宪法规定，立法权集中在中央。但是在不违背中央方针的条件下，按照情况和工作需要，地方可以搞章程、条例、办法。"[1]这是党的领导人从国家制度上对社会治理方式的理论探索与思考。

然而，由于当时国际国内斗争环境的复杂性，影响和改变了党的领导人的注意力，使党内"左"的思想不断占据对国家政治生活的主导地位，导致对社会主义建设的探索出现曲折，甚至最终导致发生"文化大革命"这样长达十年的错误实践，给党和国家事业的发展带来严重损失。从1966年到1978年，全国人大及其常委会通过、批准宪法和法律、办法、决议和决定等9件（其中1975年宪法和1978年宪法统计为1件）。虽然"文化大革命"前制定的法律多数仍然有效，但也无法满足日益增长的社会需求。"文化大革命"期间，由于"踢开党委闹革命""砸烂公、检、法"等激烈的大民主运动，使各级国家机关的正常工作一度陷入瘫痪和停止运行状态，致使新中国刚刚起步的社会主义法制建设不幸夭折。全国人民代表大会也从1964年到1974年几乎没有开过会，更不用说制定法律了，立法基本处于停滞状态。

"文化大革命"后期，1975年四届全国人大一次会议通过了新的宪

---

〔1〕 毛泽东：《毛泽东著作选编》，中共中央党校出版社2002年版，第399、400页。

法，即1975年宪法。这部宪法全面修改了1954年宪法，是对“文化大革命”时期形成的一系列错误的理论和实践的总结，虽然坚持了1954年宪法的人民民主原则和社会主义原则，提到要多快好省建设社会主义，但是它以阶级斗争为纲和无产阶级专政下继续革命的理论为指导思想，建立了党政不分的政体，削弱了国家权力机关的职能，削弱了司法机关的职能，取消了“公民在法律上一律平等”的原则和国家对公民基本权利的保障性规定等，无论是形式、体例还是内容都存在严重缺陷，因此不可能保障真正实行社会主义的民主政治，不可能保障开展以经济建设为中心的社会主义建设，不可能真正保护人民的合法权利与利益，只能为历史所丢弃。“文化大革命”十年的错误理论和实践，使党和国家付出了惨痛代价，使社会主义建设事业遭受了严重挫折，也使我们党深刻意识到了制度建设的极端重要性。对此，邓小平同志1980年在《党和国家领导制度的改革》中就明确指出：“我们过去发生的各种错误，固然与某些领导人的思想、作风有关，但是组织制度、工作制度方面的问题更重要。这些方面的制度好可以使坏人无法任意横行，制度不好可以使好人无法充分做好事，甚至会走向反面。”他强调，制度问题更带有根本性、全局性、稳定性和长期性，必须引起全党的高度重视。[1]

1976年10月，党中央一举粉碎“四人帮”反革命集团，结束了“文化大革命”的错误理论和实践，也结束了“文化大革命”法制遭到严重破坏的局面，在指导思想上进行“拨乱反正”，使中国社会主义建设事业重新回归正途，为发展社会主义民主、健全社会主义法制、开展社会主义经济建设和依法进行治国理政奠定了良好的政治基础。1977年8月，党的第十一次全国代表大会召开，宣告历时十年的“文化大革命”结束，重申在20世纪内把我国建设成为社会主义现代化强国的根本任务。

---

〔1〕 中共中央党校教务部编：《十一届三中全会以来党和国家重要文献选编》，中共中央党校出版社2008年版，第63页。

为纠正“文化大革命”的错误，肃清“四人帮”在国家政治生活中的影响，1977年党中央决定对1975年宪法进行修改。1978年3月，五届全国人大一次会议通过了新宪法，即1978年宪法。由于当时刚刚粉碎“四人帮”，进入新的历史时期，还来不及全方位总结新中国成立以来社会主义革命和建设的经验教训，也来不及彻底清除“文化大革命”余毒对宪法的影响，所以它必然带有时代的特征，既反映了当时“拨乱反正”的初步成果，又带有1975年宪法的某些痕迹，只能是新旧交替阶段的带有过渡性质的宪法。这部宪法恢复了1954年宪法关于人民代表大会制度的规定和国家机构的设置；恢复和强调了社会主义民主原则和法制原则；重新设置人民检察院，以实现宪法赋予的法律监督职能；提出了国家在新时期的总任务和全国人民的奋斗目标，即“在本世纪内把我国建设成为农业、工业、国防和科学技术现代化的伟大的社会主义强国”；增加规定了“高速度地发展国民经济，不断提高社会生产力”，大力发展科学文化教育事业，保护环境和自然资源，防治污染及其他公害等，因而深得人民拥护。但是，由于它还没有彻底摆脱“左”的指导思想影响，还没能彻底纠正“文化大革命”的错误理论、政策和口号，确认在新时期要坚持无产阶级专政下的继续革命理论等。这就决定了其必然面临被全面修改的命运，[1] 也为后来修改通过1982年宪法，并开展真正意义上的法治建设埋下伏笔。

新中国成立后前30年对社会主义建设事业的探索虽然历经曲折，但在如何走中国的社会主义道路上进行了积极的思考和实践，取得了社会主义建设的基础性成就，为我们探索建设中国特色社会主义道路积累了经验、提供了条件，奠定了坚实的理论和实践基础，特别是社会主义政治制度的确立，为当代中国一切发展奠定了根本政治前提和制度基础。

---

〔1〕 参见张晋藩：《中国宪法史》（修订本），中国法制出版社2016年版，第376页。

二、改革开放开辟中国特色社会主义建设事业新路径

习近平总书记指出："改革开放是我们党在新的时代条件下带领人民进行的新的伟大革命，是当代中国最鲜明的特色，也是我们党最鲜明的旗帜。""改革开放是决定当代中国命运的关键一招，也是决定实现'两个一百年'奋斗目标、实现中华民族伟大复兴的关键一招。""改革开放以来，我们党开始以全新的角度思考国家治理体系问题，强调领导制度、组织制度问题更带有根本性、全局性、稳定性和长期性。今天，摆在我们面前的一项重大历史任务，就是推动中国特色社会主义制度更加成熟更加定型，为党和国家事业发展、为人民幸福安康、为社会和谐稳定、为国家长治久安提供一套更完备、更稳定、更管用的制度体系。"[1]改革开放是新中国成立以来，共和国历史上发生的最具有划时代意义的重大事件和历史转折。它抛弃了长期以来党内存在的"左"的错误，抛弃了"以阶级斗争为纲"和"无产阶级专政下继续革命的理论"指导，抛弃了进行大规模狂风暴雨式群众性斗争的旧方式，实现了国家治理方式转型，使经济社会走向规范有序的良性发展。

（一）以建立和发展中国特色社会主义经济制度为基础，丰富和发展中国特色社会主义制度的理论与实践

马克思主义经典作家认为，经济基础决定上层建筑。贯彻改革开放始终的党的基本路线就体现了这个基本原理，即以经济建设为中心，坚持四项基本原则，坚持改革开放。回顾改革开放所走过的道路，可以说，改革开放正是以建立和完善中国特色社会主义经济体制为突破口和主体

---

〔1〕 习近平：《习近平谈治国理政》，外文出版社2014年版，第86、71、104页。

开展的。中国特色社会主义经济制度的完善和发展，是中国特色社会主义制度完善和发展的最显著的特征和标志，是新时代推动全面深化改革的根本动力。没有中国特色社会主义经济制度的完善和发展，就没有与之相适应的中国特色社会主义民主制度、政治制度、法律制度等的建立、完善和发展，就没有中国特色社会主义制度的完善和发展。

中国特色社会主义经济制度的完善和发展并非一帆风顺，而是经过了长期的摸索和实践并由宪法所确认的，在经济体制上实现了由计划经济体制向市场经济体制的转型，在经济发展内涵上实现了由传统农业社会向现代工业社会、信息社会的转型，在经济发展保障上实现了由政策引导向法律规范的转型，根本目的是解放和发展生产力，改善和提高人民的生活水平和质量。邓小平同志多次指出，“贫穷不是社会主义”。为发挥社会主义的优越性，使国家尽快摆脱贫穷，实现国家富强、人民富裕，邓小平同志从多个不同角度强调了发展中国特色社会主义经济制度的重要性。

关于社会主义的本质，邓小平同志指出：“社会主义的本质，是解放生产力，发展生产力，消灭剥削，消除两极分化，最终达到共同富裕。”“社会主义必须大力发展生产力，逐步消灭贫穷，不断提高人民的生活水平。”“在社会主义国家，一个真正的马克思主义政党在执政以后，一定要致力于发展生产力，并在这个基础上逐步提高人民的生活水平。”“社会主义阶段最根本的任务就是发展生产力，社会主义的优越性归根到底要体现在它的生产力比资本主义发展得更快一些、更高一些，并且在发展生产力的基础上不断改善人民的物质文化生活。”“社会主义要消灭贫穷。贫穷不是社会主义，更不是共产主义。”“社会主义的首要任务是发展生产力，逐步提高人民的物质和文化生活水平。从一九五八年到一九七八年这二十年的经验告诉我们：贫穷不是社会主义，社会主义要消灭贫穷。不发展生产力，不提高人民的生活水平，不能说是符合社会主义要求的。”[1]

关于改革的目标方向，邓小平同志指出：“改革是社会主义制度的自我完善，在一定的范围内也发生了某种程度的革命性变革。”“在改革中，我们始终坚持两条根本原则，一是以社会主义公有制经济为主体，一是共同富裕。”“中国坚持社会主义，不会改变。”“共同致富，我们从改革一开始就讲，将来总有一天要成为中心课题。社会主义不是少数人富起来、大多数人穷，不是那个样子。社会主义最大的优越性就是共同富裕，这是体现社会主义本质的一个东西。”“我们为社会主义奋斗，不但是因为社会主义有条件比资本主义更快发展生产力，而且因为只有社会主义才能消除资本主义和其他剥削制度所必然产生的种种贪婪、腐败和不公正现象。”[2]

关于发展社会主义经济的方法途径，邓小平同志指出：“社会主义同资本主义比较，它的优越性就在于能做到全国一盘棋，集中力量，保证重点。缺点在于市场运用得不好，经济搞得不活。计划与市场的关系问题如何解决？解决得好，对经济的发展就很有利，解决不好，就会糟。”“社会主义和市场经济之间不存在根本矛盾。问题是用什么方法才能更有力地发展社会主义生产力。”“计划和市场都是方法嘛。只要对发展生产力有好处，就可以利用。它为社会主义服务，就是社会主义的；为资本主义服务，就是资本主义的。”“计划多一点还是市场多一点，不是社会主义与资本主义的本质区别。计划经济不等于社会主义，资本主义也有计划；市场经济不等于资本主义，社会主义也有市场。计划和市场都是经济手段。”[3]

在邓小平理论指导下，中国摆脱了各种思想束缚，建立起中国特色社会主义经济制度，并随着改革开放的不断深化逐步完善和发展。

---

[1] 《邓小平文选》（第三卷），人民出版社1993年版，第10、28、63、64、116、373页。

[2] 《邓小平文选》（第三卷），人民出版社1993年版，第142、345、364、143页。

[3] 《邓小平文选》（第三卷），人民出版社1993年版，第16~17、148、203、373页。

习近平总书记在庆祝改革开放40周年大会上的讲话中指出："从实行家庭联产承包、乡镇企业异军突起、取消农业税牧业税和特产税到农村承包地'三权'分置、打赢脱贫攻坚战、实施乡村振兴战略，从兴办深圳等经济特区、沿海沿边沿江沿线和内陆中心城市对外开放到加入世界贸易组织、共建'一带一路'、设立自由贸易试验区、谋划中国特色自由贸易港、成功举办首届中国国际进口博览会，从'引进来'到'走出去'，从搞好国营大中小企业、发展个体私营经济到深化国资国企改革、发展混合所有制经济，从单一公有制到公有制为主体、多种所有制经济共同发展和坚持'两个毫不动摇'，从传统的计划经济体制到前无古人的社会主义市场经济体制再到使市场在资源配置中起决定性作用和更好发挥政府作用，从以经济体制改革为主到全面深化经济、政治、文化、社会、生态文明体制和党的建设制度改革，党和国家机构改革、行政管理体制改革、依法治国体制改革、司法体制改革、外事体制改革、社会治理体制改革、生态环境督察体制改革、国家安全体制改革、国防和军队改革、党的领导和党的建设制度改革、纪检监察制度改革等一系列重大改革扎实推进，各项便民、惠民、利民举措持续实施，使改革开放成为当代中国最显著的特征、最壮丽的气象。"[1]这段回顾改革开放40年光辉历程非常精彩的论述，正说明了中国特色社会主义经济制度改革在中国特色社会主义制度完善和发展中所发挥的主导作用，丰富和发展了中国特色社会主义制度的理论与实践，也为中国的法治建设事业提供了丰富的理论和实践基础。

（二）以加强社会主义法制建设为肇始，推动实现国家治理方式的全新转型

1978年，我们党召开了具有重大历史意义的十一届三中全会，作出

[1] 习近平：《在庆祝改革开放40周年大会上的讲话》，载《求是》2018年第24期。

将党和国家的工作重点转移到社会主义现代化建设上来的决定，开启了改革开放历史新时期。在这次会议上，邓小平同志深刻指出：“为了保障人民民主，必须加强法制。必须使民主制度化、法律化，使这种制度和法律不因领导人的改变而改变，不因领导人的看法和注意力的改变而改变。”会议强调：“从现在起，应当把立法工作摆到全国人民代表大会及其常务委员会的重要议程上来。”〔1〕

面对这一历史任务，社会主义法制建设应当如何加强？立法工作应当如何开展？

邓小平同志的讲话为党和国家未来的发展指明了前进方向，为国家的法制建设规划了发展的路径。他指出：“现在的问题是法律很不完备，很多法律还没有制定出来……应该集中力量制定刑法、民法、诉讼法和其他各种必要的法律，例如工厂法、人民公社法、森林法、草原法、环境保护法、劳动法、外国人投资法等等，经过一定的民主程序讨论通过，并且加强检察机关和司法机关，做到有法可依，有法必依，执法必严，违法必究。国家和企业、企业和企业、企业和个人等等之间的关系，也要用法律的形式来确定；它们之间的矛盾，也有不少要通过法律来解决。现在立法的工作量很大，人力很不够，因此法律条文开始可以粗一点，逐步完善。”为了保证国家法律能够得到有效实施，他还强调：“国要有国法，党要有党规党法。党章是最根本的党规党法。没有党规党法，国法就很难保障。”〔2〕这些论断阐明了加强社会主义法制建设的重要作用，阐明了党规党法与国法在社会主义法治建设中的相互关系，讲清了中国特色社会主义法治的本质特征，即中国特色社会主义法治从内在逻辑上体现了坚持党的领导必须依照党规党法、坚持从严治党的本质要求。1982年，党的十二大修改党章，明确规定“党必须在宪法和法律范围内

---

〔1〕 中共中央文献研究室编：《三中全会以来重要文献选编》（上），人民出版社1982年版，第25～26、11页。

〔2〕 中共中央文献研究室编：《三中全会以来重要文献选编》（上），人民出版社1982年版，第26页。

活动”，使党的领导和社会主义法治建设融为一个有机的整体，“坚持党的领导，遵从人民意志，严格依法办事，三者是一致的、统一的”[1]，有机统一于改革开放初期的社会主义法制建设，并不断发展完善。由此可见，发展社会主义民主、健全社会主义法制，从改革开放一开始就成为党和国家坚定不移的基本方针，也是我们党一以贯之坚持的治国方略。

坚持党的领导、人民当家作主、依法治国有机统一，是我国社会主义民主政治伟大实践的真实写照，是在党的领导下推进中国走向现代化国家治理方式的全新转型。以1979年2月23日五届全国人大常委会第六次会议原则通过《中华人民共和国森林法（试行）》和通过《中华人民共和国逮捕拘留条例》为标志，我国进入了依法促进改革的新时期。接着1979年7月1日五届全国人大二次会议通过关于修正《中华人民共和国宪法》若干规定的决议，对1978年宪法作出个别修改，决定县级以上地方人大设立常委会，规定了各级人大定期召开会议制度及行使的部分职权等；会议还一次性审议通过了地方组织法、选举法、人民法院组织法、人民检察院组织法、刑法、刑事诉讼法、中外合资经营企业法等7部法律，迎来了改革开放新时期我国法制建设的新局面，国家和社会秩序因此得到迅速恢复。这对于经历了十年“文化大革命”法治不彰的国家发展建设来说，无疑是立法先行，以变法开始推进改革。以此为转机，中国社会主义建设事业开始探索出一条新路，开辟了中国特色社会主义道路，逐步走上健康有序发展的法治轨道。中国社会发生了翻天覆地的变化。

（三）以1982年宪法为罗盘，引领改革开放和社会主义现代化建设实践的前进方向

习近平总书记指出，我国现行宪法是在深刻总结我国社会主义革命、

---

〔1〕彭真：《彭真文选》（一九四一——一九九〇年），人民出版社1991年版，第489页。

建设、改革的成功经验基础上制定和不断完善的，是我们党领导人民长期奋斗历史逻辑、理论逻辑、实践逻辑的必然结果。

从1949年具有临时宪法作用的《共同纲领》规定了我国的国体、政体及各个方面的基本的方针政策开始，到1954年宪法确认《共同纲领》规定的国家的国体和政体，确立人民民主原则和社会主义原则，再到即使存在严重“左”的错误思想的1975年宪法以及1978年宪法，又直到改革开放后通过的现行宪法——1982年宪法，社会主义制度一直是我们党坚定不移坚持的“立国之本”。

1982年宪法是在继承1949年《共同纲领》和1954年宪法基本精神和主要内容的基础上制定的，是在新的历史条件下对它们的继承、完善和发展，集中体现了党的十一届三中全会以来的路线方针政策，规定了坚持“一个中心、两个基本点”（以经济建设为中心，坚持四项基本原则，坚持改革开放）的基本路线，明确了国家的根本任务、基本纲领、发展方向、奋斗目标，充实了公民的基本权利和义务，恢复和完善了国家机构和各项制度。这些规定为改革开放和社会主义现代化建设调准了前进的罗盘，提供了宪法遵循，奠定了坚实的宪制基础，也是改革开放40多年来中国立法一直坚持遵循的基本政治原则。

1982年宪法公布施行以来，在党中央领导下，全国人民代表大会于1988年、1993年、1999年、2004年、2018年先后5次对个别条款和部分内容作出修正，共通过了52条宪法修正案。这些修改，都与时俱进地反映和体现了党领导全国各族人民进行改革开放和社会主义现代化建设的成功经验，反映和体现了中国特色社会主义道路、理论、制度和文化的发展成果，反映和体现了党对共产党执政规律、社会主义建设规律、社会主义市场经济发展规律和社会主义法治建设规律的认识不断深化。

1982年宪法及其5个修正案，为改革开放和社会主义现代化建设稳步前进奠定了基石，对巩固、坚持、完善和发展中国特色社会主义制度，推进国家治理体系和治理能力现代化发挥了重要作用。这主要体现在以下几个方面：第一，明确和不断完善了国家发展的目标任务、指导思想、基本路线、基本纲领，确立了邓小平理论、“三个代表”重要思想、科学发展观、习近平新时代中国特色社会主义思想在国家政治和社会生活中的指导地位；调整充实中国特色社会主义事业总体布局和第二个百年奋斗目标；充实完善我国革命和建设发展历程的内容，将“改革”与“革命、建设”并列，充分反映党和人民团结奋斗推进改革开放的光辉历程。第二，明确了国家的性质，即“中华人民共和国是工人阶级领导的、以工农联盟为基础的人民民主专政的社会主义国家”，“社会主义制度是中华人民共和国的根本制度。中国共产党领导是中国特色社会主义最本质的特征。禁止任何组织或者个人破坏社会主义制度”。第三，明确了国家的权力归属和政权组织形式，即“中华人民共和国的一切权力属于人民”，“人民行使国家权力的机关是全国人民代表大会和地方各级人民代表大会”，“国家行政机关、监察机关、审判机关、检察机关都由人民代表大会产生，对它负责，受它监督”。坚持民族区域自治制度，明确了民族自治机关及其职权；规定“国家在必要时得设立特别行政区”，为实现祖国和平统一、依法灵活主动解决港澳台等历史遗留问题提供了宪法依据，坚决有效维护国家主权和领土完整。第四，明确和完善了国家的基本经济制度，即“中华人民共和国的社会主义经济制度的基础是生产资料的社会主义公有制”，“国家在社会主义初级阶段，坚持公有制为主体、多种所有制经济共同发展的基本经济制度”，“在法律规定范围内的个体经济、私营经济等非公有制经济，是社会主义市场经济的重要组成部分”，“国家保护个体经济、私营经济等非公有制经济的合法的权利和利益。国家鼓励、支持和引导非公有制经济的发展，并对非公有制经济依法实行监督和管理”；规定“国家实行社会主义市场经济”取代“计划经济”，“国家加强经济立法，完善宏观调控”等。第五，明确和完善了产权保护制度，规定“社会主义的公共财产神圣不可侵犯”，“公民的合法的私有财产不受侵犯”，“国家依照法律规定保护公民的私有财产权和继承权”，“国家为了公共利益的需要，可以依照法律规定对公民的私有财产实行征收或者征用并给予补偿”。第六，明确和完善了国家的治理方式，规定“人民依照法律规定，通过各种途径和形式，管理国家事务，管理经济和文化事业，管理社会事务”，国家“实行依法治国，建设社会主义法治国家”，“国家维护社会主义法制的统一和尊严”。第七，明确和完善了公民的基本权利和义务，规定“国家尊重和保障人权”，“任何公民，非经人民检察院批准或者决定或者人民法院决定，并由公安机关执行，不受逮捕”，“禁止非法拘禁和以其他方式非法剥夺或者限制公民的人身自由，禁止非法搜查公民的身体”，公民的住宅、人格尊严等不受侵犯，公民享有选举权和言论、出版、集会、结社、游行、示威、宗教信仰、通信等自由和权利。第八，明确和完善了国家机构及其职责，包括：赋予全国人大常委会立法职权，恢复设立国家主席，县级以上地方人民代表大会设立常务委员会，赋予省级人大及其常委会和设区的市人大及其常委会一定的地方立法权，对国家领导人的任期作出规定，设立国家和地方监察委员会，等等。这些规定，也为改革开放40多年来的立法工作提供了基本遵循。

改革开放40多年来，我们党和国家的各项方针政策都是围绕宪法所确认的党的基本路线制定的，都体现了宪法精神。改革开放所取得的所有巨大成就都是坚持宪法规定的必然结果。40多年来，现行宪法不断修正、完善，既为新时期进行改革开放和社会主义现代化建设提供了有力的宪法保障，又是改革开放和社会主义法治建设的最大成果。40多年的历程充分证明，我国宪法有力坚持了中国共产党领导，有力保障了人民当家作主，有力促进了改革开放和社会主义现代化建设，有力推动了社会主义法治国家建设进程，有力维护了国家统一、民族团结、社会稳定，是符合国情、符合实际、符合时代发展要求的好宪法。

（四）坚持和完善人民代表大会制度，为完善和发展中国特色社会主义制度、推进国家治理体系和治理能力现代化提供了根本政治制度保障

习近平总书记指出："人民代表大会制度是中国特色社会主义制度的重要组成部分，也是支撑中国国家治理体系和治理能力的根本政治制度。"[1]这一论断深刻阐明了人民代表大会制度作为国家的根本政治制度，在完善和发展中国特色社会主义制度、推进国家治理体系和治理能力现代化中的重要地位和作用。

中国共产党领导革命、建设和改革，始终传承了社会主义的信仰追求，坚持了人民当家作主的根本宗旨追求。新中国成立70年来，中国特色社会主义道路历尽曲折，但中国特色社会主义民主政治制度没有变，并且在改革开放以来得到相应的完善和发展。改革开放后不久，1979年五届全国人大二次会议首先通过关于修正宪法的若干规定的决议，对1978年宪法作出修正，规定县级以上地方人民代表大会设立常务委员会，并规定了各级人民代表大会召开会议制度、行使职权等问题；这次会议还通过了地方组织法、选举法、人民法院组织法、人民检察院组织法等国家机构建设方面的有关法律。地方组织法明确规定省级人大及其常委会可以制定地方性法规，赋予其地方立法权。这些规定都是对人民代表大会制度的恢复、完善和发展。

1982年宪法及其修正案，扩大了全国人大及其常委会的职权，完善了地方国家政权建设，为坚持好、发展好、完善好人民代表大会制度提供了可靠的宪法保障。在国家立法层面，根据宪法规定，全国人民代表

---

〔1〕 习近平：《在庆祝全国人民代表大会成立60周年大会上的讲话》，人民出版社2014年版，第9页。

大会和它的常务委员会共同行使国家立法权；全国人大常委会作为全国人民代表大会的常设机关，可以经常性地行使国家立法权。在具体职权划分上，全国人民代表大会的立法职权是：修改宪法，监督宪法实施，制定和修改刑事、民事、国家机构的和其他的基本法律。它的常务委员会的立法职权是：解释宪法，监督宪法实施；制定和修改除应当由全国人民代表大会制定的法律以外的法律；在全国人民代表大会闭会期间，对全国人民代表大会制定的法律进行部分补充和修改，但是不得同该法律的基本精神原则相抵触；解释法律。在地方立法层面，宪法及其修正案明确赋予省级人大及其常委会在不同宪法、法律、行政法规相抵触的前提下，可以制定地方性法规；设区的市的人大及其常委会在不同宪法、法律、行政法规和本省、自治区的地方性法规相抵触的前提下，可以依照法律规定制定地方性法规，报本省、自治区人大常委会批准后施行。这种立法体制安排，体现了改革开放精神，为发挥中央和地方两个积极性提供了宪法保障，既是坚持和完善人民代表大会制度的重大举措，又完善和发展了中国特色社会主义制度。改革开放40多年来，无论是全国人大及其常委会，还是地方人大及其常委会，都能认真行使宪法法律赋予的职权，抓住提高立法质量这个关键，深入推进科学立法、民主立法、依法立法，完善立法体制机制和程序，努力使每一项立法都符合宪法精神、反映人民意愿、得到人民拥护，为完善和发展中国特色社会主义制度、推进社会主义现代化建设提供了有力的法制保障，为推进国家治理体系和治理能力现代化奠定了坚实的法治基础。

在中国实行人民代表大会制度，是中国共产党把马克思主义国家理论与中国实际相结合的产物，是科学社会主义理论中国化实践的成果反映。正如习近平总书记所指出的："在中国实行人民代表大会制度，是中国人民在人类政治制度史上的伟大创造，是深刻总结近代以后中国政治生活惨痛教训得出的基本结论，是中国社会100多年激越变革、激荡发展的历史结果，是中国人民翻身作主、掌握自己命运的必然选择。”[1]新中国成立70年特别是改革开放40多年来，人民代表大会制度在社会主义现代化建设实践中不断得到巩固和发展，展现出勃勃生机和活力。全国人大及其常委会和有地方立法权的人大及其常委会，通过充分发挥立法职能作用，为推动国家经济社会实现高速有效发展，保证党和国家各项事业兴旺发达提供了坚实的法律制度保障，人民代表大会制度自身也在法治建设中不断得到发展和完善。历史充分证明，人民代表大会制度是符合中国国情和实际、体现社会主义国家性质、保证人民当家作主、保障实现中华民族伟大复兴的好制度。这个制度，把坚持党的领导、人民当家作主、依法治国真正打通、有机统一起来，发展和完善了中国特色社会主义制度，为推进国家治理体系和治理能力现代化发挥了重要的保障作用。在新的奋斗征程上，我们必须继续坚持和完善人民代表大会制度，充分发挥人民代表大会制度的根本政治制度作用，继续通过人民代表大会制度牢牢把国家和民族的前途命运掌握在人民手中。

三、以构建中国特色社会主义法律体系推进国家治理体系和治理能力现代化

党的十一届三中全会深刻总结了新中国成立以来社会主义建设的经验教训，廓清了中国政治生活中的阴霾，在治国理政方式上重回法治轨道，提出了发扬社会主义民主、加强社会主义法制的目标任务，迎来中国法治建设的春天。从此，中国法治建设迈上健康有序、稳步发展的轨道。回顾改革开放40多年来，围绕形成和不断完善中国特色社会主义法律体系，从1982年12月全国人大常委会工作报告首次提出“立法要从我国的实际情况出发，按照社会主义法制原则，逐步建立有中国特色的

---

[1] 习近平：《在庆祝全国人民代表大会成立60周年大会上的讲话》，人民出版社2014年版，第4～5页。

独立的法律体系”，到国民经济和社会发展“七五”计划提出“建立起比较完备的经济法规体系”；从1993年党的十四届三中全会提出“初步形成社会主义市场经济法律体系”，到党的十五大明确提出“形成有中国特色社会主义法律体系”；从党的十七、十八大均提出“完善中国特色社会主义法律体系”，到党的十九大提出“完善以宪法为核心的中国特色社会主义法律体系，建设中国特色社会主义法治体系”，全国人大及其常委会坚持正确的政治方向，坚持立法决策与改革决策相衔接，根据党中央在不同历史时期的工作重点和决策部署，确定不同时期的立法工作重点和目标，加强和改进立法工作，取得辉煌成就。在各方面的共同努力下，截至2019年8月底，全国人大及其常委会共通过1部宪法及5个修正案，制定修改法律643件次，通过法律解释25件，通过有关法律问题和重大问题的决定258件次。截至2019年8月底，我国现行有效的法律共274件，收入《中华人民共和国法律汇编（2018年版）》的有关法律问题和重大问题的决定119件；与此同时，国务院还制定行政法规600多件；有地方立法权的人大及其常委会制定地方性法规12,000多件。以宪法为核心的中国特色社会主义法律体系形成并不断完善发展，依法巩固、完善和发展了中国特色社会主义制度，有效推进了国家治理体系和治理能力现代化进程。

一是从1979年年初到1989年年底的十年。这个时期立法工作的重点，主要是抓紧制定有关恢复国家制度和开启改革开放的法律。

改革开放初始，百废待举。适应尽快恢复国家政治经济秩序、维护安定团结的政治局面和进行社会主义现代化建设的迫切需要，以1979年7月1日五届全国人大二次会议一次性制定7部法律为重要标志，立法工作全面恢复并迅速发展。这个时期国家实行计划经济为主、市场调节为辅的经济开放政策，所以整个法律制度的构建也是以此为基调，体现了计划经济和市场经济相结合的特点。10年间，全国人大及其常委会共通过宪法、制定和修改法律98件次，通过有关法律问题的决定64件。除

1982年宪法和1988年通过的宪法修正案外，这个时期在恢复国家政治和经济社会秩序方面，还相继制定了全国人民代表大会组织法、国务院组织法、民族区域自治法、村民委员会组织法、城市居民委员会组织法、婚姻法、个人所得税法、治安管理处罚条例、集会游行示威法、城市规划法、经济合同法、民法通则、商标法、专利法、民事诉讼法（试行）、企业破产法（试行）、行政诉讼法、水污染防治法、大气污染防治法、环境保护法等；在促进对外开放方面，继1979年制定中外合资经营企业法之后，又相继制定外国企业所得税法、涉外经济合同法、外资企业法、中外合作经营企业法、外国人入境出境管理法、国境卫生检疫法、海关法、进出口商品检验法等。这些法律的出台，从根本上改变了许多重要领域无法可依的局面，为"文化大革命"结束后迅速恢复重建国家和社会秩序、促进经济和社会健康有序发展、实施对外开放战略提供了有力的法制保障，标志着我们国家的治理方式已经由过去的主要依靠政策调整逐步转向注重运用法律手段调整，也为后来国家经济的转型发展奠定了良好的法制基础。对此，党的十三大报告明确指出，"以宪法为基础的社会主义法律体系初步形成"。

二是从1990年年初到2002年年底的十三年。这个时期立法工作的重点，主要是适应建立社会主义市场经济要求，大力加强经济领域立法，完善国家宏观调控，积极构建社会主义市场经济法律体系，并为形成中国特色社会主义法律体系进行布局。

1989年，我国经历了一场严峻的政治风波考验。我们党带领全国人民顶住了国际国内反对共产党领导、反对社会主义的思潮和以苏联为首的东欧社会主义国家纷纷解体，使社会主义遭受严重挫折的压力，顺利完成治理整顿的任务，继续深化改革开放。以1992年邓小平同志视察南方发表重要谈话为标志，我国改革开放进入新一轮发展阶段，在经济上实现了由有计划的商品经济向社会主义市场经济的转轨，在国家治理方式上提出了依法治国的基本方略。党的十四大确立了建立社会主义市场经济体制的目标，党的十四届三中全会提出了到“本世纪末初步建立适应社会主义市场经济的法律体系”。党的十五大进一步提出了“依法治国、建设社会主义法治国家”的治国方略，同时明确提出了“加强立法工作，提高立法质量，到二〇一〇年形成有中国特色社会主义法律体系”的立法任务。在这个历史时期，我国经过长期艰苦谈判加入WTO，融入国际社会经济发展体系，也对我国的法治建设现代化提出了明确要求。在这期间，适应建立和完善社会主义市场经济体制的需要，全国人大及其常委会抓紧制定出台和修改完善有关市场经济方面的法律制度，共通过宪法修正案、制定和修改法律186件次，作出有关法律问题的决定94件，作出法律解释9件。首先，于1993年通过宪法修正案，明确规定“国家实行社会主义市场经济”，“国家加强经济立法，完善宏观调控”等。之后，于1999年再次通过宪法修正案，进一步完善国家经济制度，明确个体经济、私营经济等非公有制经济是社会主义市场经济的重要组成部分，同时确立了“依法治国，建设社会主义法治国家”的治国方略等重大问题。两个宪法修正案，为建立社会主义市场经济、建设社会主义法治国家提供了宪法保障。其次，在宪法相关法方面，制定了国旗法、国徽法、戒严法、立法法、国家赔偿法、香港特别行政区基本法、澳门特别行政区基本法等；在市场经济方面，制定了公司法、合同法、合伙企业法、反不正当竞争法、消费者权益保护法、城市房地产管理法、拍卖法、担保法、预算法、价格法、对外贸易法等；在行政法方面，制定了行政处罚法、行政复议法等；在社会民生保障方面，制定了劳动法、未成年人保护法、妇女权益保障法、工会法、民办教育促进法、安全生产法等；同时，还修订了刑法、刑事诉讼法、民事诉讼法等。正是基于各方面法律制度的不断健全，全国人大常委会在1998年宣布我国已“初步构成社会主义市场经济法律体系框架”。在此基础上，经过五年努力，2003年全国人大常委会又宣布“以宪法为核心的中国特色社会主义法律体系已经初步形成”。中国特色社会主义法律体系构建工作取得重大进展。

三是从 2003 年年初到 2012 年年底的十年。这个时期立法工作的主要任务，就是围绕全面建设小康社会的目标任务，积极推进和谐社会建设，确保中国特色社会主义法律体系如期形成并得到完善。

2002 年党的十六大、2007 年党的十七大都提出了全面建设小康社会的目标任务，为保证这个目标任务的顺利完成，党的十六大重申了党的十五大提出的立法工作目标任务，即“到二〇一〇年形成有中国特色社会主义法律体系”；党的十七大则进一步提出要“坚持科学立法、民主立法，完善中国特色社会主义法律体系”。这个时期的立法工作，以形成中国特色社会主义法律体系为目标、以提高立法质量为重点，抓紧制定在中国特色社会主义法律体系中起支架作用、现实生活迫切需要、立法条件比较成熟的法律，全国人大及其常委会共通过宪法修正案、制定和修改法律 139 件次，作出有关法律问题的决定 41 件，作出法律解释 7 件。

在这个阶段，最重要的是 2004 年通过第四个宪法修正案，明确规定国家尊重和保障人权、依法保护公民的财产权和继承权等重大问题，成为我国社会主义民主法治进程中又一个重要的里程碑。同时，对中国特色社会主义法律体系开展了理论研究，科学划分了法律部门，各部门的法律主要有：在宪法相关法方面，制定或修改了反分裂国家法、各级人民代表大会常务委员会监督法、民族区域自治法、村民委员会组织法等；在民法商法方面，制定或修改了物权法、侵权责任法、公司法、证券法、中外合资经营企业法、外资企业法、中外合作经营企业法等；在经济法方面，制定或修改了反垄断法、车船税法、产品质量法、反洗钱法、税收征收管理法等，废止农业税条例；在行政法方面，制定或修改了行政复议法、行政许可法、治安管理处罚法、行政监察法、公务员法、食品安全法、药品管理法、文物保护法等；在社会法方面，制定或修改了安全生产法、社会保险法、劳动合同法等；在刑法方面，通过刑法修正案（五）直至刑法修正案（八）以及 3 个关于刑法有关条款规定的法律解释；在诉讼和非诉讼程序法方面，制定海事诉讼特别程序法、农村土地承包经营纠纷调解仲裁法、劳动争议调解仲裁法等。同时，集中开展法律法规清理工作，基本解决了现行法律中明显不适应经济社会发展需要、法律规定前后不尽一致或者不够衔接的问题，保证了法律体系内部的科学和谐统一。

在党中央领导下，经过各方面的长期共同努力，至2010年年底，我国制定宪法和现行有效法律共237件、行政法规690多件、地方性法规8600多件。2011年3月10日，时任全国人民代表大会常务委员会委员长吴邦国同志在十一届全国人大四次会议上作全国人大常委会工作报告，郑重宣布："一个立足中国国情和实际、适应改革开放和社会主义现代化建设需要、集中体现党和人民意志的，以宪法为统帅，以宪法相关法、民法商法等多个法律部门的法律为主干，由法律、行政法规、地方性法规等多个层次的法律规范构成的中国特色社会主义法律体系已经形成，国家经济建设、政治建设、文化建设、社会建设以及生态文明建设的各个方面实现有法可依，党的十五大提出到2010年形成中国特色社会主义法律体系的立法工作目标如期完成。"这是我国社会主义民主法制建设史上的重要里程碑，是中国特色社会主义制度不断发展完善的重要标志，是国家治理体系和治理能力逐步走向现代化的重要体现。

四是从2013年年初至今。这个时期的立法工作，适应中国特色社会主义进入新时代的新形势，加强重点领域立法，以宪法为核心的中国特色社会主义法律体系不断完善，中国特色社会主义制度进一步完善发展，国家治理体系和治理能力现代化迈出更加坚实的步伐。

党的十八大提出了为全面建成小康社会而奋斗的目标任务，同时提出要全面推进依法治国，推进科学立法、严格执法、公正司法、全民守法，完善中国特色社会主义法律体系，加强重点领域立法。党的十八大以来，党和国家事业发生了历史性变革。2013年年初，十二届全国人大常委会成立伊始，就以党的十八大提出的目标任务为基础制定了立法规划，之后又根据党的十八届三中、四中全会提出的改革任务，适时对立法规划作出调整。十二届全国人大及其常委会坚持党中央对立法工作的集中统一领导，围绕贯彻落实党中央决策部署，坚持立法先行，发挥立法的引领和推动作用，发挥人大及其常委会在立法工作中的主导作用，不断加强重点领域立法，并取得新成就。在国家安全领域，制定国家安全法、反间谍法、反恐怖主义法、网络安全法等；在市场经济领域，推进编纂民法典，制定民法总则，制定旅游法、环境保护税法等，修改反不正当竞争法、中小企业促进法等；在社会民生领域，制定慈善法、中医药法、反家庭暴力法等，修改食品安全法等；在文化发展领域，制定公共文化服务保障法、公共图书馆法、电影产业促进法等；在生态文明领域，修改环境保护法、大气污染防治法、水污染防治法等。同时，运用授权决定和法律决定的方式保障重大改革于法有据。五年来共制定法律25件，修改法律127件次，通过有关法律问题和重大问题的决定46件次，作出法律解释9件，以宪法为核心的中国特色社会主义法律体系不断完善，为加快社会主义法治体系建设作出重大贡献。

2017年，党的十九大明确提出了“两个一百年”奋斗目标，并对2020年以后我国的发展作出了“两步走”战略部署安排。2018年3月成立的十三届全国人大常委会，正处于“两个一百年”奋斗目标的历史交汇期。全国人大常委会紧紧抓住中国特色社会主义进入新时代的新契机，认真贯彻落实党中央提出的战略目标任务，加快立法工作步伐，积极制定常委会立法规划并报党中央批准转发执行。在十三届全国人大一次会议通过宪法修正案的基础上，截至2019年8月底，全国人大及其常委会新制定了监察法、英雄烈士保护法、人民陪审员法、电子商务法、土壤污染防治法、国际刑事司法协助法、消防救援衔条例、耕地占用税法、车辆购置税法、外商投资法、疫苗管理法、资源税法12件法律；常委会还修改了个人所得税法、刑事诉讼法、人民法院组织法、人民检察院组织法、公司法、社会保险法、农村土地承包法、公务员法、法官法、检察官法、药品管理法、土地管理法、城市房地产管理法等法律60件次。同时，还作出关于国务院机构改革涉及法律规定的行政机关职责调整问题、设立上海金融法院、宪法和法律委员会职责、中国海警局行使海上维权执法职权、授权国务院在部分地方开展药品上市许可持有人制度试点期限、专利等知识产权案件诉讼程序若干问题等决定和一个关于全面加强生态环境保护依法推动打好污染防治攻坚战的决议共14件，推动立法工作取得良好开局。

完善和发展中国特色社会主义制度，是我国社会主义法治建设的必然要求和根本任务。我国一切法律法规和相关体制机制都建立在这一根本任务要求之上。回顾改革开放40多年来国家的立法历程，就是全国人大及其常委会和有地方立法权的人大及其常委会始终坚持中国特色社会主义道路，坚持党的集中统一领导，坚持人民的主体地位，围绕党和国家的改革决策，依法推进国家经济、政治、文化、社会和生态文明建设不断发展进步，实现社会主义事业兴旺发达的历程。这40多年，是以宪法为核心的中国特色社会主义法律体系形成和不断发展完善的40多年，是立法决策与改革决策更加紧密衔接、持续为改革开放提供法治动力的40多年，是立法体制机制不断完善、科学立法民主立法深入推进的40多年，是国家权力机关立法能力稳步提升、立法队伍不断发展壮大的40多年，是通过日益完备的法律制度规范体系不断巩固、完善和发展中国特色社会主义制度的40多年，也是通过法律制度规范不断推动各级国家机关和领导干部以法治思维和法治方式提升社会治理能力和水平、推进国家治理体系和治理能力现代化的40多年。

四、全面深化改革总目标再为立法举旗定向

我国宪法规定，社会主义制度是国家的根本制度。党的十八届三中全会提出："全面深化改革的总目标是完善和发展中国特色社会主义制

度，推进国家治理体系和治理能力现代化。”这不仅为全面深化改革指明了前进的方向，也为立法工作起到了举旗定向的引领作用。

法律是国之重器，法治是国家治理体系和治理能力的重要依托。立法是国家重要的政治活动，是法治的前提和基础，必须坚持正确的政治方向，必须坚持以党的路线方针政策为依据，体现党和国家事业的发展要求，反映最广大人民的根本利益。这是立法工作的根本出发点和归宿。

（一）正确处理好“完善和发展中国特色社会主义制度与推进国家治理体系和治理能力现代化”的辩证关系

习近平总书记指出：“改革开放是一场深刻革命，必须坚持正确方向，沿着正确道路推进。”方向决定道路，道路决定命运。他强调：“道路问题是关系党的事业兴衰成败第一位的问题，道路就是党的生命。中国特色社会主义，是科学社会主义理论逻辑和中国社会发展历史逻辑的辩证统一，是植根于中国大地、反映中国人民意愿、适应中国和时代发展进步要求的科学社会主义，是全面建成小康社会、加快推进社会主义现代化、实现中华民族伟大复兴的必由之路。”〔1〕我国改革开放之所以能够取得巨大成功，关键就在于我们始终坚持了中国特色社会主义道路，坚持了党的领导，坚持把党的基本路线作为党和国家的生命线；始终坚持把以经济建设为中心和坚持四项基本原则、坚持改革开放这两个基本点统一于中国特色社会主义的伟大实践；始终坚持把法治作为实现这种统一的最佳途径和方式，既不走封闭僵化的老路，也不走改旗易帜的邪路。

改革开放伊始，就有人把改革开放定义为往西方“普世价值”和政治制度上面改，否则就不是改革开放。这是对我国改革开放的重大曲解。

---

〔1〕 习近平：《习近平谈治国理政》，外文出版社2014年版，第67、21页。

对此，邓小平同志早在1986年会见外国友人时曾明确给予澄清："对于我们党的十一届三中全会提出改革开放，当时国际舆论特别是西方世界的舆论，以为我们是搞资本主义，或者以为我们这样搞最终要走到资本主义。经过这几年改革实践，他们慢慢懂得了，我们是坚持社会主义的。坚持社会主义，是中国一个很重要的问题。如果十亿人的中国走资本主义道路，对世界是个灾难，是把历史拉向后退"。当年，他在旗帜鲜明反对资产阶级自由化讲话中还明确指出："中国没有共产党的领导、不搞社会主义是没有前途的。这个道理已经得到证明，将来还会得到证明。"并强调："我们要理直气壮地坚持社会主义道路，坚持四项基本原则。"〔1〕

我们要正确理解全面深化改革总目标的"两句话"，它们是一个不可分割的整体。中国特色社会主义是实现国家治理体系和治理能力现代化的制度基础，是根基所在。完善和发展中国特色社会主义制度是推进国家治理体系和治理能力现代化的前提和目的，离开这个前提和目的，抽象地谈什么国家治理体系和治理能力现代化，只能陷入单纯的方式和手段争论，最终陷入一种法治工具主义，这就忘了事物的本质，也就离开了中国的发展道路；但离开国家治理体系和治理能力现代化，单纯地谈论完善和发展中国特色社会主义制度，也会陷入一种简单的理想盲动主义，最终就可能会抛弃法治，重回"文化大革命"的老路，使我们的制度缺乏法治依托，使我们的事业走向倒退甚至失败。这是我们从新中国成立以来社会主义革命和建设正反两方面经验教训中得到的启示。

立法作为国家重要的政治活动，必然有其政治价值取向。世界上没有哪个国家的立法是脱离政治目的而独立存在的。改革开放40多年来，我国立法工作能够取得巨大成就，一个重要原因就是坚持把党的路线方针政策作为依据，不断推动社会主义制度自我完善和发展，而不是对社会主义制度的改弦易辙。立法不能脱离我国社会主义的本质，背离中国

---

〔1〕《邓小平文选》（第三卷），人民出版社1993年版，第157~158、195、196页。

的发展道路。立法首先要有利于完善和发展中国特色社会主义制度这个根本，有利于解放和发展社会主义生产力，有利于提高国家的综合国力和改善人民的生活水平。邓小平同志讲过："我们政治体制改革总的目标是三条：第一，巩固社会主义制度；第二，发展社会主义社会的生产力；第三，发扬社会主义民主，调动广大人民的积极性。而调动人民积极性的最中心的环节，还是发展生产力，提高人民的生活水平。生产力发展了，人民积极性调动起来了，社会主义国家的力量就增强了，社会主义制度就巩固了。"[1]可见，我们所有的改革目标都是围绕巩固、完善和发展中国特色社会主义制度进行的，这一点是坚定不移的。我们的立法工作始终坚持宪法原则，坚持为社会主义服务这一本质要求，而不能简单地认为立法就仅仅是"推进实现国家治理体系和治理能力现代化"这一个功能。脱离社会主义，所谓的治理体系和治理能力现代化，就是无本之木、无源之水，甚至可能导致一场灾难。

（二）完善和发展中国特色社会主义制度是立法的出发点和归宿

社会主义制度的完善和发展是一个长期的历史过程。社会主义是前无古人的事业，没有现成的经验可供借鉴。我们党带领人民对社会主义建设进行了艰辛探索，从新中国成立以来的历史经验教训中，逐步探索形成了中国特色社会主义道路。改革开放以来，我国经济社会发展所取得的重大成就再次证明，只有社会主义才能救中国，只有改革开放才能发展中国、发展社会主义、发展马克思主义。中国特色社会主义是中国发展强大的必由之路。

1992年，邓小平同志在视察南方重要谈话中旗帜鲜明指出："不坚持社会主义，不改革开放，不发展经济，不改善人民生活，只能是死路一

---

〔1〕《邓小平文选》（第三卷），人民出版社1993年版，第178页。

条。"[1] 从改革开放伊始到提出全面深化改革，每到改革发展的关键时刻，我们党都面临着对改革方向和前进道路的选择和回答。说到底就是要回答在新的历史条件下举什么旗、走什么路的问题。对此，早在1985年邓小平同志就作了明确回答："我们总的原则是四个坚持：坚持社会主义道路，坚持人民民主专政，坚持共产党的领导，坚持马列主义、毛泽东思想。这已经写进中国的宪法。"[2] 宪法对四项基本原则的规定，作为宪法的基本精神和原则，贯穿于宪法始终，为党和国家各项事业的发展提供了根本遵循。

改革开放40多年来，我们始终坚持与时俱进，坚持用党的理论创新成果邓小平理论、"三个代表"重要思想、科学发展观和习近平新时代中国特色社会主义思想武装头脑，统一认识，指导和推动立法工作。我们始终坚持从我国处于并将长期处于社会主义初级阶段的国情和实际出发，深刻把握我国是世界上最大发展中国家的国际地位，把改革开放和社会主义现代化建设的伟大实践作为立法基础，适应我国社会主要矛盾在经济社会发展变化中呈现出的一系列阶段性特征，牢牢抓住经济建设这个中心任务，以实现中华民族伟大复兴为奋斗目标，紧紧围绕统筹推进"五位一体"总体布局和协调推进"四个全面"战略布局，积极开展立法工作。我们始终把坚持四项基本原则同坚持改革开放结合起来，把坚持完善和发展中国特色社会主义同发展市场经济结合起来，把推动经济基础变革同推动上层建筑改革结合起来，把推动经济社会发展同促进实现人民对美好生活的向往结合起来，把促进改革发展同深化法治实践结合起来，把坚持独立自主同积极参与全球治理体系改革和建设结合起来，保证制定的法律法规有利于完善和发展中国特色社会主义制度，有利于解放和发展社会生产力，有利于发挥社会主义制度的优越性，有利于建设富强民主文明和谐美丽的社会主义现代化强国。

---

〔1〕《邓小平文选》（第三卷），人民出版社1993年版，第370页。
〔2〕《邓小平文选》（第三卷），人民出版社1993年版，第134页。

（三）能否推进国家治理体系和治理能力现代化是检验立法质量的现实标准

习近平总书记指出："推进国家治理体系和治理能力现代化，就是要适应时代变化，既改革不适应实践发展要求的体制机制、法律法规，又不断构建新的体制机制、法律法规，使各方面制度更加科学、更加完善，实现党、国家、社会各项事务治理制度化、规范化、程序化。"[1]他强调："小智治事，中智治人，大智立法。治理一个国家、一个社会，关键是要立规矩、讲规矩、守规矩。法律是治国理政最大最重要的规矩。推进国家治理体系和治理能力现代化，必须坚持依法治国，为党和国家事业发展提供根本性、全局性、长期性的制度保障。"[2]

国家治理体系简单说就是管理国家的制度体系。在我国，就是在党的领导下实现国家治理所需要的各种制度安排，包括经济、政治、文化、社会、生态文明和党的建设等各领域体制机制、法律法规安排，也就是一套紧密相连、相互协调的国家制度。国家治理能力则是运用国家制度管理社会各方面事务的能力。在我国，就是党和政府运用国家制度对国家和社会各方面事务进行有效管理的能力，包括改革发展稳定、内政外交国防、治党治国治军等各个方面。国家治理体系和国家治理能力，二者是有机统一的整体，好的治理体系是提高国家治理能力的前提和基础，较高的国家治理能力则能使治理体系的效能真正得到较好发挥。

立法是为国家定规矩、为社会定方圆的神圣工作，是为国家确立各种体制机制、法律法规制度的基础性工作。立法的质量直接关系到国家治理体系的优劣，关系到国家治理能力的现代化建设进程。推进国家治

---

〔1〕 习近平：《习近平谈治国理政》，外文出版社2014年版，第92页。

〔2〕 中共中央文献研究室编：《习近平关于全面依法治国论述摘编》，中央文献出版社2015年版，第12页。

理体系和治理能力现代化，就是要适应时代变化，适应社会实践的发展变化，既改革不适应实践发展要求的体制机制、法律法规，又不断构建新的体制机制、法律法规，使各方面制度更加科学、更加完善，实现党、国家、社会各项事务治理制度化、规范化、程序化，实现良法善治。

1992年，邓小平同志在视察南方重要谈话中明确提出："恐怕再有三十年的时间，我们才会在各方面形成一套更加成熟、更加定型的制度。在这个制度下的方针、政策，也将更加定型化。"[1]党的十八届三中全会在此基础上，明确提出要推进国家治理体系和治理能力现代化，是在总结新中国成立以来特别是改革开放以来我国法治建设成就的基础上，提出的符合新时代发展要求的目标任务，是对新中国成立70年社会主义法治建设曲折发展的经验总结，是对改革开放40多年立法工作的充分肯定、总结概括和提炼升华，同时也是对新时代立法工作提出的更高要求。能否推进国家治理体系和治理能力现代化，是新时代检验立法质量高低的一项重要的现实标准。其关键在于制定的法律规范能不能保证党的路线方针政策正确有效贯彻落实；能不能完善和发展中国特色社会主义制度，真正保证人民依法管理国家和社会事务、经济和文化事业，实现人民当家作主；能不能保证国家机器平稳健康和良性有序运转；能不能有效促进社会主义生产力的解放，消除两极分化，实现共同富裕；能不能有效促进经济社会高质量发展，提升社会主义国家的综合国力；能不能有效提高人民的物质文化生活水平，不断满足人民对美好生活的向往，促进实现社会公平正义。

改革开放40多年来，在党的领导下，我们的立法工作坚持正确的政治方向，坚持从中国特色社会主义的本质要求和国情实际出发，围绕解放和发展社会生产力，围绕贯彻落实党关于依法治国的基本方略要求，立足中国特色社会主义现代化建设的伟大实践，坚持遵循客观事物的发

---

〔1〕《邓小平文选》（第三卷），人民出版社1993年版，第372页。

展规律、经济社会的发展规律、立法活动规律，不断提高立法质量，适时制定和修改了一大批法律，不断完善了国家的各项制度，为国家各项事业的发展提供了有力的法律制度保障，在推进国家治理体系和治理能力现代化进程中发挥了积极的不可替代的重要作用。

五、全面依法治国总目标强根固本推进社会主义现代化强国建设

在党的十八届三中全会提出全面深化改革的总目标后，党的十八届四中全会又作出《中共中央关于全面推进依法治国若干重大问题的决定》，提出了全面依法治国的总目标是建设中国特色社会主义法治体系，建设社会主义法治国家。这就是，在中国共产党领导下，坚持中国特色社会主义制度，贯彻中国特色社会主义法治理论，形成完备的法律规范体系、高效的法治实施体系、严密的法治监督体系、有力的法治保障体系，形成完善的党内法规体系，坚持依法治国、依法执政、依法行政共同推进，坚持法治国家、法治政府、法治社会一体建设，实现科学立法、严格执法、公正司法、全民守法，促进国家治理体系和治理能力现代化。

（一）坚定不移走中国特色社会主义法治道路，为立法工作强根固本

习近平总书记在《关于〈中共中央关于全面推进依法治国若干重大问题的决定〉的说明》中指出：“全面推进依法治国是关系我们党执政兴国、关系人民幸福安康、关系党和国家长治久安的重大战略问题，是完善和发展中国特色社会主义制度、推进国家治理体系和治理能力现代化

的重要方面。”[1]我们要全面建成小康社会，全面深化改革，实现中华民族伟大复兴的中国梦，把我国建设成为富强民主文明和谐美丽的社会主义现代化强国，就必须全面推进依法治国。

全面推进依法治国的总目标，既明确了全面推进依法治国的性质和方向，又突出了全面推进依法治国的工作重点和总抓手。即明确了我国法治建设的性质和方向是坚持走中国特色社会主义法治道路，而不是其他什么法治道路；法治工作的总抓手是建设中国特色社会主义法治体系，而不是脱离中国特色社会主义的什么西方所谓“普世价值”的法治体系。这就再次突出强调了我国法治建设的社会主义性质，阐明了中国特色社会主义制度是中国特色社会主义法治体系的根本制度基础，是全面推进依法治国的根本制度保障，规定和确保了中国特色社会主义法治体系的制度属性和前进方向。建设中国特色社会主义法治体系、建设社会主义法治国家是实现国家治理体系和治理能力现代化的必然要求，也是全面深化改革的必然要求，有利于在法治轨道上推进国家治理体系和治理能力现代化，有利于在全面深化改革总体框架内全面推进依法治国各项工作，有利于在法治轨道上不断深化改革。

依法治国首先是要坚持依宪治国。我国宪法以国家根本法的形式，确立了中国特色社会主义道路、中国特色社会主义理论体系、中国特色社会主义制度的发展成果，反映了我国各族人民的共同意志和根本利益，成为历史新时期党和国家的中心工作、基本原则、重大方针、重要政策在国家法制上的最高体现。特别是十三届全国人大一次会议通过宪法修正案，把党的十八大以来，在以习近平同志为核心的党中央坚强领导下，党和人民在中国特色社会主义新时代实践中取得的重大理论创新成果、实践创新成果、制度创新成果以国家根本法确认下来，使之成为全国各族人民的共同遵循，成为国家各项事业、各方面工作的活动准则。宪法

---

〔1〕《〈中共中央关于全面推进依法治国若干重大问题的决定〉辅导读本》，人民出版社2014年版，第44页。

修正案为新时代党和国家的各项事业发展确立了最高法制标准，也为新时代的立法工作指明了根本路径，具有为立法工作强根固本的重要作用。立法工作必须坚持以习近平新时代中国特色社会主义思想为指导，坚持中国特色社会主义法治道路，贯彻中国特色社会主义法治理论，充分发挥人民代表大会制度的根本政治制度优势，把坚持党的领导、人民当家作主、依法治国真正打通，有机统一起来，为完善和发展中国特色社会主义制度、推进国家治理体系和治理能力现代化作出科学的制度安排，建立有效的制度保障。

（二）建设中国特色社会主义法治体系，确定了立法工作的重点任务

习近平总书记指出："全面推进依法治国涉及很多方面，在实际工作中必须有一个总揽全局、牵引各方的总抓手，这个总抓手就是建设中国特色社会主义法治体系。依法治国各项工作都要围绕这个总抓手来谋划、来推进。"[1]立法工作作为全面依法治国的基础工作，也是这个总抓手首要的工作。

党的十八届四中全会明确指出："建设中国特色社会主义法治体系，必须坚持立法先行，发挥立法的引领和推动作用，抓住提高立法质量这个关键。"坚持立法先行，是完善以宪法为核心的中国特色社会主义法律体系的必然要求，是形成完备的法律规范体系的应有之义。坚持立法先行，就要正确处理好改革与法治的关系，坚持优先建章立制，做到凡重大改革要于法有据，做到先立后破，有序进行，不搞先破后立式的违法改革；就是要认真贯彻落实党中央关于全面深化改革的决策部署，坚持立法和改革决策相衔接，立法主动适应改革和经济社会发展需要。即在

---

〔1〕《〈中共中央关于全面推进依法治国若干重大问题的决定〉辅导读本》，人民出版社2014年版，第52页。

研究改革方案和改革措施时，要同步考虑改革涉及的立法问题，及时提出立法需求和立法建议，确保党的改革决策部署通过法定程序成为法律制度，成为全社会一体遵循的行为规范。对实践证明已经比较成熟的改革经验和行之有效的改革举措，要尽快上升为法律；对实践条件还不成熟、需要先行先试的，要按照法定程序作出授权。既不能随意突破法律红线进行改革，也不能简单以现行法律没有依据为由迟滞改革；对不能适应改革要求的现行法律法规，要及时修改或者废止，不能让一些过时的法律条款成为改革的“绊马索”。从这个意义上来说，坚持立法先行也是全面深化改革的必然要求，是完善和发展中国特色社会主义制度、推进国家治理体系和治理能力现代化的应有之义。

“立善法于天下，则天下治；立善法于一国，则一国治。”不是什么法都能治国，不是什么法都能治好国。推进国家治理体系和治理能力现代化，必然要求立善法于天下，以良法促善治。坚持立法先行，要树立正确的立法理念，把提高立法质量放在重要位置。要恪守以民为本、立法为民理念，贯彻社会主义核心价值观，使每一项立法都符合宪法精神、反映人民意志、得到人民拥护。当前，人民群众对立法的期盼，已经不是有没有，而是好不好、管用不管用、能不能解决实际问题。立法必须抓住提高立法质量这个关键，深入推进科学立法、民主立法，完善立法工作机制和程序，扩大公民有序参与，充分听取各方意见，把公正、公平、公开原则贯穿立法全过程，坚持立改废释并举，坚持问题导向，使法律法规能准确反映经济社会发展要求，更好协调各种利益关系，切实增强法律法规的及时性、系统性、针对性、有效性，发挥立法的引领和推动作用。

（三）新时代法治中国建设的新目标对立法工作提出新任务新要求

党的十九大作出一个重大判断：经过长期努力，中国特色社会主义进入了新时代，这是我国发展新的历史方位。新时代具有许多新的历史特点，呈现出许多新面貌，提出许多新课题。党的十九大分两个阶段规划了从2020年到本世纪中叶我国经济社会发展的战略目标。在法治建设方面，第一个阶段，从2020年到2035年，要使人民平等参与、平等发展权利得到充分保障，法治国家、法治政府、法治社会基本建成，各方面制度更加完善，国家治理体系和治理能力现代化基本实现。第二个阶段，从2035年到本世纪中叶，把我国建设成富强民主文明和谐美丽的社会主义现代化强国。到那时，我国物质文明、政治文明、精神文明、社会文明、生态文明将全面提升，实现国家治理体系和治理能力现代化。这就对立法工作提出了新的目标任务。

从十九大到二十大，是“两个一百年”奋斗目标的历史交汇期。我们既要全面建成小康社会、实现第一个百年奋斗目标，又要乘势而上开启全面建设社会主义现代化国家新征程，向第二个百年奋斗目标进军。党的十九大从我国还处于并将长期处于社会主义初级阶段的实际情况出发，适应我国社会主要矛盾已经转化为“人民日益增长的美好生活需要和不平衡不充分的发展之间的矛盾”，我国经济已由高速增长阶段转向高质量发展阶段的实际需求，站在更高起点上谋划和推进全面深化改革、扩大对外开放，提出了一系列重要改革举措，部署了一系列重大改革任务，许多都涉及法治，提出的立法需求很多，需要区分不同情况和轻重缓急来解决。面对党的十九大提出的历史交汇期的任务特点，立法工作需要适应新形势，解决新问题，实现新突破，以立法高质量保障和促进经济社会持续健康发展。

十三届全国人大常委会深入学习贯彻习近平新时代中国特色社会主义思想，贯彻习近平总书记全面依法治国新理念新思想新战略，贯彻党的十九大和十九届二中、三中全会精神，根据新时代党和国家事业发展的新形势、人民群众对美好生活的新期待和实现高质量发展的新要求，确定了全国人大常委会立法规划并报党中央批转执行。这个规划紧紧围绕统筹推进“五位一体”总体布局和协调推进“四个全面”战略布局，贯彻新发展理念，对全国人大常委会的立法作出安排部署，提出一类项目和二类项目共计116件。其中，条件比较成熟、任期内拟提请审议的一类项目69件；二类属于需要抓紧工作、条件成熟时提请审议的项目，共47件。仅在一类项目中，除宪法修正案和民法典编纂外，安排新制定的法律33件，修改法律34件，包括制定监察法、人民陪审员法、英雄烈士保护法、能源法、乡村振兴促进法、电子商务法、增值税法、房地产税法、文化产业促进法、学前教育法、个人信息保护法、社会救助法、社区矫正法、土壤污染防治法等，修改地方组织法、国务院组织法、人民法院组织法、人民检察院组织法、专利法、农村土地承包法、证券法、行政处罚法、行政复议法、刑事诉讼法、治安管理处罚法、药品管理法、土地管理法、安全生产法等重要领域立法，任务十分繁重。全国人大常委会要顺利完成这些立法项目，就需要继续运用制定、修改、废止、解释、授权、决定、清理等立法形式，综合推进，以良法促善治，切实为改革开放提供法治支持和保障。

六、新中国成立70年特别是改革开放40多年的立法工作充分彰显中国特色社会主义建设事业的实践特色

新中国成立70年特别是改革开放40多年来，在党中央的领导下，我们成功走出一条具有中国特色的立法路子。我们坚持党的领导、人民当家作主、依法治国有机统一，紧紧围绕党和国家工作大局，以建设社会主义现代化强国为目标，深深植根于中国特色社会主义建设事业的伟大实践，深刻把握我国经济社会发展变化不同时期的阶段性特征，积极主动，有计划、有重点、有步骤地开展立法工作，仅仅用几十年时间就形成并不断发展完善了中国特色社会主义法律体系，为完善和发展中国特色社会主义制度、推进国家治理体系和治理能力现代化提供了有效的法

律制度保障，充分彰显了与中国特色社会主义建设事业紧密结合的实践特色，成绩来之不易。

（一）体现了完善和发展中国特色社会主义制度的本质要求

一个国家社会制度的性质决定着一个国家法律制度的性质，也决定着一个国家法治的性质。立法是国家重要的政治活动，因而立法过程永远是一个政治过程。我国是工人阶级领导的、以工农联盟为基础的人民民主专政的社会主义国家。这就决定了我们的立法必须坚持党的领导，坚持正确的政治方向，坚持以完善和发展中国特色社会主义制度为根本。新中国成立70年特别是改革开放40多年来，我国立法始终坚持以马列主义、毛泽东思想、邓小平理论、“三个代表”重要思想、科学发展观、习近平新时代中国特色社会主义思想为指导，坚持党的领导这一中国特色社会主义的本质特征，坚持从中国国情和实际出发，坚持走社会主义道路，建立并不断健全和完善了人民代表大会制度、中国共产党领导的多党合作和政治协商制度、民族区域自治制度以及基层群众自治制度，形成和完善了中国特色社会主义法律体系，建立并不断健全和完善了公有制为主体、多种所有制经济共同发展的基本经济制度，以及建立在这些制度基础上的经济体制、政治体制、文化体制、社会体制、生态文明体制等各项具体制度。这些制度都是中国特色社会主义制度的有机组成部分，它们的建立、健全和完善也必然巩固、完善和发展了中国特色社会主义制度，体现了人民的共同意志，维护了人民的根本利益，实现了坚持党的领导、人民当家作主、依法治国有机统一。

（二）体现了社会主义现代化建设改革开放实践的时代要求

改革开放是当代中国社会主义现代化建设最伟大的社会实践，为中国特色社会主义法律体系的形成和完善提供了丰厚的实践沃土。新中国成立 70 年来，我国立法工作始终在为服务建立社会主义现代化强国进行积极探索。改革开放 40 多年来，我国立法始终与社会主义现代化建设实践相伴而生、相互促进，体现了改革开放鲜明的时代特征。一方面，社会主义现代化建设改革开放的伟大实践，为法律体系的形成和完善提供了内在需求和动力，为立法工作提供了实践基础和经验。社会主义现代化建设的改革开放实践越向前推进，经济社会发展变化越深刻，对健全和完善国家治理体系的要求就越迫切，对依法提升国家治理能力的要求就越高，构建中国特色社会主义法律体系所依赖的基础也就越扎实。另一方面，围绕形成和完善中国特色社会主义法律体系，立法及时反映社会主义现代化建设改革开放实践中各个时期的阶段性特征，根据时代要求，妥善处理法律稳定性与改革变动性的关系，努力实现立法决策与改革决策相衔接，立法主动适应改革和经济社会发展需要，确保重大改革于法有据，为经济社会发展和改革开放的顺利进行提供了有效的法律制度保障和较好的法治环境。

（三）体现了以民为本、立法为民的民意要求

以人民为中心是我们党的立党之本。为中国人民谋幸福，为中华民族谋复兴，是中国共产党人的初心和使命。新中国成立 70 年来，我们党始终把群众路线贯彻到治国理政全部活动之中，把人民对美好生活的向往作为奋斗目标，依靠人民创造历史伟业。这是我们党践行全心全意为人民服务根本宗旨的体现。改革开放 40 多年来，我们始终把维护最广大人民根本利益作为立法工作的出发点和落脚点，坚持以民为本、立法为民，尊重人民的主体地位，尊重人民的首创精神，拓展公民对立法的有序参与，充分发扬民主，广泛集中民智，保证人民通过各种合法途径实现对国家和社会治理的积极有效参与；坚持顺应民心、尊重民意、关注

民情、致力民生，通过立法尊重和保障人权，维护公民的合法权益，注重从不同方面保障公民享有的经济权利、政治权利、文化权利、社会权利、生态良好权利，从实体和程序上切实保证公民享有广泛的、充分的、真实的自由和权利；坚持走共同富裕的道路，通过立法促进社会公平正义，增进人民福祉，在幼有所育、学有所教、劳有所得、病有所医、老有所养、住有所居、弱有所扶上不断完善相关法律制度，创新社会治理，保证全体人民在共建共享发展中有更多获得感、幸福感、安全感，促进人的全面发展；注重维护社会和谐稳定，确保人民安居乐业，真正实现好、维护好、发展好最广大人民的根本利益，促进实现全体人民共同富裕。

（四）体现了全面依法治国、推进国家治理体系和治理能力现代化的科学要求

全面依法治国是关系党执政兴国、关系人民幸福安康、关系党和国家长治久安的重大战略问题，是完善和发展中国特色社会主义制度、推进国家治理体系和治理能力现代化的重要方面。新中国成立70年来，我们对如何建设社会主义进行了不懈探索，经由了法制到人治、再到法治的曲折。改革开放40多年来，我们党始终强调“两手抓”，一手抓改革开放，一手抓法制建设，把依法治国确定为党领导人民治国理政的基本方略，把依法执政确定为党治国理政的基本方式，始终把法治放在党和国家工作大局中来考虑、来谋划、来推进，坚持依法治国、依法执政、依法行政共同推进，法治国家、法治政府、法治社会一体建设，全面推进科学立法，经过各方面长期不懈的努力，形成并不断完善了中国特色社会主义法律体系。以宪法为核心的中国特色社会主义法律体系，为党依宪执政、依法执政提供了有效的宪法和法律依据，有效提高了党科学执政、民主执政、依法执政的水平；为人民通过各种途径管理国家和社会事务、管理经济和文化事业提供了得心的宪法和法律制度保障，切实

保证实现了人民当家作主；为我们党和国家应对改革发展中各种突发的矛盾风险挑战提供了应手的宪法和法律武器，不断提高了运用法律制度治国理政、把各方面制度优势转化为治理国家社会的效能的能力。全面推进依法治国，确保了我国社会在深刻变革中既生机勃勃又井然有序，确保了社会主义制度的生机活力，确保了国家综合国力的显著提升和人民生活的显著改善，彰显了社会主义制度的无比优越性。

（五）体现了继承中国法制文化优秀传统和借鉴人类法治文明成果的文化要求

文化是一个国家、一个民族的灵魂。文化兴则国运兴，文化强则民族强。新中国成立70年特别是改革开放40多年来，我们坚持走中国特色社会主义文化发展道路，在立法工作中坚定文化自信，始终立足中国国情和实际，坚持将传承历史传统、弘扬社会主义先进文化、借鉴人类有益文明成果和进行制度创新有机结合起来，做到古为今用、洋为中用、兼容并蓄，充分体现了我国在立法上的先进性、包容性和广泛性。我国的法律制度植根于中国特色社会主义伟大实践，一方面，坚持以马克思主义为指导，坚持以马克思主义中国化理论成果毛泽东思想、邓小平理论、“三个代表”重要思想、科学发展观和习近平新时代中国特色社会主义思想为指导，立足新中国成立时的实际，立足改革开放后中国的现实，结合中国特色社会主义新时代的特征要求，把集中体现当代革命精神的社会主义核心价值观融入宪法法律，使之成为人们的行为规范，转化为人们的情感认同和行为习惯；另一方面，深入挖掘中华优秀历史传统文化蕴含的思想观念、人文精神、道德规范，结合时代要求进行制度创新，凝聚人民文化认同和自信。同时，注重充分吸收人类法律文明成果，借鉴国外一切对我们有益的法律制度和治国经验，但又不简单照抄照搬。我们尊重各国人民从本国国情实际出发制定的适合自己的法律制度，不迷信外国的法律制度，不用外国的法律体系来套中国特色社会主义法律体系，不以外国法律体系中有无相关法律来检验和衡量我们的法律制度；我们尊重国际社会规则，坚持从我国国情和实际出发，适应我国现实生活需要来确定是否制定相关法律。

（六）体现了统筹推进“五位一体”总体布局的建设要求

我国社会主义现代化建设在实践中不断探索完善，从实践到理论逐步形成完整的体系，从新中国成立初期提出建设一个具有现代化工业、现代化农业、现代化科学文化和现代化国防的社会主义国家，到改革开放后提出从“摸着石头过河”到现阶段的顶层制度设计，我们围绕“四个现代化”建设经历了从社会主义物质文明、精神文明建设到物质文明、精神文明、政治文明建设的发展，从中国特色社会主义经济建设、政治建设、文化建设、社会建设，再到中国特色社会主义经济建设、政治建设、文化建设、社会建设、生态文明建设“五位一体”总体布局的发展变化，标志着我们党对社会主义现代化建设事业内涵认识的日益深化和丰富。新中国成立70年特别是改革开放40多年来，随着党和国家事业的发展完善，我国立法经历了平稳起步、停滞不前、恢复重建、快速发展、日趋完善的曲折探索实践，不断丰富发展，实现了从“摸着石头过河”的探索到加强顶层制度设计的自觉，在以宪法为核心的中国特色社会主义法律体系的整个构建过程中，自觉围绕统筹推进“五位一体”总体布局不同阶段的要求加以推进完善，为完善和发展中国特色社会主义制度、推进国家治理体系和治理能力现代化提供了相适应的法律规范体系。以政治体制改革立法为起锚，恢复和健全国家机构及其职权，启动中国特色社会主义现代化建设事业改革开放的航船；以经济立法为牵引，建立和完善社会主义市场经济体制机制，推动中国特色社会主义法律体系形成并不断完善；以社会民生立法为支撑，努力改善人民生活，保证改革发展成果更多更公平惠及全体人民，满足人民对物质文化生活需求和对美好生活的向往；以文化立法为价值导向，弘扬中华优秀历史传统文化和体现革命精神的社会主义先进文化，树立文化自信，引领社会主义精神文明建设；以生态文明立法为武器，树立绿色发展理念，以法律的武器治理污染，用法治的力量保卫蓝天，依法打造生态宜居、人与自然和谐相处的生态环境。整个改革过程的立法，充分体现了统筹推进“五位一体”总体布局的要求。

（七）体现了协调推进“四个全面”战略布局的现实要求

新中国成立之初，我们党就提出了建设社会主义现代化强国的战略目标。在经历了30年的曲折探索后，党的十一届三中全会确立了实行改革开放的方针，我们党有针对性地提出了在20世纪末实现小康社会的目标；在20世纪末这个目标提前实现的基础上，我们党又提出了建设更高水平小康社会的目标任务。党的十八大以来，在继承和发展党提出的使国家兴旺发达战略目标基础上，从坚持和发展中国特色社会主义全局出发，提出并形成了全面建成小康社会、全面深化改革、全面依法治国、全面从严治党的战略布局，“四个全面”战略布局从此成为一个完整的战略体系。改革开放40多年来，立法工作事实上是根据党的战略决策部署，紧紧围绕“四个全面”战略布局，从战略目标和战略举措上共同推进和完善中国特色社会主义法律体系的。以全面推进建成小康社会为战略目标，通过建立健全各种相关法律制度，解放人们的思想禁忌，调动人们为全面建成小康社会而努力奋斗的积极性；以全面推进深化改革为战略重点，突出经济、政治、文化、社会和生态文明各个领域的立法，既有重点突破，又有平衡发展，使各领域改革相辅相成、互为支撑，统筹推进，焕发全社会改革发展的活力和动力；以全面推进依法治国为战略协同，不断增强人们运用法律手段、法治思维、法治方式深化改革、推动发展、化解矛盾、维护稳定的意识和能力，保证国家生活和社会生活健康有序运行，深入推进国家治理方式的转变；以全面从严治党为战略抓手，从强调“国要有国法，党要有党规党法。党章是最根本的党规党法。没有党规党法，国法就很难保障”，到把党规党法建设纳入中国特色社会主义法治体系，确保党规党法和国家法律的有效衔接，形成依规治党与依法治国的法治链条闭合，既可确保推进实现国家治理体系和治理能力现代化，又可解决加强党的领导与从严治党在国家治理中相互脱节的现实难题，从根本上巩固党的执政地位，完善和发展中国特色社会主义制度。

（八）体现了实事求是、与时俱进的发展要求

实践是法律之母。法律是实践经验的总结，并随着实践的发展而发展。实践发展没有止境，法律也不可能一劳永逸、万古不变，它必须与时俱进、不断创新，才能保持生命之树常青。无论是新中国成立之时，还是改革开放以来，我国立法工作无论经历了怎样曲折的发展，都能始终坚持党的领导，以贯彻落实党中央的决策部署为重点，保证党的主张通过法定程序成为国家意志。特别是改革开放40多年来，立法工作始终坚持实事求是，与时俱进，及时适应经济社会发展在不同阶段的特征需求，制定适合该阶段发展需要的法律制度，为社会的发展进步提供必要的法制保障。社会主义建设事业是一个不断实践、完善和发展的过程，社会主义制度还需要不断自我完善和发展，社会主义市场经济体制机制也是一个不断完善发展的过程，因而反映规范这些制度和体制的法律规范也必然处于不断完善发展的过程。我们既不超越社会发展实际，搞超越历史现实但无法有效实施的理想主义式的立法；也不因循守旧、裹足不前，使现有的法律制度成为改革开放前进的“绊马索”。我们坚持科学立法，坚持遵循事物发展的客观规律、经济社会的发展规律和立法活动

规律，正确处理改革与法治的关系，正确处理法律的稳定性与变动性、阶段性与前瞻性相统一的辩证关系，坚持立改废释、作出授权决定和改革决定等多种立法方式并用，不断适应经济社会发展提出的新需求，坚持在法治下推进改革，在改革中完善法治，使法律成为改革开放的“助推器”“开道车”，积极推进国家治理体系和治理能力现代化。

新中国成立70年特别是改革开放40多年来，中国特色社会主义建设事业取得了举世瞩目的辉煌成就，创造了人类历史上最伟大的人间奇迹，谱写了人类历史上最瑰丽的诗篇华章。中国特色社会主义制度为这一伟大实践提供了根本制度基础，又在这一伟大实践中获得了更好的发展。从这个意义上说，新中国成立70年特别是改革开放40多年来，中国特色社会主义建设事业取得的最大进步是制度上的进步，最大成就是制度上的成就。展望未来，我们有理由相信，随着中国特色社会主义制度的不断完善和发展，一个实现国家治理体系和治理能力现代化的中国必将屹立于世界东方，为人类社会文明进步做出新的更大贡献。

党领导立法工作的理论发展与实践创新

习近平总书记指出："党和法的关系是一个根本问题，处理得好，则法治兴、党兴、国家兴；处理得不好，则法治衰、党衰、国家衰。"他强调："全面推进依法治国，方向要正确，政治保证要坚强。古人说：'有道以统之，法虽少，足以化矣；无道以行之，法虽众，足以乱矣。'"[1]中国共产党领导是中国特色社会主义最本质的特征，也是中国建设社会主义法治国家之大"道"。把党的领导贯彻到依法治国全过程和各方面，是我国社会主义法治建设的一条基本经验。坚持党领导立法，就是坚持一切立法工作由党统领，通过法定程序将党的政策主张转化成为国家意志，成为全国人民共同的目标和一体遵循的行为规范，以实现党的宗旨和使命。坚持党领导立法，是中国特色社会主义制度的一大政治优势，是党依法执政、依法治国的根本政治要求。新中国成立 70 年特别是改革开放 40 多年来，我国立法工作取得了历史性成就，形成并不断完善了中国特色社会主义法律体系，归根结底在于坚持了党的领导。正是由于我们党团结带领中国人民坚持和发展中国特色社会主义，坚定进行了社会主义现代化建设事业的伟大实践，开辟了中国特色社会主义法治道路，形成了中国特色社会主义法治理论体系，发展了中国特色社会主义法治

〔1〕 中共中央文献研究室编：《习近平关于全面依法治国论述摘编》，中央文献出版社 2015 年版，第 33、34 页。

文化，才形成和完善了以宪法为核心的中国特色社会主义法律体系，为确立、巩固、完善和发展中国特色社会主义制度，推进国家治理体系和治理能力现代化提供了有效的制度保障。

一、坚持党领导立法是完善和发展中国特色社会主义制度的政治使命

（一）坚持党领导立法，是建立、巩固、完善和发展中国特色社会主义制度的政治要求

革命的根本问题是政权问题。新中国成立后建立什么样的政权，是摆在我们党面前的严峻政治命题，也反映和体现着我们党的政治本色。我们党成立之初，在确定了共产主义的最高理想和最终目标的同时，也确立了建立社会主义的现实理想和奋斗目标。我们党在大革命、土地革命直到解放战争时期，始终领导革命政权，建立属于自己的革命法制，对建立人民民主政权的法制建设进行了有益的探索实践。在中华人民共和国成立前夕，党中央根据革命根据地法制建设的经验，发布了《关于废除国民党的六法全书与确立解放区的司法原则的指示》，中国人民政治协商会议第一届全体会议通过了具有临时宪法性质的《共同纲领》，先后宣布废除国民党的伪宪法和伪法统，制定保护人民的法律、法令。《共同纲领》规定新中国是“新民主主义即人民民主主义的国家，实行工人阶级领导的、以工农联盟为基础的、团结各民主阶级和国内各民族的人民民主专政”，“中华人民共和国的国家政权属于人民。人民行使国家政权的机关为各级人民代表大会和各级人民政府”。这些规定为新中国国家政权建设提供了法制保障。1954 年宪法颁布实施，以国家根本法确认了中国共产党的执政地位、在国家政治和社会生活中的领导地位、在宪法秩序中的合法地位，同时把人民民主原则和社会主义原则固定下来，把人

民代表大会制度的根本政治制度固定下来。历史证明，社会主义是中国实现国家富强、民族振兴的唯一正确道路，以人民代表大会制度为核心的社会主义制度是保证实现人民当家作主的最为有效的制度。党的八大进一步强调，“我们必须进一步加强人民民主的法制，巩固社会主义的建设秩序”，“国家必须根据需要，逐步地系统地制定完备的法律”[1]，要做到“有法可依、有法必依”[2]。新中国成立初期的制宪立法，对建立和巩固我国社会主义制度和人民民主专政的国家政权发挥了至关重要的作用。正如习近平总书记所指出：“新中国成立初期，我们党在废除旧法统的同时，积极运用新民主主义革命时期根据地法制建设的成功经验，抓紧建设社会主义法治，初步奠定了社会主义法治的基础。后来，党在指导思想上发生‘左’的错误，逐渐对法制不那么重视了，特别是‘文化大革命’十年内乱使法制遭到严重破坏，付出了沉重代价，教训十分惨痛！”[3]

改革开放新时期，在党的领导下，立法立足社会主义法治建设目标，推动社会主义制度更加成熟更加定型，为推进国家治理体系和治理能力现代化奠定了制度基础和依托。以党的十一届三中全会为标志，我们党深刻总结“文化大革命”的历史教训，毅然决然实现从“以阶级斗争为纲”向“以经济建设为中心”的历史转折，实现从“人治”向“法治”的历史转折。改革开放40多年来，立法工作坚持“四项基本原则”不动摇，围绕党中央在我国不同历史发展阶段提出的法制建设目标任务，深入推进科学立法、民主立法、依法立法，有计划、有步骤地推进形成中国特色社会主义法律体系并不断完善，进一步巩固了改革开放新时期的国家政权，保障了中国特色社会主义的前进方向，保证了中国特色社会

---

〔1〕《中国共产党第八次全国代表大会关于政治报告的决议》。

〔2〕《进一步加强人民民主法制，保障社会主义建设事业》，董必武在中国共产党第八次全国代表大会上的发言。

〔3〕中共中央文献研究室编：《习近平关于社会主义政治建设论述摘编》，中央文献出版社2017年版，第82～83页。

主义制度不断完善发展。

党的十八大以来，以习近平同志为核心的党中央励精图治，统筹推进“五位一体”总体布局和协调推进“四个全面”战略布局，推动改革开放向更宽的领域、更深的层次拓展。党的十八届三中、四中全会先后明确了全面深化改革、全面依法治国的总目标。对于实现全面深化改革总目标，习近平总书记指出：“今天，摆在我们面前的一项重大历史任务，就是推动中国特色社会主义制度更加成熟更加定型，为党和国家事业发展、为人民幸福安康、为社会和谐稳定、为国家长治久安提供一整套更完备、更稳定、更管用的制度体系。”[1]这一整套制度体系，集中体现为以宪法为核心的中国特色社会主义法律体系不断完善，全面推进依法治国，建设中国特色社会主义法治体系，建设社会主义法治国家的目标，完善和发展中国特色社会主义制度，最终实现党的十九大提出的到本世纪中叶“实现国家治理体系和治理能力现代化”的宏伟目标。

（二）坚持党领导立法，是确保立法为人民谋幸福、为中华民族谋复兴的使命要求

习近平总书记指出：“中国共产党人的初心和使命，就是为中国人民谋幸福，为中华民族谋复兴。”[2]中国近代以来，各种政治力量角逐的历史证明，没有共产党就没有新中国。中国共产党是实心实意担负实现人民幸福、国家富强、民族复兴历史重任的政治力量。中国共产党植根于人民、来源于人民，是人民的组成部分，代表最广大人民的根本利益。只有坚持党领导立法，才能保证立法始终为人民服务、为中华民族伟大复兴服务，始终以实现人民群众对美好生活的向往作为奋斗目标，始终

---

〔1〕 习近平：《完善和发展中国特色社会主义制度　推进国家治理体系和治理能力现代化》，载《人民日报》2014年2月18日，第1版。

〔2〕《决胜全面建成小康社会　夺取新时代中国特色社会主义伟大胜利——在中国共产党第十九次全国代表大会上的报告》。

以实现好维护好发展好最广大人民的根本利益为最高标准，通过完备的法律制度让改革发展成果更多更公平惠及全体人民。这是中国共产党的立党宗旨和政治追求，也是党的政治使命。

坚持党对立法工作的领导，必须坚持我们党的根本宗旨，牢固树立以人民为中心的思想。我们党的政策和国家法律都是人民根本意志的反映，在本质上是一致的。党的政策的根基在于人民，来自人民，服务人民，目的是为人民谋幸福。只有坚持党领导立法，才能保证立法实现党的主张和人民意志的有机统一，才能保证立法反映最广大人民的根本利益，真正为人民谋利益、谋幸福，得到最广大人民的拥护、遵守和执行，才能使法治成为人人捍卫的不可侵犯的力量。新中国成立70年特别是改革开放40多年来的实践证明，正是由于坚定不移地坚持党对立法工作的领导，我国法治建设才始终没有背离社会主义方向，才始终没有背离全心全意为人民服务的宗旨，才始终没有背离党的初心和使命。虽然一度在法治建设道路上出现曲折，但是党依靠人民的力量纠正了实践中的错误，最终使我国法治走上了坦途，实现了从“无法可依”到“有法可依”，从“有法可依、有法必依”到“有法可依、有法必依、执法必严、违法必究”，从“法制”到“法治”，从“科学执政、民主执政”到“科学执政、民主执政、依法执政”，从形成“中国特色社会主义法律体系”到建设“中国特色社会主义法治体系”等历史性转变，为党领导中国人民在中国特色社会主义道路上不断前进，实现从站起来、富起来到强起来的三次伟大飞跃提供了坚强法治保障。

坚持党对立法工作的领导，必须牢记党在现阶段的奋斗目标，服务中华民族伟大复兴的中国梦。全面建成小康社会、建成富强民主文明和谐美丽的社会主义现代化强国，是全国人民现实的共同理想，需要凝聚中国力量，紧紧依靠人民来实现。中国共产党是中国特色社会主义事业的领导核心，是团结带领人民实现中国梦的主心骨。党团结带领人民靠的是“不忘初心”、矢志不渝为理想而奋斗的精神，靠的是“牢记使命”

制定出符合人民根本利益的正确路线方针政策并全力推动执行的实干精神，靠的是实事求是、一切从实际出发脚踏实地为人民谋实惠、谋利益、谋幸福的务实精神。坚持党对立法工作的领导，必须从我国国情和实际出发，深刻认识我国社会主要矛盾发展变化的现实需求，充分认识我国改革发展稳定所面临的风险挑战，解决制约持续健康发展的各种问题，克服部门保护主义和地方保护主义，关注和解决人民最关心的教育、就业、收入分配、社会保障、医药卫生、住房、安全、生态等方面的突出问题，促进社会公平正义。总之，立法就是要将党的奋斗目标和路线方针政策结合起来，同人民的需求结合起来，让党的主张、人民的意愿通过法定程序有机统一起来，成为国家的法律制度，成为人人共同遵守、团结奋进、弘扬正能量、共圆中国梦的法治信仰和制度保障。

（三）坚持党领导立法，是建设社会主义法治国家的本质要求

习近平总书记指出："党的领导是中国特色社会主义最本质的特征，是社会主义法治最根本的保证。坚持中国特色社会主义法治道路，最根本的是坚持中国共产党的领导。"[1]全面推进依法治国，建设中国特色社会主义法治体系，建设社会主义法治国家，必须坚持立法先行，发挥立法的引领和推动作用。坚持立法先行，必须坚持党领导立法。这是社会主义法治建设的根本要求，是党和国家的根本所在、命脉所在，事关全国各族人民的根本利益，是全面依法治国的题中应有之义。

坚持党领导立法，必须明确全面依法治国总目标的核心要义：这就是，在中国共产党的领导下，坚持中国特色社会主义制度，贯彻中国特色社会主义法治理论，形成完备的法律规范体系、高效的法治实施体系、严密的法治监督体系、有力的法治保障体系，形成完善的党内法规体系，

〔1〕 中共中央文献研究室编：《习近平关于全面依法治国论述摘编》，中央文献出版社 2015 年版，第 27 页。

坚持依法治国、依法执政、依法行政共同推进，坚持法治国家、法治政府、法治社会一体建设，实现科学立法、严格执法、公正司法、全民守法，促进国家治理体系和治理能力现代化。党的十八届四中全会关于全面依法治国的重要论述，深刻阐明了我国社会主义法治建设的本质特征：一是，党的领导贯彻到依法治国的全过程和各方面，体现了党领导立法、保证执法、支持司法、带头守法的要求，体现了从严治党的要求。二是，党的领导和社会主义法治是一致的，社会主义法治必须坚持党的领导，党的领导必须依靠社会主义法治。立法必须努力做好法律规范体系与完善的党内法规体系相衔接。三是，党的领导是社会主义法治最根本的保证，中国特色社会主义制度是中国特色社会主义法治体系的根本制度基础，是全面推进依法治国的根本制度保障。立法必须坚持完善和发展中国特色社会主义制度这个根本。四是，中国特色社会主义法治理论是中国特色社会主义法治体系的理论指导和学理支撑，是全面依法治国的行动指南。立法必须以中国特色社会主义法治理论为指导，特别是以习近平总书记全面依法治国新思想新理念新战略为指导。五是，全面依法治国的最终结果体现在建成法治中国，实现国家治理体系和治理能力现代化。立法必须体现党提出的“坚持依法治国、依法执政、依法行政共同推进，坚持法治国家、法治政府、法治社会一体建设”要求，全面推进以宪法为核心、与国家治理体系和治理能力现代化要求相适应的中国特色社会主义法律体系完善发展。

坚持党领导立法，必须明确全面依法治国的核心要义，坚持社会主义法治建设的本质要求，坚定不移走中国特色社会主义法治道路，抓住其所体现的中国特色社会主义制度属性和前进方向，贯彻落实好党中央关于改革开放的重大战略决策部署，坚持立法决策与改革决策相衔接，立法主动适应改革和经济社会发展需要，善于使党的主张通过法定程序成为国家意志，成为全社会一体遵行的行为规范，把“科学立法、严格执法、公正司法、全民守法”的要求通过法律制度落到实处。

二、坚持党领导立法是实现国家治理体系和治理能力现代化的根本保证

新中国成立后，以什么样的方式进行治国理政，我们党的认识有一个历史的发展过程，在“人治”和“法治”的问题上一开始并不是很清楚。正是由于历史的局限，我们在社会主义现代化建设实践中走了弯路，付出了巨大代价。历史是最好的老师。经验和教训使我们党深刻认识到，法治是治国理政不可或缺的重要手段，是实现国家治理体系和治理能力现代化的重要依托。

（一）坚持党领导立法，是党坚持依法执政、以法治方式治国理政的政治觉醒

习近平总书记指出：“法治和人治问题是人类政治文明史上的一个基本问题，也是各国在实现现代化过程中必须面对和解决的一个重大问题。综观世界近代史，凡是顺利实现现代化的国家，没有一个不是较好解决了法治和人治问题的。相反，一些国家虽然也一度实现快速发展，但并没有顺利迈进现代化的门槛，而是陷入这样或那样的‘陷阱’，出现经济社会发展停滞甚至倒退的局面。后一种情况很大程度上与法治不彰有关。”〔1〕党的十九大强调，“全面依法治国是国家治理的一场深刻革命，必须坚持厉行法治”，把全面依法治国提升到“四个全面”的战略高度，提出法治是治国理政的基本方式，是我们党面临的又“一场深刻革命”，这是新中国成立70年特别是改革开放40多年来，我们党从长期依法治国、依法执政实践中得出的基本结论和基本经验。

〔1〕 中共中央文献研究室编：《习近平关于全面依法治国论述摘编》，中央文献出版社2015年版，第12页。

坚持党领导立法，是我们党加强执政能力建设的高度政治自觉，并随着实践的发展不断深化。从新中国成立到改革开放前的30年，我国法治建设经过曲折反复，使我们党逐步认识到法治建设在治国理政中的重大作用。党的十一届三中全会提出了加强社会主义民主、健全社会主义法制的任务。经过近20年的法制建设探索实践，到党的十五大，我们党对法治建设的认识上升到了一个新高度，我国的立法工作也从主要注重经济领域立法等某个方面，转向了全面加强社会主义法治建设。党的十五大明确提出，依法治国，建设社会主义法治国家；强调依法治国是党领导人民治理国家的基本方略；加强立法工作，提高立法质量，到2010年形成有中国特色社会主义法律体系。党的十六大提出，发展社会主义民主政治，最根本的是要把坚持党的领导、人民当家作主和依法治国有机统一起来，重申了党的十五大提出的立法工作目标任务，并强调保证立法和决策更好地体现人民的意志。党的十七大强调要全面落实依法治国基本方略，加快建设社会主义法治国家；强调要善于使党的主张通过法定程序成为国家意志；要坚持科学立法、民主立法，完善中国特色社会主义法律体系。党的十八大以来，以习近平同志为核心的党中央在全面实施依法治国基本方略接续奋斗中，强调更加注重发挥法治在国家治理和社会管理中的重要作用，明确提出法治是治国理政的基本方式，要推进科学立法、严格执法、公正司法、全民守法；完善中国特色社会主义法律体系，加强重点领域立法，拓展人民有序参与立法途径。可见，“依法治国是我们党提出来的，把依法治国上升为党领导人民治理国家的基本方略也是我们党提出来的，而且党一直带领人民在实践中推进依法治国”。[1] 对此，习近平总书记指出，“党的十一届三中全会以来，我们党把依法治国确定为党领导人民治理国家的基本方略，把依法执政确定为党治国理政的基本方式，始终把法治放在党和国家工作大局来考虑、

〔1〕 中共中央文献研究室编：《习近平关于全面依法治国论述摘编》，中央文献出版社2015年版，第27页。

来谋划、来推进”。“全面推进依法治国，是我们党在治国理政上的自我完善、自我提高，不是在别人压力下做的”，“全面推进依法治国，要有利于加强和改善党的领导，有利于巩固党的执政地位、完成党的执政使命，决不是要削弱党的领导”。[1]

随着党对依法执政认识的深化，党对立法工作的领导更加得到突出和加强。党的十八届四中全会指出，建设中国特色社会主义法治体系，必须坚持立法先行，发挥立法的引领和推动作用。这是我们党第一次在党的全会文件中确立了立法在治国理政中的先导作用、基础作用和保障作用，进而确立了全面依法治国对全面建成小康社会、全面深化改革、全面从严治党的战略支撑地位，对于党实现对国家和社会事务的全面领导具有重要意义。为落实全面依法治国基本方略，党的十九大强调要推进科学立法、民主立法、依法立法，以良法促进发展、保障善治，并决定成立中央全面依法治国领导小组，加强对法治中国建设的统一领导。加强党对立法工作的领导，必须增强依法执政意识，坚持以法治的理念、法治的体制、法治的程序开展工作，改进党的领导方式和执政方式。要坚持党总揽全局、协调各方的领导核心作用，坚持依法治国基本方略和依法执政基本方式，善于使党的主张通过法定程序成为国家意志，善于使党组织推荐的人选通过法定程序成为国家政权机关的领导人员，善于通过国家政权机关实施党对国家和社会的领导，善于运用民主集中制原则维护党和国家权威、维护全党全国团结统一。

立法工作要切实强化党领导立法的意识和观念，将党的领导贯穿到立法工作的全过程和各个环节，通过制定完备的法律保证宪法实施和党中央的决策部署的落实，不断推进各项治国理政活动的制度化、法律化；要适应时代变化，既改革不适应实践发展要求的法律法规，又不断谋划制定新的法律法规，使各方面制度更加科学、更加完善，实现党、国家、

---

〔1〕 中共中央文献研究室编：《习近平关于全面依法治国论述摘编》，中央文献出版社 2015 年版，第 8、26、27 页。

社会各项事务治理制度化、规范化、程序化。人民代表大会制度是我国的根本政治制度，是党领导人民治国理政的有效载体和实现形式，是坚持党的领导、人民当家作主、依法治国有机统一的根本政治制度安排。立法要毫不动摇坚持党的领导，使党的主张通过法定程序成为国家意志，形成法律，把党的十九大提出的“保证人民当家作主落实到国家政治生活和社会生活之中”，依法开展和推进国家各项事业和各项工作，保证党的路线方针政策和决策部署的全面贯彻和有效执行，推动中国特色社会主义制度不断完善和发展。

（二）坚持党领导立法，开创了中国特色社会主义立法体制并不断完善

新中国成立之初，我们党立足我国的国家性质和实际，确立了我国的立法体制。但是，随着经济社会的深入发展变革，日益暴露出了这种立法体制的不足之处。我们党对此进行了探索思考。党的十一届三中全会以来，我们党从国情和实际出发，从发挥中央和地方两个积极性的需要出发，确立了新的立法体制，并在实践中逐步改革推进，发展完善。

1954年宪法规定，全国人民代表大会是行使国家立法权的唯一机关，有权修改宪法、制定法律；全国人民代表大会常务委员会有权解释法律、制定法令；国务院根据宪法、法律和法令，规定行政措施，发布决议和命令。在地方，只有民族自治地方的人民代表大会有权制定自治条例、单行条例，其他地方各级人民代表大会只能依照法定权限通过和发布决议，并无立法权。

1979年7月1日，五届全国人大二次会议通过了地方组织法，规定县级以上的地方各级人民代表大会设立常务委员会，省、自治区、直辖市的人大及其常委会根据本行政区域的具体情况和实际需要，在和国家

宪法、法律、政策、法令、政令不抵触的前提下，可以制定和颁布地方性法规，并报全国人大常委会和国务院备案。这是第一次以法律形式全面赋予地方制定地方性法规的权力，也是我国人民代表大会制度的重大发展。1982 年宪法确认了地方组织法关于省级人大及其常委会制定地方性法规的规定，同时保留了 1954 年宪法关于自治区、自治州、自治县的人民代表大会有权制定自治条例和单行条例的规定，并相应改变批准机关为全国人大常委会和省、自治区人大常委会。

随着改革开放的深入推进，我国立法体制也适应形势发展需要，不断发展完善。1982 年，全国人大常委会对地方组织法作出修改，规定省、自治区人民政府所在地的市和经国务院批准的较大的市的人大及其常委会可以拟订地方性法规草案，报省、自治区人大常委会制定。1986 年，全国人大常委会再次修改地方组织法时，改为省、自治区人民政府所在地的市和经国务院批准的较大的市的人大及其常委会可以制定地方性法规，报省、自治区人大常委会批准后施行。从此，地方立法权开始向设区的市一级延伸。从 1988 年到 1996 年，全国人民代表大会先后作出关于设立海南省、重庆直辖市的决定，相应赋予两地省级地方立法权；分别授权海南省、深圳市、厦门市、汕头市和珠海市人大及其常委会根据经济特区的具体情况和实际需要制定法规，在经济特区实施。到 2000 年通过立法法，我国的地方立法主体增加为 31 个省、自治区、直辖市和 49 个较大的市。

与此同时，宪法和立法法等法律还规定国务院根据宪法和法律，制定行政法规；省级人民政府、较大的市人民政府享有规章制定权；国务院各部、委员会、中国人民银行、审计署和具有行政管理职能的直属机构，可以根据法律和国务院的行政法规、决定、命令，在本部门的权限范围内制定规章。这些规定，基本确立了我国现行统一而又分层次的立法体制。

党的十八大以来，适应中国特色社会主义新时代推进国家治理体系和治理能力现代化的新要求，适应我国社会主要矛盾变化后人民对美好生活的新期待，为更好发挥中央和地方两个积极性，以习近平同志为核心的党中央对进一步完善我国立法体制作了深入思考和推进。党的十八届三中全会提出，逐步增加有地方立法权的较大的市的数量，党的十八届四中全会进一步要求明确地方立法权限和范围，依法赋予所有设区的市地方立法权。为贯彻落实党中央的重大决策部署，2015 年，十二届全国人大三次会议修改了立法法，赋予所有设区的市地方立法权，明确设区的市人大及其常委会在不同宪法、法律、行政法规和本省、自治区的地方性法规相抵触的前提下，可以对城乡建设与管理、环境保护、历史文化保护等方面的事项制定地方性法规，报省、自治区人大常委会批准后施行。2018 年，十三届全国人大一次会议通过宪法修正案，增加规定了设区的市的立法权，为设区的市立法工作提供了宪法依据。截至目前，我国地方立法主体增加到 353 个，包括 31 个省、自治区、直辖市，288 个设区的市，30 个自治州，4 个不设区的地级市。这是我国立法体制的重大发展。

实践证明，我国现行的立法体制是符合国情和实际需要的，充分发挥了中央和地方两个积极性。在中央和地方以及其他各方面的共同努力下，我国社会主义法治建设书写了宏伟篇章，取得了巨大成就，为有效提升国家治理体系和治理能力建设发挥了重要作用，有效促进了国家经济社会健康有序发展。

（三）坚持党领导立法，保证中国特色社会主义法律体系构建取得了历史性成就

新中国成立 70 年特别是改革开放 40 多年来的立法，最鲜明的时代特点，就是在党的领导下，紧紧围绕改革开放、坚持和发展中国特色社会主义，发挥立法的服务保障和引领推动作用，一边破除阻碍改革开放的

体制机制，一边调适和完善发展中国特色社会主义制度的新体制，有计划、有步骤、有重点地推进立法，以宪法为核心、与国家治理体系和治理能力现代化相适应的中国特色社会主义法律体系逐步形成并不断完善，为建设中国特色社会主义法治体系、建设社会主义法治国家提供了有效制度保障。

党关于社会主义法治的理论与时俱进，有力地指导了立法工作。没有科学的法治理论，就不会有正确的法治实践。新中国成立后的前 30 年，由于我们党对法治的认识还没有形成完整成熟的理论，因而在法治实践中走了弯路。党的十一届三中全会之后，我们党立足中国实际，开辟了中国特色社会主义伟大事业，这是改革开放以来党的全部理论和实践的主题。在这场亘古未有的伟大实践中，我们党依靠集体智慧，先后创立了邓小平理论，形成了“三个代表”重要思想，形成了科学发展观，创立了习近平新时代中国特色社会主义思想，在继往开来中形成和发展了中国特色社会主义理论体系，与时俱进地形成和发展了中国特色社会主义法治理论。

我们党是勇于创新实践的党，中国特色社会主义事业每前进一步，法治建设目标就提升一步。从新中国成立到改革开放前，由于我们党对法治建设的重要性认识不足，国家在法治建设方面没有明确的目标，加上“文化大革命”对法治的破坏，新时期法治建设几乎是“零起步”。党的十一届三中全会提出，“从现在起，应当把立法工作摆到全国人民代表大会及其常务委员会的重要议程上来”。当时，法制建设的目标并不高，首要解决的是“有没有”的问题，根本谈不上“好不好”的问题。因此，邓小平同志提出的立法目标是要实现“有法可依”；在实现方法上提出，“法律条文开始可以粗一点，逐步完善。有的法规地方可以先试搞，然后经过总结提高，制定全国通行的法律。修改补充法律，成熟一条就修改补充一条，不要等待‘成套设备’。总之，有比没有好，快搞比慢搞好"[1]，"法制要在执行中间逐步完备起来，不能等"[2]。

党的十二大提出："今后，我们党要领导人民继续制订和完备各种法律。"同时，五届全国人大五次会议提出"逐步建立有中国特色的独立的法律体系"。党的十三大提出，必须加快建立和培育社会主义市场体系，抓紧建立完备的经济法规体系。党的十四大强调："加强立法工作，特别是抓紧制订与完善保障改革开放、加强宏观经济管理、规范微观经济行为的法律和法规，这是建设社会主义市场经济体制的迫切要求。"之后，党的十四届三中全会作出《中共中央关于建立社会主义市场经济体制若干问题的决定》，提出"本世纪末初步建立社会主义市场经济的法律体系"的目标任务。党的十五大提出依法治国，建设社会主义法治国家，"到二〇一〇年形成有中国特色的社会主义法律体系"，并要求"在党的领导下有步骤、有秩序地推进"，"关键在于坚持、加强和改善党的领导"。党的十六大、十七大重申了十五大提出的法治建设目标，并强调要"全面落实依法治国方略，加快建设社会主义法治国家"。按照党中央在不同历史时期的决策部署，全国人大及其常委会适时调整立法目标任务，通过各方面的共同努力，到2011年3月，十一届全国人大四次会议宣布中国特色社会主义法律体系如期形成，为新中国法治建设树立了新的里程碑。

党的十八大以来，以习近平同志为核心的党中央从形成更加成熟、更加定型的制度体系出发，在已经形成中国特色社会主义法律体系的基础上，开创了中国特色社会主义法治道路，明确了建设中国特色社会主义法治体系、建设社会主义法治国家的目标任务和举措要求，确定了实现国家治理体系和治理能力现代化的更高战略目标，丰富和发展了中国特色社会主义法治理论，为新时代法治中国建设指明了正确方向。党的

---

[1] 《解放思想，实事求是，团结一致向前看》，邓小平在1978年12月13日中共中央工作会议闭幕会上的讲话。

[2] 邓小平：《目前的形势和任务》，载《邓小平文选》（第二卷），人民出版社1994年版，第255页。

十九大以习近平新时代中国特色社会主义思想为指导，系统部署全面依法治国基本方略，强调“必须把党的领导贯彻落实到依法治国全过程和各方面”。2018 年，在中央全面依法治国委员会第一次会议上，习近平总书记系统阐述了全面依法治国新理念新思想新战略，即“十个坚持”：坚持加强党对依法治国的领导；坚持人民主体地位；坚持中国特色社会主义法治道路；坚持建设中国特色社会主义法治体系；坚持依法治国、依法执政、依法行政共同推进，法治国家、法治政府、法治社会一体建设；坚持依宪治国、依宪执政；坚持全面推进科学立法、严格执法、公正司法、全民守法；坚持处理好全面依法治国的辩证关系；坚持建设德才兼备的高素质法治工作队伍；坚持抓住领导干部这个“关键少数”。

习近平总书记在深刻阐述全面依法治国新理念新思想新战略的同时，还对立法工作提出了一系列新要求。一是关于修改完善宪法。修改宪法，是事关全局的重大政治活动和重大立法活动，必须在中共中央集中统一领导下进行；宪法是人民的宪法，宪法修改要广察民情、广纳民意、广聚民智，充分体现人民的意志；宪法修改，既要顺应党和人民事业发展要求，又要遵循宪法法律发展规律。二是关于发挥人大及其常委会在立法工作中的主导作用。要健全立法起草、论证、协调、审议机制；要完善立法规划，突出立法重点；要加强重点领域立法，及时反映党和国家事业发展要求、人民群众关切期待。三是关于立法的重要论述。要坚持立法先行，坚持立改废释并举，加快完善法律、行政法规、地方性法规体系；要抓住提高立法质量这个关键，推进科学立法、民主立法、依法立法，扩大公众有序参与；要坚持问题导向，提高立法的针对性、及时性、系统性、可操作性，发挥立法引领和推动作用；要实现立法和改革决策相衔接，做到重大改革于法有据，立法主动适应改革发展需要；发展要高质量，立法也要高质量，要以立法的高质量促进和保障经济社会的高质量发展；要尊重和体现规律的要求，努力使每一项立法都符合宪法精神、反映人民意愿、得到人民拥护，以良法促进发展、保障善治；

等等。

党的十八大以来，全国人大及其常委会认真贯彻落实党中央的决策部署，坚持立法决策与改革决策相衔接，努力做到重大改革于法有据、立法主动适应改革和经济社会发展需要，适时修改宪法，积极推进编纂民法典，加强市场经济、社会民生、文化建设和生态文明等重点领域立法，立法工作取得重大进展。十二届全国人大及其常委会制定法律25件，修改法律127件次，通过有关法律问题和重大问题的决定46件次，作出法律解释9件。2018年3月换届以来，截至2019年8月底，十三届全国人大及其常委会通过宪法修正案1件，制定法律12件，修改法律60件次，通过有关法律问题和重大问题的决定14件。我国现行有效的法律共有274件，行政法规600多件，地方性法规12,000多件，以宪法为核心的中国特色社会主义法律体系进一步发展完善，为推进国家治理体系和治理能力现代化提供了有效的法律制度保障。

三、坚持党领导立法的内涵不断深化发展

（一）坚持党领导立法的内涵

自新中国成立以来，坚持党的领导就是我国立法工作始终坚持的一项基本原则。从最早的《共同纲领》，到新中国早期制定的婚姻法、工会法、土地改革法、选举法等，再到1954年制定的宪法及其之后根据宪法制定的一系列法律、法令，都是在我们党的领导下制定的，都是党对人民意志集中统一的反映，也都最大限度地体现了最广大人民的根本利益。改革开放以来，在立法工作中坚持和加强党的领导，一直是我们党高度重视并不断实践探索的课题。在中国特色社会主义现代化建设实践中，随着我们党对共产党执政规律、社会主义建设规律、人类社会发展规律认识的不断深化，对社会主义法治建设认识的不断深化，坚持党对立法

工作领导的内涵也在不断深化发展，即实现了领导人民从进行社会主义革命的政治自觉与历史自觉，到建设社会主义、再到进行改革推动完善和发展社会主义的政治自觉与历史自觉的深化发展。

改革开放以来，我们党认真总结社会主义建设的经验教训，深化党对领导社会主义现代化建设的认识，对加强和改善党对立法工作领导内涵的认识也随之深化发展。党的十二大提出，党的领导主要是思想政治和方针政策的领导，“集中精力研究制定重要的政策，检查政策的执行，加强对党内外干部和群众的思想政治工作”。党的十三大提出：“党的领导是政治领导，即政治原则、政治方向、重大决策的领导和向国家政权机关推荐重要干部。党对国家事务实行政治领导的主要方式是：使党的主张经过法定程序变成国家意志，通过党组织的活动和党员的模范作用带动广大人民群众，实现党的路线、方针、政策。”党的十六大提出：“党的领导主要是政治、思想和组织领导，通过制定大政方针，提出立法建议，推荐重要干部，进行思想宣传，发挥党组织和党员的作用，坚持依法执政，实施党对国家和社会的领导。”2004 年《中共中央关于加强党的执政能力建设的决定》指出，“提出和运用正确的理论、路线、方针、政策和策略，领导制定和实施宪法和法律”是加强党的执政能力建设的重要内容。从这些变化我们可以看出，加强党对立法工作领导的内涵在不断发展和丰富完善。

党的十八大以来，我们党更加强调法治在国家和社会治理中的重要作用。党的十八届四中全会作出了《中共中央关于全面推进依法治国若干重大问题的决定》，在我党的历史上第一次以中央全会决定的形式对党领导依法治国作出全面阐述，明确提出必须加强和改进党对法治工作的领导，把党的领导贯彻到依法治国全过程和各方面，并提出要健全党领导依法治国的制度和工作机制，完善保证党确定依法治国方针政策和决策部署的工作机制和程序。健全完善党对全面依法治国领导这一重大命题的提出，使党领导立法工作的体制机制也发生了新的变化，使党对立法工作的领导内涵进一步向方法程序深化，向工作机制延伸。

党的十九大明确提出了新时代党的建设总要求，强调“党是最高政治领导力量”，要“坚持和加强党的全面领导”，“坚持党的领导、人民当家作主、依法治国有机统一”。党的十九大阐明“党的领导是人民当家作主和依法治国的根本保证，人民当家作主是社会主义民主政治的本质特征，依法治国是党领导人民治理国家的基本方式”，“要改进党的领导方式和执政方式，保证党领导人民有效治理国家”，“发挥人大及其常委会在立法工作中的主导作用，健全人大组织制度和工作制度，支持和保证人大依法行使立法权、监督权、决定权、任免权”，决定成立中央全面依法治国领导小组，加强对法治中国建设的统一领导。这一系列决定和举措确保了党对立法工作的领导，进一步深化和发展了党对立法工作领导的内涵，强化了党领导立法工作的制度机制。

（二）坚持党对立法工作的全面领导

坚持党对立法的全面领导，就是要求立法工作必须全面贯彻党的各项路线方针政策，认真贯彻落实党中央的各项重大决策部署，确保立法工作的正确政治方向。

一是必须坚持党的基本路线。即坚持党领导和团结全国各族人民，以经济建设为中心，坚持四项基本原则，坚持改革开放，自力更生，艰苦创业，为把我国建设成为富强民主文明和谐美丽的社会主义现代化强国而奋斗。党的十九大重申：“要牢牢把握社会主义初级阶段这个基本国情，牢牢立足社会主义初级阶段这个最大实际，牢牢坚持党的基本路线这个党和国家的生命线、人民的幸福线。”立法坚持党的基本路线，就是要坚持党和国家的生命线、人民的幸福线，坚持发展这个第一要务，不断制定完善推动经济社会发展的法律制度，促进经济社会健康良性发展；坚持社会主义道路自信，坚持社会主义制度自信，不断建立健全社会主义民主政治的法律制度，通过完备的法律制度规范体系，推动完善和发展中国特色社会主义制度，推进国家治理体系和治理能力现代化；坚持以党的基本理论为指导，坚持中国特色社会主义理论自信，特别是坚持以马克思主义中国化的最新成果习近平新时代中国特色社会主义思想为指导；坚持人民民主专政，坚持人民代表大会制度，保证人民当家作主。立法工作要围绕统筹推进“五位一体”总体布局、协调推进“四个全面”战略布局，牢固树立新发展理念，深入推进科学立法、民主立法、依法立法，推动完善中国特色社会主义法律体系，推进中国特色社会主义法治体系建设和法治中国建设。

二是必须坚持党的群众路线。党的群众路线就是一切为了群众，一切依靠群众，从群众中来，到群众中去。人民立场是党的根本政治立场。立法贯彻党的群众路线，必须坚持全心全意为人民服务，坚持以民为本，立法为民。要坚持民主立法，不断扩大公民参与立法的有效途径，广泛听取民意，集中民智，使党的主张通过法定程序成为国家意志，实现党的主张和人民意志有机统一，成为全体人民一体遵循的行为规范。通过制定完备的法律制度，保证人民在党的领导下，依法通过各种途径和形式管理国家事务，管理经济文化事业，管理社会事务，真正成为国家的主人。

三是必须坚持党的思想路线。党的思想路线就是一切从实际出发，理论联系实际，实事求是，在实践中检验真理和发展真理。立法坚持党的思想路线，就是坚持中国特色社会主义法治理论为指导，坚持从国情和实际出发，大兴调查研究之风，认真研究和客观准确把握我国社会现实发展中的矛盾问题，有针对性地提出解决问题的办法措施，通过立法程序作出制度性安排；让法律可操作、务实有效管用。同时，认真学习和借鉴世界上一切有益的法治成果，学习借鉴中国传统的法制文明成果，努力实现我国法治话语体系与世界法治文明理念的对接，不断提升我国在世界上的法治话语权，为国际社会治理贡献中国智慧，提供中国方案。

四是必须坚持党的组织路线。党的组织路线即党在一定历史时期根据政治路线的需要而制定的关于组织工作总的原则和方针。在新时代，立法坚持党的组织路线，就是全面贯彻习近平新时代中国特色社会主义思想，加强各种组织体系法律制度建设，科学规范干部队伍的建设与管理，依法建设忠诚干净担当的高素质干部队伍，提升干部运用法治思维、法治方式深化改革、推动发展、化解矛盾、维护稳定的能力和水平，为发展党的事业提供坚强可靠的组织保证。

（三）坚持党中央对立法工作的集中统一领导

坚持党的全面领导，落实到立法工作上，就是要坚持党中央对立法工作的集中统一领导，坚决维护党中央权威，保证党中央决策令行禁止。这是党和国家前途命运所系，是全国各族人民根本利益所在。

坚持党中央的集中统一领导，是我们党一以贯之的政治纪律。我们党自成立时就规定了自己严明的组织纪律。这是我们党战胜各种困难、取得各种成就的根本保证。改革开放以后，为克服“文化大革命”时期极端民主带来的负面影响，恢复党的优良传统和作风，1980 年党的十一届五中全会制定《关于党内政治生活的若干准则》，强调“维护党的集中统一”，“个人服从组织，少数服从多数，下级服从上级，全党服从中央”的原则。2016 年党的十八届六中全会制定《关于新形势下党内政治生活的若干准则》再次予以重申。在新时代条件下，遵守党的纪律最重要的是遵守党的政治纪律，坚持党的政治领导。2018 年习近平总书记在中央政治局第六次集体学习时强调，坚持党的政治领导，最重要的是坚持党中央权威和集中统一领导。立法工作必须牢固树立政治意识、大局意识、核心意识、看齐意识，全面准确贯彻执行党的路线方针政策，坚决贯彻党中央作出的决策部署，确保党的主张成为国家意志，自觉在思想上政治上行动上同党中央保持高度一致。地方立法工作坚持党的领导，首先要坚持党中央的集中统一领导，贯彻地方党委的决策也是要落脚在保证中央决策的落实上，而不是落脚在当地的局部利益上，不可把地方利益当“地方特色”，必须坚决维护党中央权威。

四、坚持党领导立法的制度机制不断完善

改革开放以前，党领导立法一直没有形成制度文件。党以政策治国的方式实施着党对立法工作的领导。全国人大常委会及其党组则以对党的无限忠诚，认真践行着党的领导，确保党在各个时期的路线方针政策能够通过法律的形式贯彻执行。改革开放初期，党中央总结我们党领导社会主义革命和建设的经验教训，开始重视各个方面的制度化建设。1979 年，彭真同志起草了关于草拟或修改法律、法规应先将问题和意见报经中央批准的请示报告，确立了立法工作中的请示报告制度。1991 年，党中央在总结经验的基础上专门就党领导立法出台文件，主要提出以下几种领导方式：确定立法工作的方针和重要法律的指导思想和原则；审定全国人大常委会立法规划和计划；向立法机关提出将党的实践证明正确、长期适用的方针政策转化为法律的建议（修改宪法、制定法律的建议）；决定立法工作中需要由中央确定的重大方针政策问题。这两个文件使党对立法工作的领导坚定走向具体化制度化。

党的十八届四中全会首次以中央全会决定的形式，明确一系列健全党领导依法治国的制度和工作机制，包括“凡立法涉及重大体制和重大政策调整的，必须报党中央讨论决定。党中央向全国人大提出宪法修改建议，依照宪法规定的程序进行宪法修改。法律制定和修改的重大问题由全国人大常委会党组向党中央报告”等。2016 年党中央出台的关于加强党领导立法工作的文件，明确了党领导立法工作的指导思想、原则、机制、内容和方式。

（一）加强党领导立法工作必须遵循的基本原则

党对立法工作的领导，包括党中央领导全国立法工作、研究决定国家立法工作中的重大问题，有立法权的地方的党委按照中央大政方针领导本地区立法工作。关于加强党领导立法工作的文件明确了党领导立法工作必须遵循的基本原则，即坚持主要实行政治领导、坚持民主决策集体领导、坚持充分发挥立法机关作用、坚持依法依规开展工作。坚持主要实行政治领导，就是党对立法工作的领导主要实行政治即方针政策的领导，党通过确定立法工作方针、提出立法建议、明确立法工作中的重大问题、加强立法队伍建设等，确保立法工作充分体现党的主张，反映人民意志，得到人民拥护，始终把握正确政治方向。坚持民主决策集体领导，就是党领导立法工作要坚持民主集中制，恪守以民为本、立法为民理念，抓住提高立法质量这个关键，推进科学立法、民主立法，遵循党内重大决策程序规定，集体研究决定立法中的重大问题。坚持充分发挥立法机关作用，就是党领导立法工作必须符合依法执政的要求，正确处理加强党的领导和支持、保证立法机关充分行使立法权的关系，除政治方面立法和重大经济社会方面立法外，其他立法由立法机关根据法定权限组织开展起草审议活动。坚持依法依规开展工作，就是党领导立法工作必须在宪法法律范围内进行，不允许随意干预甚至替代立法活动。

（二）不断健全党领导立法的制度机制

一是提出宪法修改、解释建议。自新中国成立以来，每次宪法修改，都是由中共中央组织起草后，向全国人大提出立法建议。这是党领导立法的重要方式。包括1982年宪法以及其后历次修正案，都是由中共中央组织起草，向全国人大提出修改建议；反分裂国家法等重大立法项目也是由中共中央决策提出立法建议，并组织起草的。2018 年，以习近平同志为核心的党中央从新时代坚持和发展中国特色社会主义全局和战略高度出发，作出修改宪法的重大决策。党的十九届二中全会审议通过了中共中央关于修改宪法部分内容的建议。十二届全国人大常委会严格依照法定程序推进宪法修改工作，召开全国人大常委会会议认真讨论中共中央修宪建议，形成宪法修正案草案，提请十三届全国人大一次会议审议通过。

二是确立立法方针战略。历次党代会，都与时俱进地对国家发展不同阶段的战略目标作出部署，并据此确定立法工作的阶段性目标和主要任务。例如，1997 年党的十五大提出，依法治国是党领导人民治理国家的基本方略，并提出了到 2010 年形成有中国特色的社会主义法律体系的立法目标。党的十八届四中全会在党的历史上首次以“依法治国”为主题并作出《中共中央关于全面推进依法治国若干重大问题的决定》，确立了建设中国特色社会主义法治体系、建设社会主义法治国家的总目标。党的十九大强调，要推进科学立法、民主立法、依法立法，以良法促进发展、保障善治，并提出了全面建成小康社会后国家治理方面“两个十五年”的奋斗目标：从 2020 年到 2035 年，法治国家、法治政府、法治社会基本建成，各方面制度更加完善，国家治理体系和治理能力现代化基本实现；从 2035 年到本世纪中叶，全面建成社会主义现代化强国，实现国家治理体系和治理能力现代化。党中央在这些法治建设关键节点上的战略部署，都为此后一段时期内立法工作确立了方针战略，提供了重要遵循。

三是审定批准立法规划，提出重大立法项目建议。全国人大常委会在每届任期之初都编制立法规划，根据党的中心任务，按照党中央确定的不同阶段的经济社会发展目标任务和大政方针，研究确定立法工作的重点、目标和任务等重要事项，对未来五年任期内的立法工作作出统筹安排。从 1988 年七届全国人大常委会开始，每届全国人大常委会都编制立法规划，报党中央批准后印发执行。这是党领导立法工作的重要形式。围绕党和国家中心工作，编制和实施立法规划，是全国人大常委会发挥立法主导作用的重要抓手，有利于增强立法工作的统筹性、协调性、科学性，是建设中国特色社会主义法律体系的一条重要经验。

四是研究讨论重要法律草案，对法律草案中涉及的重大问题作出决策。重要法律草案、草案涉及的重大问题，一般都涉及国家政治决策的核心内容，必须由党中央来决定。不是所有提请全国人大及其常委会审议的法律草案，都要报请党中央研究讨论，只有主题重大、政治敏感、情况复杂、社会关注度高的重要法律草案才走这一程序。党的十八大以来，以习近平同志为核心的党中央全面加强对立法工作的领导，创新领导方式，对中央关注的重要立法事项，包括重要立法项目和重要立法事项以列入中央政治局常委会年度工作要点的形式予以明确。一方面，党中央认为重要的，会列入其年度工作要点，要求有关方面把握时间节点报请党中央讨论；另一方面，全国人大常委会、国务院等组织法律起草审议的国家机关，认为某一项法律草案重要，需要提请党中央研究，虽然该项目没有列入年度工作要点，可以临时提出报请研究的建议。

五是党中央听取有关方面关于重要立法事项的请示报告。它包括党中央听取全国人大常委会党组工作报告、重要法律案请示报告、重要立法工作请示报告等。坚持党中央对立法工作的集中统一领导，就要严格执行请示报告制度。这既是党章党规的要求，也是组织纪律。严格执行请示报告制度，及时、全面地向党中央反映立法工作中的情况和问题，请求中央决策支持，有利于推动解决重大争议和立法工作顺利进行，有利于反映人大代表和人民群众对于立法的意愿和呼声，拓展党中央倾听群众意见的渠道；有利于保证党的领导贯穿立法全过程、各方面，促进实现党的领导、人民当家作主、依法治国有机统一。改革开放以来，立法工作始终坚持向党中央请示报告制度。党的十八大以来，全国人大常委会、国务院、全国政协、最高人民法院、最高人民检察院党组向党中央报告工作，习近平总书记连续多年主持中央政治局常委会会议听取全国人大常委会党组工作汇报；习近平总书记多次主持中央政治局常委会会议研究立法工作中的重大问题和重要事项，审议全国人大常委会党组关于重要法律草案和立法工作的请示汇报，就立法工作一系列重要问题作出决策部署，并已形成制度。全国人大及其常委会坚持健全重大立法项目和立法中的重大问题向党中央请示报告制度，重要法律的起草修改和立法工作中的其他重大事项，都及时向党中央请示报告，并将中央的指示要求认真贯彻落实到立法工作中。党的十八大以来，凡涉及重大立法事项全国人大常委会都以党组名义向中央报告请示，形成了立法工作重大立法项目和重大问题向党中央请示报告的常态化、制度化机制。

六是加强人大党组建设和领导。党组是党在中央和地方国家机关、人民团体、经济组织、文化组织、社会组织和其他组织领导机关中设立的领导机构，在本单位发挥领导核心作用。1956 年，党的八大通过的《中国共产党章程》开始明确规定在国家机关和人民团体的领导机关中成立党组。党的十八大以来，党中央加强了党组建设，2015 年 5 月 29 日，习近平总书记主持召开中央政治局会议，审议通过《中国共产党党组工作条例（试行）》。2017 年，党的十九大对党章作出修改，进一步完善了对党组作用的内容。根据有关规定，经中共中央组织部批复同意，全国人大常委会党组决定在全国人大各专门委员会设立分党组。2016 年 10 月 17 日，全国人大常委会党组召开全国人大专门委员会党建工作会议，正式宣布在 9 个专门委员会分别设立分党组，部署加强专门委员会党的建设工作。设立专门委员会分党组，在全国人大的历史上是第一次。党组、分党组担负着在立法工作中“把方向、管大局、保落实”的重要职责，是党的领导和人民当家作主在组织上的重要纽带、关键节点，体现了我们党独特的政治优势、组织优势和制度优势。

五、坚持党领导立法的经验启示

加强和完善党领导立法工作，是坚持依宪执政、依法执政，推进国家治理体系和治理能力现代化的必然要求，是贯彻习近平新时代中国特色社会主义思想、全面加强和改进立法工作的重要举措。新中国成立70年特别是改革开放40多年来，坚持党领导立法取得了宝贵经验，这些经验弥足珍贵，必须倍加珍惜、继承弘扬。

（一）坚持把党的领导贯彻到立法工作全过程

习近平总书记明确指出：“党的领导是中国特色社会主义法治之魂。”[1] 立法是依法治国的前提和基础。坚持党对立法工作的领导，是我国立法工作必须遵循的重大政治原则，也是我国立法工作不断取得新成绩、实现新发展的基本经验。中国特色社会主义制度优势，最重要的体现就是党总揽全局、协调各方的领导核心作用。充分发挥党的领导核心作用，首先要坚持依法执政这一党治国理政的基本方式。宪法法律是治国理政最大、最重要的规矩。坚持依法执政的关键是党加强对立法的领导，善于依据宪法法律治国理政。因此，要坚持党领导立法，把党领导人民制定和实施宪法法律同党坚持在宪法法律范围内活动统一起来，善于使党的主张通过法定程序成为国家意志，善于通过国家政权机关实施党对国家和社会的领导，善于运用民主集中制原则维护中央权威、维护全党全国团结统一，不断加强和改进党的领导，提高党的依法执政能力和水平，实现党对国家和社会各项事务领导的法治化。

---

〔1〕《在省部级主要领导干部学习贯彻党的十八届四中全会精神全面推进依法治国专题研讨班开班式上的讲话》（2015年2月2日）。

（二）坚持以人民为中心的思想理念

为中国人民谋幸福，为中华民族谋复兴，是中国共产党人的初心和使命，也是实行人民代表大会制度的初心和使命。人民代表大会制度之所以具有强大生命力和显著优越性，关键在于它深深植根于人民之中。党的十八大以来，全国人大及其常委会坚持以人民为中心，始终把最广大人民根本利益作为人大工作的出发点和落脚点。坚持立法为民，及时通过立法回应社会各界关切和人民群众期盼。2018 年吉林长春长生公司问题疫苗案件发生后，习近平总书记心系人民群众安危冷暖，多次作出重要指示，要求始终把人民群众的身体健康放在首位。全国人大常委会坚决贯彻落实，积极协调推动制定专门的疫苗管理法，及时安排审议通过该法律，依法建立对疫苗进行全过程全链条监督的长效机制，创造了立法的“特快”速度。做好新时代人大立法工作，我们必须始终把人民对美好生活的向往作为奋斗目标，把人民拥护不拥护、赞成不赞成、高兴不高兴、答应不答应作为衡量工作得失的根本标准，以保障和改善民生为重点，把人民当家作主具体地、现实地落实到国家政治和社会生活之中，努力使每一项立法都体现和维护人民利益、反映人民愿望、增进人民福祉。

（三）坚持充分发挥人民代表大会制度的优势

人民代表大会制度是坚持党的领导、人民当家作主、依法治国有机统一的根本政治制度安排，集中体现了社会主义民主政治的特点和优势。60 多年来，人民代表大会制度不断得到巩固和发展，在中国特色社会主义的伟大实践中与时俱进、创新完善，在推进国家治理中发挥了重要作用。党的十八大以来，以习近平同志为核心的党中央不断赋予人民代表大会制度新的实践特色、理论特色、时代特色。习近平总书记指出，人民代表大会制度是中国特色社会主义制度的重要组成部分，也是支撑中国国家治理体系和治理能力的根本政治制度；强调要坚持人民代表大会统一行使国家权力，保证国家机关依照法定权限和程序行使职权、履行职责，坚持在中央统一领导下，充分发挥地方主动性和积极性，保证国家统一高效组织推进各项事业；要求必须长期坚持、不断完善人民代表大会制度，充分发挥人民代表大会制度的根本政治制度作用，通过人民代表大会制度牢牢把国家和民族前途命运掌握在人民手中。习近平总书记的重要论述赋予人民代表大会制度时代新定位，深刻阐释了民主集中制这一国家组织形式和活动方式的基本原则，为我们推动新时代人大制度和人大工作完善发展指明了前进方向。实践发展永无止境，制度完善永无止境。人民代表大会制度必须在中国特色社会主义伟大实践中，紧跟时代步伐，不断探索新课题，不断回应新挑战，不断实现新发展。我们要在以习近平同志为核心的党中央坚强领导下，以永不懈怠的精神状态和一往无前的奋斗姿态，勇担使命、开拓创新，不断推动人民代表大会制度理论和实践创新，使国家根本政治制度更加成熟、更加完善，更好地发挥中国特色社会主义的政治优势和制度优势。

（四）坚持全面推进依法治国

全面依法治国是中国特色社会主义的本质要求和重要保障，是确保党和国家长治久安的重要基石，也是国家治理领域一场广泛而深刻的革命。随着党领导立法的体制机制日趋完备，统一而又分层次的立法体制不断完善，立法程序和授权制度逐步健全，全国人大及其常委会把厉行法治、全面推进依法治国作为履职的基本原则和重要任务，深入推进科学立法、民主立法、依法立法，加快推进重点领域立法，立法工作呈现出数量多、分量重、节奏快、效果好的特点。全国人大及其常委会在社会主义法治国家建设中责任重大，要在党中央的坚强领导下，全面担负起宪法和法律赋予的职责，通过制定修改法律，不断完善以宪法为核心的中国特色社会主义法律体系，保证宪法和法律有效实施，为全面推进依法治国、建设社会主义法治国家作出新的更大贡献。

中华人民共和国宪法制定和发展完善历程

宪法是国家的根本法，是治国安邦的总章程，具有最高的法律地位、法律权威、法律效力。1954 年，中央人民政府委员会讨论我国第一部宪法草案时，毛泽东同志鲜明指出："一个团体要有一个章程，一个国家也要有一个章程，宪法就是一个总章程，是根本大法。"宪法之所以是根本法，是因为它规定的是国家的根本制度和根本任务，规定了公民的基本权利和义务，是全国各族人民、一切国家机关和武装力量、各政党和各社会团体、各企业事业组织的根本活动准则。我国的根本法从 1949 年起，经历了起临时宪法作用的《共同纲领》、1954 年宪法、1975 年宪法、1978 年宪法和 1982 年宪法及其几个宪法修正案的主要文本。从新中国成立至今，宪法文本虽然几经修改，但其从一开始所确立的国家的根本性质、根本道路、根本制度、根本任务并没有改变，社会主义一直是全国各族人民团结奋斗的共同理想。

一、中国人民政治协商会议共同纲领

（一）《共同纲领》的制定

随着解放战争节节胜利，1948 年 4 月 30 日，中共中央发布《纪念

"五一"劳动节口号》，第4条号召："全国劳动人民团结起来，联合全国知识分子、自由资产阶级、各民主党派、社会贤达和其他爱国分子，巩固与扩大反对帝国主义、反对封建主义、反对官僚资本主义的统一战线，为着打倒蒋介石，建立新中国而奋斗。"第5条号召："各民主党派、各人民团体、各社会贤达迅速召开政治协商会议，讨论并实现召集人民代表大会，成立民主联合政府！"毛泽东同志在致民主党派负责人的信中指出，在目前形势下，召集人民代表大会，成立民主联合政府，加强各民主党派、各人民团体的相互合作，并拟订民主联合政府的施政纲领，业已成为必要，时机亦已成熟，但欲实现这一步骤，必须先邀请各民主党派、各人民团体的代表开一个会议。中共中央的号召发出后，得到全国人民和各民主党派、各人民团体、无党派民主人士以及少数民族、海外华侨的积极支持。很多民主人士致电响应并积极准备参加新政协筹备工作。

1949年，随着具有决定性意义的解放战争"三大战役"以及渡江战役的胜利结束，解放军迅速向华南、西南、西北进军，祖国大陆即将得到完全解放，成立新中国，组建新的中央人民政府的条件更加成熟。1949年9月，经过多方面细致准备，中国人民政治协商会议第一届全体会议在年初和平解放的北平隆重举行。会议由代表各党派、各区域、各团体、各民族、军队、海外华侨和其他爱国人士的662位代表组成。其中，中共党员约占44%，各民主党派、工人、农民以及各界无党派人士约占56%，充分反映了全国各族人民的大团结。毛泽东同志在开幕式上说，现在的中国人民政治协商会议是在完全新的基础上召开的，它具有代表全国人民的性质，它获得全国人民的信任和拥护。9月27日，政协第一届全体会议通过了《中国人民政治协商会议组织法》和《中华人民共和国中央人民政府组织法》，通过了中华人民共和国国都、纪年、国歌、国旗四个决议。9月29日，政协第一届全体会议庄严通过了《共同纲领》。政协会议通过的《中国人民政治协商会议组织法》《中华人民共和国中央人民政府组织法》《共同纲领》是新中国成立的法律基础。9月30日，政协第一届全体会议选举产生了中华人民共和国中央人民政府主席、副主席、委员。10月1日，中华人民共和国成立，中央人民政府委员会在首都北京就职，一致决议中央人民政府接受《共同纲领》为施政方针。

（二）《共同纲领》的性质

由于当时大陆的军事行动还没有完全结束，土地改革也没有彻底完成，人民还没有充分组织起来，在普选的基础上召开全国人民代表大会的条件还不具备，因此，虽然政治协商会议不是国家机关，但它当时代行全国人民代表大会的职权，政协第一届全体会议具有国家制宪会议的某些功能。《中国人民政治协商会议组织法》第7条关于人民政协全体会议的职权中就明确规定，在普选的全国人民代表大会召开以前，政协执行全国人民代表大会的职权。比如，制定或修改中央人民政府组织法，选举中华人民共和国中央人民政府委员会并付之以行使国家权力的职权等。因此，人民政协第一届全体会议具有政治协商和行使国家权力的双重性质，不仅仅是人民民主统一战线的组织形式，在某种意义上可以说是一个行使部分最高国家权力的国家机关。它所通过的《共同纲领》规定了很多属于宪法应规定的内容，是新中国成立初期具有临时宪法性质的国家根本大法。毛泽东同志就曾明确指出，我们现时的根本大法即《共同纲领》。

（三）《共同纲领》的主要内容

《共同纲领》除序言外，分为总纲、政权机关、军事制度、经济政策、文化教育政策、民族政策、外交政策，共7章60条。《共同纲领》

的制定形式和内容架构已经和一部标准的宪法很相似。它所涉及的很多内容更是具有宪法性质的内容。比如，第 1 条就规定了国家性质，中华人民共和国为新民主主义即人民民主主义的国家，实行工人阶级领导的、以工农联盟为基础的、团结各民主阶级和国内各民族的人民民主专政。它还规定了人民广泛的权利和自由。第 4 条规定，中华人民共和国人民依法有选举权和被选举权。第 5 条规定，中华人民共和国人民有思想、言论、集会、结社、通讯、人身、居住、迁徙、宗教信仰及示威游行的自由权。第 6 条规定，妇女在政治的、经济的、文化教育的、社会的生活各方面，均有与男子平等的权利。第 8 条规定，中华人民共和国国民均有保卫祖国、遵守法律、遵守劳动纪律、爱护公共财产、应征公役兵役和缴纳赋税的义务。第 12 条规定了国家机构的有关内容：中华人民共和国的国家政权属于人民；人民行使国家政权的机关为各级人民代表大会和各级人民政府；各级人民代表大会由人民用普选方法产生之；各级人民代表大会选举各级人民政府，各级人民代表大会闭会期间，各级人民政府为行使各级政权的机关；国家最高政权机关为全国人民代表大会；全国人民代表大会闭会期间，中央人民政府为行使国家政权的最高机关。第 15 条规定，各级政权机关一律实行民主集中制。第 16 条明确了中央和地方的关系：中央人民政府与地方人民政府间职权的划分，应按照各项事务的性质，由中央人民政府委员会以法令加以规定，使之既利于国家统一，又利于因地制宜。此外，《共同纲领》不仅规定了国体、政体这样的根本问题，还对军事、经济、文化、教育以及民族、外交等重大问题作出了明确具体规定，等等。

《共同纲领》所规定的上述内容都是一个国家中最重要的事项，往往是由一国宪法所规制的内容。从中我们不难理解，《共同纲领》是中国历史上一份特别重要的文献，具有重大的历史意义和深远的现实意义。因此，人们习惯性称之为新中国成立初期起临时宪法作用的《共同纲领》。

二、1954年宪法

（一）1954年宪法的制定背景

根据1949年制定的《中国人民政治协商会议组织法》第6条关于“中国人民政协全体会议，每三年开会一次”的规定，中国人民政治协商会议第二次会议应于1952年9月前后举行，但是从1949年9月第一次会议举行到1952年的三年间，国内形势发展很快，有了明显的变化。1949年10月，中华人民共和国刚成立时，我国大陆还未完全解放。到了1949年年底、1950年年初，华南、西南、西北都得到解放，1950年5月，海南岛得到解放。1951年，中央人民政府和西藏地方政府经过多次谈判，达成和平解放西藏的和平协议，随后人民解放军进驻拉萨。至此，大陆上的重大军事行动基本结束。与此同时，随着军事行动的步步推进，在新解放区开展了土地制度改革。从1950年冬到1953年春，除部分少数民族地区外，占全国人口一大半的新解放区农村完成了土地改革。并且，1950年启动的镇压反革命运动到1951年10月已基本结束，社会秩序得到有效恢复。通过增产节约和“三反”“五反”等运动，饱受战乱凋敝的国民经济到1952年已经得到全面恢复。1953年起，我国开始了第一个五年计划并系统地实行国家的社会主义工业化及对农业、手工业和资本主义工商业的社会主义改造。可以说，国内形势欣欣向荣。

《共同纲领》第14条规定，凡在军事行动已经完全结束、土地改革已经彻底实现、各界人民已有充分组织的地方，即应实行普选，召开地方的人民代表大会。适应新形势的需要，中共中央认为，应当适时地实行全国普选，逐级产生全国人民代表大会，制定宪法。经中共中央提议，由中国人民政治协商会议向中央人民政府委员会建议，根据中央人民政府组织法规定职权，于1953年召开全国人民代表大会和地方各级人民代表大会，并着手宪法起草工作。1953 年 1 月，在中央人民政府委员会第二十次会议上，周恩来同志作了召开全国人民代表大会及地方各级人民代表大会的报告，并就即将制定的宪法作了进一步说明，指出，新宪法要以《共同纲领》为基础，宪法的主要内容应包括国家制度、社会结构、人民权利等内容，而这些内容在《共同纲领》里已经包含了。会议通过了《关于召开全国人民代表大会及地方各级人民代表大会的决议》。当时预计，在 1953 年即可召开全国人民代表大会。不过，由于需要完成全国的基层选举，在此基础上逐级召开地方的人民代表大会直至全国人民代表大会，实际上到 1954 年 9 月才召开全国人民代表大会制定宪法，比预估时间延迟了一年。

（二）1954 年宪法的制定过程

在中央人民政府委员会第二十次会议上，决定成立中华人民共和国宪法起草委员会。宪法起草委员会由 33 人组成，毛泽东同志担任主席。根据计划，先由中国共产党党内拟出一个初稿，作为宪法起草委员会讨论的基础。为此，1954 年年初，中共中央成立了宪法起草小组，毛泽东同志亲自参加并担任负责人。小组成员还有陈伯达、胡乔木、田家英等人。起草小组集中在杭州工作，从 1954 年 1 月 7 日开始到 3 月 9 日结束，起草了宪法初稿。经征询不是中共党员的宪法起草委员会委员意见后，形成了提交 3 月下旬召开的宪法起草委员会第一次全体会议的宪法草案（初稿）。1954 年 3 月 23 日至 6 月 11 日，宪法起草委员会召开了 7 次全体会议，讨论修改完善宪法草案（初稿）。在此期间，有关部门还组织各方面人士 8000 余人参加对宪法草案（初稿）的讨论，提出了 5900 余条修改意见，对完善草案提供了重要帮助。6 月 14 日，中央人民政府委员会会议决定，向全民公布《中华人民共和国宪法（草案）》，征求全国人民意见。草案一经公布，得到广泛的学习、宣传和讨论，全民参加讨论的有1.5亿多人。同时，各省、市、县和一部分乡、镇还普遍召开人民代表大会会议，讨论宪法草案。从6月15日至9月10日，在历时近3个月的讨论中，全国人民对宪法草案提出修改补充的意见，经整理后共计118万多条，宪法起草委员会办公室对这些意见进行了归纳分类，刊印成16册《全民讨论意见汇编》。宪法修改小组根据讨论意见对宪法草案进行了修改完善。宪法起草委员会于9月8日召开了第八次会议，对宪法草案从头到尾进行讨论。9月9日，中央人民政府委员会会议讨论通过了中华人民共和国宪法草案，并决定提交全国人民代表大会审议通过。

在地方各级人民代表大会相继召开的基础上，由1226名代表组成的我国第一届全国人民代表大会于1954年9月15日至28日举行了第一次会议。会议的一项最重要议程就是讨论审议宪法草案和宪法草案报告。9月20日下午，出席会议的1197名代表以无记名投票方式全票通过了宪法。同日，发布中华人民共和国全国人民代表大会公告予以公布，新中国的总章程、根本大法正式诞生。

（三）1954年宪法的主要内容

从结构来看，1954年宪法文本分为序言、总纲、国家机构、公民的基本权利和义务以及国旗、国徽、首都，共五部分106条。与《共同纲领》相比，1954年宪法，既有延续又有变化。延续的主要是在结构上都有序言和总纲。就内容而言，宪法中规定的国家机构和《共同纲领》中规定的政权机关也有很多相似。不同的主要是宪法没有像《共同纲领》那样对军事、经济、文教、民族、外交等制度和政策，分别加以规定。对于公民的基本权利和义务，宪法规定得也更为详细具体。宪法序言明确指出：“这个宪法以1949年的中国人民政治协商会议共同纲领为基础，又是共同纲领的发展。”

宪法序言的内容主要包括：说明了在中国共产党的领导下革命取得

胜利，建立了人民民主专政的共和国；明确了从中华人民共和国成立到社会主义社会建成，这是一个过渡时期，国家在过渡时期的总任务是逐步实现国家的社会主义工业化，逐步完成对农业、手工业和资本主义工商业的社会主义改造；提出我国已经结成以中国共产党为领导的各民主阶级、各民主党派、各人民团体的广泛的人民民主统一战线，并对民族团结和外交政策提出方针政策。

宪法总纲中，第 1 条就规定了国家的性质，即中华人民共和国是工人阶级领导的、以工农联盟为基础的人民民主国家。第 2 条明确我国政体是实行民主集中制的人民代表大会制度，即我国的一切权力属于人民，人民行使权力的机关是全国人民代表大会和地方各级人民代表大会。第 3 条明确我国是统一的多民族的国家，各民族一律平等。第 4 ~ 16 条是有关经济制度、经济政策的规定。第 17 条规定了国家机关和人民群众的关系。第 18 条规定国家机关工作人员必须效忠人民民主制度，服从宪法和法律，努力为人民服务。第 19 条体现了专政的一面，明确镇压一切叛国的和反革命的活动，惩办一切卖国贼和反革命分子。第 20 条规定了武装力量的人民属性和任务。

宪法的第三部分是国家机构，也是对原来《共同纲领》中政权机关的进一步充实和发展。分 6 节，共 64 个条文，占宪法条文总数的 60%。

第一节是全国人民代表大会的相关规定：明确全国人民代表大会是最高国家权力机关，是行使国家立法权的唯一机关；规定全国人民代表大会常务委员会是全国人民代表大会的常设机关；并对全国人民代表大会及其常务委员会的产生、组成、会期、职权等作了具体规定。在这一节中明确，宪法的修改由全国人民代表大会以全体代表的三分之二的多数通过。

第二节是关于国家主席的规定：明确了国家主席、副主席的产生、任期、职权等。明确国家主席统率全国武装力量，担任国防委员会主席；在必要时召开最高国务会议，并担任最高国务会议主席。

第三节是关于国务院的规定：明确国务院的性质即中央人民政府，是最高国家权力机关的执行机关，是最高国家行政机关；并规定了国务院的组成、职权和领导制度。

第四节是关于地方各级人民代表大会和地方各级人民委员会的规定：明确我国一般实行省、自治区、直辖市，自治州、县、自治县、市，乡、民族乡、镇三级架构，自治州分为县、自治县、市；明确了地方各级人民代表大会、地方各级人民委员会的性质、产生和职权等。

第五节是民族自治地方的自治机关的规定：明确自治区、自治州、自治县的自治机关可以依照当地民族的政治、经济和文化的特点，制定自治条例和单行条例，报请全国人民代表大会常务委员会批准。

第六节是关于人民法院和人民检察院的规定：明确人民法院独立进行审判，只服从法律；地方各级人民检察院独立行使职权，不受地方国家机关的干涉。

宪法第四部分是关于公民的基本权利和义务的规定，与《共同纲领》的5个条文相比，有比较大的扩充和发展，共计19条。明确了公民在法律上一律平等；规定了公民的选举权和被选举权，公民享有言论、出版、集会、结社、游行、示威等政治自由，以及公民的宗教信仰自由、人身自由、劳动权、休息权、获得物质帮助权、教育文化权利、控告权、获得赔偿权等；明确国家对妇女、儿童、婚姻、家庭的保护。公民在享有权利的同时，也规定公民必须遵守宪法、法律、公共秩序，爱护和保卫公共财产，依照法律纳税、服兵役等义务。此外，还规定国家保护国外华侨的正当的权利和利益，符合条件的国外居民的庇护权。宪法规定的公民权利是广泛的。

宪法第五部分规定的是国旗、国徽、首都。中华人民共和国国旗是五星红旗；国徽中间是五星照耀下的天安门，周围是谷穗和齿轮；首都是北京。

（四）1954 年宪法的作用

1954 年宪法是新中国诞生后的第一部宪法，也是从清末立宪以来的第一部人民宪法，具有重要的历史地位。它将党领导人民赢得政权后实行的各项基本制度确立下来，国家政权各机构按照宪法的规定有效组织并运行。宪法还广泛规定了公民的权利和义务，并且明确了社会主义过渡时期的总路线。正如毛泽东同志指出的，使人民有一条清楚的轨道，使全国人民感到有一条清楚的明确的正确的道路可走。1954 年宪法有力地保障了我国从新民主主义社会向社会主义社会过渡，是一部社会主义类型的宪法。

毋庸讳言的是，1954 年宪法实施没几年，从 20 世纪 50 年代后期起，党的指导思想日益“左”倾，特别是 1966 年发起的“文化大革命”，严重影响了 1954 年宪法的权威和实施。最后，这部科学民主的宪法仅存在 20 余年即被 1975 年宪法所替代。

三、1975 年宪法

（一）1975 年宪法制定的背景和过程

1966 年“文化大革命”开始之后，国内政治形势发生巨大变化，民主法制建设和社会秩序受到严重破坏，1954 年宪法的很多规定被束之高阁，根本没有得到实施。根据形势的发展，毛泽东同志 1970 年 3 月 8 日提出召开第四届人大和修改宪法的意见，并提出关于改变国家体制、不设国家主席的建议。中共中央政治局成立了宪法工作小组。3 月 17 日至 20 日，中央召开工作会议讨论召开第四届人大和修改宪法的问题。宪法工作小组负责人在小组工作情况的通报中解释，毛主席提出了无产阶级专政下继续革命的伟大理论，宪法要适应这种情况，要把宪法修改为社会主义宪法。1970年7月，中共中央成立了“修改中华人民共和国宪法起草委员会”，毛泽东同志担任主任，委员有55人。周恩来同志在中央修改宪法起草委员会第一次全体会议上指出，根据毛泽东同志要求，宪法要简明扼要，通俗易懂，容易记住。会上讨论了已经准备好的两个宪法修改稿，一个是60条的6000字，一个是30条的4000字。后来又经过会议讨论，基本明确以30条讨论本为基础。

1970年8月23日，中共九届二中全会在庐山召开，一项重要议程就是讨论修改宪法问题。当时，在明知毛泽东同志不主张设国家主席的情况下，林彪、陈伯达等还搞串联活动，坚持要在修改的宪法中设国家主席，会上围绕要不要设立国家主席产生了激烈争论。毛泽东同志及时发表讲话，批判陈伯达是“唯恐天下不乱，大有炸平庐山、停止地球转动之势”。经过斗争，在九届二中全会上通过了《中华人民共和国宪法修改草案》，该修改草案由序言和4章30个条文组成。后来由于国内政治形势变化，发生“批陈整风”运动、“九一三事件”、“批林批孔”运动等，原定于1970年9月召开的第四届全国人民代表大会延迟，这一草案被搁置，直到1974年才重新作为将在第四届全国人民代表大会会议上通过的宪法修改草案的基础。

1975年1月8日至10日，召开了党的十届二中全会，通过了《中华人民共和国宪法修改草案》《关于修改宪法的报告》《政府工作报告》等。1月13日至17日，四届全国人大一次会议召开，有关负责人作了《关于修改宪法的报告》。报告说到，1954年宪法是正确的，它的基本原则仍然适用，但是国家的政治、经济、文化和国际关系都发生了重大变化，宪法部分内容已不适用。报告还说明，总结新经验，巩固新胜利，反映人民坚持无产阶级专政下继续革命的共同愿望，是修改宪法的主要任务。在会议的最后一天，四届全国人大一次会议全体代表一致通过修改后的《中华人民共和国宪法》。至此，从1970年3月启动的修改宪法工作历经近5年时间，终于完成。

（二）1975年宪法的主要内容和评价

1975年修改的宪法和1954年宪法相比，篇章结构相同，即由序言，总纲，国家机构，公民基本权利和义务，国旗、国徽、首都五部分组成，但为了“简明扼要”，条文大为减少，从106条减为30条。根据《关于修改宪法的报告》和宪法文本，修改的主要方面有：（1）加强了党的领导，第2条明确规定中国共产党是全中国人民的领导核心；（2）人民民主专政转化为无产阶级专政，第1条规定国家的阶级性质是“无产阶级专政的社会主义国家”，在第12条还强调无产阶级必须在上层建筑其中包括各个文化领域对资产阶级实行全面的专政，进一步强化专政分量；（3）一些公民权利有变化，第13条规定群众有运用大鸣、大放、大辩论、大字报的权利，第28条规定有罢工的自由；（4）第5条规定生产资料所有制主要有两种，社会主义全民所有制和社会主义劳动群众集体所有制；（5）针对当时美苏争霸国际形势，把“中国永远不做超级大国”写入宪法序言。另外，1975年宪法还取消了公民在法律上一律平等的规定，国家机构中取消了国家主席和各级人民检察院的设置。

1975年宪法是在“文化大革命”期间制定的，目的是适应当时“文化大革命”的形势，总的基调就是要进一步落实无产阶级专政下继续革命的理论，从宪法内容来看一目了然，因此这部宪法带有很深的“左”的烙印，和1954年宪法相比显然是历史的倒退。同时，这部宪法颁布实施是1975年，“文化大革命”已经进行了9年。仅仅一年多后，国内政治形势发生了巨大变化。1976年9月，毛泽东同志逝世。10月，以华国锋、叶剑英、李先念等同志为代表的中共中央一举粉碎了“四人帮”集团。之后，中央对“文化大革命”期间的一些方针政策进行了调整，特别是开始平反冤假错案，使在“文化大革命”中受到迫害的干部陆续恢复了工作。也正是随着新形势的发展，这部1975年修改的宪法没有实施几年，就被1978年宪法所取代。

四、1978年宪法

粉碎“四人帮”集团后，经过一系列准备，1977年8月，“文化大革命”结束后的第一次党代会——党的十一大召开，正式宣布“文化大革命”结束，并动员和号召全党和全国人民建设社会主义现代化国家。10月，中共中央发布通知，提出粉碎“四人帮”集团一年来，“各条战线都取得了伟大的胜利”，客观形势有了新的发展变化，中央决定提前于1978年春召开第五届全国人民代表大会。同时，通知要求各地方、有关部门采取适当形式征求党内外群众关于修改宪法的意见，并汇报给中央。11月，中央又对征求党内外群众对修宪的意见下发了补充通知。1978年2月，党的十一届二中全会召开，通过了《中华人民共和国宪法修改草案》以及《关于修改宪法的报告》，决定提请五届全国人大一次会议审议。根据叶剑英同志在五届全国人大一次会议上所作的报告，这份宪法修改草案是由中国共产党中央政治局全体同志组成的修改宪法委员会起草的。

1978年2月，五届全国人大一次会议召开。3月5日，大会通过了修改后的《中华人民共和国宪法》，同日，发布公告对外公布宪法全文。这是新中国成立以来的第三部宪法文本，称为1978年宪法。

1978年宪法的结构与前两部相同，分为序言，总纲，国家机构，公民的基本权利和义务以及国旗、国徽、首都五部分。宪法条文有60条，比1975年宪法条文多了一倍，但比1954年宪法的106条少。总体来看，1978年宪法继承了1954年宪法的一些基本原则，增加了实现四个现代化的任务，明确在20世纪内把我国建设成为农业、工业、国防和科学技术现代化的伟大的社会主义强国。吸取“文化大革命”教训，在总纲中专门规定了坚持社会主义民主原则、保障人民参加国家管理、管理各项经济和文化事业等。国家机构方面的规定比1975年宪法更加完备和具体，恢复了检察机关，恢复了审判公开和辩护制度。在公民的基本权利和义务方面作了大量补充，条文由1975年宪法的4条增加到16条，如对公民的控告权和申诉权作了规定。

但是，由于受当时历史条件的限制，还没有完全彻底纠正“文化大革命”时期的各项“左”的路线方针政策，时任中央主要领导还坚持“两个凡是”，1978年宪法仍有“文化大革命”的烙印。比如，在序言中仍然保留了“坚持无产阶级专政下的继续革命”的错误提法，对“文化大革命”仍然采取肯定态度，提出“第一次无产阶级文化大革命的胜利结束，使我国社会主义革命和社会主义建设进入了新的发展时期”等错误论断；在国家机构中也未能恢复国家主席设置，保留了地方各级革命委员会的名称；在公民基本权利和义务中，保留了1975年宪法规定的“大鸣、大放、大辩论、大字报”的权利。因此，这部宪法刚通过，就已经不能适应当时国家经济社会发展变化的形势需要，在随后的两年又作了两次修改。

1979年7月1日，五届全国人大二次会议通过《关于修正〈中华人民共和国宪法〉若干规定的决议》，明确县和县以上的地方各级人民代表大会设立常务委员会，将地方各级革命委员会改为地方各级人民政府，将县的人民代表大会改为由选民直接选举，将上级人民检察院同下级人民检察院的关系由监督改为领导等，进一步完善了宪法中国家机构的规定。1980年9月10日，五届全国人大三次会议又修改了宪法第45条的内容，删除公民“有运用‘大鸣、大放、大辩论、大字报’的权利”的规定，以维持安定团结的政治局面。到了1982年，随着社会主义现代化建设的全面开展和改革开放政策的全面推行，不适应社会主义现代化建设和改革开放新形势的1978年宪法被1982年宪法替代。

五、1982年宪法及其发展完善

（一）1982年宪法的出台

早在1979年年初，党的十一届三中全会刚结束，党中央就开始酝酿对宪法进行全面修改。1979年10月，邓小平同志指出，经中央常委研究要修改宪法。1980年8月，中央政治局召开扩大会议，邓小平同志在所作的《党和国家领导制度的改革》重要讲话中进一步指出，中央正在考虑进行的重大改革中的第一项就是向全国人大提出修改宪法的建议，目的是使我国的宪法更加完备周密准确。1980年8月30日，中共中央正式向五届全国人大三次会议主席团提出了《关于修改宪法和成立宪法修改委员会的建议》。该建议指出，1978年五届全国人大一次会议通过的宪法，由于当时历史条件的限制和从那时以来情况的巨大变化，许多地方已经很不适应当前政治经济生活和现代化建设的需要，需要对宪法作比较系统的修改。9月10日，五届全国人大三次会议通过决议，同意中共中央提出的修宪建议和宪法修改委员会组成人员名单，决定由宪法修改委员会主持修改1978年宪法工作，提出新宪法的修改草案。宪法修改委员会由叶剑英同志任主任委员，宋庆龄、彭真同志任副主任委员，其工作对全国人民代表大会负责。宪法修改委员会下面成立了专门的秘书处，作为委员会工作机构，具体负责相关工作，胡乔木同志任秘书长。1981年6月《中共中央关于建国以来党的若干历史问题的决议》通过后，因胡乔木同志身体不适，邓小平同志委托彭真同志直接主持宪法修改起草工作。

彭真同志具体接手宪法修改工作后，明确宪法修改应该以1954年宪法为基础，总结经验，解决问题，使新的宪法适应发展变化了的形势。这样考虑的主要原因包括：一是1954年宪法规定的基本原则比较适宜。

当时对新中国三部宪法都作了研究，总体觉得1954年宪法比较好，1975年、1978年宪法都有较强的“文化大革命”烙印。二是以1954年宪法为基础修改，可以避免不必要的争论。当时围绕修改宪法的主要问题产生了很多争论，但是许多问题在1954年制定宪法时都考虑过，以此为基础，更容易达成共识。三是1954年宪法总体上比较成熟。经过全国有代表性的8000多人的广泛讨论以及全民讨论，这部宪法共识比较强，基础比较好，大家比较认可，有利于尽快完成修宪任务。1981年6月，党中央通过了《中共中央关于建国以来党的若干历史问题的决议》，彭真同志也明确，宪法修改还要以此决议为依据。因为若干历史问题的决议是经过中央长期考虑并经过广泛讨论修改的，对于一些争论很久的事情作出了明确定论，而宪法不是争论问题，是把可定的定下来。总体来看，现行宪法形式上是对1978年宪法的修改，实质上不是以1978年宪法为基础，而是以1954年宪法为基础。

从1980年9月到1982年4月，在党中央的坚强领导下，在宪法修改委员会及其秘书处的辛勤工作下，历经一年半时间，并广泛征求各地方、各部门、各方面的意见，拟定的宪法修改草案提请1982年4月召开的五届全国人大常委会第二十三次会议审议，然后由全国人大常委会公布，交付全国各族人民讨论。之后，宪法修改委员会根据全民讨论的意见，又对宪法草案作了修改完善。1982年9月，五届全国人大五次会议审议通过了宪法修正案草案，现行宪法即1982年宪法正式诞生。

需要说明的是，根据1980年8月中国共产党中央委员会关于修改宪法和成立宪法修改委员会的建议，彭真同志1982年4月所作的宪法修改草案的说明以及同年8月所作的宪法修改草案的报告，1982年宪法不是新制定的宪法而是新修改的宪法。

（二）1982年宪法的主要内容

1982年宪法，即我国现行宪法，是对新中国成立以来我国社会主义革命、建设、改革经验教训的总结，更加全面完整地反映了新的历史时期国家的发展要求，是人民意志的集中体现。宪法以国家根本法的形式，确立了中国特色社会主义道路、中国特色社会主义理论体系、中国特色社会主义制度的发展成果，反映了我国各族人民的共同意志和根本利益，成为历史新时期党和国家的中心工作、基本原则、重大方针、重要政策在国家法制上的最高体现。概括来看，1982年宪法的主要内容如下：

1. 明确了坚持中国共产党的领导等四项基本原则

坚持四项基本原则，即坚持马克思列宁主义、毛泽东思想，坚持中国共产党的领导，坚持人民民主专政，坚持社会主义道路。四项基本原则既是制定宪法、修改宪法的指导思想，也是实施宪法的指导思想。

宪法序言规定："中国新民主主义革命的胜利和社会主义事业的成就，都是中国共产党领导中国各族人民……战胜许多艰难险阻而取得的。""中国各族人民将继续在中国共产党领导下，在马克思列宁主义、毛泽东思想指引下，坚持人民民主专政，坚持社会主义道路……把我国建设成为高度文明、高度民主的社会主义国家。"宪法序言是宪法的重要组成部分，是宪法精神的集中体现，同宪法的其他内容一样具有法律效力。中国共产党在我国的领导地位是宪法确认的。实践证明，把坚持中国共产党的领导等四项基本原则用宪法的形式确立下来是完全必要的。这是全国各族人民团结前进的共同政治基础，是实现国家长治久安、比较能够经得起各种风险考验、顺利推进改革开放和社会主义现代化建设的根本政治保证。

2. 规定了我国国体是人民民主专政制度、政体是人民代表大会制度

国体和政体是密切联系的两个概念。国体是国家的阶级性质，即哪个阶级掌握国家政权；政体是指国家政权的组织形式，即掌握政权的阶级用什么方式来行使国家权力。国体决定政体，政体是为国体服务的，它们之间是内容与形式的关系，国体是内容，政体是形式。

毛泽东同志讲过："国体问题，清朝末年起，闹了几十年还没有闹清

楚。其实，它只是指的一个问题，就是社会各阶级在国家中的地位。”1982 年宪法第 1 条第 1 款规定：“中华人民共和国是工人阶级领导的、以工农联盟为基础的人民民主专政的社会主义国家。”它明确规定了我们国家的性质和各阶级在国家中的地位，这就是我们的国体。人民民主专政的国家性质决定，在我国，只有人民才是国家和社会的主人。宪法第 2 条第 1 款规定：“中华人民共和国的一切权力属于人民。”这是我国国家制度的核心内容和根本准则。

政体一般是指采取什么政权组织形式来行使管理国家权力的问题，涉及国家的各种权力，如立法权、行政权、司法权等由哪些国家机关行使，怎么产生和组成这些国家机关，这些国家机关之间关系如何等内容。根据宪法，中华人民共和国的一切权力属于人民，人民行使国家权力的机关是全国人民代表大会和地方各级人民代表大会。这说明，人民代表大会制度就是我们的政体。概括地说，人民代表大会制度就是根据民主集中制的原则，通过民主选举产生全国人民代表大会和地方各级人民代表大会，以人民代表大会为基础，组成整个国家机构，实现人民当家作主的一种政权组织形式。其主要内容包括：一是，各级人民代表大会都由民主选举产生，对人民负责，受人民监督；二是，各级人民代表大会及其常务委员会集体行使权力，集体决定问题，严格按照民主集中制的原则办事；三是，国家的行政机关、审判机关、检察机关都由人民代表大会产生，对它负责，受它监督；四是，中央和地方国家机构的职权划分，遵循在中央的统一领导下，充分发挥地方的主动性、积极性的原则；五是，我国 56 个民族共同组成中华民族大家庭，国家对聚居的少数民族实行民族区域自治，各自治地方都是中华人民共和国不可分割的组成部分。

3. 规定了社会主义初级阶段的基本路线

1982 年宪法把党在社会主义初级阶段的基本路线，用宪法形式肯定下来，成为全国各族人民共同奋斗的纲领。宪法规定：“今后国家的根本任务是集中力量进行社会主义现代化建设。中国各族人民将继续在中国共产党领导下，在马克思列宁主义、毛泽东思想指引下，坚持人民民主专政，坚持社会主义道路，不断完善社会主义的各项制度，发展社会主义民主，健全社会主义法制，自力更生，艰苦奋斗，逐步实现工业、农业、国防和科学技术的现代化，把我国建设成为高度文明、高度民主的社会主义国家。”

4. 规定了我国的社会主义经济制度

1982 年宪法反映了社会主义经济制度在我国已经确立起来和正在发展壮大的事实。宪法第 6 条规定：中华人民共和国的社会主义经济制度的基础是生产资料的社会主义公有制，即全民所有制和劳动群众集体所有制；社会主义公有制消灭人剥削人的制度，实行各尽所能、按劳分配的原则。

5. 充实了关于社会主义精神文明的内容

1980 年 12 月，邓小平同志指出：我们要建设的社会主义国家，不但要有高度的物质文明，而且要有高度的精神文明；所谓精神文明，不但是指教育、科学、文化（这是完全必要的），而且是指共产主义的思想、理想、信念、道德、纪律等。1982 年宪法的一个重要特点就是强调社会主义精神文明，包括两个方面：一是发展教育、科学、文化事业，二是重视思想道德教育。

在教育、科学、文化方面，宪法草案原来的规定是 1 条，根据全民讨论的意见，改为 4 条即第 19 ~ 22 条，教育、科学、卫生体育、文化各 1 条，并充实了内容。在思想道德教育方面，宪法第 24 条作了重要规定，明确国家通过普及理想教育、道德教育、文化教育、纪律和法制教育，通过在城乡不同范围的群众中制定和执行各种守则、公约，加强社会主义精神文明的建设；国家提倡爱祖国、爱人民、爱劳动、爱科学、爱社会主义的公德，在人民中进行爱国主义、集体主义和国际主义、共产主义的教育，进行辩证唯物主义和历史唯物主义的教育，反对资本主义的、封建主义的和其他的腐朽思想。

6. 进一步强化了公民基本权利的规定

公民的基本权利和义务是宪法的核心内容，宪法是每个公民享有权利、履行义务的根本保证。我国是人民民主专政的社会主义国家，人民是国家的主人，享有广泛的权利和自由。但是，在“文化大革命”期间，民主与法制遭到破坏，广大干部群众的权利受到严重侵犯。1982 年宪法认真总结新中国成立以来的经验，特别是“文化大革命”期间的教训，对公民的权利和自由作了充分规定，将“公民的基本权利和义务”一章移到总纲后面、国家机构前面，作为第二章。并且这章的条文，从 1954 年宪法的 19 条、1978 年宪法的 16 条，增加为 24 条。

1982 年宪法关于公民权利和自由的规定十分广泛和充分。公民在政治、民主、人身方面的自由和权利主要表现在：一是恢复了 1954 年宪法关于公民在法律面前一律平等的规定。二是有选举权和被选举权。三是有言论、出版、集会、结社、游行、示威的自由。四是有宗教信仰自由，包括信教和不信教的自由。五是人身自由不受侵犯。针对“文化大革命”时期随便抓人、关人的问题，宪法规定，“禁止非法拘禁和以其他方法非法剥夺或者限制公民的人身自由，禁止非法搜查公民的身体”。六是公民的人格尊严不受侵犯，禁止用任何方法对公民进行侮辱、诽谤和诬告陷害。七是公民的住宅不受侵犯。禁止非法搜查或者非法侵入公民的住宅。八是公民的通信自由和通信秘密受法律的保护。九是对于任何国家机关和国家工作人员，公民有提出批评、建议、申诉、控告或者检举的权利。并规定，对公民的申诉、控告或者检举，有关国家机关必须查清事实，负责处理，任何人不得压制和打击报复。由于国家机关和国家工作人员侵犯公民权利而受到损失的人，有依照法律规定取得赔偿的权利。

宪法规定公民在社会方面的基本权利有：一是公民有劳动的权利和义务。国家通过各种途径，创造劳动就业条件。二是劳动者有休息的权利。三是退休人员的生活受国家和社会保障。四是公民在年老、疾病或者丧失劳动能力的情况下，有从国家和社会获得物质帮助的权利；国家和社会保障残废军人的生活，抚恤烈士家属，优待军人家属；国家和社会帮助安排盲、聋、哑和其他有残疾的公民的劳动、生活和教育。五是公民有受教育的权利和义务。之前的宪法规定公民有受教育的权利，1982年宪法进一步规定，受教育不仅是公民的权利，而且是公民的义务。六是妇女同男子有平等的权利；婚姻、家庭、母亲和儿童受国家的保护；保护华侨的正当的权利和利益，保护归侨和侨眷的合法的权利和利益。七是公民有进行科学研究、文学艺术创作和其他文化活动的自由等。

我国宪法在规定公民享有广泛自由和权利的同时，也明确公民在行使自由和权利的时候，不得损害国家的、社会的、集体的利益和其他公民的合法的自由和权利，同时要履行宪法规定的义务。主要有：一是公民有维护国家统一和全国各民族团结的义务。二是公民必须遵守宪法和法律，保守国家秘密，爱护公共财产，遵守劳动纪律，遵守公共秩序，尊重社会公德。三是公民有维护祖国的安全、荣誉和利益的义务，不得有危害祖国的安全、荣誉和利益的行为。这一条是1982年宪法增加的。四是公民有依照法律服兵役和参加民兵组织保卫祖国、抵抗侵略的义务。五是公民有依照法律纳税的义务。

7. 充实了国家机构的规定

1982年宪法在总结正、反两方面经验的基础上，对我国的国家机构作了一系列的改革和发展，主要有以下几个方面：

一是加强人民代表大会制度。将原来属于全国人民代表大会的一部分职权交由它的常务委员会行使，扩大全国人大常委会的职权和加强它的组织。全国人民代表大会和它的常务委员会行使国家立法权；除基本法律应当由全国人民代表大会制定以外，其他法律由全国人大常委会制定。全国人大常委会委员不得担任国家行政机关、审判机关和检察机关的职务。委员长、副委员长、秘书长组成委员长会议，处理常委会的重要日常工作。为了加强全国人民代表大会的工作，还增设一些专门委员会，在全国人民代表大会和它的常务委员会领导下，主要负责研究、审议和拟订有关议案。宪法规定，全国人民代表大会设立民族委员会、法律委员会、财政经济委员会、教育科学文化卫生委员会、外事委员会、华侨事务委员会和其他需要设立的专门委员会。

二是恢复设立国家主席和副主席。新中国成立以来的实践证明，设立国家主席对健全国家体制是必要的，也比较符合我国各族人民的习惯和愿望。1982 年宪法恢复设立国家主席和副主席，明确中华人民共和国主席、副主席由全国人民代表大会选举产生，规定了国家主席和副主席的职权等。

三是完善国务院领导制度。国务院实行总理负责制；总理、副总理、国务委员和秘书长组成国务院常务会议；总理召集和主持国务院全体会议和国务院常务会议。各部、各委员会实行部长、主任负责制；部长、委员会主任召集和主持部务会议或者委员会会议、委务会议。

四是国家设立中央军事委员会，领导全国武装力量。中央军事委员会实行主席负责制。中央军事委员会主席由全国人民代表大会选举，对全国人民代表大会和它的常务委员会负责。

为了加强对财政、财务活动的监督，国务院增设审计机关，依照法律规定独立行使审计监督权。地方各级人民政府也相应地设立审计机关。

五是建立任期制。规定国家主席、副主席，全国人大常委会委员长、副委员长，国务院总理、副总理等国家领导人连续任职不得超过两届。

六是加强地方政权和基层群众自治组织建设，设立特别行政区。县级以上的地方各级人民代表大会设立常务委员会。省、直辖市的人民代表大会和它的常务委员会有权制定和颁布地方性法规。地方各级人民政府分别实行省长、市长、县长、区长、乡长、镇长负责制。在少数民族集中地区实行民族区域自治制度。关于地方政权和组织建设的规定同样适用于民族自治地方。改变农村人民公社的政社合一的体制，设立乡政权。另外，将我国长期行之有效的居民委员会、村民委员会等群众性自治组织的地位和作用列入宪法。

为了解决台湾、香港、澳门问题，邓小平同志提出“一国两制”的思想。因此，宪法在总纲第31条规定：“国家在必要时得设立特别行政区。在特别行政区内实行的制度按照具体情况由全国人民代表大会以法律规定。”在全国人民代表大会职权中增加规定了“决定特别行政区的设立及其制度”。

8. 规定了国家的象征

宪法规定中华人民共和国国旗是五星红旗；国徽中间是五星照耀下的天安门，周围是谷穗和齿轮；首都是北京。

9. 强化社会主义法制建设内容

1982年宪法，根据十一届三中全会关于发展社会主义民主、健全社会主义法制的精神，把“健全社会主义法制”作为我国今后的一项根本任务。这是现行宪法的一个重要特点。根据这个要求，1982年宪法从立法、执法、司法、守法、宪法法律监督等方面，都作了充分的规定。

一是，在立法方面，为进一步加强立法工作，宪法对立法体制进行了改革。第一，全国人民代表大会常务委员会有权制定法律。过去，立法权集中在全国人民代表大会，它的常务委员会只能制定法令，不能制定法律。这不能适应加快立法、健全法制的需要。1982年宪法扩大了全国人大常委会的职权，规定全国人民代表大会和它的常务委员会是立法机关，基本法律由全国人民代表大会制定，其他法律全国人大常委会有权制定。第二，国务院可以制定行政法规。过去，国务院只能规定行政措施，1982年宪法规定，国务院有权制定行政法规。第三，省级人大及其常委会、省会市和经国务院批准的较大市的人大及其常委会，在与宪法、法律、行政法规不抵触的前提下，可以制定地方性法规。第四，民族自治地方的人民代表大会有权依照当地民族的政治、经济和文化的特点，制定自治条例和单行条例。我国立法体制是多层次的，但必须维护国家法制的统一，这是社会主义法制建设的一条基本原则。宪法第 5 条规定，国家维护社会主义法制的统一和尊严，一切法律、行政法规和地方性法规都不得同宪法相抵触。

二是，在执法方面，执法必严要求各级行政机关依法行政。宪法规定，国务院即中央人民政府，是最高国家权力机关的执行机关，地方各级人民政府是地方国家权力机关的执行机关。我国绝大多数法律是有关行政管理的，与广大人民群众有着密切的关系，这些法律要由行政机关及其工作人员执行。宪法规定，一切国家机关和武装力量都必须以宪法为根本活动准则，“必须遵守宪法和法律。一切违反宪法和法律的行为，必须予以追究”。

三是，在司法方面，宪法第 126 条规定：“人民法院依照法律规定独立行使审判权，不受行政机关、社会团体和个人的干涉。”第 131 条规定：“人民检察院依照法律规定独立行使检察权，不受行政机关、社会团体和个人的干涉。”

四是，在守法方面，宪法第 33 条第 3 款规定：“任何公民享有宪法和法律规定的权利，同时必须履行宪法和法律规定的义务。”第 53 条规定，“中华人民共和国公民必须遵守宪法和法律”。为了使广大公民了解法律，增强法律意识，宪法第 24 条把“法制教育”作为加强社会主义精神文明建设的一个重要方面。

五是，在宪法、法律实施监督方面，也规定了具体举措。如何保证宪法的实施，经过“文化大革命”的沉痛教训，广大人民群众十分关心。过去宪法规定，全国人民代表大会监督宪法的实施。由于全国人民代表大会每年开一次会，不利于日常监督，因此 1982 年宪法规定，全国人大及其常委会监督宪法的实施。把监督宪法实施的权力放到全国人大及其常委会比较合适，因为全国人民代表大会是最高国家权力机关，全国人大常委会是它的常设机关。同时，宪法第 99 条还规定，“地方各级人民代表大会在本行政区域内，保证宪法、法律、行政法规的遵守和执行”。

（三）五个宪法修正案的主要内容

1982年宪法是一部符合国情、符合实际、体现时代要求的好宪法。同时，宪法也必须体现党和人民事业的历史进步，不断适应新形势、吸纳新经验、确认新成果、作出新规范，才具有持久生命力。回顾我国宪法制度发展历程，我们愈加感到，我国宪法同党和人民进行的艰苦奋斗和创造的辉煌成就紧密相连，同党和人民开辟的前进道路和积累的宝贵经验紧密相连。我国宪法必须随着党领导人民建设中国特色社会主义实践的发展而不断完善发展。由宪法及时确认党和人民创造的伟大成就和宝贵经验，以更好发挥宪法的规范、引领、推动、保障作用，是实践发展的必然要求。这是我国宪法发展的一个显著特点，也是一条基本规律。

1. 2004年之前四个修正案的主要内容

1982年宪法公布施行后，根据我国改革开放和社会主义现代化建设的实践和发展，在党中央领导下，全国人民代表大会于1988年、1993年、1999年、2004年先后4次对1982年宪法的个别条款和部分内容作出必要的、也是十分重要的修正，共通过了31条宪法修正案。其中，1988年宪法修正案2条，即第1条和第2条；1993年宪法修正案9条，即第3条至第11条；1999年宪法修正案6条，即第12条至第17条；2004年宪法修正案14条，即第18条至第31条。

4次宪法修改的主要内容包括：一是，对宪法序言第七自然段的有关内容先后3次作出修改，将邓小平理论，“三个代表”重要思想，社会主义初级阶段，中国特色社会主义道路，发展社会主义市场经济，推动物质文明、政治文明和精神文明协调发展，把我国建设成为富强、民主、文明的社会主义国家等内容，分别写入宪法。二是，对宪法序言第十自然段的有关内容2次作出修改，将中国共产党领导的多党合作和政治协商制度以及包括劳动者、建设者和爱国者在内的广泛的爱国统一战线，分别写入宪法。三是，对宪法第5条作出修改，规定实行依法治国，建设社会主义法治国家。四是，对宪法第6条作出修改，规定社会主义初级阶段的基本经济制度和分配制度。五是，对宪法第8条2次作出修改，规定实行家庭承包经营为基础、统分结合的双层经营体制。六是，对宪法第11条3次作出修改，规定非公有制经济的地位和国家对非公有制经济的方针政策。七是，对宪法第14条作出修改，规定国家建立健全同经济发展水平相适应的社会保障制度。八是，对宪法第15条作出修改，规定国家实行社会主义市场经济；国家加强经济立法，完善宏观调控。九是，对宪法第33条作出修改，规定国家尊重和保障人权。十是，对宪法第81条作出修改，规定国家主席进行国事活动。此外，还对土地使用权可以依法转让、公民合法的私有财产不受侵犯、公民私有财产的征收征用和补偿、县乡人大任期3年改5年、紧急状态、国歌等有关规定内容作了补充和完善。4次宪法修改体现了党领导人民进行改革开放和社会主义现代化建设的成功经验，体现了中国特色社会主义道路、理论、制度、文化的发展成果。

2. 2018年宪法修正案的主要内容

自2004年宪法修改以来，党和国家事业又有了许多重要的发展变化。特别是党的十八大以来，以习近平同志为核心的党中央团结带领全国各族人民毫不动摇坚持和发展中国特色社会主义，统筹推进"五位一体"总体布局、协调推进"四个全面"战略布局，推进党的建设新的伟大工程，形成一系列治国理政新理念新思想新战略，推动党和国家事业取得历史性成就、发生历史性变革，中国特色社会主义进入了新时代。党的十九大在新的历史起点上对新时代坚持和发展中国特色社会主义作出重大战略部署，提出了一系列重大政治论断，确立了习近平新时代中国特色社会主义思想在全党的指导地位，确定了国家发展新的奋斗目标，对党和国家事业发展具有重大的指导和引领意义。因此，十分有必要根据党的十九大精神对我国现行宪法作出必要的修改完善，把党和人民在实践中取得的重大理论创新、实践创新、制度创新成果通过国家根本法确认下来，使之成为全国各族人民的共同遵循，成为国家各项事业、各方面工作的活动准则，使我国宪法更好地体现人民意志，更好地体现中国特色社会主义制度的优势，更好地适应推进国家治理体系和治理能力现代化的要求。这对于全面贯彻党的十九大精神、广泛动员和组织全国各族人民为夺取新时代中国特色社会主义伟大胜利而奋斗具有十分重大的意义。

2018 年 3 月，十三届全国人大一次会议审议通过宪法修正案，对我国现行宪法又作出 21 条修改。主要内容如下：

一是，确立科学发展观、习近平新时代中国特色社会主义思想在国家政治和社会生活中的指导地位。宪法序言第七自然段中“在马克思列宁主义、毛泽东思想、邓小平理论和‘三个代表’重要思想指引下”修改为“在马克思列宁主义、毛泽东思想、邓小平理论、‘三个代表’重要思想、科学发展观、习近平新时代中国特色社会主义思想指引下”。同时，在“自力更生，艰苦奋斗”前增写“贯彻新发展理念”。

二是，调整充实中国特色社会主义事业总体布局和第二个百年奋斗目标的内容。宪法序言第七自然段中“推动物质文明、政治文明和精神文明协调发展，把我国建设成为富强、民主、文明的社会主义国家”修改为“推动物质文明、政治文明、精神文明、社会文明、生态文明协调发展，把我国建设成为富强民主文明和谐美丽的社会主义现代化强国，实现中华民族伟大复兴”。

三是，完善依法治国和宪法实施举措。宪法序言第七自然段中“健全社会主义法制”修改为“健全社会主义法治”。同时，在宪法第一章总纲第 27 条增加一款：“国家工作人员就职时应当依照法律规定公开进行宪法宣誓。”

四是，充实完善我国革命和建设发展历程的内容。宪法序言第十自然段中“在长期的革命和建设过程中”修改为“在长期的革命、建设、改革过程中”；宪法序言第十二自然段中“中国革命和建设的成就是同世界人民的支持分不开的”修改为“中国革命、建设、改革的成就是同世界人民的支持分不开的”。

五是，充实完善爱国统一战线和民族关系的内容。宪法序言第十自然段中“包括全体社会主义劳动者、社会主义事业的建设者、拥护社会主义的爱国者和拥护祖国统一的爱国者的广泛的爱国统一战线”修改为“包括全体社会主义劳动者、社会主义事业的建设者、拥护社会主义的爱国者、拥护祖国统一和致力于中华民族伟大复兴的爱国者的广泛的爱国统一战线”。宪法序言第十一自然段中“平等、团结、互助的社会主义民族关系已经确立，并将继续加强”修改为“平等团结互助和谐的社会主义民族关系已经确立，并将继续加强”。与此相适应，宪法第一章总纲第4条第1款中“维护和发展各民族的平等、团结、互助关系”修改为“维护和发展各民族的平等团结互助和谐关系”。

六是，充实和平外交政策方面的内容。在宪法序言第十二自然段中“中国坚持独立自主的对外政策，坚持互相尊重主权和领土完整、互不侵犯、互不干涉内政、平等互利、和平共处的五项原则”后增加“坚持和平发展道路，坚持互利共赢开放战略”；在“发展同各国的外交关系和经济、文化的交流”后增加“推动构建人类命运共同体”。

七是，充实坚持和加强中国共产党全面领导的内容。在宪法第一章总纲第1条第2款“社会主义制度是中华人民共和国的根本制度”后增写一句，内容为：“中国共产党领导是中国特色社会主义最本质的特征。”

八是，增加倡导社会主义核心价值观的内容。宪法第一章总纲第24条第2款中“国家提倡爱祖国、爱人民、爱劳动、爱科学、爱社会主义的公德”修改为“国家倡导社会主义核心价值观，提倡爱祖国、爱人民、爱劳动、爱科学、爱社会主义的公德”。

九是，修改国家主席任职方面的有关规定。宪法第三章国家机构第79条第3款“中华人民共和国主席、副主席每届任期同全国人民代表大会每届任期相同，连续任职不得超过两届”中的“连续任职不得超过两届”删去。

十是，增加设区的市制定地方性法规的规定。在宪法第三章国家机构第100条中增加1款，作为第2款：“设区的市的人民代表大会和它们的常务委员会，在不同宪法、法律、行政法规和本省、自治区的地方性法规相抵触的前提下，可以依照法律规定制定地方性法规，报本省、自治区人民代表大会常务委员会批准后施行。”

十一是，增加有关监察委员会的各项规定。为了贯彻和体现深化国家监察体制改革的精神，为成立监察委员会提供宪法依据，在宪法第三章“国家机构”第六节后增加一节，作为第七节“监察委员会”，就国家监察委员会和地方各级监察委员会的性质、地位、名称、人员组成、任期任届、领导体制、工作机制等作出规定。与此相适应，还对宪法的其他地方作了修改。

十二是，完善全国人民代表大会专门委员会规定。宪法第三章国家机构第70条第1款中的“全国人民代表大会设立民族委员会、法律委员会、财政经济委员会、教育科学文化卫生委员会、外事委员会、华侨委员会和其他需要设立的专门委员会”修改为“全国人民代表大会设立民族委员会、宪法和法律委员会、财政经济委员会、教育科学文化卫生委员会、外事委员会、华侨委员会和其他需要设立的专门委员会”。

六、充分发挥宪法在全面依法治国中的重要作用

1954年6月14日，毛泽东同志在中央人民政府委员会第三十次会议上作关于宪法草案的讲话时说：“用宪法这样一个根本大法的形式，把人民民主和社会主义原则固定下来，使全国人民有一条清楚的轨道，使全国人民感到有一条清楚的明确的和正确的道路可走，就可以提高全国人

民的积极性。”[1]我国宪法以国家根本法的形式，确认了中国共产党领导中国人民进行革命、建设、改革的伟大斗争和根本成就，确立了工人阶级领导的、以工农联盟为基础的人民民主专政的社会主义国家的国体和人民代表大会制度的政体，确定了国家的根本任务、领导核心、指导思想、发展道路、奋斗目标，规定了中国共产党领导的多党合作和政治协商制度、民族区域自治制度以及基层群众自治制度，规定了社会主义法治原则、民主集中制原则、尊重和保障人权原则，等等，反映了我国各族人民的共同意志和根本利益。

近40年来的发展历程充分证明，我国现行宪法有力坚持了中国共产党领导，有力保障了人民当家作主，有力促进了改革开放和社会主义现代化建设，有力推动了社会主义法治国家建设进程，有力维护了国家统一、民族团结、社会稳定，是符合国情、符合实际、符合时代发展要求的好宪法，是充分体现人民共同意志、充分保障人民民主权利、充分维护人民根本利益的好宪法，是推动国家发展进步、保证人民创造幸福生活、保障中华民族实现伟大复兴的好宪法，是我们国家和人民经受住各种困难和风险考验、始终沿着中国特色社会主义道路前进的根本法治保障。我国宪法确立的一系列制度、原则和规则，确定的一系列大政方针，具有显著优势、坚实基础、强大生命力，必须长期坚持、全面贯彻。

宪法的生命在于实施，宪法的权威也在于实施。宪法的力量不仅因其地位崇高，更源于其有效实施。中国特色社会主义进入新时代，对全面依法治国、依宪治国、加强宪法实施提出了更高的要求。2018 年 8 月 24 日，习近平总书记主持召开中央全面依法治国委员会第一次会议并发表重要讲话，对党的十八大以来党中央提出的一系列全面依法治国新理念新思想新战略作了 10 个方面的概括，其中一条就明确要坚持依宪治

---

〔1〕 毛泽东：《在中央人民政府委员会第三十次会议上关于中华人民共和国宪法草案的讲话》（一九五四年六月十四日），载中共中央文献研究室编：《毛泽东思想年编》（一九二一 — 一九七五），中央文献出版社 2011 年版，第 765 页。

国、依宪执政。我们必须坚持以习近平新时代中国特色社会主义思想为指导，认真贯彻习近平总书记全面依法治国新理念新思想新战略和党的十九大提出的加强宪法实施和监督、推进合宪性审查、维护宪法权威的要求，将推进宪法实施提高到一个新水平。

一是，加快完善以宪法为核心的中国特色社会主义法律体系，通过完备的法律推动宪法实施。通过建立健全法律法规和制度体系，推动和保障宪法实施，是我国宪法实施的基本途径。在中国特色社会主义法律体系中，宪法居于核心地位，所有的法律都是依据宪法制定的，都是对宪法精神、原则和制度的具体化。通过立法和法律实施，把宪法确立的国家重大制度、重大事项转化为具体法律制度，形成一系列行之有效、相互衔接、相互配合的法律规定，使宪法的精神、原则和规定得以实现和具体化，在国家事业和社会生活各方面得到全面实施。要聚焦社会主义事业总体布局和奋斗目标，加强立法工作，提高立法质量，加快完善以宪法为核心的中国特色社会主义法律体系，以更加完备的法律推动宪法实施。

二是，进一步组织落实好宪法实施的有关法律制度。党的十八大以来，全国人大常委会贯彻落实党中央决策部署，健全保证宪法实施的法律制度，先后通过关于设立国家宪法日的决定、关于实行宪法宣誓制度的决定、关于特赦部分服刑罪犯的决定等。认真贯彻落实这些宪法实施的重要制度和举措，对彰显宪法权威、弘扬宪法精神、提高全社会的宪法意识发挥着重要作用。要继续抓好组织落实工作，通过不断丰富和发展宪法实施实践，让文本上的宪法“活起来”“落下去”。

三是，积极稳妥推进合宪性审查工作，切实维护宪法尊严和权威。党的十八大以来，以习近平同志为核心的党中央高度重视宪法在治国理政中的重要地位和作用，采取一系列有力措施加强宪法实施和监督。贯彻落实党中央要求，全国人大常委会不断加强备案审查制度和能力建设，加快建设全国统一的备案审查信息平台，不断加大监督纠正力度，取得明显成效。2017 年 12 月，十二届全国人大常委会第三十一次会议首次听取并审议法制工作委员会所作的《关于十二届全国人大以来暨 2017 年备案审查工作情况的报告》，推动备案审查工作再上新台阶。

党的十九大明确提出推进合宪性审查工作，维护宪法权威。十三届全国人大一次会议通过宪法修正案，将全国人民代表大会“法律委员会”修改为“宪法和法律委员会”，目的就是在继续承担统一审议法律草案工作的基础上，增加推动宪法实施、开展宪法解释、推进合宪性审查、加强宪法监督、配合宪法宣传等工作职责。十三届全国人大常委会第三次会议通过关于宪法和法律委员会职责问题的决定，进一步从法律规定上明确了这些职责。要始终坚持党的领导，坚持正确的政治方向，建立健全合宪性审查机制，积极稳妥地推进合宪性审查工作，以高度负责的政治态度和扎实严谨的工作作风，认真开展审查研究，审慎提出审查意见，努力实现政治效果和法律效果相统一，切实发挥宪法治国安邦根本法的作用。

符合中国国情和实际的立法体制

立法体制是关于立法主体、立法权限划分和立法权运行的基本制度的总称。一个国家的立法体制取决于这个国家的国体和政体，即国家的性质和政权组织形式，也必然受到其传统政治、历史文化、地理环境、民族习惯等的影响。我国历史上主要是一个统一的、多民族的、单一制的中央集权制国家，与之相适应中国古代社会就是皇权至上、一人之治的家天下式封建统治。中华人民共和国的成立，在中国历史上建立了一个完全新型的国家政权，即人民民主专政的社会主义国家。这一国家性质，决定了其在社会制度模式和国家治理方式上都将走出一条新路。人民民主和社会主义原则成为这条道路的根本原则。人民代表大会制度是我国的根本政治制度，中国共产党的领导是中国特色社会主义最本质的特征。这两条从根本上体现了人民民主和社会主义原则的本质，决定了我国的立法体制必须有利于党的领导，有利于人民当家作主，能够从我国的实际出发，合理地划分中央与地方、权力机关与行政机关的立法权限。中华人民共和国成立 70 年来，我国立法体制的形成和发展完善的过程，既是中国民主政治制度，特别是人民代表大会制度不断发展完善的一个缩影，也是我国国家治理方式不断发展、国家治理能力日益现代化的具体体现。

1949 年 2 月，中共中央在解放区发布了《关于废除国民党的六法全书与确定解放区的司法原则的指示》，宣布将国民党政权制定的所有法律全部废除，规定：在无产阶级领导的以工农联盟为主体的人民民主专政的政权下，国民党的“六法全书”应该废除，人民的司法工作不能再以国民党的“六法全书”作依据，而应该以人民的新的法律作依据。在人民的新的法律还没有系统地发布之前，则应该以共产党的政策以及人民政府与人民解放军所已发布的各种纲领、法律、命令、条例、决议作依据。这一指示，既标志着国民党伪法统及其立法体制在解放区和未来的新人民民主政权下的终结，也为新中国在社会主义条件下建立全新的立法体制扫清了历史障碍。

一、我国现行立法体制的形成发展历程

新中国成立后，我们党带领全国人民围绕建设社会主义现代化强国的奋斗目标，进行了不懈努力，历经曲折，走出了一条具有中国特色的社会主义法治道路。在这个过程中，我国的立法体制也在不断发展完善，其发展演变大致经过了以下四个阶段。

第一阶段：从新中国成立到1954年宪法颁布前

这个阶段，我国立法权力的行使具有多极化和分散化的特点。在中央层面上，享有立法权的是中国人民政治协商会议全体会议、中央人民政府委员会和政务院；在地方层面上，从县级人民政府到大行政区人民政府，各级地方人民政府或多或少都享有立法权。

1949年9月，中国人民政治协商会议第一届全体会议通过的具有临时宪法性质的《共同纲领》，正式以合法的法律形式全面废除“六法全书”，并提出制定新的法律法令的目标，其第17条规定：“废除国民党反动政府一切压迫人民的法律、法令和司法制度，制定保护人民的法律、法令，建立人民司法制度。”同时，《共同纲领》第13条规定：“在普选的全国人民代表大会召开以前，由中国人民政治协商会议的全体会议执

行全国人民代表大会的职权，制定中华人民共和国中央人民政府组织法，选举中华人民共和国中央人民政府委员会，并付之以行使国家权力的职权。”这次会议上还通过了中央人民政府组织法，对中央政府的立法权限作了规定。中央人民政府委员会制定并解释国家的法律，颁布法令，并监督法律、法令的执行；废除或者修改政务院与国家的法律、法令相抵触的决议和命令；制定中央人民政府委员会组织条例；制定或者批准政务院及政务院各委、部、会、院、署、行、厅的组织条例。政务院颁布决议和命令，并审查决议和命令的执行；废除或者修改各委、部、会、院、署、行和各级地方政府与国家法律、法令和政务院决议、命令相抵触的决议和命令。

1949年12月16日，政务院通过《大行政区人民政府委员会组织通则》，规定大行政区人民政府委员会有权拟定与地方政务有关的暂行法令条例，报政务院批准或备案。直到1954年6月19日，由中央人民政府委员会第32次会议决定，撤销大行政区，大行政区人民政府委员会的立法职权才随之取消。1950年1月6日，政务院公布的省人民政府组织通则、市人民政府组织通则和县人民政府组织通则规定，省人民政府有权拟定与省政有关的暂行法令条例，报告主管大行政区人民政府转请政务院批准或者备案。直辖市、大行政区辖市和省辖市的人民政府，有权拟定与市政有关的暂行法令条例，报告上级人民政府批准施行。县人民政府有权拟定与县政有关的单行法规送请省人民政府批准或者备案。当然，这种地方制定暂行法令、条例或单行法规的活动，与我们今天所讲的地方立法相比较，并非严格意义上的地方立法，更多属于特定历史条件下的行政权的张扬，但已具有地方立法的萌芽性质。

此外，在这一阶段，民族区域自治地方已经有了单行法规立法权。1952年8月，中央人民政府委员会第十八次会议批准了《中华人民共和国民族区域自治实施纲要》，其第23条规定：“各民族自治区自治机关在中央人民政府和上级人民政府法令所规定的范围内，依其自治权限，得制定本自治区单行法规，层报上两级人民政府核准。凡经各级地方人民政府核准的各民族自治区单行法规，均须层报中央人民政府政务院备案。”需要指出的是，这里“民族自治区”的概念与我国现行宪法中的“自治区”有所不同，其行政地位，依其人口多少及区域大小等条件，相当于乡（村）、区、县、专区或专区以上的行政地位。

新中国成立初期形成这种分散的立法格局，主要是基于政权初建时期的实际需要。1949 年新中国成立，百废待兴，我国面临着组建和巩固新生政权、恢复和发展国民经济、实现和保障人民当家作主的艰巨任务。由于彻底废除了国民党的伪法统，面对几乎一片空白的法制现实，单纯依靠中央立法来迅速制定出新政权所需的大量法律、法令，确立秩序，无疑是不可能的。当时全国尚未完全解放，各地的解放时间不同、地区差异较大，中央政府直接管理省和省以下地区的条件尚不具备，因此，赋予东北、华北、西北、华东、中南、西南 6 个大行政区一定的自主立法权，是当时客观条件下的必然要求。尤其是新解放的地区，无论其为省级还是县级，都需要被给予这样的立法权限，以便因地制宜地巩固政权、迅速恢复生产和推行各项改革。

第二阶段：从 1954 年宪法颁布到 1979 年五届全国人大二次会议前

这个阶段，我国的立法权限高度集中。中央层面上，全国人民代表大会是唯一的立法机关，1955 年 7 月后全国人大常委会代行部分立法权；在地方层面，除民族区域自治地方外，其他地方权力机关均不享有立法权。同时，国家行政机关也没有立法权。

1954 年宪法规定，全国人民代表大会是行使国家立法权的唯一机关。全国人民代表大会有权“修改宪法”和“制定法律”。全国人大常委会有权“解释法律”、“制定法令”和“撤销国务院的同宪法、法律和法令相抵触的决议和命令”。1975 年宪法和 1978 年宪法也都作了类似规定。虽然全国人大常委会可以制定法令，但“法令”与“法律”不同，属于国家机关在职务范围内规定的带有规范性、法律性的个别文书，1982 年宪法颁布时删去了“法令”一词。

由于全国人民代表大会不可能经常开会，每次开会的时间也不长，无法满足国家“急需制定各项法律，以适应国家建设和国家工作的要求”，尤其“在全国人民代表大会闭会期间，有些部分性质的法律，不可避免地急需常务委员会通过施行”。因此，1955 年 7 月，一届全国人大二次会议通过关于授权常务委员会制定单行法规的决议，授权常务委员会依照宪法的精神、根据实际的需要，适时地制定部分性质的法律，即单行法规。1959 年 4 月，二届全国人大一次会议又进一步作出决议，为了适应社会主义改造和社会主义建设事业发展的需要，大会授权常务委员会，在全国人民代表大会闭会期间，根据情况的发展和工作需要，对现行法律中一些已经不适用的条文，适时地加以修改，作出新的规定。事实上，1954 年 9 月至 1957 年上半年，国家各项工作蓬勃开展，全国人大及其常委会的工作非常饱满，共通过 80 多件法律、法令和有关法律问题的决定。但自 1957 年下半年“反右”斗争起，随着领导人的看法和注意力的改变，人治思想抬头，宪法和法律的权威受到损害，我国的民主与法制建设逐渐走向停滞。从 1966 年“文化大革命”开始到 1968 年秋，全国 29 个省、自治区、直辖市相继成立了革命委员会，人民代表大会制度遭到严重破坏，甚至自 1966 年 7 月至 1975 年 1 月长达八年六个月的时间内，全国人大及其常委会都没有举行过任何会议。全国人大常委会自 1959 年 4 月后，除通过一些决议、决定外，也没有再制定法律，因此，1959 年的那次授权并没有得到实际执行。但通过这两次授权，全国人大常委会被赋予部分国家立法权，补充和发展了 1954 年宪法，改变了全国人民代表大会是行使国家立法权的唯一机关的规定。

按照 1954 年宪法规定，国务院根据宪法、法律和法令，规定行政措施，发布决议和命令，并且审查这些决议和命令的实施情况；改变或者撤销各部部长、各委员会主任的不适当的命令和指示；改变或者撤销地方各级国家行政机关的不适当的决议和命令，但没有立法权。在地方层面，只有民族区域自治地方的立法权保留下来，“自治区、自治州、自治县的自治机关可以依照当地民族的政治、经济和文化的特点，制定自治条例和单行条例，报请全国人民代表大会常务委员会批准”，其他地方都没有立法权，原有的行政立法职权实际上也都被取消了。

这种突出体现中央集权特征的立法权限划分，是当时我国实行高度集中的计划经济体制的政治需要和体现，中央集权的立法模式强有力地保证了中央对全国各项事业的集中统一领导，但也在相当程度上影响了地方主动性和积极性的发挥，阻碍了国家法制的发展。事实上，1954 年宪法实行一段时间后，中央就发现了这个问题。因此，1956 年毛泽东同志在《论十大关系》一文中肯定了地方立法的必要性：“取消大区，各省直属中央，这是正确的。但是由此走到取消地方的必要的独立性，结果也不那么好。我们的宪法规定，立法权集中在中央。但是在不违背中央方针的条件下，按照情况和工作需要，地方可以搞章程、条例、办法，宪法并没有约束。”[1]这为以后探索赋予地方立法权提供了理论指导。

第三阶段：1979 年五届全国人大二次会议以后至 2015 年十二届全国人大三次会议前，现行立法体制的基本确立

这个阶段，我国现行宪法和相关法律确立了统一而又分层次的现行立法体制。宪法和立法法等法律规定全国人大及其常委会行使国家立法权。国务院根据宪法和法律，制定行政法规。省、自治区、直辖市和较大的市的人大及其常委会可以制定地方性法规。自治区、自治州、自治县的人民代表大会有权依照当地民族的政治、经济和文化的特点，制定自治条例和单行条例并经批准生效。经济特区所在地的省、市的人大及其常委会根据全国人民代表大会的授权决定，可以制定经济特区法规，在经济特区范围内实施。国务院各部、委员会、中国人民银行、审计署

---

〔1〕 毛泽东：《毛泽东著作选读》（下册），人民出版社 1986 年版，第 730 ~ 731 页。

和具有行政管理职能的直属机构，可以根据法律和国务院的行政法规、决定、命令，在本部门的权限范围内，制定规章。

1978 年，中国共产党十一届三中全会召开，开启了中国改革开放和社会主义民主法制建设的历史新时期。早在 1978 年 12 月，邓小平同志在《解放思想，实事求是，团结一致向前看》一文中就提出："现在立法的工作量很大……有的法规地方可以先试搞，然后总结提高，制定全国通行的法律。"[1]按照这一精神，1979 年 7 月五届全国人大二次会议通过的地方组织法，对我国的立法体制进行了重要改革，赋予省、自治区、直辖市人民代表大会及其常务委员会制定和颁布地方性法规的权力，允许其"在和国家宪法、法律、政策、法令、政令不抵触的前提下，可以制订和颁布地方性法规，并报全国人民代表大会常务委员会和国务院备案"。1982 年修改宪法，又在宪法层面对我国立法体制进行改革，在正文第 89 条赋予国务院制定行政法规的权力，在第 90 条赋予了国务院各部、各委员会发布规章的权力，在第 100 条确认了省、直辖市的人大及其常委会制定地方性法规的权力，在第 116 条确认了民族自治地方的人民代表大会有制定自治条例和单行条例的权力。1982 年 12 月，五届全国人大五次会议通过关于修改《中华人民共和国地方各级人民代表大会和地方各级人民政府组织法》的若干规定的决议，规定"省、自治区、直辖市以及省、自治区的人民政府所在地的市和经国务院批准的较大的市的人民政府，还可以根据法律和国务院的行政法规，制定规章"。至 1986 年修改地方组织法时，又在第 7 条第 2 款和第 38 条第 2 款中，分别赋予省、自治区的人民政府所在地的市和经国务院批准的较大的市的人民代表大会及其常务委员会制定地方性法规的权力，但需要"报省、自治区的人民代表大会常务委员会批准后施行，并由省、自治区的人民代表大会常务委员会报全国人民代表大会常务委员会和国务院备案"。1995 年 2 月再

[1] 《邓小平文选》（第二卷），人民出版社 1994 年版，第 147 页。

次修改地方组织法时，在第 60 条中进一步规范了地方政府制定规章的行为，即明确“省、自治区、直辖市的人民政府可以根据法律、行政法规和本省、自治区、直辖市的地方性法规，制定规章，报国务院和本级人民代表大会常务委员会备案。省、自治区的人民政府所在地的市和经国务院批准的较大的市的人民政府，可以根据法律、行政法规和本省、自治区的地方性法规，制定规章，报国务院和省、自治区的人民代表大会常务委员会、人民政府以及本级人民代表大会常务委员会备案”。2000 年立法法通过，对我国的立法体制作了全面规定和进一步完善，使法律、法规以及规章的制定更加规范化、制度化。同时，立法法对立法权限划分和授权立法作出新规定，对国家的专属立法权即只能制定法律的事项作了进一步明确，还赋予经济特区所在地的市以及较大的市地方立法权。至此，现行的立法体制基本确立。

建立在 1982 年宪法基础上的立法体制，是为“把国家的工作重点坚决转移到社会主义现代化经济建设”服务的。在这一时期，我国的立法工作取得了显著成就。但是，随着经济社会的不断发展，这一体制也存在一个明显的短板，即它不能充分满足各个地方对立法权力资源的需求，在某种程度上遏制了地方的积极性和主动性。尽管部分“市”级的权力机关获得了制定地方性法规的权力，但由于立法权限未作划分或者划分不清，所以没能真正解决问题。因此，这一时期的授权立法比较多，1981 年、1988 年、1992 年、1994 年和 1996 年，全国人大及其常委会先后授权广东省、福建省、海南省、深圳市、厦门市、汕头市、珠海市人大及其常委会制定所属经济特区法规的权力。2000 年的立法法，更进一步从制度上作出规范，“经济特区所在地的省、市的人民代表大会及其常务委员会根据全国人民代表大会的授权决定，制定法规，在经济特区范围内实施”。

另外值得一提的是，香港和澳门分别于 1997 年和 1999 年回归，根据“一国两制”方针，香港特别行政区基本法和澳门特别行政区基本法规定，香港和澳门两个特别行政区的立法会有权制定法律，报全国人大常委会备案。

第四阶段：2015年十二届全国人大三次会议以后，现行立法体制的发展完善

进入21世纪，特别是党的十八大以来，全面建成小康社会进入决定性阶段，改革进入攻坚期和深水区，依法治国在党和国家工作全局中的地位更加突出、作用更加重大。为了更好发挥中央和地方两个积极性，推进国家治理体系和治理能力现代化，全面推进依法治国，党的十八届三中、四中全会先后提出了“逐步增加有地方立法权的较大的市数量”“明确地方立法权限和范围，依法赋予设区的市地方立法权”的改革目标任务，党的十八届四中全会还提出“明确立法权力边界，从体制机制和程序上有效防止部门利益和地方保护主义法律化”的要求。全国人大及其常委会认真贯彻落实中央精神，总结实践经验，于2015年十二届全国人大三次会议上对立法法进行了修改，进一步明确了地方立法权限和范围，赋予所有设区的市人大及其常委会制定地方性法规的权力，完善了现行立法体制。

一是依法赋予所有设区的市、自治州和4个不设区的地级市地方立法权。明确规定设区的市、自治州和嘉峪关市、东莞市、中山市、三沙市等4个不设区的地级市的人大及其常委会可以对“城乡建设与管理、环境保护、历史文化保护等方面的事项”制定地方性法规，报省、自治区人大常委会批准后施行；设区的市（含4个不设区的地级市）、自治州的人民政府可以根据法律、行政法规和本省、自治区、直辖市的地方性法规，制定规章。

二是落实税收法定原则，完善专属立法权制度。原立法法第8条规定了只能制定法律的事项，“税收”是在该条第8项“基本经济制度以及财政、税收、海关、金融和外贸的基本制度”中规定的。修改后的立法法在第8条中对“税收法定”问题专设一项，明确“税种的设立、税率

的确定和税收征收管理等税收基本制度”只能由法律规定。

三是进一步健全授权立法制度。为了实现立法和改革决策相衔接，做到重大改革于法有据、立法主动适应改革和经济社会发展需要，修改后的立法法在第13条中明确规定：“全国人民代表大会及其常务委员会可以根据改革发展的需要，决定就行政管理等领域的特定事项授权在一定期限内在部分地方暂时调整或者暂时停止适用法律的部分规定。”针对原来授权规定比较原则，有些授权范围过于笼统、缺乏时限要求等问题，修改后的立法法还进一步规定，授权决定不仅应当明确授权的目的、范围，还要明确授权的事项、期限和被授权机关实施授权决定应当遵循的原则等；授权的期限不得超过5年，但是授权决定另有规定的除外；被授权机关应当在授权期限届满的6个月以前，向授权机关报告授权决定实施的情况，并提出是否需要制定有关法律的意见；需要继续授权的，可以提出相关意见，由全国人大及其常委会决定。

四是规范部门规章和政府规章。修改后的立法法规定：“部门规章规定的事项应当属于执行法律或者国务院的行政法规、决定、命令的事项。没有法律或者国务院的行政法规、决定、命令的依据，部门规章不得设定减损公民、法人和其他组织权利或者增加其义务的规范，不得增加本部门的权力或者减少本部门的法定职责。”同时，考虑到地方实际工作的需要，修改后的立法法还规定：“应当制定地方性法规但条件尚不成熟的，因行政管理迫切需要，可以先制定地方政府规章。规章实施满两年需要继续实施规章所规定的行政措施的，应当提请本级人民代表大会或者其常务委员会制定地方性法规。”

2018年的宪法修正案以根本法的形式确认了设区的市制定地方性法规的权力，在第100条中增加了一款规定：“设区的市的人民代表大会和它们的常务委员会，在不同宪法、法律、行政法规和本省、自治区的地方性法规相抵触的前提下，可以依照法律规定制定地方性法规，报本省、自治区人民代表大会常务委员会批准后施行。”从而为设区的市行使地方立法权提供了宪法依据。

这次对现行立法体制的发展和完善，最突出和重要的就是扩大了地方立法主体的范围，赋予了设区的市地方立法权，包括依法赋予30个自治州以及东莞市、中山市、嘉峪关市和三沙市4个不设区的地级市与设区的市相同的地方立法权。同时，完善了法律的专属立法事项和地方立法事项，进一步明确了立法权限的划分。这既是全面深化改革和全面推进依法治国的重要举措，也是完善我国立法体制、推进地方法治建设的重要制度安排，对于充分调动设区的市立法的积极性和主动性，加快地方法治建设步伐，发挥地方在推进国家治理体系和治理能力现代化中的重要作用，具有重要意义。

二、现行立法体制的实践效果

（一）现行立法体制的优越性

总体来看，我国现行立法体制是符合我国国情和实际需要的。这种立法体制的形成和完善，是我国社会主义现代化建设实践发展经验的总结，有利于发挥中央和地方两个积极性，调动地方共同推动社会主义现代化建设的主动性，有利于完善和发展中国特色社会主义，推进国家治理体系和治理能力现代化。如果立法权完全集中在中央，就容易助长主观主义和官僚主义，忽视地方的特殊情况，使制定的法律难以适应各地千差万别的情况，导致立法脱离实际的结果。如果地方立法权不受限制，就容易导致各地规则差异过大，这既与我国单一制国家的历史传统不符，也不利于维护社会主义法制统一。只有坚持统一而分层次的立法体制，才能较好地克服和防止权力过分集中，有助于发挥中央和地方两个积极性：一是明确法律保留原则。明确划分国家和地方立法权，确定国家专属立法权，能够保证全国人大及其常委会的立法更侧重解决国家发展中带有根本性、全局性、稳定性和长期性的问题，确立起国家经济建设、政治建设、文化建设、社会建设以及生态文明建设各个方面重要的基本的法律制度，奠定国家法制的基础，也为行政法规、地方性法规的制定提供重要依据。二是明确国务院制定行政法规的权力。除了全国人大及其常委会，国务院拥有一定的立法职权，有助于弥补国家立法不能及时跟进社会实践需求的不足，有助于对全面深化改革的先行探索，有助于维护国家政令统一，同时可以将法律规定的相关制度具体化，对法律进行细化和补充，保障宪法和法律的有效实施，推进各级人民政府依法行政。三是明确地方立法权限。对国家立法很难调整到的地方事务由地方立法，允许地方根据社会治理需要自行制定地方性法规，按照"不抵触、有特色、可操作"的要求，以法治思维和法治方式积极探索创新地方治理方式，既可解决地方事务治理无法可依的局面，也可解决各地经济社会条件差异较大、发展不平衡不充分的问题；既保证了宪法、法律和行政法规在本地区的有效实施，也为实现"绣花一样精细"的地方治理和城市管理提供了法制保障。四是明确地方立法先行探索空间。规定在法律专属立法事项之外，地方立法可以在国家尚未制定法律或者行政法规时进行探索，发挥试验田作用，既可弥补法律空白，也可为国家立法积累经验，有助于依法提升地方治理能力和水平，落实全面推进依法治国方略。此外，国务院各部委和有立法权的地方人民政府可以制定规章，促进国家法律和国务院的行政法规、决定、命令的有效实施，提升政府依法治理能力和水平，推动法治国家、法治政府、法治社会一体建设目标的落实，推进实现国家治理体系和治理能力现代化。

（二）对现行立法体制发展完善的思考

现行的立法体制虽然建立起了比较完善的制度，在实践中发挥了巨大作用，取得显著立法成就，但在实际工作中也存在一些问题和继续发展完善的空间。

一要树立全局观念。现实中，不同的立法主体囿于自身局限，缺乏全局意识和整体意识，地方保护主义和部门利益法律化问题比较普遍。一方面，地方立法囿于当地的利益，容易滋生地方保护主义，客观上造成分割市场的结果，一定程度上影响国家统一市场的建立和完善。另一方面，政府制定的行政法规和规章基本由政府有关部门负责起草，部门主导的倾向比较严重，争权诿责现象较为突出。不谋全局者不足谋一域。在今后的立法中，各方面还要树立全国“一盘棋”思想，从建设社会主义法治国家的战略高度认识立法工作的重要性，在立法权限范围内统筹谋划立法工作，共同维护国家法制统一。

二要坚持依法立法。坚持依法立法是宪法和法律的要求，是法治的本质体现，也是党的十九大提出的政治任务。但现实中越权立法情况时有发生。常见的表现形式是：第一，超越权限范围开展立法。这一般是地方在立法中，对有关法律规定理解认知不够，对不应当规范的事项进行了规范，超越国家法律的规定，侵害了公民的合法权益。第二，没有相应立法权限，从地方需要出发，打“擦边球”，规避法律法规的规定，进行创制性立法。比如，创设地方著名商标之类的立法。第三，认为现行法律法规束缚了地方立法空间，力求有所突破。主要表现是对法律、行政法规中未涉及或者虽然规范了某种行为而未设定行政处罚的，地方人大及其常委会往往会以某种行为在本地具有的社会危害性或者国家的法律法规已经过时滞后不能适应现实需要为理由，超越行政处罚法的规定，增设处罚的行为和行政处罚种类，或者突破处罚幅度进行地方立法。例如，截至2014年5月，全国14件关于无线电管理的地方性法规中，有8个地方的无线电管理立法设定的行政处罚突破了国务院1993年制定的无线电管理条例的规定。第四，偶有滥用立法权、侵害公民合法权益的现象发生。我国是一个封建传统深厚的国家，强调公民义务轻视公民权利、强调国家权力轻视公民权利的思想还比较浓厚。地方性法规，特别是地方政府规章，很长一段时间都重管理轻服务，如果还按照以前简单以强化行政手段的方式来管理社会，就容易造成减损公民、法人和其他组织权利或者增加其义务的后果。针对上述问题，一方面，地方要转变立法理念，坚持以人民为中心，保障人民当家作主，慎重行使地方立法权限，切实提高立法的针对性，自觉维护国家法制统一；另一方面，国家立法要统筹全局，充分考虑我国各地发展不平衡不充分的实际，对一些不便统一规范的事项在立法中适度留白，给地方立法细化操作留有空间。同时，国家要健全备案审查工作制度机制，加强备案审查工作力度，对超越立法权限的行为依法加大纠正力度，切实捍卫人民的合法利益，维护社会主义国家法制统一。

三要提高立法能力。我国立法权纵向配置的一个重要特点是各级立法权限范围相互重叠，地方立法如果贪大求全，盲目追求立法政绩或条款完整性，难免导致小法抄大法、下位法抄上位法，甚至是照搬照抄其他省市法规，造成立法“四世同堂”现象。法律规定得越细致，地方立法中重复的内容可能就越多。譬如，个别省的旅游条例与旅游法相比，重复率达到了62%。针对这种情况，要不断加强立法工作队伍建设，加强立法培训工作力度，切实提高立法工作者的政策理解、法律判断、语言表达能力和水平。立法是国家重要的政治活动，是为国家定规矩、为社会定方圆的神圣工作。做好立法工作，立法工作人员既要有政治定力，也要有专业水平，更要有善于把党中央的重大决策部署转化为法律规范的能力，善于把“党言党语”转化为“法言法语”，自觉遵循立法活动规律，努力使每一项立法都符合实际需求，符合立法技术规范。

习近平总书记在中央全面依法治国委员会第二次会议上对立法工作提出明确要求，发展要高质量，立法也要高质量，要以立法高质量保障和促进经济持续健康发展。要实现高质量立法，各级立法机关必须深入推进科学立法、民主立法、依法立法，不断完善立法工作体制机制和程序，用制度创新提升立法质量，用高质量立法为经济社会发展提供高质量、高效用的制度供给，依法引领和推动新时代改革开放事业的顺利进行，为完善以宪法为核心的中国特色社会主义法律体系、推进国家治理体系和治理能力现代化作出新贡献。

中国特色社会主义法律体系的提出、形成和完善

习近平总书记在党的十八届四中全会上指出：“新中国成立以来特别是改革开放以来，经过长期努力，我国形成了中国特色社会主义法律体系，国家生活和社会生活各方面总体上实现了有法可依，这是一个了不起的重大成就。”只有回顾中华人民共和国成立70年特别是改革开放40多年的立法进程，才能全面深刻理解中国特色社会主义法律体系对于坚持和完善中国特色社会主义制度、推进国家体系和治理能力现代化的重要作用。

新中国成立以来，特别是改革开放40多年来，在党中央的坚强领导下，我国立法工作走过了极不平凡的历史进程，取得了举世瞩目的巨大成就。截至2019年8月底，我国现行有效法律274件，收入《中华人民共和国法律汇编（2018年版）》的有关法律问题和重大问题的决定119件；行政法规600多件，地方性法规12,000余件，以宪法为核心的中国特色社会主义法律体系已经形成并不断完善，为改革开放和社会主义现代化建设提供了坚实法制保障。在新中国成立70周年之际，全面回顾、深入研究中国特色社会主义法律体系提出、形成和完善的背景、历程、特点、经验，对于进一步加强和改进立法工作，不断完善以宪法为核心的中国特色社会主义法律体系具有重要意义。

一、提出、形成和完善中国特色社会主义法律体系的时代背景

中国特色社会主义法律体系是伴随着建设中国特色社会主义的历史进程不断推进的，但走社会主义道路却早在新中国成立初期就开始了，并进行了相应的法律制度建设实践。从我国建设社会主义事业实践来看，新中国一成立就确立了适合中国国情的政治制度，迅速恢复了国民经济并开展有计划的经济建设，基本完成对生产资料私有制的社会主义改造，有步骤地实现了从新民主主义到社会主义的转变，社会生产力得到极大的解放。社会主义建设事业呈现勃勃生机。但是，由于建设社会主义事业没有现成的经验可以借鉴，加上后来国家工作指导思想上"左"的倾向，党提出的一系列符合国情和实际的正确的方针政策没能得到一贯坚持，特别是"文化大革命"十年内乱，使党、国家和人民的事业遭到严重挫折和损失，国民经济被推向崩溃的边缘。邓小平同志曾经说，"文化大革命"结束时，"就整个政治局面来说，是一个混乱状态；就整个经济情况来说，实际上是处于缓慢发展和停滞状态"[1]。因此，必须通过改革开放，增强我国社会主义的生机活力，解放和发展社会生产力，改善人民生活。

从外部环境看，20世纪70年代世界范围内蓬勃兴起的新科技革命推动世界经济以更快的速度向前发展，我国经济实力、科技实力与国际先进水平的差距明显拉大，面临着巨大的国际竞争压力。我们必须冲破西方各种封锁，解放思想，面向世界，面向未来，全面实行改革开放，积极融入经济全球化，以此来壮大和发展自己。同时在客观上，当时国际政治格局出现变化，东西方开始由对抗转向缓和，和平与发展日趋成为

---

〔1〕《邓小平文选》（第三卷），人民出版社1993年版，第264页。

世界两大主题。邓小平同志高瞻远瞩，审时度势，正确提出和平与发展是世界主流的判断，并果断作出国家的工作重点转移到经济建设上来的战略抉择。中国迎来一个千载难逢的较长时间的战略机遇期。

1978 年，党的十一届三中全会实现了伟大的历史转折，确立了“一个中心、两个基本点”的基本路线，提出了一系列新的方针政策，由此开创了改革开放的历史新时期。我们把农村经济体制改革作为突破口，建立起以家庭承包经营为基础、统分结合的双层经营体制，促使农业生产向专业化、商品化、现代化方向发展，社会生产力得到极大解放和发展，为实现我国从传统农业社会向现代工业社会转型奠定了基础。以此为起点，从农村到城市，从试点国有企业改革到推行现代企业制度，从建立经济特区到实行全方位开放，迅速展开了全面推进改革开放的社会主义伟大实践。

改革开放的伟大实践，为构建中国特色社会主义法律体系提供了历史机遇和实践沃土。实践证明，从改革开放之初，我们党在提出发展社会主义民主、加强社会主义法制的同时，就已经对如何构建中国特色社会主义法律体系作出了思考、谋划。随着我国改革开放的不断推进，以及社会主义民主法治的日益发展，党和国家对法律体系的认识也在不断深化。1997 年党的十五大，明确提出到 2010 年形成有中国特色社会主义法律体系的立法工作总目标。2002 年党的十六大作了重申。2007 年党的十七大，提出完善中国特色社会主义法律体系的新任务。在 2010 年中国特色社会主义法律体系如期形成后，2012 年党的十八大，又明确提出完善中国特色社会主义法律体系，加强重点领域立法，拓展人民有序参与立法途径。党的十八届三中全会就推进完善中国特色社会主义法律体系，提出要健全立法起草、论证、协调、审议机制，提高立法质量，防止地方保护和部门利益法制化。党的十八届四中全会根据建设中国特色社会主义法治体系的目标要求，又提出要完善以宪法为核心的中国特色社会主义，建设中国特色社会主义法治体系，促进国家治理体系和治理能力现代化。党的十九大进一步提出“两个一百年”奋斗目标，重申了党的十八届四中全会提出的目标，明确到本世纪中叶要“实现国家治理体系和治理能力现代化”。由此可见，“中国特色社会主义法律体系”的提出、形成和完善，是一个渐进过程，是与探索中国特色社会主义制度、推进改革开放和加强社会主义民主法制建设相伴随的，是我们党对执政规律科学认识与总结的成果，是经济社会发展的内在要求和必然结果，是中国特色社会主义事业的重要组成部分。

二、提出、形成和完善中国特色社会主义法律体系的实践准备

中国特色社会主义法律体系是在改革开放后提出、形成并不断完善的，是改革开放40多年来立法工作的伟大成就。但历史是有延续性的，这一伟大成就是在新中国成立后社会主义法制建设艰辛探索取得宝贵经验和深刻教训的基础上取得的。主要体现在以下五个方面：

一是，1982年宪法继承、完善和发展了1954年宪法，为我们国家和人民经受住各种困难和风险考验提供了根本法制保证。

党的十一届三中全会开启了改革开放历史新时期，也开启了我国社会主义民主法制建设的新时期。在这个历史背景下，五届全国人大五次会议于1982年12月4日通过并公布现行宪法。这部宪法深刻总结了我国社会主义建设正反两方面经验，在继承1949年《共同纲领》和1954年宪法基本精神和主要内容的基础上，适应我国改革开放和社会主义现代化建设、加强社会主义民主法制建设的新要求，确立了党的十一届三中全会后的路线方针政策，把集中力量进行社会主义现代化建设规定为国家的根本任务，就社会主义民主法制建设作出一系列规定，为改革开放和社会主义现代化建设奠定了坚实的法治基础。

习近平总书记指出，现行宪法是在继承1949年《共同纲领》和1954

年宪法基本精神和主要内容的基础上制定的。这部宪法确立的许多重要制度和原则，都源于1949年《共同纲领》和1954年宪法，是在新的历史条件下对它们的继承、完善和发展。现行宪法之所以是一部好宪法，首先是因为1954年宪法是一部好宪法。1954年宪法是党领导人民制定的新中国的第一部宪法，也是中国历史上第一部社会主义宪法，为巩固社会主义政权和进行社会主义建设发挥了重要保障和推动作用，也为改革开放新时期我国现行宪法的制定和完善奠定了基础。不少专家学者称其为“开国宪法”，足见其分量之重、意义之大。

1954年宪法是毛泽东同志亲自主持起草的，草案广泛征求了各方面的意见和建议，于1954年6月14日公布，交付全国人民讨论。全国人民的讨论进行了两个多月，共有1.5亿多人参加，而当时我国18岁以上的成年人只有3.38亿。广大人民群众热烈拥护这个宪法草案，充分证明这部宪法是党的正确主张和人民共同意志的有机统一，是一部真正的“人民宪法”。这部宪法以马列主义、毛泽东思想为指导，实事求是地总结了中国共产党团结带领中国人民反对帝国主义、反对封建主义、反对官僚资本主义的革命经验，总结了新中国成立初期社会改革、经济建设、文化建设和政府工作的经验，巩固了人民革命的成果和新中国成立以来政治上、经济上的新胜利，明确规定了我国人民进行社会主义建设和社会主义改造的目标和道路，是全国人民的共同愿望和根本利益的集中表现。

这部宪法用国家根本法的形式把两项原则固定下来：其一是人民民主原则，实行人民当家作主，不搞资产阶级民主；其二是社会主义原则，走社会主义道路，不走资本主义道路。根据这两大原则，这部宪法确立我国的国体是人民民主专政，确立我国的政体是人民代表大会制度，确立国家政权机关实行民主集中制的原则，明确国家主席的地位和职权，明确在全国人民代表大会统一行使国家权力的基础上合理划分国家立法权、行政权和司法权，确立中央和地方关系的基本原则，确定各民族一律平等和实行民族区域自治，确立“中华人民共和国公民在法律上一律平等”这一人民民主法制的基本原则，规定公民享有广泛的、真实的权利并承担对国家、对社会的基本义务。这些原则和内容，是新中国的“立国之本”，任何时候都不能动摇。

在制定1982年宪法的过程中，首先遇到的一个问题就是，以1978年宪法为基础，还是以1954年宪法为基础？通常情况下，修宪一般以前一部宪法即1978年宪法为基础。但1978年宪法因历史条件限制，还来不及对“文化大革命”的教训进行全面总结、对“左”的错误进行彻底清理，虽然恢复了1954年宪法的部分条文，但仍然以1975年宪法为基础，而且这部宪法比较粗，只有60条，许多应该作出规定的没有规定。因此，现行宪法形式上是对1978年宪法的修改，实质上不是以1978年宪法为基础，而是以1954年宪法为基础，在党中央的领导下，经过全民讨论，严格遵循法定程序，把党的正确主张和人民的共同意志结合、统一起来而制定的新宪法。正是因为1982年宪法继承、完善和发展了1954年宪法的原则与精神，为我们国家和人民经受住各种困难和风险考验提供了根本法制保证，也为建立新时期国家治理体系提供了根本法依据和保障。

二是，老一辈无产阶级革命家关于立法的重要思想和工作方法为做好改革开放后40多年的立法工作提供了宝贵财富。

新中国成立以后，以毛泽东同志为核心的中国共产党第一代领导集体，带领全国各族人民迅速医治战争创伤，恢复国民经济，发展新民主主义经济，进行各项社会改革，不失时机地提出过渡时期总路线，在中国建立起社会主义基本制度，进而全面展开建设社会主义道路的艰辛探索。特别是毛泽东、刘少奇、周恩来、朱德、陈云、邓小平、彭真等老一辈无产阶级革命家亲自主持宪法和重要法律草案的起草工作，领导展开全国范围的法制建设，形成了一系列关于立法的重要思想和工作方法，为做好改革开放后40多年的立法工作提供了宝贵财富。

毛泽东同志亲自主持新中国第一部宪法的起草工作，并出任宪法起草委员会主席。他在南下杭州起草宪法草案前对身边工作人员说："宪法是一个国家的根本法，从党的主席到一般老百姓都要按照它做，将来我不当国家主席了，谁当也要按照它做，这个规矩要立好。"〔1〕毛泽东同志不仅提出了制定宪法的指导思想和许多重要内容，而且亲自动手、字斟句酌，对历次宪法草稿都作了修改，写下不少批语，并在宪法起草委员会、中央人民政府委员会讨论宪法草案的会议上作了多次讲话和插话，对宪法的起草倾注了大量心血。

刘少奇同志是我国社会主义法制建设的奠基人之一。新中国成立初期，他提出要从实际出发，逐步地开展立法工作。他说："现在可以先将各种单行条例拟定出来，公布实施，将来把这些单行条例综合起来再制定正式法典。"〔2〕作为新中国第一任全国人大常委会委员长，他先后主持召开5次全国人民代表大会全体会议和109次常委会会议，主持制定了80多部法律、法令，特别是参与制定宪法，主持起草并在一届全国人大一次会议上作《关于中华人民共和国宪法草案的报告》，亲自主持制定了土地改革法，修改审定了婚姻法、劳动法等法律草案，对建立、健全新中国的法律制度起到了奠基作用。

彭真同志也是我国社会主义法制建设的主要奠基人之一。新中国成立之初特别是进入大规模经济建设时期以后，党和国家的根本任务发生了历史性转变。彭真同志认为，随着这一历史性转变，必须把法制建设提到党和国家的议事日程；要从依靠政策办事，逐步过渡到不仅依靠政策，还要建立和健全法制，依法办事。1953年，我国开始进行大规模经济建设，彭真同志提出："彻底消灭三大敌人残余势力的社会改革运动已经大体上结束，今后必须加强法制，完备法律，才能保障社会主义建设

---

〔1〕 穆兆勇：《毛泽东主持起草共和国第一部宪法》，载《党史博览》2003年第10期。

〔2〕 王汉斌：《刘少奇社会主义民主法制思想的重大指导意义》，载中共中央文献研究室编：《刘少奇百周年纪念》，中央文献出版社1999年版，第31页。

的顺利进行；国家当前的重要工作之一，就是制定法律。”[1]1956年，社会主义制度在我国基本建立起来。彭真同志认为，要进一步加强人民民主法制，需要有法可依、有法必依，依法办事。他指出：“现在的问题是，我们还缺少一些急需的较完整的基本法规，如刑法、民法、诉讼法、劳动法、土地使用法等，应赶快把国家尚不完备的重要法规制定出来。”[2] 这些重要思想及其实践，有力地推动了后来的立法进程。

三是，改革开放前开始组织起草民法、刑法等重要法律草案，为改革开放后正式出台有关法律做好准备、打下基础。

1954年，一届全国人大一次会议通过了我国历史上第一部社会主义宪法——《中华人民共和国宪法》，还通过了全国人民代表大会组织法、国务院组织法、人民法院组织法、人民检察院组织法、地方各级人民代表大会和地方各级人民委员会组织法5部重要法律。但是，仍有一些基本法律迫切需要制定。因此，具体主持全国人大常委会工作的副委员长兼秘书长彭真同志在一届全国人大一次会议后，立即提出起草刑法、民法等基本法律，并尽快组建、充实法律室、研究室，着手进行起草工作，还聘请了熟悉苏联法律和旧法的专家参加。

民法作为中国特色社会主义法律体系的重要组成部分，是民事领域的基础性、综合性法律，被称为社会生活的百科全书，它规范平等主体的人身关系和财产关系，涉及社会和经济生活的方方面面，同每一个民事主体都密切相关。编纂一部真正属于中国人民的民法典，是新中国几代人的夙愿。新中国成立后，党和国家曾于1954年、1962年、1979年和2001年先后4次启动民法制定工作。第一次启动是1954年。1954年宪法颁布实施后，全国人大常委会着手组织起草民法典。经过两年多努力，于1956年2月形成民法草案，内容包括总则、所有权、债、继承四编，

---

[1] 王汉斌：《彭真同志对我国社会主义民主法制建设的卓越贡献》，载《中国法学》1997年第6期。

[2] 王汉斌：《彭真同志对我国社会主义民主法制建设的卓越贡献》，载《中国法学》1997年第6期。

共525条。该草案以1922年苏俄民法典为蓝本，把亲属法排斥于民法之外，婚姻家庭也被认为不属于民法范畴，没有规定物权而只规定了所有权。由于政治运动，立法工作被迫中断。第二次启动是1962年。1957年开始的反右派斗争，批判“法律至上”，法律虚无主义抬头。1960年，党和国家开始纠正“左”倾错误，决定对国民经济实行“调整、巩固、充实、提高”的方针。1962年，毛泽东同志针对法律虚无主义思潮，指出：“不仅刑法要，民法也需要，现在是无法无天。没有法律不行，刑法、民法一定要搞。”在这一背景下，民事立法工作又有了新进展。这一年9月，开始第二次民法草案起草工作，并于1964年7月形成民法草案（试拟稿）。从体例上看，该草案分为3编：总则、财产的所有、财产的流转，共24章262条。该草案将“继承”和“侵权行为”排除在外，却又将预算、税收等财政关系及劳动工资报酬等劳动关系纳入其中。因此，这个草案体现了高度集中的计划经济体制的特征。由于1964年开始的“四清”运动，这次民法起草工作也中断了。第三次启动是1979年。党的十一届三中全会以后，民法典的制定工作再次提上议事日程。1979年11月，全国人大常委会法制委员会专门成立了由有关专家参加的民法起草小组，开始了第三次民法起草工作，至1982年5月，先后草拟了4个民法草案。这就是：1980年的民法草案（征求意见稿），共6编501条；1981年4月的民法草案（征求意见二稿），共6编426条；1981年7月的民法草案（第三稿），共8编510条；1982年的民法草案（第四稿），共8编，43章，465条。由于刚刚进入改革开放新时期，制定一部完备的民法典的条件还不具备，因此，按照“成熟一个通过一个”的工作思路，确定先制定民事单行法。现行的继承法、民法通则、担保法、合同法就是在这一背景下制定的。第四次启动是2001年。九届全国人大常委会组织起草了《中华人民共和国民法（草案）》，并于2002年进行了第一次审议，经讨论，仍确定继续采取分别制定单行法的办法。十届全国人大及其常委会任期内，又先后制定了物权法、侵权责任法、涉外民事关系法律适用法等。在党和国家四次启动民法典编纂工作的基础上，党的十八届四中全会明确提出了编纂民法典这一重大立法任务。根据党中央的决策部署，民法典将由总则编和各分编组成，目前分编考虑分为人格权编、物权编、合同编、侵权责任编、婚姻家庭编和继承编等。编纂工作按照“两步走”的思路进行：第一步，编纂民法典总则编，即已于2017年3月提请十二届全国人大五次会议审议通过的民法总则；第二步，编纂民法典各分编，已于2018年整体提请全国人大常委会审议，2019年经全国人大常委会进行分编审议后，争取于2020年将民法典各分编一并提请全国人民代表大会会议审议通过，从而形成统一的民法典。回顾我国民事立法的历史进程，改革开放前两次启动民法典起草工作，虽然由于各种原因而未能取得实际成果，但为改革开放后再次启动民法典编纂工作作了重要准备和铺垫。由此可见，1949年以来特别是改革开放以来我国民事立法是富有成效的，逐步形成了比较完整的民事法律规范体系，为编纂民法典奠定了较好的法律基础和实践基础。

刑法关系国家安全、社会稳定、人民安居乐业，关乎公民人身自由、生命财产，是法治大厦中重之又重的一块基石。彭真同志对刑法的起草非常重视，1954年一届全国人大一次会议以后，即提出并着手进行刑法的起草工作。刑法起草过程中，他多次听取汇报，提出意见，仅在1957年5月、6月就召集有关领导和参与刑法起草的同志到他的住处汇报、座谈六七次之多。在座谈中，他发表了许多精辟的见解，对刑法起草的顺利进行起到了至关重要的作用。在彭真同志领导下，当时的刑法起草工作进展较快。至1957年6月，草拟了第22稿，提交全国人大法案委员会审议，并且在一届全国人大四次会议上印发征求意见，又进行了多次修改，从而为刑法的制定做了必要的准备。遗憾的是，在“反右”开展之后，这项工作便停顿下来。到1961年重新启动，1963年时拟出第33稿，但由于随后的“四清运动”“文化大革命”，刑事立法工作停止。改革开放后的1979年7月，五届全国人大二次会议审议通过的7件法律中，就有刑法。邓小平同志曾经说过："在建国以来的二十九年中，我们连一个刑法都没有，过去反反复复搞了多少次，三十几稿，但是毕竟没有拿出来。现在刑法和刑事诉讼法都通过和公布了，开始实行了。全国人民都看到了严格实行社会主义法制的希望。这不是一件小事情啊！"[1]在短短的几个月内完成包括刑法在内的7部法律的起草工作并在同一次大会上通过，显示了"文化大革命"后"人心思法"的急迫，标志着我国法制建设取得了重大突破。同时，这也说明，改革开放前就开始组织起草的刑法草案，为改革开放后迅速出台刑法做好了充分准备，打下了坚实基础。

四是，改革开放前制定的重要法律、确定的重要原则，对改革开放后的立法工作产生了深远影响。

1987年11月24日，全国人大常委会作出了批准法制工作委员会关于对1978年底以前颁布的法律进行清理的情况和意见报告的决定。根据这个报告，从1949年9月至1978年底，由中国人民政治协商会议第一次会议、中央人民政府委员会、全国人大及其常委会制定或者批准的法律共有134件，其中已经失效的有111件，继续有效或者继续有效正在研究修改的有23件。由于制定新法代替或者废止、调整对象变化或情况变化而不再适用或停止施行、对特定问题作出的规定已经过时等因素，改革开放前制定的绝大多数法律（法令）都已经失效。但不可否认的是，改革开放前制定的重要法律、确定的重要原则，仍然对改革开放后的立法工作产生了深远影响。其中比较典型的例子就是选举法以及选举法所确定的基本原则。新中国成立以来，我国先后两次制定颁布选举法，其所确立的普遍、平等、直接选举与间接选举相结合等选举原则，就像一条红线贯穿始终，是选举制度的精髓所在，也是人民民主的生动写照。

保障人人享有平等的选举权利，是党和国家一贯的政治主张。新中

---

[1]《邓小平文选》（第二卷），人民出版社1994年版，第243页。

国成立后，1953年我国制定第一部选举法时，就明确提出要根据我国当时的具体情况，制定一个真正民主的选举制度。按照这样一个总精神，选举法明确提出普遍、平等的选举原则。同时，考虑到解放初期我国城镇化水平较低，城镇人口比重只有13.26%，而工人阶级主要集中在城市，为体现工人阶级的领导地位和国家工业化的发展方向，使全国各民族各阶层在各级人民代表大会中有与其地位相当的代表，当时选举法规定农村与城镇按不同人口比例选举人大代表。即全国人大代表的选举，各省按每80万人选代表1人，中央直辖市和人口在50万以上的省辖市按每10万人选代表1人；对省、市、县人大代表的选举，也分别规定了城市与乡村的不同人口比例。这样规定，符合我国的国体和当时的实际情况，是必要的。邓小平同志在1953年“关于选举法（草案）的说明”中也指出：“这些在选举上不同比例的规定，就某种方面来说，是不完全平等的，但是只有这样规定，才能真实地反映我国的现实生活，才能使全国各民族各阶层在各级人民代表大会中有与其地位相当的代表”，“随着我国政治、经济、文化的发展，我们将来也一定要采用……更为完备的选举制度”，“过渡到更为平等和完全平等的选举”。

改革开放前，由于种种原因，我国的城市化进程基本徘徊不前，到1979年重新制定选举法时，城镇人口比例也才达到18.96%。因此，选举法基本延续了1953年的规定，进一步明确各级人民代表大会中农村与城镇每一代表所代表的人口数比例：全国为8∶1，省、自治区为5∶1，自治州、县、自治县为4∶1。改革开放后，我国经济社会快速发展，城镇化不断推进，城乡人口结构比例发生了较大变化。1995年，全国人大常委会修改选举法，将全国和省、自治区农村与城镇每一代表所代表的人口数比例，与自治州、县一样，统一修改为4∶1。

党的十七大提出，逐步实行城乡按相同人口比例选举人大代表。为落实党中央精神，全国人大及时启动了选举法修改工作。选举法修改调研征求意见过程中，各地方、各方面一致拥护党中央提出的建议，但对如何落实，具体来说是采取一步到位，还是分步到位，是有不同方案的。经过深入调查研究，根据绝大多数地方的意见，2010 年修改选举法，采取一步到位的方案实行城乡按相同人口比例选举人大代表。主要考虑：其一是一步到位，条件已经具备。1995 年以来，我国的工业化、城镇化进一步加速，农村经济文化水平大幅提高，社会结构发生了深刻变化。我国城镇人口比重已由 1995 年的 29.04% 上升为 2009 年的 46.6%（据最近公布的第六次人口普查数据，到 2010 年 11 月，城镇人口比重已达 49.68%）。与此同时，我国各级人大经历了数次换届选举，积累了丰富的经验，社会主义民主政治建设和法制建设取得巨大成就，党领导的人民民主专政的阶级基础和群众基础不断巩固和扩大。修改选举法，实行城乡按相同人口比例选举人大代表的客观条件已经具备。其二是一步到位，操作可行。江苏、上海等省市根据本地区的实际情况，试行了县、区、市城乡按相同人口比例或接近相同人口比例选举人大代表，效果是好的。其三是一步到位，工作更加主动。

总之，实行城乡按相同人口比例选举人大代表，改变了按人口数分配代表名额时区分城乡的做法，是我国经济政治文化社会发展的客观要求，是统筹城乡发展、消除城乡二元结构的重要举措，更是贯彻落实 1953 年制定选举法时就已经提出和强调的选举权平等原则的历史性进步。

五是，改革开放前社会主义建设特别是民主法制建设中正反两方面经验，为改革开放后的立法工作提供了历史借鉴。

习近平总书记指出，我国现行宪法是在改革开放的历史背景下产生的，深刻总结了我国社会主义建设正反两方面的经验。从 20 世纪 50 年代后期开始，由于指导思想上发生“左”的偏差和工作中的失误，我国社会主义民主法制出现停滞、徘徊。特别是后来发生的“文化大革命”，给党和国家事业带来严重破坏和巨大灾难，“文化大革命”期间宪法形同虚设。这个教训极为深刻。1979 年 12 月，党的十一届三中全会实现历史性转折，拨乱反正，开启了改革开放历史新时期，并确立了发展社会主义民主、健全社会主义法制的基本方针。党的十一届六中全会专门总结了新中国成立以来正反两方面的经验，特别是“文化大革命”为什么会发生、为什么延续这么久的教训，其中一条结论就是要逐步建设高度民主的社会主义政治制度，并作为社会主义革命的根本任务之一。党的十二大报告肯定了这一结论，强调：“只有建设高度的社会主义民主，才能使各项事业的发展符合人民的意志、利益和需要，使人民增强主人翁的责任感，充分发挥主动性和积极性……”同时提出：“我们一定要按照民主集中制的原则，继续改革和完善国家的政治体制和领导体制，使人民能够更好地行使国家权力，使国家机关能够更有效地领导和组织社会主义建设。”因此，发展社会主义民主、健全社会主义法制，关系到人民当家作主，关系到国家的长治久安、安定团结，关系到防止“文化大革命”悲剧的重演，关系到改革开放和社会主义现代化建设的顺利进行。这给制定1982年宪法、完善社会主义民主政治领域的法律制度提出了一个十分重要的课题。

根据党中央决策部署和邓小平同志指示精神，1982年宪法在总结正反两方面经验的基础上，对我国的政治体制和领导制度作了一系列改革和发展。彭真同志在《关于中华人民共和国宪法修改草案的报告》中作了重点说明，主要包括：第一，扩大全国人大常委会的职权，加强全国人大及其常委会的组织；第二，恢复设立国家主席和副主席；第三，国务院实行总理负责制；第四，国家设立中央军事委员会；第五，县级以上的地方人大设立常委会；第六，实行政社分开，加强基层政权；第七，取消了实际上存在的领导职务终身制。这些事关政治体制改革的重大制度设计，是从历史经验教训中得出的正确结论，对于健全国家体制，保证人民当家作主，实现国家机构的高效、合理运转，产生了重大而深远的影响。

三、中国特色社会主义法律体系的提出历程

（一）萌芽：初步提出“法的体系化”

1978 年年底召开的党的十一届三中全会，深刻总结“文化大革命”的惨痛教训，作出把党和国家工作重心转移到经济建设上来、实行改革开放的历史性决策，把加强社会主义民主法制建设作为坚定不移的方针确定下来，强调必须加强法制，使社会主义民主制度化、法律化，使这种制度和法律不因领导人的改变而改变，不因领导人看法和注意力的改变而改变，并提出了“有法可依、有法必依、执法必严、违法必究”的方针，开启了社会主义民主法制建设的历史新时期。适应维护安定团结的政治局面和进行社会主义现代化建设的迫切需要，邓小平等同志都强调要加快立法步伐。1978 年 12 月 13 日，邓小平同志指出：“现在的问题是法律很不完备，很多法律还没有制定出来……应该集中力量制定刑法、民法、诉讼法和其他各种必要的法律，例如工厂法、人民公社法、森林法、草原法、环境保护法、劳动法、外国人投资法等等，经过一定的民主程序讨论通过，并且加强检察机关和司法机关，做到有法可依，有法必依，执法必严，违法必究。国家和企业、企业和企业、企业和个人等等之间的关系，也要用法律的形式来确定；它们之间的矛盾，也有不少要通过法律来解决。”[1]叶剑英同志在五届全国人大二次会议闭幕大会上指出：“这次会议之后，人大常委会还将根据许多代表提出的意见，组织各方面的力量，抓紧民法、民事诉讼法、婚姻法、计划生育法以及工厂法、劳动法、合同法、能源法、环境保护法等各项法律的制订工作。国务院和地方各级人民代表大会、地方各级人民政府也要在自己的权限范

---

〔1〕《邓小平文选》（第二卷），人民出版社 1994 年版，第 146～147 页。

围内制定各种必要的规章条例。”[1]1979 年，邓小平同志又说：“要接着制定一系列的法律。我们的民法还没有，要制定；经济方面的很多法律，比如工厂法等等，也要制定。我们的法律是太少了，成百个法律总要有的，这方面有很多工作要做，现在只是开端。民主要坚持下去，法制要坚持下去。这好像两只手，任何一只手削弱都不行。”[2]“成百个法律总要有的”，这实际上已经提出了构建法律体系的设想。

在这一思想的指导下，立法工作全面恢复并迅速发展。1979 年 7 月，五届全国人大二次会议通过地方组织法、选举法、人民法院组织法、人民检察院组织法、刑法、刑事诉讼法、中外合资经营企业法 7 部法律，标志着我国立法工作在中断20 多年后取得重大突破，迈出了健全社会主义法制的决定性步伐。1982 年宪法的颁布和一些重要法律的出台，使得我国社会主义民主法制建设从根本上得以恢复。1982 年 9 月 6 日，彭真同志在全国经济法制工作经验交流会上的讲话中首次提出“法的体系”这一概念。他说：“不管人们承认不承认，生产力、生产关系发展了，社会发展了，实际发展了，法也要发展，法的体系也要发展。”[3]这实际上已经提出了法律体系的问题，也充分说明，我国在立法工作恢复重建之初，就已经着眼长远，同步考虑“法的体系化”问题。

由于改革才刚刚起步，社会实践经验还不够充分，立法工作的主要任务是尽快将各个领域急需的、主要的法律制定出来，为恢复国家和社会秩序、推动改革开放提供法制保障。因此，在法律、行政法规、地方性法规的数量比较少、还没有形成一定规模的现实情况下，“法的体系化”还是一个较有前瞻性的立法目标。正如彭真同志所分析的：党和国家的工作重点转移到社会主义现代化建设的“这种客观形势把经济立法推上了重要议事日程，要求抓紧，搞好。那么，是不是一下就能搞得很

[1] 叶剑英：《叶剑英选集》，人民出版社 1996 年版，第 510 页。
[2] 《邓小平文选》（第二卷），人民出版社 1994 年版，第 189 页。
[3] 彭真：《论新中国的政法工作》，中央文献出版社 1992 年版，第 297 页。

完备呢？不行。不是不想，而是不可能。三中全会以来，在指导思想、方针政策上拨乱反正，实行经济调整，体制正在改革。立法不能只凭愿望和想当然，不能离开实际头脑里想搞什么就搞什么”〔1〕。因此，“它只能是社会实践经验的总结，是实践证明正确的政策的法律化、条文化。这要有一个实践过程，主观和客观的矛盾只能在实践中解决”〔2〕。1982年12月，全国人大常委会在总结过去一年的工作时提出：“立法要从我国的实际情况出发，按照社会主义法制原则，逐步建立有中国特色的独立的法律体系。”〔3〕

（二）起步：“建立比较完备的经济法规体系”

1982年9月，党的十二大提出，我们党要领导人民继续制订和完备各种法律，要把更多的经济关系和经济活动的准则用法律的形式固定下来，使法律成为调节经济关系和经济活动的重要手段。1984年10月，党的十二届三中全会提出，经济体制的改革和国民经济的发展，使越来越多的经济关系和经济活动需要用法律形式固定下来；国家立法机关要加快经济立法。1985年9月23日，党中央在“七五”计划的建议中提出：“必须十分重视经济立法和经济司法工作……力争‘七五’期间建立起比较完备的经济法规体系，逐步使各项经济活动都能有法可依，并且真正做到有法必依、执法必严。”1987年11月，党的十三大强调，法制建设必须贯穿于改革的全过程，必须保障建设和改革的秩序，使改革的成果得以巩固；应兴应革的事情，要尽可能用法律或制度的形式加以明确。

---

〔1〕彭真：《论新中国的政法工作》，中央文献出版社1992年版，第298～299页。

〔2〕彭真：《论新中国的政法工作》，中央文献出版社1992年版，第298～299页。

〔3〕杨尚昆：《中华人民共和国全国人民代表大会常务委员会工作报告》，载《中华人民共和国全国人民代表大会常务委员会公报》（1980—1982年卷），中国法制出版社2004年版，第577页。

按照这一精神，立法工作全方位推进。1988年对宪法进行第一次修改，明确了非公有制经济的法律地位，明确了土地使用权可以依法转让；制定、修改了中外合资经营企业法、外资企业法、中外合作经营企业法、全民所有制工业企业法、专利法、著作权法、涉外经济合同法、技术合同法、海商法、土地管理法等一大批经济领域的法律，还授权国务院改革工商税制，发布有关税收条例草案（试行），在经济体制改革和对外开放方面可以制定暂行的规定或者条例。制定了民法通则、民事诉讼法、继承法等一批民事方面的法律。制定了环境保护法、水污染防治法、大气污染防治法、矿产资源法、水法、草原法、渔业法、森林法等一批保护环境资源的法律。此外，还制定、修改了一批健全国家机构、保障公民权利、惩治违法犯罪、发展教育事业、推进军队建设、加强社会管理等方面的法律。但是，正如万里同志1988年4月13日在七届全国人大常委会第一次会议上指出的：这“与社会现实生活提出的要求，与完备法制的目标，都还有很大距离”。因为“我们的法律体系仅仅是初步形成，还很不完备，还有许多重要的法律需要制定……今后五年，我们立法工作的任务十分繁重……本届人大的立法工作，需要有一个通盘考虑……本届常委会……制定出一个五年立法规划，然后有计划、有步骤地进行，成熟一个，制定一个。条件不成熟的，继续由政府制定行政法规”〔1〕。

1990年3月18日，江泽民同志在七届全国人大三次会议、全国政协七届三次会议的党员负责同志会议上讲话时提出，要进一步加强立法工作。他说：“建国以来特别是近十年来，我国立法工作取得了显著成绩，国家政治生活、经济生活和社会生活的主要方面已经基本上有法可依。但是，我们的法律还不够完备，立法任务还很繁重。当前，要抓紧制定和完善保障公民权利、维护社会安定和人民正常生活的法律，抓紧制定有关保证改革开放和经济宏观调控方面的法律，以及有关发展农业、交

---

〔1〕万里：《万里文选》，人民出版社1995年版，第583～584页。

通、能源、教育、科技方面的法律，还要抓紧制定和修改惩治犯罪和促进廉政建设方面的法律。"[1]同年年底，中共中央在《关于制定国民经济和社会发展十年规划和"八五"计划的建议》中提出："加快经济法制建设，促进经济调控的规范化、制度化。'八五'期间，要逐步建立比较完备的经济法规体系，使各方面的经济关系和经济活动有法可依。"

"建立比较完备的经济法规体系"的提法，是彭真同志提出的"法的体系"目标的进一步深化和拓展，也是经济体制改革逐步深入、改革开放步伐逐步加快的必然要求。同时也充分说明，随着立法实践的快速发展和不断丰富，对法律体系化的要求更加迫切。

（三）发展："形成社会主义市场经济法律体系"

1992年10月，党的十四大报告提出："加强立法工作，特别是抓紧制订与完善保障改革开放、加强宏观经济管理、规范微观经济行为的法律和法规，这是建立社会主义市场经济体制的迫切要求。"1993年3月13日，江泽民同志在八届全国人大一次会议、全国政协八届一次会议的党员负责同志会议上讲话时指出："全国人大及其常委会要把加强经济立法作为第一位的任务，放在最重要的位置……在本世纪内，努力把适应社会主义市场经济的法律体系初步建立起来。"[2]1993年3月29日，八届全国人大一次会议通过的宪法修正案规定："国家实行社会主义市场经济。""国家加强经济立法，完善宏观调控。"两天之后，乔石同志在八届全国人大一次会议闭幕会上提出要"以改革的精神加快立法步伐，特别是要把经济立法放在最重要的位置。……要力争在本届全国人大任期内，初步形成社会主义市场经济法律体系，推动和保障社会主义市场经济的

[1] 江泽民：《江泽民文选》（第一卷），人民出版社2006年版，第114页。
[2] 中共中央文献研究室编：《江泽民论有中国特色社会主义（专题摘编）》，中央文献出版社2002年版，第330页。

发展”。1993年4月1日，乔石同志进一步指出：“本届全国人大常委会要把加快经济立法作为第一位的任务，尽快制定一批有关社会主义市场经济方面的法律……在九十年代，我们要初步建立起社会主义市场经济体制，就必须相应地逐步建立起社会主义市场经济的法律体系。”〔1〕1993年7月2日，乔石同志在八届全国人大常委会第二次会议上指出：“本届常委会任期内要大体形成社会主义市场经济法律体系的框架。这个任务是相当艰巨的。”〔2〕这是对建立社会主义市场经济法律体系目标任务的进一步分解，就是要大体形成“社会主义市场经济法律体系的框架”。

1993年11月14日，《中共中央关于建立社会主义市场经济体制若干问题的决定》指出：要“遵循宪法规定的原则，加快经济立法，进一步完善民商法律、刑事法律、有关国家机构和行政管理方面的法律，本世纪末初步建立适应社会主义市场经济体制的法律体系”。1994年3月15日，全国人大常委会提出：“要继续把经济立法放在第一位，逐步建立适应社会主义市场经济的法律体系。常委会已经制定了五年立法规划……实现这个规划，就可以大体上形成社会主义市场经济法律体系的框架，进一步健全其他方面的法律制度。”〔3〕

八届全国人大常委会按照建立社会主义市场经济法律体系的要求，把加快经济立法作为第一位的任务，坚持立法同改革发展的进程相适应，制定了一批有关社会主义市场经济方面的法律。八届全国人大及其常委会任期内，共审议法律和有关法律问题的决定草案129件，通过法律和有关法律问题的决定118件。通过宪法修正案，把我国正处于社会主义初级阶段、建设有中国特色社会主义的理论和坚持改革开放等内容载入宪法，以国家根本法的形式确立了建设有中国特色社会主义理论的指导

〔1〕中共中央文献研究室编：《十四大以来重要文献选编》（上），人民出版社1996年版，第230页。

〔2〕《全国人民代表大会常务委员会公报》1993年第4期。

〔3〕田纪云：《全国人民代表大会常务委员会工作报告》，载《中华人民共和国第八届全国人民代表大会第二次会议文件汇编》，人民出版社1994年版，第135页。

地位；还规定“国家实行社会主义市场经济”，“国家加强经济立法，完善宏观调控”，为建立和发展社会主义市场经济提供了宪法依据。围绕市场经济体制的主要环节，加快市场经济立法。在规范市场主体方面，制定公司法、合伙企业法、乡镇企业法、商业银行法等法律。在确立市场规则、维护市场秩序方面，制定反不正当竞争法、消费者权益保护法、城市房地产管理法、广告法、拍卖法、担保法、票据法、保险法等法律，修改经济合同法等法律。在完善宏观调控方面，制定预算法、审计法、中国人民银行法、价格法等法律，修改统计法、个人所得税法等法律。在建立社会保障制度方面，制定劳动法等法律。在对外开放方面，制定对外贸易法等法律。在振兴基础产业和支柱产业方面，制定农业法、民用航空法、电力法、公路法、煤炭法、节约能源法、建筑法等法律，修改矿产资源法等法律。此外，还在社会主义民主政治建设和教育、科学、卫生、体育、环保、国防、诉讼等方面，制定和修改一批重要法律。

从上述立法可以看出，随着我国改革尤其是经济体制改革的不断深化以及社会主义民主法治的日益发展，我们党和国家对法律体系的认识也在不断深化。党和国家确定建立社会主义市场经济体制的目标，必然对法律体系提出新的要求。从“初步建立适应社会主义市场经济的法律体系”到“大体形成社会主义市场经济法律体系的框架”，再到“初步建立适应社会主义市场经济体制的法律体系”“逐步建立适应社会主义市场经济的法律体系”，都充分说明了这一点。经过各方面的共同努力，到1996年年底1997年年初，“在建立社会主义市场经济法律体系方面迈出重要步伐”“社会主义市场经济法律体系框架已初具规模”，为下一步党中央统筹谋划“中国特色社会主义法律体系”奠定了基础。

（四）定向：明确提出“到二〇一〇年形成有中国特色社会主义法律体系”

1997年，党的十五大确立了“依法治国，建设社会主义法治国家”的基本方略，提出“加强立法工作，提高立法质量，到二〇一〇年形成有中国特色社会主义法律体系”。这是党中央第一次正式提出要形成“有中国特色社会主义法律体系”。到八届全国人大任期届满，已“初步构成社会主义市场经济法律体系框架，为社会主义市场经济的培育和发展提供了重要的法制条件”，也为“形成具有中国特色社会主义法律体系奠定了基础”。

为了解党的十五大报告提出到2010年形成中国特色社会主义法律体系这一立法工作总目标的背景情况，全国人大常委会法工委研究室同志曾专程访谈参与党的十五大报告起草工作的王家福研究员。王家福研究员回忆，在起草党的十五大报告涉及民主法治的内容时，思想很解放，讨论很热烈，最后把“尊重和保障人权”和“依法治国，建设社会主义法治国家”这两个很重要的论断写进了党的十五大报告，这开启了我国法治建设的新起点，是我国法治建设的伟大成就，也是科学社会主义的重大发展，是其他社会主义国家从来没有过的进步。在此基础上，党的十五大报告提出到2010年形成中国特色社会主义法律体系的立法工作总目标，主要有以下几点考虑：

第一，依法治国的前提是要有比较健全的法律制度，这就需要建设一个科学规范、内在统一的法律体系，用不同内容的法律规范，来调整性质和内涵不同的各种社会关系，使社会生活的各个方面都做到有法可依。

第二，到2010年形成中国特色社会主义法律体系，是作为一个依法治国的政治目标提出来的，当时的迫切愿望就是要实现法治，不能出现无法可依的状态。当时并不是想搞一个终极的体系，不是一个学理上精致完善的体系，而是要继续发展和完善。当时还研究没有那么深，就是想搞全，不要有空白，要做到各个方面有法可依。

第三，关于法律体系的提法，在此之前是“社会主义市场经济法律体系”，党的十五大报告改成了“有中国特色社会主义法律体系”，当时的考虑是，社会生活是分门别类的，不同的社会关系需要不同的法律来调整，不能仅由一个门类的法律来调整，因此需要制定各种门类的、调整不同社会关系的法律，形成一个完整、统一的法律体系，而不仅仅是“社会主义市场经济法律体系”。

王家福研究员认为，经过30年尤其是最近10多年的努力，物权法、侵权责任法等主要法律已经制定出来，社会保险法等重要法律也即将出台，宣告法律体系形成的时机已经成熟。但这并不是说，立法已经很完善，立法工作的任务已经完成。在全球化大背景下，随着改革开放的深入发展，法律体系还需要随着社会发展、社会关系的变化继续完善。为了促进国家的文明进步，让人民生活得更加幸福，同时增强国家软实力，改善中国国际形象，立法层面还有很多工作要做。

四、中国特色社会主义法律体系的形成历程

（一）夯基：“初步形成中国特色社会主义法律体系”

1997年党的十五大确定了“到二〇一〇年形成有中国特色社会主义法律体系”的立法工作总目标。从此，我国的立法工作进入了构建中国特色社会主义法律体系的历史新时期。1998年4月29日，李鹏同志指出：在有中国特色社会主义法律体系的框架已经初步形成的基础上，“全国人大已经确定要在本届任期内，初步形成有中国特色社会主义法律体系。为实现这一任务，必须加强立法工作，提高立法质量”。1999年3月

15日，九届全国人大二次会议通过的宪法修正案明确规定：“中华人民共和国实行依法治国，建设社会主义法治国家。”2000年10月31日，李鹏同志在九届全国人大常委会第十八次会议上讲话时说：“要加强法制建设，重点建立和完善适应社会主义市场经济体制的法律体系。”[1]2000年11月，李鹏同志在全国人大常委会召开的立法工作会议上指出：“我们必须在认真总结20多年立法工作经验的基础上，进一步加强和改进立法工作，提高立法工作的质量和效率，努力构建有中国特色社会主义法律体系，从法律上、制度上保障和促进改革开放和现代化建设的顺利进行，全面实现党的十五大和十五届五中全会提出的宏伟目标。”[2]2002年11月，党的十六大报告提出：“适应社会主义市场经济发展、社会全面进步和加入世贸组织的新形势，加强立法工作，提高立法质量，到二〇一〇年形成中国特色社会主义法律体系。”再次重申了党的十五大报告提出的要求。

九届全国人大常委会任期是“初步形成中国特色社会主义法律体系”的关键时期，把加强立法工作、提高立法质量作为首要任务，共审议了124件法律、法律解释和有关法律问题的决定草案，通过了其中的113件，构成中国特色社会主义法律体系的各个法律部门均得到进一步充实和完善。

在宪法相关法方面，制定立法法，规定国家的立法体制和立法程序，规范立法活动，健全国家立法制度。修改民族区域自治法，坚持和完善民族区域自治制度，促进民族地区经济和社会的全面发展。修订村民委员会组织法，完善了基层群众自治制度。中国特色社会主义民主政治制度进一步发展和完善。

在民法商法方面，制定合同法，规范市场交易规则，进一步完善市

[1] 《全国人民代表大会常务委员会公报》2000年第6期。
[2] 中共中央文献研究室编：《十五大以来重要文献选编》（中），人民出版社2001年版，第630页。

场经济条件下的民事法律。根据我国社会生活变化给婚姻家庭关系带来的新情况、新问题，适时修改婚姻法。制定农村土地承包法，以法律形式赋予农民长期而有保障的土地使用权，促进农村和农业的发展，维护农村稳定。适应加入世贸组织的需要，修改专利法、商标法、著作权法，进一步完善保护知识产权的各项制度。还制定证券法、招标投标法、信托法、个人独资企业法等法律，完善市场经济法律制度。

在经济法方面，制定种子法、海域使用管理法、中小企业促进法、政府采购法等法律，修改产品质量法、会计法、税收征收管理法、农业法、土地管理法、中外合资经营企业法、中外合作经营企业法、外资企业法、海关法等法律，进一步完善我国的经济法律制度和对外开放法律制度。

在行政法方面，制定行政复议法，健全对行政行为的监督机制，促进依法行政。制定人口与计划生育法，控制人口数量，提高人口素质。高等教育法、国防教育法、民办教育促进法、国家通用语言文字法、科学技术普及法、执业医师法、药品管理法、文物保护法等法律的制定和修订，推动了科教兴国战略的实施，促进了教育、科学、文化、卫生事业的健康发展。制定防沙治沙法、环境影响评价法、清洁生产促进法，修改大气污染防治法、海洋环境保护法等法律，保护自然环境资源、改善生态环境，促进经济社会可持续发展。

在社会法方面，制定安全生产法、职业病防治法等法律，为防止和减少生产安全事故，预防、控制和消除职业危害，保护劳动者的健康安全提供法律保障。修改工会法，进一步完善市场经济条件下的劳动关系，维护职工的合法权益。

在刑法方面，通过关于惩治骗购外汇、逃汇和非法买卖外汇犯罪的决定，刑法修正案、刑法修正案（二）、刑法修正案（三）、刑法修正案（四）以及关于刑法有关规定的法律解释，进一步完善刑事法律。

在诉讼和非诉讼程序法方面，制定海事诉讼特别程序法，规范海事诉讼特别程序；制定引渡法，为惩治犯罪的国际合作提供法律依据。

此外，还把法律解释工作提到重要议事日程。除对国籍法在澳门特别行政区实施的几个问题、香港特别行政区基本法的有关条款作出解释以外，还通过了6个对刑法有关规定的解释，增强了法律的适用性，维护了法律的权威和社会主义法制的统一。

值得重视的是，在这一时期，九届全国人大常委会还组织对中国特色社会主义法律体系作了专门研究和工作部署，取得重要成果。经过各方面努力，正式提出了构成中国特色社会主义法律体系的七个法律部门，即宪法及宪法相关法、民法商法、行政法、经济法、社会法、刑法、诉讼与非诉讼程序法。正式提出构成中国特色社会主义法律体系的三个基本标志，即：第一，涵盖各个方面的法律部门（或法律门类）应当齐全；第二，各个法律部门中基本的、主要的法律应当制定出来；第三，以法律为主干，相应的行政法规、地方性法规、自治条例和单行条例，应当制定出来与之配套。这些研究成果极大地深化和丰富了对中国特色社会主义法律体系的认识和理解。

2003年3月10日，李鹏同志在常委会工作报告中指出："在前几届工作的基础上，经过不懈努力，构成中国特色社会主义法律体系的各个法律部门已经齐全，每个法律部门中主要的法律已经基本制定出来，加上国务院制定的行政法规和地方人大制定的地方性法规，以宪法为核心的中国特色社会主义法律体系已经初步形成。"〔1〕这就正式宣告了中国特色社会主义法律体系初步形成。

（二）加速："基本形成中国特色社会主义法律体系"

2002年，党的十六大重申了到2010年形成中国特色社会主义法律体

〔1〕 李鹏：《全国人民代表大会常务委员会工作报告》，载中共中央文献研究室编：《十六大以来重要文献选编》（上），中央文献出版社2005年版，第195页。

系的立法工作总目标。十届全国人大常委会从一开始就明确提出任期内“以基本形成中国特色社会主义法律体系为目标、以提高立法质量为重点”[1]的立法工作思路，把在中国特色社会主义法律体系中起支架作用、现实生活迫切需要、立法条件比较成熟的立法项目作为立法重点，将改革开放和社会主义现代化建设的成功经验以法律形式固定下来，在加强经济领域立法的同时着力加强社会领域立法，在制定新法的同时注重现行法律的修改完善，一批重要立法项目相继完成，在中国特色社会主义法律体系建设中迈出决定性步伐。共审议宪法修正案草案、法律草案、法律解释草案和有关法律问题的决定草案106件，通过了其中的100件。

一是，通过宪法修正案，把党的十六大确定的重大理论观点、重大方针政策载入宪法，并在宪法中明确国家尊重和保障人权、依法保护公民的财产权和继承权，充分体现了党的主张和人民意志的统一，成为我国民主法治进程中又一个重要的里程碑。

二是，制定有关维护国家统一、发展民主政治的法律。制定反分裂国家法，把党和国家对台工作的大政方针和政策措施以法律形式固定下来，为反对和遏制“台独”分裂活动、促进国家和平统一提供法律保障。制定监督法，完善各级人大常委会监督的形式和程序，推动人大监督工作的制度化、规范化、程序化。制定公务员法，贯彻党的干部路线方针政策，为推进干部人事制度改革提供有力的法律保障。

三是，全面推进经济法制建设。制定物权法，明确物的归属、发挥物的效用，保护权利人的物权，完善中国特色社会主义物权法律制度。制定适用于所有企业法人的企业破产法，规范企业破产程序，确立企业有序退出市场的法律制度。制定反垄断法，确立与我国经济发展阶段相适应的预防和制止垄断、保护和促进公平竞争的法律制度。制定银行业

---

[1] 吴邦国：《以“三个代表”重要思想为指导，努力开创人大工作新局面》，载中共中央文献研究室编：《十六大以来重要文献选编》（上），中央文献出版社2005年版，第233～234页。

监督管理法、反洗钱法，修改中国人民银行法、商业银行法、证券法等，完善金融法律制度。制定企业所得税法，修改个人所得税法，废止农业税条例，完善税收法律制度。制定农民专业合作社法，促进农业产业化经营。制定可再生能源法、修改节约能源法，促进经济与环境协调发展。

四是，着力加强社会领域立法。制定劳动合同法、劳动争议调解仲裁法，规范劳动关系，及时解决劳动争议，保障劳动者合法权益。制定就业促进法，促进经济发展与扩大就业相协调，促进社会和谐稳定。还修改了义务教育法、妇女权益保障法和未成年人保护法等法律。

五是，制定有关规范行政权力，推进依法行政的法律。制定行政许可法，建立行为规范、运转协调、公正透明、廉洁高效的行政管理体制，推动社会主义统一市场的建立和发展。制定治安管理处罚法，规范和保障公安机关及其人民警察依法履行治安管理职责，保护公民、法人和其他组织的合法权益，维护社会治安秩序，保障公共安全。

2008年3月，吴邦国同志在全国人大常委会工作报告中指出，以宪法为核心，以法律为主干，包括行政法规、地方性法规等规范性文件在内的，由七个法律部门三个层次法律规范构成的中国特色社会主义法律体系已经基本形成。

（三）冲刺：“形成中国特色社会主义法律体系”

到2010年形成中国特色社会主义法律体系，是党的十五大提出的新时期立法工作的总目标。党的十六大重申了这一总目标。在此基础上，党的十七大进一步提出，要坚持科学立法、民主立法，完善中国特色社会主义法律体系。2008年3月19日，吴邦国同志在十一届全国人大常委会第一次会议闭幕会上郑重提出：“我们要按照党的十七大精神，在提高立法质量的前提下，确保到2010年形成中国特色社会主义法律体系并不断加以完善。”[1]围绕实现这一目标，十一届全国人大常委会在提高立法质量的前提下，抓紧制定经济社会发展迫切需要的重要法律，及时修改与经济社会发展不相适应的法律，集中开展法律清理工作，督促有关方面尽快制定和修改与法律相配套的法规，深入进行中国特色社会主义法律体系理论研究和宣传。

一是制定一系列重要法律。制定侵权责任法，保护民事主体的合法权益，预防并制裁侵权行为，减少和化解社会矛盾。制定社会保险法，规范社会保险关系，维护公民参加社会保险和享受社会保险待遇的合法权益，促进加快建立覆盖城乡居民的社会保障体系。制定人民调解法，有效预防和化解矛盾纠纷，促进社会和谐稳定。还制定了循环经济促进法、企业国有资产法、食品安全法、农村土地承包经营纠纷调解仲裁法、人民武装警察法、海岛保护法、车船税法、非物质文化遗产法、涉外民事关系法律适用法等法律。

二是继续修改完善现有法律。修改选举法，推进中国特色社会主义选举制度自我完善和发展。修改代表法，进一步规范和保障代表依法履职，充分发挥人民代表大会制度的特点和优势。此外，还修改了村民委员会组织法、国家赔偿法、行政监察法、水土保持法、保守国家秘密法、预备役军官法等法律。

三是集中开展法律法规清理工作。从2008年下半年开始，全国人大各专门委员会和常委会工作机构以及国务院、中央军委、最高人民法院、最高人民检察院等有关方面，对现有法律进行全面梳理。常委会根据清理情况，分别作出关于废止部分法律的决定、关于修改部分法律的决定，基本解决了现行法律中明显不适应经济社会发展需要、法律规定前后不尽一致或者不够衔接的问题，并督促国务院和有关方面抓紧制定法律配套法规，保障法律有效实施。根据全国人大常委会统一部署，有关方面

---

[1] 吴邦国：《全国人民代表大会常务委员会工作报告》，载中共中央文献研究室编：《十七大以来重要文献选编》（上），中央文献出版社2009年版，第350～351页。

还组织开展了法规、司法解释清理工作，基本解决了行政法规、司法解释、地方性法规中明显不适应、不一致、不协调等问题，保证了法律体系内部的科学和谐统一。

四是集中开展法律体系的理论研究和宣传工作。为了从理论上、思想上、舆论上就法律体系的形成做好准备，自2009年以来，全国人大常委会法制工作委员会集中开展了法律体系的理论研究和宣传工作：认真整理和研究全国人大代表、全国人大常委会组成人员关于形成和完善法律体系的意见；广泛听取地方人大、政府法制部门及专家学者的意见，引导、推动各有关方面开展理论研讨；撰写研究报告，逐步深化对法律体系的认识，并进行理论上的提炼和概括。全国人大法律委员会还先后两次召开会议，就法律体系进行专题研究和讨论。

为了将法律体系理论研究和宣传工作逐步引向深入，2010年2月4日，全国人大常委会法制工作委员会提出了《关于中国特色社会主义法律体系形成的理论研究与宣传工作方案》，全国人大常委会领导同志批准同意并作了三项重要工作部署：其一，2010年8月，全国人大法律委员会、全国人大常委会法制工作委员会组织召开中国特色社会主义法律体系座谈会，李建国同志在会上就确保如期形成法律体系提出要求；其二，2010年11月，全国人大常委会法制工作委员会组织召开第十六次全国地方立法研讨会，王兆国同志在会上就法律体系形成的若干问题进行阐述；其三，2011年1月，全国人大常委会召开形成中国特色社会主义法律体系座谈会，吴邦国同志在会上发表讲话，回顾形成历程，畅谈重大意义，总结基本经验，分析形势任务，把思想理论准备和舆论宣传推向高潮。这三次会议以及常委会领导发表的三个讲话层层递进，步步升温，为宣布法律体系如期形成在舆论上起到了较好的预热和铺垫。

截至2010年年底，我国制定宪法和现行有效法律共237件、行政法规690多件、地方性法规8600多件，并全面完成了对现行法律和行政法规、地方性法规的集中清理工作。涵盖社会关系各个方面的法律部门已经齐全，各法律部门中基本的、主要的法律已经制定，相应的行政法规和地方性法规比较完备，法律体系内部总体做到科学和谐统一。2011年3月3日，胡锦涛同志在“两会”党员负责人会议上强调指出：形成中国特色社会主义法律体系是我国社会主义民主法制建设史上的重要里程碑，是中国特色社会主义制度逐步走向成熟的重要标志，具有重大现实意义和深远历史意义。[1] 3月10日，吴邦国同志在十一届全国人大四次会议上郑重宣布：“一个立足中国国情和实际、适应改革开放和社会主义现代化建设需要、集中体现党和人民意志的，以宪法为统帅，以宪法相关法、民法商法等多个法律部门的法律为主干，由法律、行政法规、地方性法规等多个层次的法律规范构成的中国特色社会主义法律体系已经形成，国家经济建设、政治建设、文化建设、社会建设以及生态文明建设的各个方面实现有法可依，党的十五大提出到2010年形成中国特色社会主义法律体系的立法工作目标如期完成。”[2]

五、中国特色社会主义法律体系的完善历程

（一）清醒：分析法律体系形成后面临的新形势

实践是法律的基础，实践的发展永无止境。中国特色社会主义法律体系是动态的、开放的、发展的，必然随着中国特色社会主义实践的发展而发展，我国立法任务依然艰巨而繁重，立法工作只能加强不能削弱。[3] 党中央对此保持着清醒的认识。2011年3月17日，胡锦涛同志主

---

〔1〕转引自李建国：《加强和改进地方立法工作不断完善中国特色社会主义法律体系——在第十七次全国地方立法研讨会上的讲话》，载《中国人大》2011年第22期。

〔2〕《吴邦国在十一届全国人大四次会议上作的常委会工作报告》，载《人民日报》2011年3月11日，第2版。

〔3〕参见吴邦国：《形成中国特色社会主义法律体系的重大意义和基本经验》，载《求是》2011年第3期。

持中央政治局常委会，听取全国人大常委会党组关于形成中国特色社会主义法律体系有关情况的报告。之后，中共中央转发了这个报告。党中央明确提出，在新的起点上要“进一步完善中国特色社会主义法律体系，为全面建设小康社会、发展中国特色社会主义提供更加有力的法制保障”[1]。

为了切实贯彻落实党中央的指示精神和全国人大常委会的工作部署，不断提高在新的历史起点上进一步做好立法工作的自觉性，深入探讨立法工作及法治建设中具有规律性、长远性和全局性的问题，全国人大法律委员会于2011年7月召开理论务虚会，专题研究完善中国特色社会主义法律体系的有关问题；全国人大常委会法制工作委员会随后积极部署开展中国特色社会主义法律理论若干重大问题研究。大家深刻认识到，形成中国特色社会主义法律体系成就辉煌，完善中国特色社会主义法律体系任重道远。当前，我国仍处在社会主义初级阶段和全面建设小康社会的起步阶段，市场经济体制还不完善，整个国家还处在改革、转型的时期，各地经济、文化、社会的发展还很不平衡。因此，必须从战略高度，深刻认识完善法律体系任务的长期性、艰巨性，以战略的眼光、清醒的头脑、创新的思维，高度重视、深入研究、积极应对法律体系形成后立法工作面临的新形势、新挑战。

一是立法工作目标任务的变化。中国特色社会主义法律体系形成后，立法工作的目标任务，已经由努力推进形成这一法律体系转向不断完善这一法律体系。与此相适应，需要更加重视制度设计的科学性，实现立法由粗至细、由原则至具体的转变；要更加重视法律规范的有效实施，不断增强立法的针对性、时效性和可操作性；要更加重视发挥法律制度的引导功能，使立法成为经济社会可持续发展的“助推器”。

二是立法工作重心的调整。法律体系形成之后，立法工作的重心由

---

[1] 转引自李建国：《加强和改进地方立法工作不断完善中国特色社会主义法律体系——在第十七次全国地方立法研讨会上的讲话》，载《中国人大》2011年第22期。

过去经济立法和社会立法并重，转向了更加注重各领域立法均衡发展，促进经济社会的全面协调可持续发展。当前，需要特别加强社会领域立法，不断创新社会管理体制机制，深入推进社会事业建设，努力实现发展成果由全体人民共享。需要特别重视生态文明领域立法，适应资源节约型社会、环境友好型社会建设的要求，完善节约能源资源、保护生态环境等方面的法律制度，努力从制度上解决经济社会发展与环境资源保护的矛盾。还需要按照党的十七届六中全会要求，加强文化法制建设，完善文化领域的法律制度，推动社会主义文化大发展、大繁荣。

三是立法工作要求的提高。法律体系形成后，各方面对立法工作的要求，已经由构建体系的“搭架子”转向了完善体系的“精装修”。当前，立法越来越多地涉及改革发展稳定中的难点问题，在矛盾焦点上“砍一刀”的难度越来越大。可以说，各方面通过立法表达利益诉求的愿望日益迫切，形成共识的难度越来越大，通过立法调整社会关系的要求越来越高。需要立法更加科学民主，更加注重法律制度的现实针对性和可操作性，切实提高质量。立法既要精耕细作，出细活、出好活，更加准确地反映客观规律，更加科学合理地平衡各种利益关系；又要反应迅速，更加及时到位地解决好方方面面出现的新的实际问题。

四是立法工作领域的拓展。随着改革开放向纵深推进，经济社会快速发展，越来越多的问题需要法律制度来解决，越来越多的利益关系需要法律制度来调整。这在客观上拓宽了立法工作的领域。立法在通过制度设计贯彻执行党中央的各项决策部署、推进国家各项工作的法治化规范化中发挥着重要作用。面临工作领域不断拓展的新形势，立法工作站位要高、视野要广、思考要深、谋划要远，不能就法论法，要密切关注国内外形势的发展变化，敏锐把握各类新情况新问题，主动开展研究，积极提出对策。

（二）谋划：明确完善法律体系的目标任务

在清醒认识法律体系形成后面临的新形势基础上，十一届全国人大常委会全面分析我国法治建设面临的新任务新挑战，强调要在新的起点上继续加强和改进立法工作，把更多的精力放到法律的修改完善上，放到推动法律配套法规的制定修改上，同时为适应经济社会发展需要制定一些新的法律，不断完善中国特色社会主义法律体系；强调法律的生命力在于实施，法律体系的形成总体上解决了有法可依的问题，要更加注重宪法和法律的有效实施，切实做到有法必依、执法必严、违法必究，切实维护宪法和法律的权威和尊严。[1] 据此，立法工作应根据我国经济社会发展的客观需要，以提高立法质量为中心，促进法律体系不断趋于完备，同时为法律有效实施提供更为坚实的保障。全国人大常委会主动把立法工作放到经济社会发展大局中来筹划，放到改革发展的全局中来审视，通过制度设计确保党中央关于经济社会发展重大战略决策和部署得到充分贯彻落实，积极应对和有效解决经济社会发展中出现的各种问题。

一是进一步做好修改完善现行法律以及制定新法的工作。法律体系的形成，意味着我国国家和社会生活各个方面主要的、基本的法律都已经有了，今后立法工作的重心是根据实践不断发展变化提出的新要求，对现行法律进行修改完善。为此，全国人大常委会确立了立法工作的新目标新任务，即对与改革发展要求不适应、不协调的法律，要及时予以修改，使法律更好地适应改革开放和社会主义现代化建设的需要。同时，适应新形势新任务，还要做好新法的制定工作。尤其是要紧紧围绕保障和改善民生，加强社会领域立法工作，从制度上逐步建立包括劳动就业、

〔1〕 参见吴邦国：《全国人民代表大会常务委员会工作报告》，载《人民日报》2013年3月21日，第1版。

社会保险、社会救助、社会福利、教育医疗等方面在内的社会保障体系。还应着重做好财税立法工作，合理调整收入分配关系，充分发挥财税制度对推动经济发展方式转变的重要调控作用。

二是采取各种措施切实维护社会主义法制统一。全国人大常委会明确提出，在制定新法时，要同时研究考虑与新出台法律不一致、不协调的其他法律或者其他法律中相关条文的修改、废止，力争做到立、改、废同步进行。不能同步进行的，在法律特别是重要法律出台之后，也应及时进行修改、废止。要加强规范性文件的备案审查工作，及时发现并纠正法规、司法解释等规范性文件中与宪法和法律相抵触的问题，切实维护社会主义法制统一。继续做好立法后评估工作，为制定、修改或废止有关法律法规提供依据，从而促进立法质量不断提高。要探索开展立法前论证，在充分论证的基础上合理安排立法项目，以突出立法重点，集中立法资源，进一步提高立法质量。

三是在立法工作中积极为法律的有效实施提供保障。全国人大常委会明确提出，要统筹安排落实新制定、修改法律的配套法规与法律草案同步起草，在法律通过后及时出台；个别不能及时出台的也要跟踪督促，确保及早出台。进一步加强立法解释工作，对法律规定需要进一步明确具体含义的、法律制定后出现新情况需要明确适用法律依据的，通过及时作出立法解释，赋予法律条文更加准确、更具针对性的内涵，发挥立法解释对于保障法律有效实施的重要作用。在具备条件的领域，适时研究开展法律编纂工作，将法律系统化，以更加适应新情况、新变化。

四是深入推进科学立法、民主立法。全国人大常委会明确提出，要在科学立法、民主立法方面下更大的功夫。尊重人大代表主体地位，充分发挥人大代表在立法中的作用。不断探索完善立法座谈会、论证会、听证会、公布法律法规草案以及公民旁听常委会会议等科学立法、民主立法的方法，建立健全立法过程中的意见表达机制以及对公众意见的反馈机制。加强立法调研，深入基层、深入群众、深入实际，着力提高公众参与立法工作的成效，使立法更加集中民智、汇聚民意、体现民情，更加符合客观实际。

五是深入开展法律理论研究。在新的历史起点上完善中国特色社会主义法律体系，对进一步开展法律理论研究提出了新的更高要求。全国人大常委会明确提出，要通过深入开展中国特色社会主义法律理论研究，充分认识影响和制约立法工作深入推进的全局性、长远性、规律性问题，深入谋划新形势下加强和改进立法工作的新思路、新举措，不断提高运用法律理论研究成果解决实际问题的能力，切实提高立法决策水平，为不断完善法律体系提供可靠的理论支撑。

（三）升华：将法律体系纳入中国特色社会主义制度

2011年7月1日，胡锦涛同志在庆祝中国共产党成立90周年大会上发表讲话，[1] 系统阐述了中国特色社会主义制度的基本内涵，第一次将法律体系作为一个重要组成部分纳入其中，充分表明我们党高度重视依法治国、建设社会主义法治国家，高度重视法律体系的发展完善及在国家治理体系中的作用，为完善法律体系指明了正确的道路和方向。

新中国成立后特别是改革开放以来，党中央带领中国人民推进社会主义制度自我完善和发展，在经济、政治、文化、社会等各领域形成一整套相互衔接、相互联系的制度体系。这一制度体系包括：人民代表大会制度这一根本政治制度，中国共产党领导的多党合作和政治协商制度、民族区域自治制度以及基层群众自治制度等构成的基本政治制度，中国特色社会主义法律体系，公有制为主体、多种所有制经济共同发展的基本经济制度，以及建立在根本政治制度、基本政治制度、基本经济制度基础上的经济体制、政治体制、文化体制、社会体制等各项具体制度。

---

〔1〕 参见胡锦涛：《在庆祝中国共产党成立九十周年大会上的讲话》，载《十一届三中全会以来党和国家重要文献选编》，中共中央党校出版社2015年版，第529～543页。

从中国特色社会主义制度的具体内容来看，可以说大多是通过宪法、法律和法规确立的，其形成、完善和发展都同法律体系有着密切的关系，都同法制建设紧密相连。这就表明，一方面，法律体系是中国特色社会主义制度的重要内容，这是整体与部分的关系；另一方面，中国特色社会主义制度又主要通过法律体系集中地体现出来，这是内容与形式的关系。在新的历史条件下，坚持和完善中国特色社会主义制度，充分发挥社会主义制度的优越性，在很大程度上需要通过推进法治、完善法制来实现，法律体系也要在这一过程中实现与时俱进。制度化的关键是法制化，制度建设的重点是法制建设。从中国特色社会主义制度的高度来看我国的法律体系，使我们的视野更宽阔、认识更深刻，同时也使我们更加感到立法工作责任重大、使命光荣、任重道远，立法工作丝毫不能放松、时刻不能懈怠。

中国特色社会主义制度是在长期实践中形成的，也必须在新的实践中不断加以丰富和完善。在坚持根本政治制度、基本政治制度和基本经济制度不动摇的前提下，必须继续解放思想，推进经济体制、政治体制、文化体制、社会体制改革创新，充分调动人民群众和各方面的积极性、主动性、创造性，不断推动社会主义制度自我完善和发展，为党和国家兴旺发达、长治久安提供更加完善的制度保障。实践在发展，法律体系也必须与时俱进，紧扣时代前进的步伐，反映社会发展的要求。我们要坚持从国情和实际出发，正确认识和准确把握坚持与完善、传承与发展、稳定与变动的关系，不断完善中国特色社会主义法律体系，使我国的法律体系始终成为中国特色社会主义永葆本色的法制根基，成为中国特色社会主义创新实践的法制体现，成为中国特色社会主义兴旺发达的法制保障。

（四）创新：完善法律体系的新思路新举措

中国特色社会主义法律体系形成后，在新的起点上推进立法工作，推动中国特色社会主义法律体系不断完善，必然触及立法体制机制中的深层次问题。从2011年年初宣布法律体系形成到十一届全国人大常委会任期结束，在全国人大常委会的部署下，有关方面一直在以下两个方面进行理论创新和实践探索，着眼于立法工作的可持续发展，提出了完善法律体系的新思路新举措，即“两个发挥”。

一是发挥立法的引领和推动作用。2011年1月24日，吴邦国同志在形成中国特色社会主义法律体系座谈会上指出：“我们及时把改革开放和社会主义现代化建设的实践经验上升为法律，并与时俱进，根据改革开放中出现的新情况新问题……制定和完善相应的法律制度，充分发挥法律的规范、引导、保障和促进作用。”2011年11月3日，李建国同志在第十七次全国地方立法研讨会上指出：“积极发挥立法对改革发展稳定的引领和推动作用……要求立法与改革决策相同步，通过立法引领和推动各领域改革，为深化改革注入强劲动力，为科学发展提供有力保障。”2012年9月3日，王兆国同志在第十八次全国地方立法研讨会上指出：“我们要深化对法律功能的认识，着力发挥立法对改革发展的引领和推动作用。”“要努力做到立法决策与改革决策同步，增强立法服务改革发展的积极作用，综合发挥法律的各项功能，不断完善制度体制机制，努力以立法引领发展、推进改革。”

强调发挥立法的引领和推动作用，是在我们对法律功能的认识逐步拓展，对法律与实践关系的认识逐步深化，以及我国现代化建设经验不断丰富，国家制度建设日趋成熟，改革发展面临新形势新任务新挑战的背景下提出来的。从客观条件来看，经过30多年的改革发展，现代化建设取得了举世瞩目的成就，积累了丰富的实践经验，尤其是法律体系的形成，从制度上、法律上解决了国家发展中带有根本性、全局性和长期性的问题，国家各项事业纳入法制化轨道。这个时候，我们有条件也能够正确把握客观规律，科学设定发展目标，对立法工作进行顶层设计和总体规划，有必要也能够在总结实践经验的同时，更加注重发挥立法对改革发展的引领和推动作用。从现实情况来看，我国已经进入深化改革的攻坚时期，教育、医疗、住房、养老、就业、环境、资源、收入分配、城乡统筹等不少改革领域涉及的利益格局十分复杂，“牵一发而动全身”，越来越需要从体制机制上分析问题的成因、探索解决问题的办法，从制度上进行顶层设计和综合配套。可以说，进一步发挥立法引领和推动作用，条件已经具备，基础已经夯实，时机已经成熟，实践要求十分迫切。

二是发挥人大及其常委会的立法主导作用。2011 年 1 月 24 日，吴邦国同志在形成中国特色社会主义法律体系座谈会上指出：“全国人大及其常委会要充分发挥最高国家权力机关的作用，依法行使国家立法权，加强对立法工作的组织协调，督促有关方面认真研究解决立法中涉及的重大问题，创新立法工作思路，完善立法工作机制，加强立法工作机构和队伍建设，不断提高立法工作的质量和水平。”2011 年 11 月 3 日，李建国同志在第十七次全国地方立法研讨会上指出：“面对新情况新问题，我们要按照中央要求，思考如何更好地发挥人大及其常委会在立法工作中的主导作用。人大及其常委会要在同级党委领导下，充分发挥作为国家权力机关的作用，采取有力措施，加强立法组织协调工作，积极推动立法规划和立法工作计划的落实。”2012 年 9 月 3 日，王兆国同志在第十八次全国地方立法研讨会上指出：“立法是宪法赋予人大及其常委会的一项重要职权。切实加强党对立法工作的领导，发挥人大及其常委会在立法中的主导作用，对于新形势下坚持和完善人民代表大会制度、加强和改进立法工作具有重要意义”“要充分尊重人大代表的主体地位”“要不断强化人大及其常委会的立法主导作用”“人大有关专门委员会和常委会工作机构要积极介入、指导和督促法律法规案的起草”。

强调发挥人大及其常委会的立法主导作用，是在立法难度越来越大、立法要求越来越高、立法任务越来越重的新形势下，立法实践对立法体制机制的完善提出新要求的大背景下提出来的。法律体系形成以后，主要的、基本的法律都已经有了，当时迫切需要修改或者新制定的法律法规，大多综合性比较强，往往涉及诸多方面的利益关系，涉及多个部门的工作和体制机制，立法推进难度很大，一度还曾出现“无米下锅”的情况。此外，立法还存在部门化倾向，争权诿责现象较为突出，解决实际问题有效性不足，针对性、可操作性不强，立法效率不高，有时久拖不决。实践迫切需要的一些法律法规该立的立不出来，该修改的不能及时修改，有的配套法规千呼万唤不能出台，还有的法律规定被架空。强调发挥人大及其常委会的立法主导作用，正是坚持问题导向，着眼于从体制机制上解决制约立法工作深入开展和法律体系不断完善的“瓶颈”问题。

总体来看，法律体系形成以后，全国人大常委会深入研究立法工作面临的新形势，适应立法工作目标变化、重心调整、领域拓展等新情况，统一认识，努力为新时期立法工作谋篇布局、夯实基础，特别是积极探索和实践发挥立法的引领和推动作用、发挥人大及其常委会的立法主导作用，推动完善法律体系迈开重大步伐。一是，把修改完善现行法律放到更加突出的位置，抓紧修改了刑事诉讼法、刑法、民事诉讼法、个人所得税法、兵役法、职业病防治法、居民身份证法、清洁生产促进法等重要法律。二是，适时制定新的法律，根据经济社会发展的需要，先后出台了行政强制法、非物质文化遗产法、车船税法、出境入境管理法、军人保险法等法律。三是，在科学立法、民主立法方面迈出新步伐，积极开展立法前论证、立法后评估等工作，为确定立法项目、完善法律制度提供重要依据。四是，更加注重保障法律的有效实施，统筹相关法律的同步修改，加强法律解释和规范性文件备案审查工作，督促指导国务院、地方人大及其常委会及时制定法律配套法规，围绕贯彻实施行政强制法督促指导对行政法规、地方性法规进行专项清理，督促指导“两高”对司法解释进行集中清理，积极探索立法和监督工作有机结合。

与此同时，地方人大及其常委会充分发挥在立法工作中的主导作用，不断推进科学立法、民主立法，围绕完善法律体系做了大量工作：以推动经济发展方式转变和产业结构调整为主线，加强经济领域立法；以保障和改善民生、加强和创新社会管理为重心，强化社会领域立法；以促进经济社会可持续发展为核心，重视生态文明领域立法；以保障法律实施为重点，做好配套法规制定工作，开展法律执行情况的执法检查，听取法律实施专项工作报告，开展行政强制法的地方性法规专项清理，为完善中国特色社会主义法律体系作出了应有贡献。

（五）跨跃：新时代立法工作迈出新步伐、取得新进展

中国特色社会主义进入新时代，完善中国特色社会主义法律体系面临新形势、新目标、新任务。党的十八大以来，以习近平同志为核心的党中央，高度重视社会主义法治建设，围绕坚持和发展中国特色社会主义制度，推进国家治理体系和治理能力现代化，提出全面依法治国重大战略举措，并作出具体部署。按照党的十八大的决策部署，十二届全国人大任期之初，张德江同志就强调："我们要不断完善中国特色社会主义法律体系，为全面建成小康社会、深化改革开放提供更有力的法制保障。充分发挥立法的引领和推动作用，加强重点领域立法，促进社会主义经济建设、政治建设、文化建设、社会建设、生态文明建设。加强立法工作组织协调，拓宽人民有序参与立法途径，提高立法质量，保证通过的法律更好地体现党的主张和人民的意志。"在习近平新时代中国特色社会主义思想的指引下，全国人大及其常委会坚决贯彻落实党中央的重大决策部署，紧紧围绕统筹推进"五位一体"总体布局和协调推进"四个全面"战略布局，不断进行立法创新实践，立法工作迈出新步伐、取得新进展，呈现出数量多、分量重、节奏快的新特点，开启了新时代立法工作新篇章。

一是，适时修改宪法，健全保证宪法实施的法律制度。十三届全国人大一次会议通过宪法修正案，把党的十九大确定的重大理论观点和重

大方针政策特别是习近平新时代中国特色社会主义思想载入国家根本法，调整充实了中国特色社会主义事业总体布局和第二个百年奋斗目标的内容，完善了依法治国和宪法实施举措，充实了坚持和加强中国共产党全面领导的内容，修改国家主席任职方面的有关规定，增加有关监察委员会的各项规定，充分体现党和国家事业发展新成就新经验新要求，为新时代坚持和发展中国特色社会主义提供了有力的宪法保障。与此同时，不断健全保证宪法实施的法律制度。设立国家宪法日，加强宪法宣传教育，大力弘扬宪法精神。建立宪法宣誓制度，规定国家工作人员就职时公开进行宪法宣誓，庄严承诺忠于宪法、忠于祖国、忠于人民。实施宪法规定的特赦制度，两次作出对部分服刑罪犯实行特赦的决定。制定国家勋章和国家荣誉称号法，落实宪法规定的国家功勋荣誉表彰制度。在庆祝中华人民共和国成立70周年之际，十三届全国人大常委会第十三次会议依法作出关于授予国家勋章和国家荣誉称号的决定。国家主席习近平签署主席令，授予42人国家勋章和国家荣誉称号。这是我国现行宪法施行以来首次集中评选颁授国家勋章和国家荣誉称号，是全面实施宪法的重要实践，具有重大的历史意义和时代意义。制定国歌法，同此前已经施行的国旗法、国徽法一道，维护宪法确立的国家重要象征和标志的尊严。作出有关决定，明确由宪法和法律委员会承担有关法律规定的原法律委员会的职责，同时赋予推动宪法实施、开展宪法解释、推进合宪性审查、加强宪法监督、配合宪法宣传等工作职责。

二是，聚焦重点领域立法，加快形成完备的法律规范体系。（1）国家安全立法取得重要进展。先后制定国家安全法、反间谍法、反恐怖主义法、国防交通法、网络安全法、深海海底区域资源勘探开发法、核安全法等，根据实践需要及时修订刑法，为维护国家核心利益和其他重大利益提供法制保障。（2）积极推动编纂民法典工作。编纂民法典是党的十八届四中全会提出的重大立法任务。2017年3月十二届全国人大五次会议审议通过民法总则，完成了编纂民法典的第一步。十三届全国人大常委会接续努力，抓紧推进民法典各分编的编纂工作，形成了6编共1034条的民法典各分编草案，提请常委会进行审议。目前，有关方面正在抓紧工作，确保到2020年制定出一部体例科学、结构严谨、规范合理、内容协调一致的中国特色社会主义民法典。（3）生态环境保护立法不断推进。修改环境保护法、大气污染防治法、海洋环境保护法、水污染防治法等，建立生态环境和资源保护公益诉讼制度，努力构建最严格的生态环境保护法律制度。十三届全国人大常委会专门加开一次会议，深入贯彻落实习近平生态文明思想和党中央关于打好污染防治攻坚战的决策部署，听取审议大气污染防治法执法检查报告，开展专题询问，作出《关于全面加强生态环境保护依法推动打好污染防治攻坚战的决议》，坚持用最严格的制度、最严密的法治保护生态环境，把生态环境保护法律制度网络织得更加严密，督促有关方面严格落实法律责任，让法律的牙齿真正咬合，让制度成为刚性约束和不可触碰的“高压线”。制定土壤污染防治法，改变了我国土壤污染防治缺乏专门法律规范的状况，坚决遏制当前土壤环境恶化的趋势，协同推进土壤及水、气、声、渣、光等污染防治工作，织密织严了生态环境保护的“法网”。（4）文化领域立法取得重要突破。制定公共文化服务保障法、电影产业促进法、公共图书馆法，加快建立健全有利于激发文化创造活力、保障人民基本文化权益的文化法律制度。（5）社会和民生领域立法大大加强。制定慈善法、反家庭暴力法、特种设备安全法、中医药法、疫苗管理法等法律，修改食品安全法、人口与计划生育法、红十字会法、民办教育促进法、药品管理法等法律，保障人民群众的合法权益。（6）推进税收领域立法。制定环境保护税法、船舶吨税法、耕地占用税法、车辆购置税法、资源税法等，落实税收法定原则。

特别是十三届全国人大一次会议以来，还制定外商投资法、电子商务法，修改农村土地承包法、土地管理法等，推动高质量发展。修改刑事诉讼法、人民法院组织法、人民检察院组织法，制定国际刑事司法协助法，作出有关决定，健全诉讼制度，推进司法体制改革。修订公务员法、法官法、检察官法，制定消防救援衔条例等，完善国家公职人员法律制度。

三是，立法主动适应改革和经济社会发展需要，增强改革的法治穿透力。第一，落实改革任务举措需要立新法的，及时推动制定法律或者作出相关决定。比如，贯彻党中央关于深化国家监察体制改革的重大决策部署，先后作出在北京市、山西省、浙江省开展改革试点和在全国各地推开的决定，为改革试点工作有序推进提供法律支持；及时修改宪法，增加有关监察委员会的各项规定；制定监察法，创新和完善国家监察制度，加强对所有行使公权力的公职人员的监督，实现国家监察全覆盖，深入开展反腐败工作。又如，修改个人所得税法，推动个人所得税从分类税制向综合与分类相结合的税制转变，进一步发挥好个人所得税在调节收入分配和促进经济社会发展中的作用。第二，适时修改或废止不适应改革要求的法律。比如，为适应改革需要，对相关法律不适应改革需要的个别条款，采取统筹修改法律的方式一并作出修改，审议通过22个统筹修改法律的决定，涉及修改法律142件次，持续推进行政审批、职业资格认定、国务院机构改革等方面改革，激发市场和社会活力。当前，有关方面正在按照机构改革进程，继续研究在有关法律修改前，调整适用现行有关法律规定和行政机关的职责工作承接等问题，确保在法治轨道上有序推进机构改革，同时按照成熟一批、修改一批的思路，及时有效做好相关法律的修改完善工作。第三，实践条件还不成熟、需要先行先试的，及时作出授权决定。党的十八大以来，全国人大常委会依照法定程序作出27项授权决定和改革决定，涉及自由贸易试验区、行政审批制度改革、农村集体土地使用权制度改革、金融体制改革、司法体制改革、海警队伍改革等方面，授权有关方面暂时调整法律实施或者开展有关试点工作，确保有关改革试点在法治框架内依法有序推进。此外，全国人大常委会坚持依法治国和以德治国相结合，高度重视将社会主义核心价值观转化为法律精神和原则。在民法总则、刑法修正案（九）、反家庭暴力法、公共文化服务保障法、电影产业促进法、国歌法等法律中，充分体现我国优秀文化传统和伦理道德，将社会主义核心价值观融入立法。特别是制定英雄烈士保护法，依法加强对英雄烈士的保护，严肃惩治歪曲丑化、侮辱诽谤英雄烈士的行为，坚决抵制历史虚无主义，在全社会传承和弘扬英雄烈士精神、爱国主义精神，为实现“两个一百年”奋斗目标、实现中华民族伟大复兴的中国梦凝聚强大精神力量。

四是，深入推进科学立法、民主立法、依法立法，不断提高立法质量。全国人大常委会加强立法组织协调，充分发挥人大及其常委会在立法工作中的主导作用。自 2015 年起，已连续 5 年提请全国人民代表大会审议重要法律案。建立全国人大专门委员会、常委会工作机构组织起草重要法律草案制度，几年来共组织起草或提请审议法律案 70 余件次。充分发挥立法机关在表达、平衡、调整社会利益方面的作用，最大限度凝聚立法共识。出台立法项目征集论证、立法重大利益调整论证咨询、重要立法事项引入第三方评估等工作规范。健全立法专家顾问制度，建立基层立法联系点制度，明确常委会初次审议和继续审议的法律草案都及时向社会公布征求意见，共公布法律草案近百件次。从十二届全国人大常委会通过第一部法律——旅游法开始，建立并实施法律案通过前评估制度，使立法更加科学缜密，确保法律规定立得住、行得通、真管用。

五是，积极推进规范性文件备案审查工作，维护社会主义法制统一。全国人大常委会积极推动落实备案审查衔接联动机制，制定备案审查工作规程，建立全国统一的备案审查信息平台，实行有件必备、有备必审、有错必纠，备案审查工作力度不断加强。十二届全国人大常委会任期内，首次听取审议备案审查工作情况报告，接受报送备案的规范性文件 4778 件，对 188 件行政法规和司法解释逐一进行主动审查，对地方性法规有重点地开展专项审查，认真研究公民、组织提出的 1527 件审查建议，对审查中发现与法律相抵触或不适当的问题，督促制定机关予以纠正，保证中央令行禁止，保障宪法法律实施，维护国家法制统一。十三届全国人大常委会任期的第一年，制定机关共向全国人大常委会报送备案行政法规、地方性法规、司法解释1238件，基本实现有件必备。收到公民、组织各类来信来函涉及规范性文件、可明确为审查建议的有1229件，其中属于全国人大常委会备案审查范围的有112件。对发现的问题，全国人大常委会法制工作委员会认真开展审查研究，通过与制定机关沟通、提出书面研究意见等方式，加大监督纠正力度，推动相关问题妥善解决。目前，按照党中央的决策，全国人大常委会正在加强宪法实施和监督，积极稳妥推进合宪性审查工作，加强备案审查制度和能力建设。

2018年是全面贯彻落实党的十九大精神的开局之年，也是全国和地方人大换届后依法履职的第一年，同时还是改革开放40周年。党和国家事业蓬勃发展，对人大工作和立法工作提出了新的更高的要求。围绕布局谋划十三届全国人大常委会立法工作，推动地方立法工作与时俱进、完善发展，全国人大常委会先后召开了两次重要的立法工作会议：9月7日，在北京召开了全国人大常委会立法工作会议；9月15日，在浙江召开第二十四次全国地方立法工作座谈会。栗战书委员长出席了两次会议并发表重要讲话，就贯彻落实习近平总书记全面依法治国新理念新思想新战略，加强和改进新时代立法工作，推动立法事业发展作出部署、提出要求。主要包括：（1）坚持党对立法工作的领导；（2）发挥人大及其常委会在立法工作中的主导作用；（3）勇于担当，善于作为，加快立法工作步伐；（4）以法治支持和保障改革；（5）深入推进科学立法、民主立法、依法立法，不断提高立法质量。要加强调查研究；（6）加强宪法实施和监督，维护社会主义法制统一。

2019年是中华人民共和国成立70周年，也是县级以上地方人大设立常委会40周年、赋予省级人大及其常委会地方立法权40周年。2019年7月17日，习近平总书记对县级以上地方人大设立常委会40周年作出重要指示："地方人大及其常委会要按照党中央关于人大工作的要求，围绕地方党委贯彻落实党中央大政方针的决策部署，结合地方实际，创造性地做好立法、监督等工作，更好助力经济社会发展和改革攻坚任务。要自觉接受同级党委领导，密切同人民群众的联系，更好发挥人大代表作用，接地气、察民情、聚民智，用法治保障人民权益、增进民生福祉。要加强自身建设，提高依法履职能力和水平，增强工作整体实效。”7 月 18 日和 9 月 4 日，全国人大常委会先后组织召开纪念地方人大设立常委会 40 周年座谈会、省级人大立法工作交流会，栗战书委员长出席会议并发表讲话，强调要以习近平新时代中国特色社会主义思想为指导，坚持党对立法工作的领导，加强和改进新时代人大立法工作，切实提高立法质量，确保立一件成一件，更好助力经济社会发展和改革攻坚任务。这为加强和改进立法工作、不断完善法律体系进一步指明了方向。

全国人大常委会、有立法权的地方人大常委会，正在按照党中央的决策部署，认真贯彻落实习近平总书记全面依法治国新理念新思想新战略，特别是关于立法工作的重要论述精神，继续推动新时代立法工作与时俱进、完善发展，以新担当、新作为共同书写新时代立法工作新篇章，以优异成绩庆祝中华人民共和国成立 70 周年。

六、提出、形成和完善中国特色社会主义法律体系的客观条件

中国特色社会主义法律体系，是以宪法为统帅，以法律为主干，以行政法规、地方性法规为重要组成部分，由宪法相关法、民法商法、行政法、经济法、社会法、刑法、诉讼与非诉讼程序法等多个法律部门组成的有机统一整体。提出、形成和完善中国特色社会主义法律体系的客观条件主要是：

第一，中国共产党的坚强领导，为提出、形成和完善这个法律体系提供了政治保证。中国共产党的坚强领导，几代中央领导集体从中国国

情出发推进社会主义民主法制建设的正确决策，为形成这个法律体系提供了政治保证。从我们党的发展历程来看，正如江泽民同志深刻指出的，中国共产党历经革命、建设和改革的长期奋斗，发生了两大变化：一是已经从领导人民为夺取全国政权而奋斗的党，成为领导人民掌握全国政权并长期执政的党；二是已经从受到外部封锁和实行计划经济条件下领导国家建设的党，成为对外开放和发展社会主义市场经济条件下领导国家建设的党。我们党准确把握时代特征、党的任务和执政条件的变化，适应社会主义民主法制建设的要求，适时作出重大战略抉择，逐步提出和实践依法办事、依法治国、依法执政等治国理政理念，不断深化对中国特色社会主义法律体系的认识。实践证明，只有在中国共产党的领导下，贯彻实施依法治国的基本方略，中国特色社会主义法律体系的形成才不会偏离正确的政治方向，才不会脱离中国的国情和现阶段发展实际，才能保证最广大人民的根本利益得到体现。

第二，中国特色社会主义理论体系，为提出、形成和完善这个法律体系提供了理论指导。党的十一届三中全会后，以邓小平同志为核心的党的第二代中央领导集体，明确提出了“加强社会主义民主，健全社会主义法制”的历史性任务，确定了“有法可依，有法必依，执法必严，违法必究”的社会主义法制建设方针，形成了邓小平理论中的重要法制思想。以江泽民同志为核心的党的第三代中央领导集体，在全面推进改革开放和社会主义现代化建设进程中，在形成“三个代表”重要思想的过程中，确立了依法治国、建设社会主义法治国家的基本方略，明确提出了到2010年形成中国特色社会主义法律体系的新时期立法工作总目标。党的十六大以来，以胡锦涛同志为总书记的党中央坚持以邓小平理论和“三个代表”重要思想为指导，提出了科学发展观，强调要把坚持党的领导、人民当家作主、依法治国有机统一起来，不断改革和完善党的领导方式和执政方式，坚持依法执政，领导立法，带头守法，保证执法，不断推进国家经济、政治、文化、社会生活的法制化、规范化，以法治的理念、法治的体制、法治的程序保证党领导人民有效治理国家。依法治国基本方略因此有了更为坚实的理论和实践基础。党的十八大以来，以习近平同志为核心的党中央，团结带领全党全国各族人民，砥砺前行、励精图治，推动党和国家事业取得历史性成就、发生历史性变革，中国特色社会主义进入了新时代。以习近平同志为主要代表的中国共产党人，以巨大的理论勇气、超凡的政治智慧、恢宏的远见卓识，创立了习近平新时代中国特色社会主义思想。党的十九大把这一思想确立为我们党必须长期坚持的指导思想，十三届全国人大一次会议通过的宪法修正案，又把这一思想载入宪法，确立其在国家政治生活和社会生活中的指导地位。习近平总书记从关系党和国家长治久安的战略高度来定位法治、布局法治、厉行法治，把全面依法治国提到“四个全面”战略布局的新高度，推动法治中国建设发生了历史性、转折性、全局性变化，取得了重大理论创新、实践创新、制度创新成果。习近平总书记就全面依法治国提出了一系列新理念新思想新战略，明确了全面依法治国的指导思想、发展道路、依靠力量、工作布局、重点任务、重要举措，深刻回答了当代中国法治建设举什么旗、走什么路、建设什么样的法治国家、怎样建设法治国家等重大问题，开创了全面依法治国新局面。中国特色社会主义法律体系的建设，正是在中国特色社会主义理论体系指导下，坚实、稳步地推进的。

第三，中国特色社会主义建设的伟大实践，为提出、形成和完善这个法律体系提供了实践源泉。法律来源于实践。彭真同志曾经说过：“是法服从实际情况，还是实际情况服从法？谁是母亲，谁是儿子？实际产生法律，实际是母亲，法律是儿子。法要有自己的独立的体系，有自己的逻辑，但要从社会实际出发，受社会实践检验。”在党的领导下，全国各族人民通过各种途径和形式，依法管理国家事务，管理经济和文化事业，管理社会事务，投身改革开放和社会主义现代化建设各项事业，为形成这个法律体系提供了实践基础。中国特色社会主义法律体系在与改革开放和社会主义现代化建设相伴而生、相互促进的过程中逐步形成。改革开放和社会主义现代化建设越向前推进，经济社会的发展变化越深刻，对健全和完善法律制度的要求就越迫切，法律体系构建所依赖的基础也就越扎实。与此同时，法律体系注意妥善处理法律稳定性和改革变动性的关系，在及时肯定已有成功做法、巩固已有改革开放成果的同时，充分发挥立法的引领和推动作用，确保重大改革于法有据，为进一步改革开放提供坚实的法制保障。

第四，一代代“立法人”的不懈努力，为提出、形成和完善这个法律体系提供了人才支撑和专业支持。中华人民共和国成立70年特别是改革开放40多年来，一代代立法工作者作为“立法人”，以对党、对人民、对历史高度负责的精神，秉持发展社会主义民主、加强社会主义法制的理想，执着追求、默默奉献、团结奋斗，为形成和完善这个法律体系作出了不可磨灭的重要贡献。在改革开放40多年来的立法实践中，我国已经形成了一支高素质的立法工作队伍，直接参与和见证了中国特色社会主义法律体系形成、完善的历史进程和伟大成就。这支队伍也在这一伟大进程中得到了锤炼和壮大。

七、提出、形成和完善中国特色法律体系的主要特点

中国特色社会主义法律体系的提出、形成和完善，具有十分鲜明的特点。

第一，这个法律体系是伴随着改革开放逐步提出、形成和完善的。改革开放之初，百废待兴，迫切需要通过立法恢复重建国家秩序、维护安定团结政治局面、发展社会主义民主、推进改革开放。1979年，五届全国人大二次会议一次就通过了选举法、地方组织法、人民法院组织法、人民检察院组织法、刑法、刑事诉讼法、中外合资经营企业法7部涉及国家政治制度、刑事制度和对外开放方面的重要法律，拉开了我国大规

模立法工作的序幕。同时，改革开放以来，西方国家几百年发展历程遇到的矛盾和问题，在我国40多年的改革发展过程中交织叠加、集中体现，我国立法工作面临的形势之复杂、任务之艰巨，克服的困难之多，都是前所未有的。比如，物权法的制定，政治性、政策性、专业性都很强，立法难度很大。这部法律从研究起草到通过，不算原民法典起草过程中的研究讨论，历时13年，召开了上百次座谈会和论证会，广泛听取各方面意见，反复修改，经常委会7次审议，才由代表大会审议通过。因此，面对改革发展中的种种矛盾和问题，立法工作必须妥善处理改革发展稳定的关系，积极破解立法中遇到的焦点和难点问题。我们坚持立法与改革发展相适应，对实践经验比较成熟的，加以细化，以法律形式规定下来；对实践经验尚不成熟，又需要作规定的，作出原则规定，为改革留有空间，等实践经验成熟时再作具体规定。又如，为确立企业有序退出的法律制度，1986年曾经制定适用于全民所有制企业的企业破产法（试行）。随着国有企业改革的深化和其他所有制经济的发展，全国人大常委会在认真总结经验的基础上，于2006年重新制定了适用于各种组织形式和各种所有制企业、可操作性更强的企业破产法，规范了企业破产程序，较好地解决了破产企业优先清偿所欠职工工资和社保基金等重大问题，维护了企业职工的合法权益。有的法律在制定过程中，还对改革措施的出台起到了推动作用，如社会保险法有关养老保险转移接续的制度等。

第二，这个法律体系是有目标、有计划、有重点地逐步提出、形成和完善的。适应改革开放的需要，立法工作围绕党和国家的工作重心，通过立法规划和年度立法工作计划，有计划、有重点、有步骤地展开。为了统筹制定国家急需的法律，1988年6月，全国人大法律委员会提出了关于五年立法规划的初步设想。1991年，七届全国人大常委会首次制定了立法规划，对其任期届满前一年多的立法工作，作出安排。八届全国人大常委会按照党中央提出的建立和完善社会主义市场经济体制的目标，在立法规划中，确定了一大批建立和完善社会主义市场经济体制的立法项目。从1993年年初到1997年年底，全国人大及其常委会制定的82件法律中，有关市场经济方面的法律36件，约占在此期间制定的法律的44%。九届全国人大常委会围绕党的十五大提出的形成有中国特色社会主义法律体系的立法工作总目标，制定立法规划和年度立法计划，加快了立法工作步伐。进入21世纪后，十届、十一届全国人大常委会制定的立法规划和年度立法工作计划，重点推进适应科学发展、构建社会主义和谐社会的法律的制定。比如，制定了可再生能源法、循环经济促进法等一批推动科学发展的法律；2007年一年内，常委会就先后通过了劳动合同法、就业促进法、劳动争议调解仲裁法等三部社会建设方面的法律。

十二届全国人大常委会立法规划在中国特色社会主义法律体系形成的新起点上，以提高立法质量为工作重心，不断完善中国特色社会主义法律体系，重点围绕"五大建设"，在推动经济发展方式转变、坚持中国特色社会主义政治发展道路、保障和改善民生、推进社会主义文化大发展大繁荣、推进生态文明建设等方面，都安排了相应的立法项目，共提出立法项目68件，其中一类项目47件，二类项目21件，此外还有一些研究论证项目。党的十八届三中、四中全会作出了全面深化改革、全面推进依法治国的重大决策，提出了一系列的改革举措。为贯彻落实党的十八届三中、四中全会提出的改革举措，确保重大改革于法有据、立法与改革决策相衔接，根据经济社会发展的需要，十二届全国人大常委会对立法规划作了调整，立法规划项目从原有的68件增至102件。报经党中央同意后，2015年6月以中发文件形式印发了调整后的十二届全国人大常委会立法规划，这是第一次以报党中央批准的方式调整立法规划。

中国特色社会主义进入新时代，党的十九大站在更高起点上谋划和推进全面深化改革、扩大改革开放，提出了一系列重要改革举措，部署了一系列重大改革任务。十三届全国人大常委会立法规划坚决贯彻落实党中央重大决策部署，将党中央提出的一系列重大改革举措涉及的立法项目，作为重点列入立法规划，占规划项目总数的85%。同时，立法规划作出原则性的预期安排，规定为落实全面深化改革等需要制定、修改或者废止法律的，或者需要由全国人大常委会作出有关决定的，适时安排审议，为未来五年形势和任务的发展变化留下空间。这是第一次在立法规划中对改革涉及的立法项目作出原则性的预期安排，使立法规划与党中央的重大改革举措结合得更加紧密。

第三，这个法律体系是多层次并进，各立法主体共同努力，逐步提出、形成和完善的。为适应改革开放的需要，我们实行了“多条腿走路”的办法，坚持法律、行政法规、地方性法规等多个层次共同推进。1982年宪法将国家立法权由1954年宪法规定的由全国人民代表大会行使，扩大到全国人大常委会，并赋予国务院制定行政法规的职权，肯定了1979年地方组织法赋予省、自治区、直辖市人大及其常委会制定地方性法规的权力。在其后修改的地方组织法中又进一步将立法权扩大至较大的市人大及其常委会。2000年通过的立法法，进一步系统明确了我国统一又分层的立法体制。2015年修改立法法，赋予所有设区的市地方立法权。多个层次的立法主体按照不同立法权限，各司其职，共同推进中国特色社会主义法律体系的构建和完善。实践证明，“多条腿走路”的办法是行之有效的：既维护了国家法制的统一，更好地服务于党和国家的中心工作，又照顾到了各地的差异，适应了经济社会全面发展的需要；既保障了改革开放的顺利进行，又加快了法律体系构建的步伐。

八、提出、形成和完善中国特色社会主义法律体系的突出成就

新中国成立70年特别是改革开放40多年来，在党中央的坚强领导下，全国人大及其常委会紧紧围绕党和国家的中心工作以及经济社会发

展不同阶段的工作重点，开创性地开展立法工作，走过了极不平凡的历史进程。特别是与中国特色社会主义法律体系的提出、形成和完善历程相适应，我国立法工作不断加强和改进，取得了显著进展。

一是立法工作目标更加明确。

1978年12月22日，党的十一届三中全会提出："为了保障人民民主，必须加强社会主义法制，使民主制度化、法律化，使这种制度和法律具有稳定性、连续性和极大的权威，做到有法可依，有法必依，执法必严，违法必究……从现在起，应当把立法工作摆到全国人民代表大会及其常务委员会的重要议程上来。"这是新时期民主法制建设尤其是立法工作的宣言书。从此，中国共产党人不断探索和加强社会主义民主法制建设，逐步提出、形成并完善中国特色社会主义法律体系这个新时期立法工作的总目标，并为之持续奋斗、接续努力。

1982年9月6日，彭真同志在全国经济法制工作经验交流会上的讲话中首次提出"法的体系"这一概念。他说："在人类社会历史上，法律一旦产生，便逐渐形成了自己的体系，并且追求更多的独立性。立法，不能不考虑法自身的体系逻辑，不能这个法这么规定，那个法那么规定，互相矛盾。""生产力、生产关系发展了，社会发展了，实际发展了，法也要发展，法的体系也要发展。"这实际上已经提出了法律体系的问题，也充分说明，我国在立法工作恢复重建之初，就已经着眼长远，同步考虑"法的体系化"问题。

从1982年党的十二大到1997年党的十五大前，随着我国改革尤其是经济体制改革的不断深化以及社会主义民主法治的日益发展，党中央对法律体系的认识也在不断深化。党中央确定建立社会主义市场经济体制的目标，必然对法律体系提出新的要求。从"初步建立适应社会主义市场经济的法律体系"到"大体形成社会主义市场经济法律体系的框架"，再到"初步建立适应社会主义市场经济体制的法律体系""逐步建立适应社会主义市场经济的法律体系"，都充分说明了这一点。经过各方面共同努力，到1996年年底1997年年初，“在建立社会主义市场经济法律体系方面迈出重要步伐”“社会主义市场经济法律体系框架已初具规模”，为下一步党中央统筹谋划“中国特色社会主义法律体系”奠定了基础。

1997年，党的十五大确立了“依法治国，建设社会主义法治国家”的基本方略，第一次正式提出“到二〇一〇年形成有中国特色社会主义法律体系”的立法工作总目标。从此，我国的立法工作进入了加快构建中国特色社会主义法律体系的历史新时期。2002年，党的十六大作了重申。党的十七大进一步提出，要坚持科学立法、民主立法，完善中国特色社会主义法律体系。2011年3月10日，吴邦国同志在十一届全国人大四次会议上郑重宣布：“党的十五大提出到2010年形成中国特色社会主义法律体系的立法工作目标如期完成。”

中国特色社会主义法律体系的形成，是我国法治建设史上具有里程碑意义的伟大成就。在此基础上，党的十八大提出，完善中国特色社会主义法律体系，加强重点领域立法，拓展人民有序参与立法途径。党的十八届三中全会提出了全面深化改革的目标是完善和发展中国特色社会主义制度，推进国家治理体系和治理能力现代化，并相应对立法工作提出明确要求，即完善中国特色社会主义法律体系，健全立法起草、论证、协调、审议机制，提高立法质量，防止地方保护和部门利益法制化。党的十八届四中全会提出了全面依法治国的总目标是建设中国特色社会主义法治体系，建设社会主义法治国家，并明确指出其内涵是：在中国共产党的领导下，坚持中国特色社会主义制度，贯彻中国特色社会主义法治理论，形成完备的法律规范体系、高效的法治实施体系、严密的法治监督体系、有力的法治保障体系，形成完善的党内法规体系，坚持依法治国、依法执政、依法行政共同推进，坚持法治国家、法治政府、法治社会一体建设，实现科学立法、严格执法、公正司法、全民守法，促进国家治理体系和治理能力现代化。党的十九大提出，完善以宪法为核心的中国特色社会主义法律体系，建设中国特色社会主义法治体系；推进科学立法、民主立法、依法立法，以良法促进发展、保障善治；提出中华民族伟大复兴的最终目标是要实现国家治理体系和治理能力现代化，使立法工作的目标和方向更加明确。全国人大及其常委会坚决贯彻落实党中央的重大决策部署，紧紧围绕统筹推进"五位一体"总体布局和协调推进"四个全面"战略布局，不断进行立法创新实践，坚实推进不断完善中国特色社会主义法律体系、实现国家治理体系和治理能力现代化的目标进程。

二是立法工作思路更加清晰。

改革开放前，特别是新中国成立后较长一段时间内，立法工作的主要使命和任务就是"立"，即建构法律制度，确立国家体制和各个领域、各个方面的管理制度。"文化大革命"爆发后，社会主义民主法制受到严重破坏，新中国成立之初"立"起来的法律制度，特别是已经建立起来的一些国家体制陆续被"砸烂"。因此，改革开放一开始，整个国家百废待兴，立法工作的主要使命和任务也是"立"，即恢复重建被破坏和砸烂的法律制度和国家体制。随着改革开放的推进，立法工作的主要使命和任务也发生了深层次的变化，不仅需要"立"，即确立适应改革开放需要的新制度新机制，而且还要"破"，即改革不适应改革开放要求的旧制度、旧机制。可以说，处理好改革与立法的关系，始终是贯穿改革开放后40多年立法工作的一条主线。

改革开放初期，社会主义市场经济体制还没有完全确立，不少方针政策和改革部署还在"摸着石头过河"。这个阶段，更加强调法律稳定性。一般而言，各项重大改革先用政策来指导，经过地方探索和群众试验，在实践经验基本成熟，并在比较各种典型、全面权衡利弊的前提下，再慎重立法。因此，比较常见的是"先改革，后立法"的模式。随着改革开放的深入，实践在发展，经验在积累，人民群众的法治意识也在增强，立法工作更加强调立法与改革协调推进，较多采用"边改革，边立法”的模式，即：对实践经验比较成熟的、各方面认识也比较一致的，规定得具体一点，增强法律的可操作性；对实践经验尚不成熟但现实中又需要法律进行规范的，先规定得原则一些，为引导实践提供规范和保障，并为深化改革留下空间，待条件成熟后再修改补充。这一做法妥善处理了法律稳定性和实践变动性的关系，确保立法进程与改革开放和社会主义现代化建设进程相适应，为中国特色社会主义法律体系如期形成奠定了基础。

党的十八大以来，以习近平同志为核心的党中央坚持依法治国、依法执政、依法行政共同推进，在谋划发展、深化改革、从严治党等方面，特别注重运用法治思维和法治方式加以推进，强调“发挥立法的引领和推动作用”“凡属重大改革都要于法有据”。党的十八届四中全会提出，要实现立法和改革决策相衔接，做到立法主动适应改革和经济社会发展需要；实践证明行之有效的，要及时上升为法律；实践条件还不成熟、需要先行先试的，要按照法定程序作出授权；对不适应改革要求的法律法规，要及时修改和废止。这也是党的十八大以来全国人大常委会立法工作的重要任务和突出特点。立法工作主动适应改革需要、充分发挥引领推动作用，变“被动”为“主动”，通过“打包”修改、授权试点等多种方式努力使立法决策与改革决策相衔接，在法治轨道上推进改革，着力增强改革的系统性、整体性、协同性。党中央深化改革的任务和举措部署到哪里，立法工作就跟进到哪里，立法对改革的参与之深、之广，在新中国立法史上前所未有。

三是立法权限配置更加合理。

经过 70 年的不断探索和改革完善，我国的立法体制已经基本成熟定型。新中国成立初期，根据 1949 年《共同纲领》，我国的立法体制是中央统一立法和大行政区行使部分立法权相结合。即中央人民政府委员会制定并解释国家的法律、颁布法令；大行政区人民政府委员会有权拟定与地方政务有关之暂行法令条例，报政务院批准或备案。1954 年宪法规定："中华人民共和国全国人民代表大会是最高国家权力机关。""全国人民代表大会是行使国家立法权的唯一机关。"全国人大常委会有权"解释法律""制定法令"。这些规定说明，当时我国的立法体制是一种高度集中的立法体制，立法权集中在全国人大，全国人大常委会没有国家立法权，也没有赋予国务院和地方立法权。1975年、1978年宪法也都作了类似规定。虽然，1954年宪法规定全国人大是行使国家立法权的唯一机关，但由于全国人大代表较多，不可能经常开会，每次开会的时间也不可能很长，而需要制定的法律又是大量的，仅靠全国人大显然无法适应如此繁重的立法任务。因此，1955年、1959年全国人大先后两次授权全国人大常委会可以制定部分性质的法律和对法律进行修改。

1978年党的十一届三中全会以后，我国对立法权限配置进行了一系列重大改革，1982年通过的现行宪法及其修正案肯定了这些改革成果，2000年通过、2015年修改的立法法又作了进一步完善。

第一，合理划分全国人大与全国人大常委会的立法权限。全国人大修改宪法，制定和修改刑事、民事、国家机构的和其他的基本法律，全国人大常委会解释宪法，制定和修改除应当由全国人大制定的法律以外的其他法律，并可对全国人大制定的法律进行部分补充和修改，但是不得同该法律的基本原则相抵触。

第二，赋予国务院行政法规制定权并予以规范。国务院有权根据宪法和法律制定行政法规，行政法规可以就执行法律、国务院行政管理职权方面的事项作出规定；还可以根据全国人大及其常委会的授权，对应当由法律规定的部分事项先制定行政法规。国务院年度立法计划中的立法项目应当与全国人大常委会的立法规划和年度立法计划相衔接。

第三，赋予地方立法权并不断扩大地方立法主体的范围。1979年7月，五届全国人大二次会议修订地方组织法，确定县级以上地方人大设立常委会，同时赋予省、自治区、直辖市人大及其常委会制定地方性法规的职权。这是第一次以法律形式赋予地方立法权。1982年宪法确认了

1979年地方组织法的规定。1982年修改地方组织法，增加规定：省会市和经国务院批准的较大的市的人大常委会可以拟定地方性法规草案。1986年，再次修改地方组织法，进一步规定省会市和经国务院批准的较大的市的人大及其常委会有权制定地方性法规报省级人大常委会批准后施行。2000年制定立法法时又增加规定，经济特区所在地的市的人大及其常委会也可以制定地方性法规。按照党中央决策部署，2015年修改立法法赋予所有设区的市地方立法权，是我国立法体制的最新发展。十三届全国人大一次会议通过的宪法修正案，增加了设区的市制定地方性法规的规定，为设区的市依法开展地方立法工作提供了宪法依据。立法主体范围的逐步扩大，是对宪法第3条第4款“中央和地方的国家机构职权的划分，遵循在中央的统一领导下，充分发挥地方的主动性、积极性的原则”的坚决落实和有效实施，激发了地方深化改革、扩大开放、推动发展的动力，不仅为国家立法进行了重要探索、积累了有益经验，为推动形成和完善中国特色社会主义法律体系作出积极贡献，而且大大加强和改进了地方人大工作，为坚持和完善人民代表大会制度注入了新的活力。

第四，赋予国务院部门和地方政府规章制定权并规范其权限。国务院部门和设区的市级以上地方人民政府可以依法制定规章；部门规章和地方政府规章没有法律法规依据，不得设定减损公民、法人和其他组织权利或者增加其义务的规范。

改革开放40多年来，我国立法主体从全国人大及其常委会、国务院扩大到31个省（区、市），又从49个较大的市（含5个经济特区所在地的市）扩大到239个设区的市、30个自治州、4个不设区的地级市。这40多年，是1949年以来我国立法体制调整最深刻、影响最深远的历史时期。立法体制的每一次调整和完善，都是我们党在深刻总结新中国成立以来治国理政经验的基础上作出的重大决策，都是发展和完善中国特色社会主义制度、推进国家治理体系和治理能力现代化的重大举措，有效加强了国家政权建设，有效调动了各方面参与国家治理的积极性，标志着国家治理体系与治理能力的与时俱进。

四是立法工作机制更加健全。

改革开放前的立法工作，长期处于探索、摸索的阶段，尽管积累了一些有益经验、形成了一些有效机制，但由于“文化大革命”等政治运动的影响，没有有效固定下来。改革开放后，国家整体保持稳定，高度重视民主法制建设，为立法工作提供了良好的环境。在彭真、习仲勋、王汉斌等老一辈无产阶级革命家的关心和带领下，广大立法工作者积极探索实践、不断总结经验，形成了更加健全的立法程序和工作机制。

在总结新中国成立以来特别是改革开放以来立法实践经验的基础上，2000 年制定、2015 年修改的立法法对立法程序作出更加明确的规定：（1）明确提出法律案的主体。全国人大主席团等 8 个主体可以向代表大会提出法律案；委员长会议等 7 个主体可以向常委会提出法律案。（2）完善审议制度。确立了三审制、法律委员会统一审议制度，对暂不付表决和终止审议的情况作出明确规定。（3）完善表决通过制度。全国人大及其常委会审议的法律案和其他议案，以全体代表或全体组成人员的过半数通过。设立分歧较大的重要条款单独表决制度、对“打包”修改的多部法律中涉及同类事项的个别条款合并表决或分别表决制度。（4）明确法律公布制度。法律由国家主席签署主席令予以公布。关于法规、规章的立法程序，国务院出台了行政法规制定程序条例、规章制定程序条例，有立法权的地方人大出台了制定地方性法规条例、规章制定办法，并根据立法法的修改而不断完善，明确有关法规和规章的提出、审议和表决程序，提高立法质量，保证国家法制统一。

科学立法、民主立法不断向前推进。新中国成立之初，我国的立法工作就认真贯彻落实群众路线，注意从群众中来，到群众中去。比如，1954 年宪法草案就曾公布并广泛征求意见，全民讨论近 3 个月，参加讨论的有 1.5 亿多人，宪法起草委员会办公室整理的意见多达 138 万条。改革开放以后，全国人大常委会也曾公布1982年宪法草案、合同法草案等重要法律草案，公开征求意见。但对其他绝大多数法律草案，征求意见一般局限于地方人大、专家学者及相关方面，立法公开范围比较有限。随着改革开放的深入、经济社会的发展以及民主法治的推进，人民群众政治参与意识不断提高，参与立法的热情高涨，希望通过立法表达利益诉求、解决利益冲突的愿望更加强烈。顺应这一历史潮流，全国人大常委会不断扩大公众对立法活动的有序参与，充分保障人民群众的知情权、参与权、表达权和监督权，积极推进立法决策的透明化、科学化、民主化，逐步实现了立法的全方位开放。2008年4月，十一届全国人大常委会第二次委员长会议决定，常委会初次审议的法律草案一般都予以公开，向社会广泛征求意见，有力提升了立法透明度和公众参与度，受到全社会广泛好评。经过多年努力，已经形成了立法座谈会、论证会、听证会，立法后评估以及公布法律草案征求意见等一系列“开门立法”制度。“开门立法”已经成为立法工作的基本特征和必经程序。党的十八大以来，科学立法、民主立法、依法立法取得新进展。加强立法组织协调，充分发挥人大及其常委会在立法工作中的主导作用。自2015年起，已连续5年提请全国人民代表大会审议重要法律案。建立全国人大专门委员会、常委会工作机构组织起草重要法律草案制度，组织起草或提请审议法律案70余件次。充分发挥立法机关在表达、平衡、调整社会利益方面的作用，最大限度凝聚立法共识。出台立法项目征集论证、立法重大利益调整论证咨询、重要立法事项引入第三方评估等工作规范。健全立法专家顾问制度，建立基层立法联系点制度，明确常委会初次审议和继续审议的法律草案都及时向社会公布征求意见。建立并实施法律案通过前评估制度，使立法更加科学缜密，确保法律规定立得住、行得通、真管用。共公布法律草案近百件次，有近20万多人次提出意见近50万条，许多好的意见得到吸收采纳。

习近平总书记指出，改革开放以来我国法治建设的成功实践雄辩地证明，我们已经找到了一条符合中国国情、顺应时代潮流的具有中国特色的社会主义法治道路。中华人民共和国成立70年特别是改革开放40多年来，以宪法为核心的中国特色社会主义法律体系如期形成和不断完善，立法决策与改革决策更加紧密衔接，立法体制机制不断完善，科学立法民主立法依法立法深入推进，国家权力机关立法能力稳步提升，立法队伍不断发展壮大。中国特色社会主义法律体系的提出、形成和发展、完善，为坚持和完善中国特色社会主义制度，推进国家治理体系和治理能力现代化提供了坚实保障。

行政法规的发展历程和地位作用

中华人民共和国成立后，建立了与人民民主专政的社会主义国家性质相适应的国家政权组织形式，即人民代表大会制度。人民行使国家权力的机关是全国人民代表大会和地方各级人民代表大会。立法权作为人民行使国家权力的最重要的权力，在新中国成立之初，完全集中在全国人民代表大会。70 年来，随着国家政治经济社会发展的深刻变化，为适应社会主义现代化建设的需要，我国逐步建立起统一而又分层次的立法体制，即在坚持全国人民代表大会集中行使国家立法权的前提下，赋予其常务委员会制定法律的权力。同时，赋予国务院（新中国成立至 1954 年宪法开始施行期间为政务院）制定行政法规权，赋予省、自治区、直辖市和设区的市人大及其常委会制定地方性法规权。此外，还赋予国务院组成部门和具有行政管理职能的有关直属机构以及省、自治区、直辖市和设区的市的人民政府制定行政规章权。这就是我国现行的立法体制。

国务院行政立法是国家立法的重要组成部分。据统计，截至 2019 年 8 月底，现行有效的行政法规有 600 余件，内容涉及国家政治、经济、文化、社会、生态等各个方面。[1] 70年来，国务院坚持维护宪法作为国家根本法的权威地位，适应经济社会发展和行政管理的实际需要，依照法定权限、遵循法定程序开展行政立法工作，保证法律法规的规定之间衔接协调，确保行政法规规章同宪法法律不相抵触，自觉维护社会主义法制统一，立法工作取得突出成就。现简要概述如下：

一、国务院立法权限的发展变化及立法成就

根据不同时期的立法任务和国务院立法权限的发展变化，可大致划分为以下五个阶段。

（一）萌芽阶段（1949年至1978年年底）

国务院制定行政法规的历史可以追溯到1949年中华人民共和国成立之初。新中国成立前夕，我们党宣布废除国民党的旧法统，组织召开中国人民政治协商会议第一届全体会议，通过了具有临时宪法性质的《共

[1] 比如，在加强宏观调控方面，制定了外资银行管理条例、外汇管理条例、期货交易管理条例、外资保险公司管理条例、个人所得税法实施条例等；在加强市场监管方面，制定了食品安全法实施条例、乳品质量安全监督管理条例、缺陷汽车产品召回管理条例等；在节约资源能源和环境保护方面，制定环境保护税法实施条例、公共机构节能条例、规划环境影响评价条例、放射性废物安全管理条例、畜禽规模养殖污染防治条例等；在改善民生和加强社会保障方面，制定了医疗纠纷预防和处理条例、残疾预防和残疾人康复条例、全国社会保障基金条例、农村五保供养工作条例、工伤保险条例、社会救助暂行办法、劳动合同法实施条例、女职工劳动保护特别规定等；在发展教育科技文化事业方面，制定了民办教育促进法实施条例、传统工艺美术保护条例、长城保护条例、国家科学技术奖励条例等；在促进社会文明进步方面，制定了志愿服务条例、征信业管理条例等；在规范政府行为方面，制定行政机关公务员处分条例、政府信息公开条例、行政复议法实施条例等；在突发事件应对方面，制定了突发公共卫生事件应急条例、自然灾害救助条例、生产安全事故应急条例等。这些行政法规有的是对宪法法律规定的制度的细化，有的是为各级政府依法行政提供规范指引，还有的是为制定法律先行先试积累经验。这些行政法规的公布施行，为促进经济社会全面协调可持续发展创造了良好的法治环境，为推进国家治理体系和治理能力现代化提供了有力的制度保障。

同纲领》，新中国的法制建设开始起步。《共同纲领》规定，中国人民政治协商会议在普选的全国人民代表大会召开以前执行全国人民代表大会的职权，其制定的中央人民政府组织法规定，政务院作为国家政务的最高执行机关，有权“颁发决议和命令”。政务院适应建国初期国家政权稳定和经济恢复发展的需要，制定或批准关于生产救灾的指示，全国税收实施要则，公营企业缴纳工商业税暂行办法，关于统一国家财政经济工作的决定，契税、工商业税、货物税、印花税、利息所得税、屠宰税、新解放区农业税等税种的暂行条例，关于严禁鸦片烟毒的通令，保障发明权与专利权暂行条例，禁止国家货币出入国境办法，关于关税政策和海关工作的决定等。这些规范性文件与国家相关法律、法令相配套，为巩固新生政权、实现新中国成立初期国民经济迅速恢复和发展、实现由新民主主义向社会主义过渡发挥了重要作用。

1954 年，一届全国人大一次会议制定了 1954 年宪法，确立了我国高度集中的立法体制，规定：全国人民代表大会是行使国家立法权的唯一机关，国务院根据宪法、法律和法令，规定行政措施，发布决议和命令。1956 年生产资料私有制的社会主义改造基本完成后，我国进入社会主义初级阶段。1956 年党的八大提出党和全国人民今后的主要任务是集中力量发展社会生产力，实现国家工业化，并作出关于国家必须根据需要逐步地系统地制定完备的法律的决议。

全面开展社会主义建设，各项事业发展和进步，都需要立法来调整和规范。然而，由于国内外的不利因素干扰，我们党在工作指导思想上出现“左”的错误，从 1957 年反右派斗争扩大化到 1976 年“文化大革命”结束，党的工作在指导方针上出现严重失误，阶级斗争严重扩大化，形成一系列“左”的城乡经济政策和阶级斗争政策，党和国家政治生活中的集体领导原则和民主集中制不断受到削弱以至破坏。党内民主和国家政治社会生活的民主没能制度化、法律化，或者虽然制定了法律，却没有相应的权威。[1] 从1957年至1976年，全国人民代表大会作为享有国家立法权的唯一机关，除通过了《1956年到1967年全国农业发展纲要》和1975年宪法外，再没有制定过其他法律，我国立法事业全面陷入低谷，直到1978年3月五届全国人大一次会议修改通过1978年宪法才又恢复了立法工作。

在这个时期，1954年宪法、1975年宪法和1978年宪法虽未明确国务院可以制定行政法规，但为适应建立国家政治经济社会生活新秩序的迫切需要，国务院根据宪法和法律赋予的职权，制定了大量组织和管理经济、文化、教育以及惩治贪污等方面的法规。[2] 即使在民主法制建设受到严重破坏的"文化大革命"时期，为维持经济社会的基本运转，国务院也制定了一些经济、环境资源、文化卫生体育和涉外事务等方面的法规。[3] 这些法规极大弥补了作为国家立法机关的全国人民代表大会在这一时期的职能缺位，实质上发挥着行政立法的作用。[4]

（二）恢复重建阶段（1978年年底至1987年）

1978年年底，党的十一届三中全会作出把工作重点转到社会主义现代化建设上来、实行改革开放的历史性决策，同时提出"发展社会主义民主、健全社会主义法制"的基本方针。1979年五届全国人大二次会议

---

〔1〕 参见中共中央文献研究室编：《三中全会以来重要文献选编（下）》，人民出版社1982年版，第1123页。

〔2〕 这里所称的法规，虽然依照当时的法律规定，国务院不享有制定行政法规的职权，但其发布的很多规定、办法、决定等规范性文件实际上发挥了行政法规的作用。改革开放以来，国务院在梳理新中国成立以来行政立法工作时，均将这些规范性文件收录进"法规汇编"中。

〔3〕 参见袁曙宏：《进一步加强行政法规制定工作　不断完善中国特色社会主义法律体系》，载全国人大常委会法制工作委员会编：《中国特色社会主义法律体系学习读本》，新华出版社2011年版，第151页。

〔4〕 这一时期制定的现行有效的行政法规有：1952年制定的治安保卫委员会暂行组织条例、1957年制定的关于国家机关工作人员福利费掌管使用的暂行规定、1965年制定的煤炭送货办法、1973年制定的保护海底电缆规定等。

通过7部法律，叶剑英同志在闭幕大会上指出，这次会议在加强社会主义民主和健全社会主义法制方面取得重要成果，国务院和地方各级人民代表大会、地方各级人民政府也要在自己的权限范围内制定各种必要的规章条例。这标志着我国社会主义民主法制建设开始迈出重要步伐。这一时期，国家为适应改革开放和经济社会发展需要，适时调整国家的立法体制，赋予了国务院行政法规制定权，赋予了省级人民代表大会及其常务委员会地方性法规制定权。

国务院行政立法权限的发展变化及主要成就有：

一是立法权限的发展变化。1982年12月4日，五届全国人大五次会议通过并公布施行的现行宪法，对国家立法体制作出新规定，全国人大会及其常委会行使国家立法权，国务院可以根据宪法、法律，制定行政法规，各部委可以制定部门规章。随后通过的国务院组织法也明确了国务院及其组成部门制定行政法规和规章为其法定职责之一。[1] 1982年宪法和国务院组织法等相关法律的制定和修订明确了国务院作为立法主体的法定地位，使国务院行政立法活动从“幕后”走到了台前，开始步入良性发展轨道。

二是立法工作开始起步，以经济立法和行政立法为主。改革开放之初，随着经济管理体制改革逐步开展，国务院研究总结国内外经济建设方面的经验教训，按照党的路线方针政策，逐步制定社会主义经济管理和计划管理所需要的法规，加强经济立法和行政立法工作，运用经济调节手段、行政手段和经济立法来管理经济活动，促进外贸事业发展。

随着经济体制改革的深入进行和国民经济的进一步发展，越来越要求把经济关系和经济活动准则用法律的形式固定下来，使法律成为调节

---

〔1〕 国务院组织法第3条规定，国务院行使宪法第八十九条规定的职权。第5条规定，国务院发布的决定、命令和行政法规……由总理签署。第10条规定，根据法律和国务院的决定，主管部、委员会可以在本部门的权限内发布命令、指示和规章。

经济关系和经济活动的重要手段。[1] 主要运用经济手段和法律手段并采取必要的行政手段控制和调节经济的运行，成为这个时期建立新型的社会主义经济体制的重要内容。

三是开展授权立法，先行先试，为制定法律积累经验。改革开放之初，不少重要的方针政策还在“摸着石头过河”。为确保立法与改革发展相协调、与改革开放进程相适应，邓小平同志提出，法律条文开始可以粗一点，逐步完善。据此，改革开放之初的立法不是采取完整系统的体系化立法方式，而是全国人大及其常委会在制定法律的同时，授权国务院、地方先行先试。比如，1984年9月18日六届全国人大常委会第七次会议授权国务院在实施国营企业利改税和改革工商税制的过程中，拟定有关税收条例，以草案形式发布试行。[2] 1985年，六届全国人大三次会议授权国务院对于有关经济体制改革和对外开放方面的问题，必要时可以根据宪法，在同有关法律和全国人大及其常委会有关决定的基本原则不相抵触的前提下，制定暂行的规定或者条例。[3]

四是立法为了满足行政管理和经济管理需要，带有明显的计划经济色彩。改革开放初期，经济改革的复杂性和发展速度要求政府拥有更多的权力进行经济管控。因此，这一时期的行政立法在价值导向上偏重于“赋权”，即赋予行政机关管理经济、文化和社会的权限，如城乡集市贸易管理办法、进口影片管理办法等，都具有典型的“管理法”特征和明

---

〔1〕 比如，1986年国务院政府工作报告提出，“七五”期间，要逐步完善各种经济手段和法律手段，辅之以必要的行政手段，来控制和调节经济的运行。前几年，全国人大及其常委会已经制定了一批重要法律，国务院也制定了一批必要的行政法规，今后还将抓紧各项立法工作特别是经济立法工作，力争在“七五”期间建立起比较完备的经济法规体系，逐步使各项经济活动都有法可依。

〔2〕 国务院据此发布了产品税条例、增值税条例、盐税条例、营业税条例、资源税条例、国营企业所得税条例等6件税收条例草案和国营企业调节税征收办法，均自1984年10月1日起施行。

〔3〕 国务院据此制定了一批有关税收、外商投资等方面的法规。1985年国务院发布进出口关税条例和海关进出口税则、集体企业所得税暂行条例等。1986年国务院发布银行管理暂行条例、税收征收管理暂行条例、个人收入调节税暂行条例、关于鼓励外商投资的规定。

显的计划经济烙印，通过行政立法规范行政行为的理念还未引起足够重视。

五是行政程序立法开始起步。1987 年，国务院制定了行政法规制定程序暂行条例，首次从原则、规划和起草、审定和发布三大环节规定了制定行政法规应遵循的立法程序，行政立法开始进入追求实体和程序均衡发展的时代。

实践证明，宪法、国务院组织法、地方组织法等法律确立的统一而又分层次的立法体制是符合我国国情实际需要的，法律、行政法规、地方性法规等不同层次法律规范共同开展、全方位推进，适应了改革开放健全社会主义法制、加快立法步伐的需要。国务院行政立法速度加快、数量增多，一批重要行政法规迅速制定出来。[1]

（三）快速发展阶段（1988 年至 1998 年）

1988 年的宪法修正案明确了私营经济的法律地位。1993 年再次修改宪法，将“国家实行社会主义市场经济”“国家加强经济立法，完善宏观调控”写入宪法。党的十四大确定了建立社会主义市场经济体制的改革目标。党的十四届三中全会进一步提出，“社会主义市场经济体制的建立和完善，必须有完备的法制来规范和保障。要高度重视法制建设，做到改革开放与法制建设的统一，学会运用法律手段管理经济”，要“遵循宪法规定的原则，加快经济立法……本世纪末初步建立适应社会主义市场经济的法律体系”，“各级政府都要依法行政，依法办事”。党的十五大确

〔1〕 比如，根据 1987 年国务院政府工作报告，在前几年不断加强立法工作的基础上，去年（1986 年）经全国人大常委会审议和通过了 11 项法律，国务院制定和颁布了 59 项行政法规。由于种种历史原因造成的国家活动和社会生活各个领域法律体系很不完善的状况，正在逐步得到改变。再如，1988 年国务院政府工作报告总结了过去五年行政立法工作主要成就：各级政府和有关部门为加强法制建设作了很大努力。五年内国务院提请全国人大常委会审议通过的法律有 30 项，国务院制定和颁布的行政法规有 255 项。各个领域的法律体系正在逐步完善。

立了“依法治国，建设社会主义法治国家”的基本方略。根据党中央加强社会主义法制建设的决策部署和目标任务，随着宪法的修改，国务院行政立法步入快车道。[1]

这一时期，国务院行政立法的主要成就有：

一是，落实两个宪法修正案要求，围绕建立适应社会主义市场经济的法律体系这一目标做好相关领域立法工作。1988年宪法修正案首次在宪法层面上明确了私营经济的法律地位。[2] 同年4月，国务院发布禁止向企业摊派暂行条例，禁止在法律、法规的规定之外，以任何方式要求企业提供财力、物力和人力，保护企业的合法权益；6月，国务院发布私营企业暂行条例，对私营企业的种类、开办和关闭、权利和义务、劳动管理、财务和税收、监督和处罚等作出规定。

1993年，国务院政府工作报告提出，“要加强法制建设，特别是健全经济立法，把成功的改革政策和经验制度化、法律化……要尽快提出规范市场运行的法律草案，同时抓紧制定有关的行政法规，更好地运用法律手段调节经济关系”。在1993年的第二次全国政府法制工作会议上，国务院有关负责同志提出，当前需要由政府提出的法律草案、地方性法规草案和制定的行政法规、规章很多，任务十分繁重，要紧紧抓住重点，区别轻重缓急，尽快出台关于规范市场主体的立法项目，调整市场主体关系、维护市场公平竞争的立法项目，改善和加强宏观调控、促进经济协调发展的立法项目，建立和健全社会保障制度的立法项目，建立适应社会主义市场经济的法律体系。[3] 为加强宏观调控，国务院制定了国家

[1] 根据1998年国务院政府工作报告，八届全国人大期间，国务院提出法律草案66个，制定行政法规197个，依法行政状况有所改善。

[2] 根据1988年宪法修正案，宪法第11条增加规定：“国家允许私营经济在法律规定的范围内存在和发展。私营经济是社会主义公有制经济的补充。国家保护私营经济的合法的权利和利益，对私营经济实行引导、监督和管理。”

[3] 参见罗干：《进一步加强政府法制工作　推动和保障社会主义市场经济体制的建立和逐步完善》，载国务院法制局办公室编：《政府法制工作回顾与展望——第二次全国政府法制工作会议专辑》，中国法制出版社1993年版，第6~8页。

预算管理条例、外汇管理条例等；为规范证券市场发展，制定股票发行与交易管理暂行条例、公司登记管理条例、关于股份有限公司境内上市外资股的规定等；为加强税收立法，制定增值税暂行条例、消费税暂行条例、资源税暂行条例、契税暂行条例，等等。

二是，制定规范和监督行政行为的法规，为依法行政提供规范和指引。落实党的十三大提出的“为了巩固机构改革的成果并使行政管理走上法制化的道路，必须加强行政立法，为行政活动提供基本的规范和程序”的要求，1989 年行政诉讼法、1994 年国家赔偿法、1996 年行政处罚法等法律相继出台，与之相适应，国务院依法制定了一批规范和监督行政机关履行职责，保障和救济公民、各类组织权利的法规，如制定行政监察条例、行政复议条例、法规规章备案规定、罚款决定与罚款收缴分离实施办法，等等。

三是，其他各领域行政立法迅速推进。比如，为规范房地产市场秩序，制定了城镇国有土地使用权出让和转让暂行条例、城市房屋拆迁管理条例、城市房地产开发经营管理条例；为保护、发展和合理利用野生植物资源，维护生态平衡，制定野生植物保护条例，等等。

（四）全面推进阶段（1999 年至 2011 年）

20 世纪 90 年代，我国加入世贸组织步伐加快。1999 年宪法修正案把“中华人民共和国实行依法治国，建设社会主义法治国家”写入宪法。同年，国务院发布全面推进依法行政的决定，提出要进一步加强政府立法工作，切实提高政府立法质量。2004 年，国务院发布了《全面推进依法行政实施纲要》，正式提出了建设法治政府的目标，明确了之后十年全面推进依法行政的指导思想和具体目标、基本原则和要求、主要任务和措施。2007 年，党的十七大提出“全面落实依法治国基本方略，加快建设社会主义法治国家”的总要求，并明确提出要“坚持科学立法、民主立法，完善中国特色社会主义法律体系”的立法工作任务。2010年，国务院发布关于加强法治政府建设的意见，提出“加强和改进制度建设”，突出政府立法重点；提高制度建设力量；加强对行政法规、规章和规范性文件的清理；健全规范性文件制定程序；强化规章和规范性文件备案审查。2010年，中国特色社会主义法律体系如期形成。国务院适应经济社会发展和法律实施的需要，依法及时制定行政法规，为形成中国特色社会主义法律体系作出了重要贡献。

这一时期，国务院行政立法权限的发展变化及主要成就有：

一是，关于立法权限的发展变化。2000年通过的立法法对行政法规、规章的制定依据、权限范围和程序作了具体规定，对全国人大及其常委会与国务院的立法权限作出划分，有利于国务院更好地通过制定行政法规行使行政管理职权。行政法规可调整的社会关系极为广泛，除立法法第8条规定的法律保留事项外，国务院可以对国家政治、经济、文化、社会、生态等方面的事项，制定行政法规予以调整。除此之外，立法法第9条还规定，立法法第8条规定的事项尚未制定法律的，除有关犯罪和刑罚、对公民政治权利的剥夺和限制人身自由的强制措施和处罚、司法制度等事项外，全国人大及其常委会有权作出决定，授权国务院可以根据实际需要，对其中的部分事项先制定行政法规。这就进一步扩大了行政法规可调整的事项范围。从立法实践来看，在划分法律和行政法规调整的界限方面已确立了一些标准，取得了一些经验。例如，刑事、民事、国家机构方面的事项由法律规定，行政机关内部需要的全国统一的工作制度和工作程序可以由行政法规规定；基本的行政管理体制和制度方面的事项由法律规定，行政管理体制和制度中某一方面的具体事项以及操作运转方面的事项可以由行政法规规定；基本的经济制度和管理体制方面的事项由法律规定，经济体制中的操作运转事项以及经济、技术标准可以由行政法规规定。[1]

二是，适应我国加入世贸组织进程的需要，制定、清理、修改、废止与世贸组织规则和我国对外承诺不相符合的法规、规章和政策措施。比如，在进出口管理方面，制定了货物进出口管理条例、技术进出口管理条例；在贸易救济措施方面，制定了反倾销条例、反补贴条例、保障措施条例；在与贸易有关的投资方面，配合中外合作经营企业法、外资企业法、中外合资经营企业法修改，修订了外资企业法实施细则、中外合资经营企业法实施条例；在法律服务方面，修订了外国律师事务所驻华代表机构管理条例；在通信服务方面，制定了外商投资电信企业管理规定、电影管理条例、音像制品管理条例；在金融服务领域，修改了外资金融机构管理条例，制定了外资保险公司管理条例；在旅游及与旅行相关的服务方面，修改了旅行社管理条例；在运输服务方面，制定了国际海运条例；在与贸易有关的知识产权领域，修改了专利法实施细则、商标法实施细则、著作权法实施条例，制定了计算机软件保护条例、集成电路布图设计保护条例，在未披露信息方面，修改了农药管理条例、兽药管理条例、药品管理法实施条例、饲料和饲料添加剂管理条例，对未披露信息提供保护；其他方面，落实著作权法要求制定著作权集体管理条例，制定了中外合作办学条例、认证认可条例等。[2]

三是，制定规范行政立法和行政行为的法规。为规范行政法规、规章制定程序，维护社会主义法制统一，2001 年国务院制定了行政法规制定程序条例、规章制定程序条例、法规规章备案条例。行政法规制定程序条例与 1987 年行政法规制定程序暂行条例相比更加具体细化，从制定行政法规应当遵循的原则、立法形式、立项、起草、审查、决定、公布、

---

〔1〕 参见全国人大常委会法制工作委员会国家法室编著：《中华人民共和国立法法释义》，法律出版社 2015 年版，第 40 页。

〔2〕 参见李适时：《入世以来，中国贸易法律制度和机制都调整些什么?》，载《国际市场》2004 年第 1 期；李富莹：《中国积极履行入世承诺加快国内法律制度调整》，载《中国法律》2003 年第 2 期。

解释等方面，对行政法规的制定活动进行了规范。三部行政法规的施行，极大促进了我国行政立法程序法制化进程。此外，制定行政复议法实施条例，对行政复议的基本制度进行了具体化，增强可操作性，进一步畅通了行政复议渠道。

四是，在继续加强经济调节、市场监管方面立法的同时，更加注重社会管理、公共服务方面的立法，高度重视直接关系人民群众切身利益方面的立法，重点做好应对各种突发事件、保障农民权益、劳动就业和社会保障，以及社会事业发展方面的立法。比如，针对收容遣送工作中存在的问题，制定城市生活无着的流浪乞讨人员救助管理办法及其配套措施。为完善应急管理法律制度，制定了重大动物疫情应急条例、突发公共卫生事件应急条例等行政法规，向全国人大常委会提交了传染病防治法（修订草案）、动物防疫法（修订草案）、突发事件应对法（草案）等法律议案。制定关于预防煤矿生产安全事故的特别规定，为及时发现并排除煤矿安全生产隐患、保障职工生命安全和煤矿安全生产提供法制保障。加强劳动保护和民生方面，制定了失业保险条例、城市居民最低生活保障条例、工伤保险条例等行政法规。修订信访条例，畅通信访渠道，规范信访秩序。为确保人口与计划生育法顺利实施，实现人口与经济、社会、资源、环境协调发展，制定了社会抚养费征收管理办法。根据修改后的婚姻法重新制定了婚姻登记条例。制定了法律援助条例，对公民特别是贫弱者司法救济权利提供法制保障。为贯彻实施劳动合同法，使其更具可操作性，制定了劳动合同法实施条例。制定护士条例，保障护士合法权益，规范护理行为，促进护理事业发展。

其他方面的立法有：为打击传销活动和规范直销活动，制定了禁止传销条例和直销管理条例；为贯彻实施文物保护法、城乡规划法等，加强对文物的保护，制定了文物保护法实施条例、长城保护条例、历史文化名城名镇名村保护条例等法规；为规范国家自然科学基金的使用与管理，提高国家自然科学基金使用效益，制定了国家自然科学基金条例；

为加强国土资源管理法治建设，修改了地质资料管理条例，等等。

五是，坚持科学立法、民主立法，努力提高立法质量。建立健全科学立法、民主立法的制度和机制，提出法律草案和制定行政法规规章要符合宪法和法律的规定，遵循社会经济发展规律，增强针对性、可操作性，有效解决实际问题；进一步增强政府立法工作的透明度和公众参与度。除依法不能公开的外，所有行政法规和规章草案都向社会公开征求意见。

为增进立法的公开透明度，这一时期制定的行政法规制定程序条例和规章制定程序条例规定，行政法规直接涉及自然人、法人或者其他组织的切身利益的，国务院法制办可以举行听证会，听取意见；规章直接涉及自然人、法人或者其他组织的切身利益的，有关机关、组织、公民对其有重大意见分歧的，应当向社会公布，征求意见，也可以举行听证会。自 2008 年起，除涉及国家秘密、国家安全外，所有行政法规草案都通过中国政府法制信息网向社会公开征求意见。第十届全国人民代表大会期间，逐步探索建立公众有序参与政府立法的制度和机制，共有 15 件法律草案和行政法规草案向社会公开征求意见。[1] 越是涉及社会舆论关

---

〔1〕 2002 年 10 月 22 日，国务院法制办公室在《法制日报》全文刊登物业管理条例（草案），向社会公开征求意见，在修改完善草案时采纳、吸收了近 50% 的意见和建议，是一次增加政府立法透明度的有益尝试。2006 年 10 月 12 日，国务院法制办公室首次在中国政府法制信息网上的法规规章草案意见征集系统发布国家自然科学基金条例（草案），公开征求意见。此后，2007 年有 11 件行政法规草案在该系统上发布征求意见供公众参与立法决策；2008 年数量上升为 25 件。从 2009 年开始，国务院部门的规章也开始在这个系统上发布征求意见，共有 73 件法规规章发布在该系统上，2010 年为 67 件。2011 年数量上升为 117 件。参见青锋：《公众参与行政立法决策状况分析》，载《上海政法学院学报》（法治论丛）2012 年第 6 期。

注的热点问题或者特殊的利益关系，公众的参与积极性就越高。[1]

2008年，国务院提出，政府立法工作要广泛听取意见，制定与群众利益密切相关的行政法规、规章，原则上都要公布草案，向社会公开征求意见，不断完善公众参与立法的机制、程序和方法，使行政立法程序更加公开、透明。2010年，国务院发布的关于加强法治政府建设的意见，就严格遵守法定权限和程序、增强法律制度的科学性和可操作性以及完善公众参与政府立法的制度和机制提出进一步要求。此外，国务院研究建立政府立法成本效益分析制度，实现政府立法效益最大化。推行行政法规、规章的后评估制度。[2]

六是，适应形成中国特色社会主义法律体系的要求，开展法规清理。着眼于形成中国特色社会主义法律体系，把法律法规的修改完善与制定工作摆在同等重要的位置。在继续抓好有关法律法规制定工作的同时，及时修改完善那些与形势发展不相适应的法律法规。这一时期，国务院开展了多次法规清理，逐步解决规章与上位法抵触，地方性法规与部门规章、部门规章与部门规章之间规定相冲突，立法与改革决策不衔接，修改与废止不及时等问题：（1）适应发展社会主义市场经济和加入世贸组织的要求，对2000年年底以前发布的756件行政法规进行全面清理，

---

〔1〕比如，社会舆论高度关注房屋拆迁问题，国有土地上房屋征收与补偿条例（征求意见稿）一发布，就有13,437人参与，在网上提出130,356条意见，并且第二次发布征集意见时，仍然还有10,429人参与，提出了74,266条意见。平时大家不太关注校车，在社会舆论关注的当日发布的校车安全条例（草案）（征求意见稿），也有2737人参与，提出了23,411条意见。与切身利益相关度比较高的立法决策，公众的参与度也比较高。比如，女职工特殊劳动保护条例（征求意见稿）就有6503人参与，提出了35,234条意见；劳动合同法实施条例（草案）有7473人参与，提出了76,136条意见；职工带薪年休假规定（草案）（征求意见稿）有8387人参与，提出了14,234条意见；国务院关于修改《工伤保险条例》的决定（征求意见稿）有5030人参与，提出了29,876条意见。反之，公众的参与积极性就不高。如国际收支统计申报条例（征求意见稿）就只有8个人参与，提出的意见只有44条。参见青锋：《公众参与行政立法决策状况分析》，载《上海政法学院学报》（法治论丛）2012年第6期。

〔2〕曹康泰：《推进依法行政是政府法制建设的基本主题——30年来依法行政的基本经验和展望》，载《人民论坛》2008年第19期。

废止71件，宣布失效80件。国务院各部门共清理涉外规章和有关政策规定2300件，废止830件，修订325件。（2）为促进行政许可法有效实施，十届全国人大常委会第十一次会议对9件法律进行了修改，取消了11项许可。国务院进行了行政审批制度改革，以决定的方式分三批撤销了中央一级的许可事项1749项、改变管理方式121项、下放管理层级46项。（3）2010年，为进一步深入贯彻依法治国基本方略，维护社会主义法制统一，全面推进依法行政，国务院在1983年以来4次全面清理行政法规的基础上，根据经济社会发展和改革深化的新情况、新要求，再次针对截至2009年年底的行政法规共691件进行了全面清理。经过清理，国务院决定对7件行政法规予以废止；对107件行政法规的部分条款予以修改。法规清理基本解决了行政法规中存在的明显与法律不适应、不一致、不协调等问题，法律体系更加科学和谐统一。

这一时期行政立法总的特点是，以依法行政为政府法制建设目标，更加重视对行政机关权力行使的规范和约束，努力使政府的行政行为有“法”可依；更加重视立法程序在立法活动中的地位和作用，不断通过“开门立法”等形式扩大民主立法的范围；更加重视立法技术的规范性和准确性，使法规规章在实践中更具可操作性；更加注重对国外行政立法经验的比较研究，积极引入国外先进立法理念；更加注重社会立法的力度，通过制度建设保障民生，为和谐社会理念的实现提供制度支持。存在的问题主要是：立法项目的确定还不够科学，存在“泛立法主义”倾向；反映经济规律、社会发展规律不够，重管理、轻服务；立法过程中较少进行成本效益分析，导致某些方面执法、守法成本过高；立法的公开性、透明度需要进一步增强，公民参与政府立法的程度有待于进一步提高；等等。提高政府立法质量，要注意做好以下工作：明确检验政府立法质量的标准；把握立法规律和立法时机；提高政府立法工作的透明度和公众参与程度；积极探索对政府立法项目，尤其是经济立法项目的成本效益分析制度；建立和完善行政法规、规章修改、废止的工作制度和规章、规范性文件的定期清理制度。[1] 有些法律明确规定的且对法律实施有重要影响的配套规定或是迟迟不能出台，或是之后多年才公布实施，严重影响了法律的有效实施和权威性。

（五）新时代行政立法工作（2012年至今）

党的十八大提出了社会主义新时代法治建设的新十六字方针，即“科学立法、严格执法、公正司法、全民守法”，提出“完善中国特色社会主义法律体系，加强重点领域立法，拓展人民有序参与立法途径”，把“法治政府基本建成”确立为2020年全面建成小康社会的重要目标。2015年中共中央、国务院印发《法治政府建设实施纲要（2015—2020年）》（以下简称《实施纲要（2015—2020年）》）。纲要提出，完善政府立法体制机制，同时提出以下措施：严格落实立法法规定，坚持立改废释并举，完善行政法规、规章制定程序，健全政府立法立项、起草、论证、协调、审议机制，推进政府立法精细化，增强政府立法的及时性、系统性、针对性、有效性。完善立法项目向社会公开征集制度。通过开展立法前评估等方式，健全立法项目论证制度。重要行政管理法律法规由政府法制机构组织起草，有效防止部门利益和地方保护主义法律化。对部门间争议较大的重要立法事项，由决策机关引入第三方评估，充分听取各方意见，协调决定，不能久拖不决。探索委托第三方起草法律法规规章草案。定期开展法规规章立法后评估，提高政府立法科学性。对不适应改革和经济社会发展要求的法律法规规章，要及时修改和废止。加强行政法规、规章解释工作。

中国特色社会主义法律体系形成后，完善法律体系对行政立法工作

---

〔1〕 参见曹康泰：《全面推进依法行政 建设法治政府——学习邓小平民主与法制思想的几点体会》，载全国邓小平生平和思想研讨会组织委员会编：《邓小平百周年纪念——全国邓小平生平和思想研讨会论文集（中）》，中央文献出版社2005年版，第865~866页。

提出新的更高要求。党的十八大以来，国务院更加重视提高立法质量，加强重点领域立法，坚持在法治下推进改革，在改革中完善法治，科学立法、民主立法、依法立法扎实推进，法治政府建设取得新的突出成就。2013年至2018年，国务院提请全国人大常委会审议法律议案186件，制定修订行政法规333件，提出废止劳动教养制度等议案，修改废止一大批部门规章。[1]

这一时期国务院立法权限的发展变化及主要立法成就有：[2]

一是完善立法权限制度。2015年立法法修改落实党的十八届三中全会提出的税收法定原则，完善税收专属立法权制度，明确“税种的设立、税率的确定和税收征收管理等税收基本制度”只能由法律规定。贯彻落实党的十八届四中全会决定，确立特定事项授权制度，细化授权决定内容和授权期限等制度；完善规章制定权限制度，明确制定部门规章，没有上位法依据，不得设定减损公民、法人和其他组织权利或者增加其义务的规范，不得增加本部门的权力或者减少本部门的法定职责。

二是更加注重提高立法质量。国务院及其部门把提高立法质量摆在更加突出的位置。起草法律法规规章草案坚持从国情实际出发，深入调研掌握实践突出问题，统筹考虑各方利益诉求及不同制度方案的利弊得失，努力设计出能够有效解决实际问题、尽可能兼顾各方合理诉求的制度，推动改革发展稳定亟须的法律法规规章及时出台。

三是加强重点领域立法。紧紧围绕统筹推进“五位一体”总体布局、协调推进“四个全面”战略布局，着力加强涉及全面深化改革、维护国家安全、推动经济发展、保障和改善民生、完善社会治理、规范政府行

---

〔1〕 根据国务院政府工作报告统计，2013年国务院政府工作报告未反映2012年立法数据，故从2013年算起。

〔2〕 本部分内容重点参考了李明征主编：《法治政府建设新成就　党的十八大以来全面推进依法行政成绩单》，中国法制出版社2017年版，第87～90页，同时作了补充完善。

为等重点领域立法。[1]

在维护国家安全方面，国务院提请全国人大常委会制定或者修订国家安全法、国家情报法、反间谍法、国防交通法等重要法律。在推动经济发展方面，国务院提请全国人大常委会制定或者修订促进科技成果转化法、电影产业促进法、商业银行法等重要法律；国务院制定了征信业管理条例、存款保险条例、企业投资项目核准和备案管理条例、企业信息公示暂行条例、快递暂行条例、报废机动车回收管理办法等行政法规。在保障和改善民生方面，国务院提请全国人大常委会制定或者修订食品安全法、环境保护税法、安全生产法、广告法、大气污染防治法、水污染防治法等法律；国务院制定或者修订了南水北调工程供用水管理条例、不动产登记暂行条例、社会救助暂行办法、全国社会保障基金条例、城镇排水与污水处理条例、疫苗流通和预防接种管理条例、残疾人教育条例、个人所得税法实施条例等。在完善社会治理方面，国务院提请全国人大常委会制定或者修订反家庭暴力法、中医药法、药品管理法等法律；国务院制定或者修订了农田水利条例、农药管理条例、医疗纠纷预防和处理条例等行政法规。在规范政府行为方面，国务院制定了政府采购法实施条例、机关团体建设楼堂馆所管理条例、重大行政决策程序暂行条例，修改了政府信息公开条例、行政法规制定程序条例、规章制定程序条例等。[2]

此外，国务院把法律要求制定的配套行政法规和规章作为行政立法

---

〔1〕2012年11月8日至2017年8月31日，经有关部门起草、国务院法制办公室审查并提请国务院审议，国务院共提请全国人大常委会审议法律议案45件，制定修订行政法规48件，同时通过“一揽子”方式先后修订行政法规130件。

〔2〕修改行政法规、规章制定程序条例的主要内容有：把党的领导贯彻落实到政府立法工作的全过程和各方面，将“放管服”等方面改革的成熟经验上升为制度规定，确立公开征求意见制度和立法后评估制度，完善立法项目征集和论证制度，完善解释和废止程序等。参见《李克强签署国务院令发布〈国务院关于修改《行政法规制定程序条例》的决定〉和〈国务院关于修改《规章制度程序条例》的决定〉》，载《人民日报》2018年1月17日，第1版。

工作的重点。在确定立法项目、起草法律草案的同时，对配套行政法规和规章的制定作出统筹安排，力求配套法规与法律同步起草、同步出台、同步实施。比如，2018 年 8 月 31 日，十三届全国人大常委会第五次会议通过了新修改的个人所得税法，为保障新个人所得税法顺利实施，国务院及时对个人所得税法实施条例作了修改，修订后的实施条例自 2019 年 1 月 1 日起与新个人所得税法同步施行。同样的情况还有环境保护税法与环境保护税法实施条例同步施行，等等。

四是坚持在法治下推进改革，在改革中完善法治。习近平总书记指出，凡属重大改革都要于法有据。党中央、国务院改革决策部署需要配套规定或者需要修改法律法规的，及时提请列入立法工作计划。国务院立法工作计划自 2015 年起单独设置全面深化改革急需的立法项目，努力做到重大改革于法有据。比如，为在部分地区推进“证照分离”等先行先试的改革措施，国务院发布关于在上海市浦东新区暂时调整有关行政法规和国务院文件规定的行政审批等事项的决定、关于在北京市暂时调整有关行政审批和准入特别管理措施的决定，提请全国人大常委会审议并出台关于授权国务院在北京市大兴区等三十三个试点县（市、区）行政区域暂时调整实施有关法律规定的决定等授权决定。再比如，落实党中央“全面两孩”决策部署需要适时修订人口与计划生育法，国家卫生计生委、国务院法制办倒排立法工作日程，精算立法程序节点，与全国人大常委会办公厅和国务院办公厅积极沟通、主动协调，在不到一个月的时间里完成了各项立法工作，确保人口与计划生育法修订草案如期提请审议通过，为政策落地提供法治保障。

五是扎实推进科学立法、民主立法、依法立法。党的十八届四中全会提出，加强和改进政府立法制度建设，完善行政法规、规章制定程序，完善公众参与政府立法机制。重要行政管理法律法规由政府法制机构组织起草。国务院制定行政法规和规章时，不断拓宽公众参与渠道，广泛听取各方面意见，凝聚各方智慧和力量，增进立法决策的科学性和民主性。提高政府立法公众参与度。拓展社会各方有序参与政府立法的途径和方式。健全法规规章起草征求人大代表意见制度，充分发挥政协委员、民主党派、工商联、无党派人士、人民团体、社会组织在立法协商中的作用。建立有关国家机关、社会团体、专家学者等对政府立法中涉及的重大利益调整论证咨询机制。拟设定的制度涉及群众切身利益或者各方面存在较大意见分歧的，要采取座谈会、论证会、听证会、问卷调查等形式广泛听取意见。除依法需要保密的外，法规规章草案都要通过网络、报纸等媒体向社会公开征求意见。加强与社会公众的沟通，健全公众意见采纳情况反馈机制，广泛凝聚社会共识。2012年，在“中国政府法制信息网”上公布国务院法制办公室法律法规草案公开征求意见暂行办法（节录），对公众参与行政立法问题作出具体规定。开展立法后评估工作。自2006年起，国务院法制办公室每年选择4～6件行政法规和法律制度，采取委托有关部门或者地方政府法制机构等方式，组织对其实施情况进行评估，逐步推动立法后评估工作规范化、标准化、科学化。

六是自觉维护国家法制统一，完善法规规章备案监督制度机制。根据宪法、地方组织法有关规定，地方性法规向全国人大常委会备案，同时向国务院备案。地方性法规与上位法相抵触的，全国人大常委会有权予以撤销；国务院发现的，可以向全国人大常委会提出处理建议。据有关方面统计，2012年11月15日至2017年8月31日，国务院法制办公室共备案登记审查法规规章6619件（其中地方性法规3248件，地方政府规章2519件，国务院部门规章852件），通过个案监督程序督促地方和部门修改、废止、清理法规规章500余件。

建立行政法规、规章和规范性文件清理工作机制。根据全面深化改革、经济社会发展需要，以及上位法制定、修改、废止情况，及时清理有关行政法规、规章、规范性文件。全面清理国务院文件。2015年年初，国务院部署开展文件清理工作，对新中国成立以来以国务院和国务院办公厅名义印发的文件进行全面清理。经过清理，经国务院常务会议决定，截至2016年年底已累计对995件国务院文件宣布失效。[1] 开展法规规章规范性文件专项清理。[2] 比如，2017年落实关于甘肃祁连山国家级自然保护区生态环境问题督查处理情况及其教训的通报要求，对包括地方性法规、地方政府规章和县级以上地方各级人民政府及其所属部门制定的规范性文件，不符合生态文明建设和环境保护有关法律、行政法规不一致的，“一揽子”予以修改废止。2018年7月，十三届全国人大常委会第四次会议审议通过的关于全面加强生态环境保护依法推动打好污染防治攻坚战的决议提出，要抓紧开展生态环境保护法规、规章、司法解释和规范性文件的全面清理工作，对不符合不衔接不适应法律规定、中央精神、时代要求的，及时进行废止或修改。为落实有关要求，国务院印发关于开展生态环境保护法规、规章、规范性文件清理工作的通知。[3]

二、国务院行政立法在中国特色社会主义法律体系中的地位和作用、对法治政府建设的作用

行政机关是国家法律制度的主要执行者，也是制度建设的重要力量。

---

[1] 文件清理的宗旨，是使国务院政策法规更好地适应完善社会主义市场经济体制的需要，充分释放政策红利，更好地加快转变政府职能和深入推进简政放权、放管结合、优化服务，更好地促进稳增长、促改革、调结构、惠民生、防风险，更好地维护最广大人民群众的根本利益。

[2] 根据国务院法制机构公开的信息，中国特色社会主义法律体系形成后，国务院进行了13次法规清理，分别是：2012年为维护社会主义法制统一，全面推进依法行政，修改行政法规5件，废止行政法规5件；2013年至2014年为依法推进行政审批制度改革和政府职能转变，分3次清理共修改行政法规62件，废止行政法规1件；2014年为运用法治方式推进政府职能转变，进一步放宽市场主体准入条件，激发社会投资活力，共修改行政法规8件，废止行政法规2件；2016年至2019年8月为依法推进简政放权、放管结合、优化服务改革，分6次清理共修改行政法规143件，废止行政法规8件；2018年至2019年8月为落实党和国家机构改革方案，分两次清理共修改行政法规59件。

[3] 此次清理的范围是生态环境保护相关行政法规，省、自治区、直辖市、设区的市、自治州人民政府和国务院部门制定的规章，以及县级以上地方人民政府及其所属部门、国务院部门制定的规范性文件。清理的重点是，与习近平生态文明思想和党的十八大以来党中央、国务院有关生态环境保护文件精神，以及生态环境保护方面的法律不符合不衔接不适应的规定。

国务院作为最高国家行政机关履行宪法法律规定职责的重要方式之一，就是依法制定行政法规。行政法规对于形成和完善中国特色社会主义法律体系，确保宪法法律全面正确有效实施，规范行政权力运行，推进法治政府建设，保障和促进改革开放和社会主义现代化建设健康有序发展，发挥了重要作用。

（一）国务院行政立法在形成和完善中国特色社会主义法律体系中的地位和作用

1. 行政法规是中国特色社会主义法律体系的重要组成部分

新中国成立以来，国务院在国家法治建设中一直承担着不可或缺的重要职责。新中国成立初期，通过颁布行政法令、政令等形式，为国家经济发展和社会秩序恢复发挥了重要作用。改革开放以来，随着我国社会主义法治建设不断发展进步，宪法和法律明确规定国务院制定行政法规。除此之外，国务院还向全国人大及其常委会提出法律案，我国法律体系中的许多法律案都是由国务院依法提请全国人大常委会制定的。国务院适应经济社会发展和法律实施的需要，依法及时制定行政法规，提出法律案，为形成和完善中国特色社会主义法律体系作出了重要贡献。

2. 担负着保证宪法法律实施的重要职责

新中国成立以来特别是改革开放以来，国务院通过依职权立法、执行性立法和授权立法等方式，充分行使立法职权，有效保证了宪法法律实施。党的十八大以来，国务院围绕转变政府职能，推动“简政放权、放管结合、优化服务”改革等重点领域，扎实推进科学立法、民主立法，提出一批法律修正草案，修改、废止一大批行政法规，加强法规定期清理，更加注重配套立法的及时性，坚持在法治下推进改革、在改革中完善法治，把政府权力从决策、执行到监督的各个环节纳入法治化、规范化、制度化轨道，建立起完备的依法行政制度体系，努力把贯彻实施宪法法律提高到一个新水平。

3. 担负着维护国家法制统一的重要职责

维护国家法制统一是各级政府的重要职责。国务院对于不适当的部门规章、地方政府规章，以及部门规章之间、地方性法规与部门规章之间、部门规章与地方政府规章之间规定不一致的，要依法作出处理，切实解决法律法规之间不协调的问题。主要通过以下方式实现：一是对规章和规范性文件备案审查；二是依法及时开展行政法规、规章和规范性文件清理工作。除依法制定行政法规、规章外，国务院及其部门、地方各级政府还制定了大量的规范性文件，确保这些规范性文件合法，是一项极为艰巨的任务。在国务院指导下，各地方探索建立了“四级政府、三级监督”的规范性文件备案审查制度，有效解决了“红头文件”“乱”和“滥”的问题。

除备案审查制度和法规清理制度外，国务院法制机构还建立与中共中央办公厅法规局、全国人大常委会法工委、中央军委法制局法规备案审查衔接联动机制，确保党规军法与法律法规内容相衔接，实现全面依法治党治国治军三者协调统一。

（二）国务院行政立法对建设法治政府的作用

新中国成立到改革开放前，国务院积极开展行政立法，主要是为了满足管理经济和社会的需要，“依法行政”的理念尚未形成。改革开放以来，党和国家更加注重通过法治保障和促进改革发展。随着我国民主法制建设的不断发展，人民群众的民主法制意识日益提高，对政府依法行政的愿望越来越强烈，要求也越来越高。我们必须顺应这种客观形势，加强法制建设，坚持依法行政，建设法治政府，真正做到依法“治”官、依法“治”权。[1] 1993年国务院政府工作报告第一次正式提出“依法行政”概念。2004年国务院发布《全面推进依法行政实施纲要》，对推进依法行政工作作出全面部署，明确提出要“提高制度建设质量”[2]，对加强行政立法提出要求。2010年国务院发布关于加强法治政府建设的意见，对建设法治政府提出系统明确要求。

党的十八大以来，党中央奋力推进全面依法治国，高度重视法治政府建设，明确提出坚持依法治国、依法执政、依法行政共同推进，坚持法治国家、法治政府、法治社会一体建设。其中，法治政府建设作为推进全面依法治国的重点任务和主体工程，对法治国家、法治社会建设具有示范带动作用。党的十八届四中全会提出“深入推进依法行政，加快建设法治政府”，并从依法全面履行政府职能、健全依法决策机制、深化行政执法体制改革、坚持严格规范公正文明执法、强化对行政权力的制约和监督、全面推进政务公开等方面作出周密部署。2015年中共中央、国务院印发《实施纲要（2015—2020年）》，其中的一项主要任务是“完善依法行政制度体系”，目标是提高政府立法质量，构建系统完备、科学规范、运行有效的依法行政制度体系，使政府管理各方面制度更加成熟更加定型。《实施纲要（2015—2020年）》还明确了完善依法行政制度体系的具体措施：完善政府立法体制机制；加强重点领域立法；提高政府立法公众参与度；加强规范性文件监督管理；建立行政法规、规章和规范性文件清理长效机制。这对国务院加强行政立法与时俱进、完善发展指明了努力方向，提出了新任务。

---

〔1〕 参见曹康泰：《全面推进依法行政 建设法治政府——学习邓小平民主与法制思想的几点体会》，载全国邓小平生平和思想研讨会组织委员会编：《邓小平百周年纪念——全国邓小平生平和思想研讨会论文集（中）》，中央文献出版社2005年版，第859页。

〔2〕《全面推进依法行政实施纲要》明确了提高制度建设质量的具体措施：提出法律议案和地方性法规草案，制定行政法规、规章以及规范性文件等制度建设，重在提高质量；按照条件成熟、突出重点、统筹兼顾的原则，科学合理制定政府立法工作计划；改进政府立法工作方法，扩大公众参与；积极探索政府立法项目尤其是经济立法项目的成本效益分析制度；建立和完善行政法规、规章修改、废止的工作制度和规章、规范性文件的定期清理制度。

新中国成立70年特别是改革开放40多年来，国务院适应我国社会主义法治建设不断发展进步的要求，不断加强和改进行政立法工作，一方面为各级政府依法行政提供了规范指引，另一方面逐步修正了不符合社会主义法治发展规律的理念和做法。这一历程既是行政立法自我完善、自我发展的过程，[1] 也是推动各级政府实现了从权力本位、重在管理、命令服从、比较封闭的管制型政府向责任本位、重视服务、规范有序、公开透明的法治型政府根本转变的过程。国务院行政立法对法治政府建设的推动作用主要体现在以下方面：从主要依靠政策（红头文件）、指示和行政命令办事向主要依靠法律和制度办事这种更加成熟和定型的治理方式转变；从过度依赖审批、处罚向科学制定标准、加强信息披露和依法处罚相结合的“良法善治”转变；从“拍脑袋决策”向科学、民主、依法决策转变；从“治民”“管事”向依法治权、依法治官转变；从主要依靠行政手段化解各类风险和矛盾向尊重市场经济规律、通过市场化手段在法治框架内调整各类市场主体利益关系转变等。

概言之，国务院加强行政立法，积极推进构建完备的依法行政制度体系，既是建设法治政府的重要内容，又是法治政府规范运行的可靠保障。

三、国务院行政立法与国家治理体系与治理能力现代化

新中国成立以来，党和国家治国理政的理念和方式不断发展进步，为国务院加强行政立法提供了理论指导和方向指引。国务院行政立法担

〔1〕 立法内容从注重经济立法向“五位一体”各领域立法均衡发展转变；立法理念从“重权力、轻责任，重管理、轻保护”向正确处理权力与权利、权力与责任的关系，科学合理地规定公民、法人和其他组织的权利与义务、行政机关的权力与责任转变；立法过程从有限开放向公开透明转变；立法形式从主要制定法规、提出法律议案向立、改、废、释、清理等多种方式转变；配套立法从完成率较低、制定期限较长、随意突破上位法向依法及时出台配套法规转变，等等。

负着将依法治国理念转化为法律规范的重要职责，担负着在法治政府建设中保证法律法规有效实施的重要职责。

（一）党和国家治国理政理念和方式的与时俱进是国务院行政立法取得突出成就的根本原因

从人治走向法治，我国经历了艰难曲折的探索过程。早在清朝末年民国初期，梁启超于1904年就提出“法治主义”。[1] 但是，枪炮作响法无声，在战火纷飞的年代，法治无法付诸实践。新中国成立以来，党领导人民进行社会主义探索，中间虽历经曲折，法治工作也一度遭受挫折，但整体来看，党作为人民利益的忠实代表，在长期执政过程中，逐步认识到法治是更为科学的治理方式，并将之确定为党治国理政的基本方式，不断加强立法工作，完善国家法律制度体系，有效推进了依法治国。

1997年，党的十五大提出“依法治国，建设社会主义法治国家”的法治建设目标。2004年，十届全国人大二次会议通过的宪法修正案把“依法治国，建设社会主义法治国家”写入宪法，意味着依法治国成为国家的宪制安排。党的十八大以来，以习近平同志为核心的党中央高度重视全面依法治国，并提出全面依法治国新理念新思想新战略。习近平总书记指出，“全面推进依法治国是一个系统工程，是国家治理领域一场广泛而深刻的革命”。“小智治事，中智治人，大智立法。治理一个国家、一个社会，关键是要立规矩、讲规矩、守规矩。法律是治国理政最大最重要的规矩。推进国家治理体系和治理能力现代化，必须坚持依法治国，为党和国家事业发展提供根本性、全局性、长期性的制度保障。”从党的十八届三中全会提出“推进法治中国建设”，到党的十八届四中全会作出《中共中央关于全面推进依法治国若干重大问题的决定》、把全面依法治

---

〔1〕 梁启超说：“逮于今日，万国比邻，物竞逾剧，非于内部有整齐严肃之治，万不能壹其力以对外。法治主义，为今日救时唯一之主义。立法事业，为今日存国最急之事业。”

国提升到“四个全面”战略布局新高度，再到党的十九大后党中央成立全面依法治国委员会并就全面依法治国推出一系列新举措，标志我们党对共产党的执政规律、社会主义建设规律、人类社会发展规律认识不断深化。党和国家治国理政理念和方式的发展进步，为国务院加强行政立法、推进法治政府建设提供了理论指导和方向指引，是国务院行政立法及法治政府建设取得突出成就的根本原因。

（二）国务院行政立法承担着将依法治国理念转化为法律制度的重要职责

正确的治国理念，只有被设计为有效的公共政策，或者说只有被转化为一整套制度，才能在实践中变成充满活力而又规范有序的行动。同时，制度本身只有体现了治国理念及其基本价值，才能具有生命力，真正为社会成员所认同和遵守。[1] 全面依法治国，立法是前提和基础。发挥立法的引领和推动作用，是我们党对立法在治国理政中作用认识的进一步深化，是对新时代不断加强和改进立法工作提出的明确要求。不是什么法都能治国，不是什么法都能治好国。全面依法治国必须立良法、保善治。国务院行政立法在这方面肩负着重要责任。一方面，需要在贯彻新发展理念、健全人民民主、保障和改善民生、培育文明习惯、创新社会治理、建设美丽中国、维护国家安全、推进依法行政、加强自身建设等方面加快推进相关行政立法，完善适应高质量发展的制度环境和行政法规，以高质量立法保障和促进高质量发展；另一方面，要不断完善科学立法、民主立法、依法立法工作机制，将大数据、人工智能与行政立法工作有机结合、深度融合，创新公众参与行政立法方式，扩大行政立法工作透明度和公众参与度，及时回应人民群众的新期待，以保证行政立

〔1〕 汪永清：《把治国理念转化为制度、体制和机制》，载《求是》2007 年第 24 期。

法真正遵循规律、符合民意、集中民智，切实增强法律法规的科学性、针对性和有效性。[1]

新中国成立70年来波澜壮阔的行政立法进程，与中国社会主义现代化建设事业和法治建设事业同步，经历了从新中国成立初期百废待兴时的蹒跚起步，到“文化大革命”时期全面陷入低谷，再到改革开放以来迅速发展，进入新时代以来全面推进的曲折发展过程，历经艰难探索，取得了重要成就，为中国特色社会主义法律体系的形成和完善作出了重要贡献。邓小平同志曾指出：“历史上成功的经验是宝贵财富，错误的经验、失败的经验也是宝贵财富。”[2] 经验弥足珍贵，值得认真总结。中国特色社会主义进入新时代，国务院行政立法也将在新的历史起点上，在全面依法治国战略布局中承担更重要使命、发挥更重要作用，也必将为建成法治政府、实现国家治理体系和治理能力现代化作出更大贡献。

---

〔1〕公众真正有效参与行政立法决策过程，对行政立法决策的公正、合理，科学、民主作用很大，不但有利于防止制度性的决策失误和决策如何规定制度方面的失误，也有利于提升行政管理水平，提高政府工作效率，增强政府的权威，而且有利于加强行政监督防止行政权力的缺失和滥用，更有利于平衡社会各种利益关系，带动全社会尊重法律，遵守法律，维护法律。这对推进民主法制建设，加强和创新社会管理，促进社会和谐稳定，保证经济社会的科学发展都有着重要的意义。参见青锋：《公众参与行政立法决策状况分析》，载《上海政法学院学报》（法治论丛）2012年第6期。

〔2〕《邓小平文选》（第三卷），人民出版社1993年版，第234～235页。

地方性法规的发展历程和地位作用

我国是一个统一的多民族的单一制的社会主义国家，这一国情特点反映在立法体制上，就是实行统一而又多层次的立法体制。全国人大及其常委会行使国家立法权，在此之下，还有不同层次的立法。国务院制定行政法规，有立法权的地方人大及其常委会制定地方性法规，行政法规和地方性法规都不能和宪法法律相抵触。地方性法规是中国特色社会主义法律体系的重要组成部分，是国家立法的重要补充，又分为省、自治区、直辖市人大及其常委会制定的地方性法规和设区的市、自治州人大及其常委会制定的地方性法规。自地方行使立法权以来，各地围绕党和国家中心工作，向国家立法看齐，与时代同步伐，与改革同频率，与实践同发展，为如期形成和不断发展完善中国特色社会主义法律体系作出了重要贡献。截至2019年8月，我国现行有效的地方性法规12,000多件，内容涉及经济、政治、文化、社会、生态环境等各个方面，体现了“五位一体”总体布局和“四个全面”战略布局要求，为形成和完善中国特色社会主义法律体系、建设社会主义法治国家、推进国家治理体系和治理能力现代化发挥了重要作用。

一、赋予地方立法权的历程

赋予地方立法权，是我国立法体制的重大发展，是加强地方政权建设的重要举措。总体来说，我国地方立法经历了一个从无到有、主体从少到多的发展过程。

新中国成立初期，由于新的社会制度正处于创建和形成时期，中央还没有实行高度集中统一的权力体制，地方享有较大的权力，中央和地方都具有立法权。具有临时宪法地位的《共同纲领》明确规定国家最高政权机关为全国人民代表大会；全国人民代表大会闭会期间，中央人民政府为行使国家政权的最高机关；在普选的全国人民代表大会召开以前，由中国人民政治协商会议的全体会议执行全国人民代表大会的职权，制定中央人民政府组织法，选举中华人民共和国中央人民政府委员会，并赋之以行使国家权力的职权。中华人民共和国中央人民政府委员会行使国家立法权，制定并解释国家的法律，颁布法令，并监督它们的执行。同时，除国家层面外，地方也有立法权。当时，在省级行政区之上还设有大行政区这一级，全国划分为东北、华北、华东、中南、西南、西北六个大行政区。根据1949年12月16日通过的《大行政区人民政府委员会组织通则》的规定，各大行政区人民政府委员会有权拟定与地方政务有关的暂行法令、条例，报告政务院批准或备案。并且，1950年1月6日通过的省人民政府组织通则、市人民政府组织通则、县人民政府组织通则规定，省、市、县人民政府有权拟定与省、市、县政务有关的暂行法令、条例或单行法规，报告上级人民政府批准或备案。但是，新中国成立初期，地方立法权的行使并未持续很长时间，并且从严格意义上说，地方制定暂行法令、条例或者单行法规的活动，并不是我们在当前法治条件下所说的立法权，仅是地方立法的萌芽。就六大行政区而言，1952年中央人民政府委员会通过了关于改变大行政区人民政府（军政委员会）机构与任务的决定，将大行政区人民政府（军政委员会）一律改为行政委员会，作为中央人民政府的代表机构，代表中央人民政府领导并监督本大区内的地方政府，不再是地方最高层级的政权机关。到了1954年，中央为了适应实现和巩固国家的统一、反对地方分散主义和加强中央对地方统一管理的需要，进一步加强集中统一领导，直接撤销了大行政区这一行政层级，并将大行政区的大部分高级领导人调入中央工作。

这种处理中央和地方关系的思路反映在立法权上就是，1954 年宪法强化了中央集中行使立法权的国家立法体制，规定全国人民代表大会是行使国家立法权的唯一机关，全国人民代表大会的职权包括修改宪法、制定法律、监督宪法的实施等；全国人大常委会的职权包括解释法律、制定法令等。国务院职权含有根据宪法、法律和法令，规定行政措施，发布决议和命令，并且审查这些决议和命令的实施情况；地方的立法权也受到很大限制，仅规定地方各级人民代表大会依照法律规定的权限通过和发布决议；地方各级人民委员会依照法律规定的权限发布决议和命令。但同时也明确了自治地方的立法权，规定自治区、自治州、自治县的自治机关可以依照当地民族的政治、经济和文化的特点，制定自治条例和单行条例，报请全国人大常委会批准。

改革开放前的实践表明，这种高度集中统一的立法体制，虽然从法律方面有效地保证了中央权力的高度集中统一，但也带来了一些问题，不利于地方积极性的发挥，具有局限性。为走出符合中国国情的社会主义道路，毛泽东同志吸取苏联高度集中统一管理模式的经验教训，对更好发挥中央和地方两个积极性进行了深入思考与探索。1956 年，他在《论十大关系》中指出，“应当在巩固中央统一领导的前提下，扩大一点地方的权力，给地方更多的独立性，让地方办更多的事情。这对我们建设强大的社会主义国家比较有利。我们的国家这样大，人口这样多，情况这样复杂，有中央和地方两个积极性，比只有一个积极性好得多”，“我们的宪法规定，立法权集中在中央。但是在不违背中央方针的条件下，按照情况和工作需要，地方可以搞章程、条例、办法，宪法并没有约束。我们要统一，也要特殊。为了建设一个强大的社会主义国家，必须有中央的强有力的统一领导，必须有全国的统一计划和统一纪律，破坏这种必要的统一，是不允许的。同时，又必须充分发挥地方的积极性，各地都要有适合当地情况的特殊”，“中央要注意发挥省市的积极性，省市也要注意发挥地、县、区、乡的积极性，都不能够框得太死”。但是，由于1957年起党内“左”倾思想的抬头以及其他种种原因，这一设想在改革开放前没能得到真正解决。

地方正式享有立法权，缘于社会主义现代化建设以及改革开放对民主法制建设和立法工作提出的新要求。十年“文化大革命”结束后，党的十一届三中全会总结中华人民共和国成立以来的经验教训，拨乱反正，把工作重点转移到社会主义现代化建设上来，作出改革开放的重大决策。1978年12月，时任全国人大常委会委员长叶剑英同志在中央工作会议闭幕会上指出，我国的社会主义法制从新中国成立以来，还没有很好地健全起来；林彪、“四人帮”从反面给了我们血的教训，使我们懂得，一个国家非有法律和制度不可；这种法律和制度要有稳定性、连续性……一定要具有极大的权威，只有经过法律程序才能修改，而不能以任何领导人个人的意志为转移。邓小平同志在中央工作会议闭幕会上发表《解放思想，实事求是，团结一致向前看》的讲话中指出，为了保障人民民主，必须加强法制；必须使民主制度化、法律化，使这种制度和法律不因领导人的改变而改变，不因领导人的看法和注意力的改变而改变；应该集中力量制定刑法、民法、诉讼法和其他各种必要的法律，做到有法可依、有法必依、执法必严、违法必究。特别是，鉴于过去权力过于集中的弊端，中央领导同志在立法体制上也开始进行改革的思考，即探索充分发挥中央和地方两个方面积极性的立法方式。邓小平同志明确对地方立法工作作出具体指示：有的法规地方可以先试搞，然后经过总结提高，制定全国通行的法律。邓小平同志的这一指示是对毛泽东同志在《论十大关系》中提出的“在不违背中央方针的条件下，按照情况和工作需要，地方可以搞章程、条例、办法”思想的进一步发展和推动落实。

1979年7月1日，五届全国人大二次会议通过了地方组织法，规定县级以上的地方各级人民代表大会设立常务委员会，省、自治区、直辖市人大及其常委会在本级人大闭会期间根据本行政区域的具体情况和实际需要，在和国家宪法、法律、政策、法令、政令不抵触的前提下，可以制定和颁布地方性法规，并报全国人大常委会和国务院备案。对于为什么要赋予省级人大地方立法权的问题，彭真同志有更明确的解释。他指出，我们国家大，民族多，各地政治、经济、文化发展不平衡，就是一个省、一个自治区内部也不平衡；因此，一切都由中央制定、颁布，并且定得很死，全国“一刀切”，那就很难适应千差万别的具体情况，不是挂一漏万，就是主观主义，实践证明不行……各地方、各方面的具体问题很难都由中央规定，由地方依据中央总的方针，从自己的实际情况出发来规定，可以更好地解决本地的问题。五届全国人大二次会议还通过了关于修正《中华人民共和国宪法》若干规定的决议，为制定地方组织法等法律提供了宪法依据。这是我国法律关于地方立法权限规定的一个重大变化。

1982 年 12 月 4 日，五届全国人大五次会议审议通过宪法，确认了省、直辖市人大及其常委会制定地方性法规的规定，还规定了民族自治地方的人民代表大会有权依照当地民族的政治、经济和文化的特点，制定自治条例和单行条例。这是第一次以法律形式全面赋予地方立法权，充分调动了地方的积极性和主动性，在改革开放新的历史起点上有力推进了人大工作。彭真同志在《关于中华人民共和国宪法修改草案的报告》中指出，这一规定是要加强地方政权的建设，以便各地能够在中央统一领导下，因地制宜地发展本地的建设事业。

1982 年，五届全国人大五次会议在通过宪法的同时，考虑到一些较大的市由于政治、经济、文化地位比较重要，也需要因地制宜地制定一些地方性法规的要求，即一并对地方组织法作出修改，规定省、自治区的人民政府所在地的市和经国务院批准的较大的市的人大常委会，可以拟订本市需要的地方性法规草案，提请省、自治区的人大常委会审议制定，并报全国人大常委会和国务院备案。当初之所以这样规定，是因为宪法并没有赋予直辖市以外的市地方立法权，这些较大的市仅能拟订草案，提请省级人大常委会审议制定。随着体制改革和实践的发展需要，1986 年，六届全国人大常委会第十八次会议对地方组织法作出第二次修改，规定省、自治区的人民政府所在地的市和经国务院批准的较大的市的人大及其常委会根据本市的具体情况和实际需要，在不同宪法、法律、行政法规和本省、自治区的地方性法规相抵触的前提下，可以制定地方性法规，报省、自治区人大常委会批准后施行，并由省、自治区的人大常委会报全国人大常委会和国务院备案。这样，从 1979 年到 1986 年，短短 7 年时间，我国就赋予了省级地方和较大的市地方立法权，地方行使立法权的基本局面形成。从 20 世纪 80 年代至 90 年代初，综合考虑地域、人口和经济发展水平等因素，国务院一共分 4 次批准 19 个市为“较大的市”。1984 年批准唐山、大同、包头、大连、鞍山、抚顺、吉林、齐齐哈尔、青岛、无锡、淮南、洛阳、重庆（1997 年成为直辖市）13 个城市；1988 年批准宁波市；1992 年批准淄博、邯郸、本溪 3 个城市；1993 年批准苏州、徐州 2 个城市。虽然之后不断有城市提出申请，但国务院没有再批准新的较大的市。

1988 年、1997 年，全国人大先后作出关于设立海南省的决定和关于批准设立重庆直辖市的决定，两个地方相应获得省级地方立法权。1988 年、1992 年、1994 年和 1996 年，全国人大又先后四次分别授权海南省、深圳市、厦门市、汕头市和珠海市人大及其常委会根据经济特区的具体情况和实际需要制定法规，在经济特区实施。2000 年，九届全国人大三次会议审议通过了立法法，进一步赋予经济特区所在地的市以较大的市地方立法权。至此，我国的地方立法主体增加为 31 个省、自治区、直辖市和 49 个较大的市。

我国地方立法权发展的又一次重大进展是 2015 年立法法的修改，赋予了所有设区的市人大及其常委会立法权。党的十八大以来，为适应推进国家治理体系和治理能力现代化的新要求，为适应我国社会主要矛盾变化后人民对美好生活的新期待，为更好发挥中央和地方两个积极性，以习近平同志为核心的党中央对进一步完善我国立法体制作了深入思考和推进。考虑到改革开放以来，地方经济社会发生了巨大变化，许多设区的市规模很大。按照国务院2014年11月公布的城市规模新标准，属于特大城市（城区常住人口500万以上1000万以下）的设区的市有87个，占30%，有的城区常住人口1000万以上（超大城市），如山东的临沂、河南的南阳；属于Ⅰ型大城市（城区常住人口300万以上500万以下）的设区的市有82个，占29%。这些城市人口比世界上一些国家的人口还多，有的甚至相当于欧洲一个中等国家的人口数量。Ⅰ型大城市、特大城市加起来近60%。而随着我国经济社会和城镇化建设快速发展、人民群众物质文化生活水平的丰富提高，人民对美好生活的期待不断增强，与之密切相关的土地、人口、医疗、教育、养老、保险、住房保障等问题，特别是环境保护、城乡建设与管理、出租车和网约车管理、共享车管理等社会治理问题日益复杂，涉及多方面的利益调整，使各方面群体通过合法途径反映不同利益诉求的愿望越来越强烈，人民群众积极参与国家和社会事务、经济和文化事业管理与治理的要求明显增多，这些都需要通过立法加以解决。但国家法律法规难以延伸到每个地方，这就需要地方立法就某些问题对国家法律法规予以细化和落实。并且为了有效处理有些省级立法也难以解决的问题，就有必要按照依法治国的要求赋予更多设区的市地方立法权。因此，考虑到随着我国经济社会的发展和法治中国建设的推进，地方越来越具有立法的实际需要，呼吁赋予行政区划上的所有设区的市平等的立法权的声音越来越强烈。一些全国人大代表多次提出议案、建议，要求增加具有地方立法权的较大的市的数量，一些设区的市也持续向国务院提出申请，要求被批准为较大的市，享有地方性法规制定权。

为适应推进国家治理体系和治理能力现代化的新形势新任务新要求，更好发挥中央和地方两个积极性，党的十八届三中全会提出，逐步增加有地方立法权的较大的市数量。党的十八届四中全会提出完善立法体制，明确地方立法权限和范围，依法赋予设区的市地方立法权。可以说，普遍赋予设区的市地方立法权是党中央加强和改善国家治理作出的重大决策。

为贯彻落实党中央的重大决策部署，2015年，十二届全国人大三次会议修改立法法，赋予所有设区的市地方立法权，明确设区的市人大及其常委会根据本市的具体情况和实际需要，在不同上位法相抵触的前提下，可以对城乡建设与管理、环境保护、历史文化保护等方面的事项制定地方性法规，同时赋予30个自治州和广东省东莞市、中山市，海南省三沙市以及甘肃省嘉峪关市4个不设区的地级市人大及其常委会相应的地方性法规制定权。2018年，十三届全国人大一次会议通过宪法修正案，增加规定了设区的市的立法权，为设区的市立法工作提供了宪法依据。至此，我国地方立法主体增加到353个，包括31个省、自治区、直辖市，288个设区的市，30个自治州，4个不设区的地级市。

二、地方立法工作的发展历程

1979年赋权以来，地方人大及其常委会行使地方立法权大致可以分为以下几个阶段：

（一）起步探索阶段（1979年至1992年）

从1979年8月西藏自治区人大常委会成立开始，截至1980年6月，我国29个省、自治区、直辖市人大都成立了人大常委会，并开始行使地方立法权（海南、重庆尚未建省、改直辖市，下同）。1979年11月29日，新疆维吾尔自治区五届人大常委会第二次会议通过的关于加强边境管理区安全保卫工作的通告等3件决定、决议，是改革开放以来最先制定的地方性法规。截至1981年6月，29个省（区、市）人大常委会均已制定了地方性法规，内容主要集中在基层人大选举实施细则、延长刑事案件办理期限等方面。

1982年9月，党的十二大明确提出建设有中国特色的社会主义的重大命题和人民物质文化生活达到小康水平的战略目标，明确了改革开放的性质、方向和目标任务。1984年10月，党的十二届三中全会通过关于经济体制改革的决定，以城市为重点的经济体制改革全面展开。地方立法围绕中央的改革决策和部署，结合地方实际开始探索。这一时期，地方立法主要集中在三个方面：一是国家立法的实施性法规。一些地方对土地管理法、城市规划法、环境保护法、野生动物保护法、森林法、渔业法、城市居民委员会组织法、村民委员会组织法、集会游行示威法、归侨侨眷权益保护法等制定实施办法。二是开展创制性立法和先行先试立法。一些地方结合自身实际，在经济特区、鼓励外商投资、商品质量监督、农业技术推广、农作物种子管理、农机事故处理、中医管理、酒类管理、老年人权益保障、禁止赌博等方面开展立法。比如，广东省人大常委会根据被赋予所属经济特区单行经济法规制定权的授权规定，于1981年为深圳经济特区制定土地管理暂行规定，第一次将土地使用权和所有权分开，确定特区土地有偿使用和转让制度，成为国家土地产权制度改革的催化剂，为土地管理法的修订提供了实践基础。三是人大自身建设的法规。一些地方制定了地方人大及其常委会议事规则，有的还对人大立法工作、监督工作制定规则。比如，1980年3月5日，上海通过了《上海市区、县人民代表大会选举暂行实施细则》，开创了上海地方立法的先河。1980年10月6日，甘肃省五届人大常委会第四次会议审议通过的《甘肃省县级直接选举实施细则》，标志着甘肃省的地方立法迈出了第一步。

（二）努力构建市场经济体制阶段（1992年至2002年）

1992年邓小平同志发表南方谈话，党的十四大明确了建立社会主义市场经济体制的改革目标，提出了20世纪90年代加快改革开放、推动经济发展和社会全面进步的主要任务，并强调要加强立法工作，特别是抓紧制定与完善保障改革开放、加强宏观经济管理、规范微观经济行为的法律法规。党的十四届三中全会进一步提出，要高度重视法制建设，做到改革开放与法制建设的统一，学会运用法律手段管理经济。八届全国人大一次会议要求围绕深化改革、扩大开放、建立社会主义市场经济体制，以改革的精神加快立法步伐，特别是要把经济立法放在最重要的位置。在此基础上，党的十五大明确提出，“依法治国，建设社会主义法治国家”，“加强立法工作，提高立法质量，到二〇一〇年形成有中国特色社会主义法律体系”。

地方立法坚决贯彻党中央的决策部署，以全国人大常委会立法为标杆，把经济立法摆在立法工作的中心位置，立法步伐明显加快。这个阶段，最突出的是从1993年至1997年五年间，一些省市年均立法都在20件次左右，其中经济立法占很大比重，有些甚至达到50%以上。比如，上海市20世纪90年代的地方立法聚焦在与市场经济相适应的经济立法。仅1993—1998年，上海市第十届人大及其常委会制定地方性法规59件，占1980年上海市人大常委会行使立法权以来上海市地方性法规总数的近一半，其中属于经济方面的法规有31件，占52%。这一时期，地方立法与国家立法一道，主要是围绕全国人大常委会提出的努力构建社会主义市场经济法律体系的目标，积极推进地方立法。经济立法主要集中在以下几个方面：一是推进经济体制改革。制定了经济技术开发区、保税区、科技园区、外商投资企业审批及清算、中外合资经营企业劳动人事关系、促进私营个体经济发展技术引进和吸收等方面的法规。二是维护市场秩序。制定了价格管理、反不正当竞争、产品质量监督管理、合同格式条款监督等法规。三是规范建筑、地产市场。制定了城市道路桥梁管理，建设工程质量管理，工程材料管理，工程造价，招标投标，房地产产权登记、开发、经营、转让、评估、租赁、预售，物业管理等法规。四是促进农村和农业发展。制定了基本农田保护条例、水土保持法办法等法规。五是保护劳动者权益。制定了流动人员就业、企业集体合同、劳动权益保障、劳动监察、工伤保险等法规。六是保护知识产权。制定了专利保护、技术秘密保护等法规。此外，各地还加强民主政治、城乡管理、精神文明等领域的立法，涉及信访、宗教事务管理、消防、市容环境卫生、殡葬管理、消费者权益保护、图书馆等方面。

（三）协调推进各领域立法阶段（2003 年至 2012 年）

党的十六大提出全面建设小康社会的奋斗目标，并把“社会主义民主更加完善，社会主义法制更加完备，依法治国基本方略得到全面落实”作为全面建设小康社会的重要目标之一，并重申和强调要“加强立法工作，提高立法质量，到二〇一〇年形成中国特色社会主义法律体系”。党的十六届三中全会提出了科学发展观，要求按照城乡、区域、经济社会、人与自然、国内发展和对外开放“五个统筹”的要求，完善社会主义市场经济体制。党的十七大提出了全面贯彻落实科学发展观的重要战略任务，提出“全面落实依法治国基本方略，加快建设社会主义法治国家”和“坚持科学立法、民主立法，完善中国特色社会主义法律体系”的要求。

这一时期，各地在注重经济领域立法的同时，深入贯彻落实科学发展观，注重加强社会、文化、生态环境保护等各领域立法协调推进，立法规划计划性增强，统筹协调性增强，制度设计科学性增强，立法工作体制机制不断完善。各地立法内容主要集中在以下五个方面：一是继续加强经济领域立法。完善预算管理、转移支付、金融风险控制、劳动监察等方面的立法，制定了电子交易、促进中小企业发展、自主创新促进、劳动力管理、劳动合同等方面的法规。二是保障社会主义民主政治。完善人大制度、基层群众自治制度，制定或者修改了人民代表大会议事规则、常委会议案规定、常委会听取专项工作报告办法、代表建议办理条例、实施代表法细则、实施选举法细则、立法听证办法等方面法规。三是注重加强社会领域立法。各地制定了道路交通安全、突发公共卫生事件应急、社会保险基金监督、工伤保险、工资支付、就业援助、出租汽车管理、老年人权益保障、残疾人权益保障、志愿服务、烟花爆竹管理、房屋装饰装修管理等方面法规。四是注重加强文化领域立法。制定了公共文化促进、非物质文化遗产保护、历史文化名城保护、全民健身等方面法规。五是注重加强生态环境保护领域立法。制定了森林保护、水污染防治、噪声污染防治、节约能源等方面法规，努力从法律制度上解决经济发展与环境资源保护的矛盾。

2009年，为确保即将形成的中国特色社会主义法律体系内部科学和谐统一，根据全国人大常委会的工作部署，各地积极开展地方性法规的全面清理工作，突出解决早期制定的部分地方性法规与经济社会发展特别是与社会主义市场经济要求明显不适应、与法律和行政法规不一致、地方性法规之间不协调等问题，采取废止、修改、列入立法规划或者计划等多种方式对地方性法规进行清理，对法律体系如期形成发挥了重要作用。

经过各方面坚持不懈的共同努力，到2010年年底，中国特色社会主义法律体系如期形成。法律体系以宪法为统帅，以宪法相关法、民法商法等多个法律部门的法律为主干，由法律、行政法规、地方性法规等多个层次的法律规范构成，国家经济建设、政治建设、文化建设、社会建设、生态文明建设的各个方面实现有法可依。这是我国社会主义民主法制建设史上的重要里程碑，具有重大的现实意义和深远的历史意义。地方性法规作为中国特色社会主义法律体系的重要组成部分，在社会主义法治建设中发挥着实施性、补充性、探索性的重要作用，为地方经济社会发展提供了法制保障。

（四）引领和推动全面深化改革阶段（2013 年至今）

党的十八大以来，以习近平同志为核心的党中央高度重视依法治国和立法工作。党的十八大报告指出，“法治是治国理政的基本方式”，“要推进科学立法、严格执法、公正司法、全民守法”，“完善中国特色社会主义法律体系，加强重点领域立法”。党的十八届三中全会提出了全面深化改革的总目标是完善和发展中国特色社会主义制度，推进国家治理体系和治理能力现代化。党的十八届四中全会作出《中共中央关于全面推进依法治国若干重大问题的决定》，提出了全面推进依法治国的指导思想、总目标、基本原则，对科学立法、严格执法、公正司法、全民守法、法治队伍建设、加强和改进党对全面推进依法治国的领导作出全面部署，明确全面推进依法治国的总目标是建设中国特色社会主义法治体系、建设社会主义法治国家。同时提出要完善以宪法为核心的中国特色社会主义法律体系，要求健全宪法实施和监督制度，完善立法体制，深入推进科学立法、民主立法，加强重点领域立法，实现立法和改革决策相衔接，做到重大改革于法有据、立法主动适应改革和经济社会发展需要。党的十九大提出推进科学立法、民主立法、依法立法，以良法促进发展、保障善治，并提出了全面建成小康社会后国家治理方面“两个”十五年的奋斗目标，即从 2020 年到 2035 年，法治国家、法治政府、法治社会基本建成，各方面制度更加完善，国家治理体系和治理能力现代化基本实现；从 2035 年到本世纪中叶，实现国家治理体系和治理能力现代化。

这一时期，地方立法贯彻党中央的决策部署，立法主要集中在以下五个方面：

一是引领推动当地改革发展。各地围绕国家和当地发展大局，紧密结合自由贸易试验区、粤港澳大湾区、长江经济带、京津冀一体化、长三角一体化等开展地方立法工作，切实发挥立法在改革中的引领和推动作用，推动党中央决策部署贯彻落实和地方经济社会发展。

二是生态环境保护领域。各地结合国家环境保护相关法律的修改，相应修改了环境保护、大气污染防治、水资源管理、饮用水保护等方面的实施性法规，一些地方还采取“一事一例”立法，对当地山河湖泊等生态资源进行立法，体现最严格保护。比如，2018 年 7 月，全国人大常委会加开一次会议，听取审议大气污染防治法执法检查报告，审议通过《关于全面加强生态环境保护依法推动打好污染防治攻坚战的决议》。在执法检查中经过统计，有 20 个省（区、市）制定了大气污染方面的相关条例。全国人大常委会法工委《关于加强加快大气污染防治和生态环境保护地方立法工作的意见》提出明确要求，有关省、自治区、直辖市尚未制定大气污染防治方面的地方性法规，或者没有根据 2015 年修订的大气污染防治法对原有地方性法规作出相应修改的，应当于 2018 年年底前完成大气污染防治相关地方性法规的制定或者修改工作。

三是民生保障领域。各地制定或者修改了残疾人保障、老年人权益保障、养老机构、院前医疗急救服务、控制吸烟、人口与计划生育等方面的法规，及时回应人民群众关切的问题，保障公民权益。比如，2016 年 8 月举行的全国卫生与健康大会上，习近平总书记等党和国家领导人发表了重要讲话，强调推进卫生与健康事业改革发展、建设健康中国是关系我国现代化建设全局的重大战略任务，北京市及时制定《北京市全民健身条例》，突出保障公民的健康权益，满足公民健身需求等公民权利，注重发挥健身社会组织和健身团队的积极作用，积极践行社会共建、全民共享的健身理念等。

四是城乡建设与管理。各地制定了社会信用、社会文明促进、流动人口服务管理、食品安全、地下空间规划、轨道交通安全运营、出租汽车管理、垃圾分类、公园管理、养犬管理等方面的法规，提升城乡建设与管理的精细化水平。

五是保障民主政治领域。各地制定宪法宣誓实施细则，促进宪法在本区域内施行；修改地方立法条例，使地方立法更加规范化、制度化，修改村民委员会选举等方面的法规，保障人民民主权利的行使。

2015 年立法法修改，赋予所有设区的市地方立法权。考虑到设区的市数量较多，地区差异较大，能力水平参差不齐，必须本着积极稳妥的精神予以推进，将部分设区的市、自治州开始制定地方性法规的具体步骤和时间授权省、自治区人大常委会确定。各省、自治区综合考虑设区的市、自治州人口数量、地域面积、经济社会发展情况以及立法需求、立法能力等因素，妥善完成确权工作，指导设区的市立法工作有序开展。同时，立法法规定设区的市地方立法的权限为“城乡建设与管理、环境保护、历史文化保护等方面的事项”。之所以这样规定，是因为赋予所有设区的市地方立法权，既要适应地方的实际需要，又要避免重复立法，维护法制统一。但是“城乡建设与管理、环境保护、历史文化保护等方面的事项”范围是比较宽的。比如，从城乡建设与管理来看，就包括城乡规划、基础设施建设、市政管理等；从环境保护来看，按照环境保护法的规定，范围包括大气、水、海洋、土地、矿藏、森林、草原、湿地、野生生物、自然遗迹、人文遗迹、自然保护区、风景名胜区、城市和乡村等。截至 2018 年 12 月，273 个设区的市（自治州）中已有 272 个经其所在的省（自治区）确定可以开始行使地方立法权。其中，249 个设区的市（自治州）已经制定地方性法规，经省（自治区）人大常委会批准的地方性法规达 848 件。其中，立法条例 217 件，城乡建设与管理、环境保护、历史文化保护等方面事项的地方性法规 631 件。具体到地方立法三项权限中立法数量的比例，以广东省为例，可以管中窥豹，有所了解。从 2015 年 3 月下旬至 2019 年 3 月，广东省人大常委会共批准新享有立法权的市的法规 83 件：新制定实体性法规 54 件，程序性法规（制定地方性法规条例）17件，修改决定12件。在新制定54件实体性法规中，环境保护类27件（其中水环境保护方面12件），城乡建设与管理类19件，历史文化保护类8件。

三、地方立法的特点、作用和成效

我国人口众多，历史悠久，地域辽阔，发展很不平衡，情况千差万别；有近14亿人口，56个民族，14个陆地邻国、6个海上邻国。我国部分省份一个省的面积和人口相当于一个中等国家规模。为此，我国建立了适应我国国情的立法体制，分别赋予省级人大及其常委会和设区的市人大及其常委会不同的制定地方性法规权限。

根据立法法规定，地方性法规可以就下列事项作出规定：（1）为执行法律、行政法规的规定，需要根据本行政区域的实际情况作具体规定的事项；（2）属于地方性事务需要制定地方性法规的事项。此外，除国家专属立法权事项外，其他事项国家尚未制定法律或者行政法规的，地方根据本地方的具体情况和实际需要，可以先制定地方性法规。概括来看，地方性法规主要有三个方面的规范。一是，为保证宪法、法律、行政法规在本行政区域的遵守和执行，从本地实际出发，制定某一法律或者某一行政法规的实施办法，使国家有关制度和规定更加符合地方实际，更具有针对性、可操作性、可执行性。二是，在地方事权范围内制定地方性法规，多称为条例、规定、办法，内容比较广泛，具有明显的地域性特征。三是，在法定权限范围内，就国家尚未制定法律或者行政法规的事项，通过地方性法规先行先试，包括5个经济特区的法规。总的看，立法法规定清楚地表明地方立法是在维护国家法制统一的前提下的补充性立法，地方性法规具有法律从属性特点。法律明确规定，省、自治区、直辖市的人民代表大会及其常务委员会根据本行政区域的具体情况和实际需要，在不同宪法、法律、行政法规相抵触的前提下，可以制定地方性法规；设区的市、自治州的人民代表大会及其常务委员会根据本行政区域的具体情况和实际需要，在不同宪法、法律、行政法规和本省、自治区的地方性法规相抵触的前提下，可以对城乡建设与管理、环境保护、历史文化保护等方面的事项制定地方性法规。

我国的国情和实际，以及这种立法体制和权限的划分，决定了地方立法有自己的鲜明特点。一是空间大。我们国家不实行联邦制，但党中央精神和很多法律规定都有一个如何落地、如何接地的问题，很多事情需要结合地方实际来具体化，需要地方性法规发挥应有的作用，解决好法治通达群众、通达基层的“最后一公里”问题。二是灵活性大。具体到某一地方性法规，有细化性内容，有衔接性内容，有延伸性内容，有独特性内容，也有探索性内容。三是针对性强。便于开展“小切口”立法，聚焦所要解决的问题，确定小一些的题目进行专门立法。这在全国立法层面不容易做到，在地方立法中就比较容易做到。四是集合性强。就是把党中央有关精神、法律有关规定、国家有关政策等进行梳理集合后制定地方性法规，使之适应加强地方某方面工作的需要。

改革开放40多年来，有立法权的地方人大及其常委会在党中央和地方党委的领导下，坚持“不抵触、有特色、可操作”的原则，认真履行法定职责，以立法促改革、促发展、促创新，制定了一大批针对性强、实效性好的地方性法规，有效保证了宪法、法律、行政法规在本行政区域执行，引领当地改革和经济社会发展，为国家立法积累经验。此外，地方立法还形成较为完备的立法工作体制机制，建立起一支立法工作队伍。可以说，改革开放40多年来地方立法工作成效显著，具体表现在以下五个方面：

（一）积极开展实施性立法，保证宪法、法律、行政法规在本行政区域有效执行

各地围绕党和国家工作大局，结合本地区的实际情况，积极开展实

施性立法，使国家法律法规的规定更有针对性地解决本地问题，更具可执行性和可操作性，有效保证了宪法、法律、行政法规在本行政区域内贯彻执行。据统计，一些地方在国家法律、行政法规的补充和细化上下功夫，实施性立法占到当地制定的地方性法规一半以上，内容涉及经济、政治、文化、社会、生态环境保护等各个方面。天津修改《天津市实施〈中华人民共和国母婴保健法〉办法》，明确将婴儿保健服务普及6周岁以下儿童，明确婴幼儿保健服务的具体内容，为千万户家庭解决后顾之忧。山西在修订《山西省实施〈中华人民共和国水土保持法〉办法》时，针对矿产资源开发造成地貌植被损坏、加重水土流失的省情，提出“谁开发利用谁负责保护恢复、谁造成水土流失谁负责治理补偿”的保护治理原则，并首次规定将违法信息记入社会诚信档案，向全社会公布。辽宁制定《辽宁省实施〈中华人民共和国农村土地承包法〉办法》，针对该省较为突出的超留机动地处理、新增人口承包地来源等问题，作出了具体规定。黑龙江重新制定《黑龙江省老年人权益保障条例》，细化了国家立法关于子女陪护老年人的制度保障，规定老年人患病住院期间，独生子女陪护假每年累计20日，非独生子女陪护假每年累计10日等。河南制定《河南省实施〈中华人民共和国义务教育法〉办法》等法规，保护困难群众和弱势群体的合法权益。

（二）积极开展创制性立法，引领当地改革和经济社会发展

有特色是地方立法始终保持活力的内在因素，也是衡量地方立法质量的一条重要标准。体现地方特色，是地方立法价值和生命力所在。创制性法规最能突出法规的地方特色。各地根据经济社会发展需要，对由国家统一立法难以调整的本地方事务，积极开展创制性立法，充分发挥立法对当地改革和经济社会发展的引领和推动作用，为地方实现依法治理提供了法制保障。这类法规抓住各地特有的问题，针对性强，调整范

围较小，解决了国家立法“无法触及”的问题。北京制定《北京市全民健身条例》《北京市志愿服务促进条例》《北京市无障碍设施建设和管理条例》，为成功举办奥运会提供法制保障。河北制定《河北省农民工权益保障条例》，创制性地规定农民工工资清欠应急周转金制度、工资支付监控制度、建设领域工资保证金制度和建筑施工企业信用制度，推动解决农民工工资支付难问题。内蒙古制定《内蒙古自治区蒙医药中医药条例》《内蒙古自治区蒙古语言文字工作条例》《内蒙古自治区草原管理条例》等地方性法规，维护民族自治地方和少数民族的合法权益，促进民族团结和民族地区经济社会发展。吉林制定《吉林省黑土地保护条例》，将黑土地分为重点保护和治理修复两种类型，明确了保护重点，体现了最严格的生态保护精神。安徽为推动区域协调发展，制定《安徽省促进皖江城市带承接产业转移示范区发展条例》。江西制定《江西省医疗纠纷预防与处理条例》，引导医患纠纷双方通过合法程序化解矛盾。广东制定《广东省自主创新促进条例》，建立鼓励研究开发与成果创造、推动创新成果转化与产业化、强化创新型人才建设与服务等方面制度。广西针对部分地区属于喀斯特地貌、岩溶地质资源丰富的特征，制定《广西壮族自治区钟乳石资源保护条例》。贵州制定《贵州省大扶贫条例》，以法治化方式构建“全民战、全力帮、全面扶”的大扶贫格局。云南为推动以九大高原湖泊为代表的水资源保护，很早制定了滇池、洱海保护条例，之后不断加强对高原湖泊的保护立法，云南九大高原湖泊实现了“一湖一条例”。西藏坚定文化自信，制定《西藏自治区文物保护条例》《西藏自治区文化市场管理条例》《西藏自治区布达拉宫文化遗产保护管理条例》等法规，大力弘扬中华民族优秀传统文化，不断增强“五个认同”。宁夏立足生态脆弱、干旱少雨、荒漠化问题突出的实际，坚持把生态环境保护立法作为地方立法的重点，共制定生态环境保护方面法规、决定49件，占所制定的法规总数的30%。新疆制定《新疆维吾尔自治区去极端化条例》等，为依法维护社会稳定提供了法治保障。

（三）积极开展先行先试立法，为国家立法积累经验

各地依照法定权限，对国家尚未立法的事项，积极开展先行先试立法，充分发挥地方立法“试验田”的作用，为国家立法积累了经验。上海制定《中国（上海）自由贸易试验区条例》，积极构建自贸试验区的制度框架，提炼可复制、可推广的制度创新成果，确保先行先试在法治轨道上推进。江苏是社区矫正最早试点省份，率先制定《江苏省社区矫正工作条例》，为国家立法提供有益参考和借鉴。浙江率先就规范河长制专门出台地方性法规，让浙江6万余名河长履职有章可循、有法可依。福建发挥涉台立法“试验田”作用，探索两岸融合发展新路径，制定《福建省招收台湾学生若干规定》《福建省促进闽台农业合作条例》《福建省促进闽台职业教育合作条例》等。山东制定《山东省多元化解纠纷促进条例》，对各类纠纷化解途径、不同程序之间的衔接、构建保障机制等作出规范，着力整合调解、仲裁、行政裁决和复议等多种资源，为各类诉求提供了灵活便捷、成本低廉的解决途径。湖北制定《湖北省土壤污染防治条例》，为国家土壤污染防治立法积累了经验。湖南制定《湖南省募捐条例》，对募捐财产的性质、管理和使用，打造透明募捐箱，对诺而不捐等重点难点问题进行规范，为国家相关立法积累了有益的经验。海南制定《中国（海南）自由贸易试验区商事登记管理条例》，率先在全国实现商事登记“全岛通办”、简化简易注销公告程序、探索信用修复、减免商事主体信息公示事项、探索外国（地区）企业直接登记等五大制度创新，加快形成法治化、国际化、便利化的营商环境和公平开放统一高效的市场环境。重庆制定《重庆市家庭教育促进条例》，对推进家庭教育、传承文明家风、构建和谐幸福家庭起到引导和促进作用。四川制定《四川省政务服务条例》，巩固行政审批制度改革成果，为转变政府职能，促进政务服务的制度化、规范化提供法制保障。陕西制定《陕西

省公共信用信息条例》，为诚信建设立法探索经验。甘肃紧盯农村土地“白色污染”问题，制定《甘肃省废旧农膜回收利用条例》，有效解决不符合标准的农膜残留对土壤的污染和回收利用困难等问题，填补了这方面立法空白。青海制定《三江源国家公园条例（试行）》，是国内先行先试的国家公园方面的地方性法规，初步实现了依法建园和推进生态文明制度建设的必备要件，为开展国家公园相关立法进行了有益探索。

（四）形成较为完备的立法工作体制机制

各地在长期的地方立法工作实践中，不断探索完善立法工作体制机制，取得明显成效。一是制定地方立法条例，建立统一审议制度。各地注重建章立制，完善立法制度，规范立法活动。普遍制定并修改完善了地方立法条例；对立法规划和年度立法计划的编制，法规案的起草、审议、批准、公布，法规的解释、备案审查等事项作出明确制度规范。建立起比较完善的法规统一审议制度，做到法制委的“统”与其他委员会的“专”相统一，各方面的积极性形成合力，不断提高审议法规的能力和水平，提高审议的效果和质量。二是制定相关文件，提高地方立法工作规范化水平。建立健全坚持党对立法工作的领导机制，制定加强党领导立法工作的实施意见、重大立法事项向党委报告制度等。建立健全发挥人大及其常委会在立法工作中的主导作用工作机制，制定人大、政府及相关部门间的立法协调规范，以及人大代表参与立法决策制度。比如，广西加大人大牵头起草综合性、全局性、基础性法规草案的力度，在自治区十二届人大常委会期间，由人大牵头组织起草的法规案有 17 件，约占该届审议法规案总数的 30%。建立健全科学立法工作机制，制定立法项目论证、出台前评估、立法后评估、立法咨询顾问、专家论证等工作制度，提升地方立法的科学性。建立健全民主立法工作机制，制定法规草案向社会公开征求意见、立法听证、基层立法联系点等制度，使地方立法更加集中民智、反映民意。

（五）建立起一支立法工作队伍

立法工作是一项政治性、政策性、专业性、实践性都很强的工作，需要有一支高素质的立法专业人才队伍作支撑。各地注重加强立法工作机构建设，省级人大设置了法制委和常委会法工委，普遍建立起统一审议机构和立法工作机构。各设区的市（州）普遍成立了人大法制委和常委会法工委，基本的机构已建立起来。充实人员配备，省级人大常委会法工委人员配备一般在20～30人，设区的市人大常委会法工委人员配备一般在5～10人。各地积极采取有效措施，坚持“走出去、请进来”相结合，加强对立法工作人员的培训，不断提高立法工作队伍的正规化、专业化、职业化水平，形成了一支政治坚定、业务精通、作风过硬、务实高效的立法工作队伍，为各地人大常委会行使好立法权、提高立法质量发挥了积极作用。比如，广东在2018年上半年出台了关于加强立法工作队伍建设的若干意见，就加强全省的立法队伍建设提出明确要求，作出具体部署，明确有立法权的市人大常委会法制工作委员会配备约10名立法工作人员，广州、深圳两市适当增加人员。各地进一步明确人大常委会委员和专门委员会委员的任职资格，增加有法治工作经验的委员，逐步优化委员的知识结构和年龄结构，不断提高审议质量。

四、地方立法工作的基本经验

40年地方立法历程，形成了若干弥足珍贵的基本经验，这也是做好地方立法工作的基本要求。

一是，坚持党的领导，确保正确政治方向。中国共产党是执政党，是中国特色社会主义的领导核心。毫不动摇坚持党对立法工作的领导，是立法工作必须遵循的重大政治原则，也是做好立法工作的根本保证。地方人大在立法中，牢固树立“四个意识”，坚定“四个自信”，始终坚持党的领导、人民当家作主、依法治国有机统一，坚持中国特色社会主义法律体系建设的正确方向，坚决贯彻落实党中央的决策部署，向党的路线方针政策看齐，保证立法为促进地方经济建设、政治建设、社会建设、文化建设和生态文明建设服务。党的十八大以来，地方人大深入学习贯彻习近平新时代中国特色社会主义思想，尤其是习近平总书记全面依法治国新理念新思想新战略以及关于立法工作的重要论述精神。建立健全立法重大事项向党委请示报告制度，凡政治方面立法和涉及重大体制、重大政策调整的经济社会方面立法报党委讨论决定，立法规划和立法计划报党委批准，法规制定和修改的重大问题向党委报告，有力保证了立法促进当地经济社会发展。

二是，坚持围绕中心，服务大局，引领改革和经济社会发展。人大工作是党和国家工作的重要组成部分。做好地方立法工作，要紧紧围绕党的中心工作开展，主动对接、积极融入党和国家重大发展战略、重大决策部署，将贯彻落实党的路线、方针、政策和改革决策放在立法工作的首位。必须服从、服务于各地工作大局，把社会关注、群众关心和经济社会发展迫切需要解决的热点难点问题作为立法工作的重点。地方人大注重通过立法做好顶层制度设计，坚持立法决策与改革决策相衔接，紧紧围绕党中央和地方党委重大决策部署谋划立法工作，积极通过地方立法为改革决策提供制度支撑，努力做到重大改革于法有据、立法主动适应改革和经济社会发展需要。

三是，坚持以人民为中心，立法为民。坚持人民立场是立法的本质要求，是立法始终富于生命力的重要保障。地方人大坚持贯彻以人民为中心的立法理念，把实现好、维护好、发展好最广大人民根本利益贯穿于立法工作始终，正确处理好公权与私权的关系，处理好国家利益、集体利益、个人利益的关系，处理好不同社会群体的利益诉求，着力解决人民群众最关心、最直接、最现实的利益问题，通过立法补齐民生短板、维护社会公平正义，努力使每一项立法都符合宪法精神，反映人民意愿，得到人民拥护。

四是，坚持从当地实际出发，突出地方特色。地方立法要在坚持社会主义法制统一的前提下，严格遵循法定的立法权限、立法程序和上位法的立法精神。同时，必须立足于各地改革发展稳定的现实需要，妥善处理好普遍性与特殊性的关系，用好用足法律赋予的地方立法权，充分反映地方特色。地方人大坚持立足于当地具体情况和实际需要，突出立法的地方特色，在“不抵触”的前提下，注重务实管用，努力增强法规的针对性、可执行性，确保法规立得住、行得通、真管用，努力通过立法解决当地经济社会发展的突出问题，发挥地方性法规在中国特色社会主义法律体系中的重要作用。

五是，坚持科学立法、民主立法、依法立法，不断提高立法质量。习近平总书记指出，越是强调法治，越是要提高立法质量。实现良法善治，提高立法质量是关键。地方人大坚持在立法权限范围内，深入推进科学立法、民主立法、依法立法，积极探索新途径，遵循立法规律，立法工作机制不断精细化与完善化，尊重人民主体地位，拓展人民群众对立法工作的有序参与，努力提高地方立法质量，为实现良法善治提供保障。

六是，发挥人大及其常委会在立法工作中的主导作用。立法是一项综合性很强的工作，立法的各个环节需要各相关方面共同配合。有效推进立法进程，必然要求在党的领导下发挥人大及其常委会在立法中的主导作用。地方人大注重发挥作为地方国家权力机关的作用，行使好宪法法律赋予的立法职权，在立项、起草、审议环节努力发挥主导作用，形成党委领导、人大主导、政府依托、各方参与的新时期地方立法工作格局，统筹协调、各司其职、分工合作、形成合力，共同推进立法工作。

七是，坚持维护国家法制统一。地方人大在立法中坚持以宪法法律为依据，准确把握地方立法权限，坚持做到不越权、不抵触、依程序，守住维护法制统一的底线，切实解决本地经济社会发展中具有普遍性的现实问题。准确把握地方立法在中国特色社会主义法律体系中的定位，把确保宪法法律有效实施，作为地方立法的首要任务和重要使命。加强立法监督，建立和完善规范性文件备案审查制度，实行有件必备，有备必审，有错必纠，切实维护国家法制统一。

回顾新中国成立70年特别是改革开放40多年来的历史，充分证明赋予地方立法权，既是我国民主法治建设不断发展的结果，也是有力促进我国民主法治建设进程的保证；既是我们党对依法治国和国家治理方式认识不断深化的结果，也是提升国家治理能力和推进地方经济社会发展的制度保障，有效贯彻和体现了充分发挥地方主动性、积极性的原则。

党的十九大作出了一个重大判断：经过长期努力，中国特色社会主义进入了新时代，这是我国发展新的历史方位。新时代具有许多新的历史特点，呈现出许多新面貌，对立法工作提出了新的更高要求。我国社会主要矛盾已经转化为人民日益增长的美好生活需要和不平衡不充分的发展之间的矛盾。我国经济已由高速增长阶段转向高质量发展阶段。党的十九大站在更高起点上谋划和推进全面深化改革、扩大对外开放，提出了一系列重要改革举措，部署了一系列重大改革任务。深化全面依法治国实践给立法工作带来新的挑战。习近平总书记在中央全面依法治国委员会第二次会议上强调，发展要高质量，立法也要高质量，要努力提高立法工作质量和效率。地方立法工作必将顺应新时代新要求，坚持以习近平新时代中国特色社会主义思想为指引，密切关注人民对美好生活向往的新憧憬，强化使命担当，锐意改革创新，努力为经济社会发展提供高质量、高效用的制度供给，不断满足人民对民主、法治、公平、正义、安全、环境等日益增长的需求，依法引领、推动和保障新时代改革开放事业的顺利进行，为完善以宪法为核心的中国特色社会主义法律体系、推进国家治理体系和治理能力现代化作出新贡献。

贯彻落实“一国两制”方针的立法实践

1949年10月1日，中华人民共和国成立，但由于历史原因，香港、澳门、台湾地区没有实现与祖国的完全统一。新中国成立后，以毛泽东同志为核心的党的第一代中央领导集体，对和平解决历史遗留问题特别是台湾问题、促进祖国统一提出了规划设想，并着手付诸实施。对香港和澳门，党中央则从中华民族的根本利益和长远利益出发，从新中国社会主义建设的战略全局出发，坚持“长期打算，充分利用”的政策，成功打破了以美国为首的西方资本主义阵营对新中国的全面封锁。但由于国际国内形势风云变幻，特别是“文化大革命”的爆发，给党和国家事业带来严重损失，祖国和平统一步伐受到阻碍，港澳工作也受到冲击。

党的十一届三中全会决定将党和国家工作重点转移到经济建设上来，开启社会主义现代化建设新征程，再次将祖国和平统一事宜提上议事日程。20世纪80年代初，为实现国家和平统一，邓小平同志创造性地提出“一国两制”的科学构想，并首先用于解决香港问题。按照邓小平等领导同志的论述，“一国两制”是指在一个中国的前提下，国家的主体坚持社会主义制度，香港、澳门、台湾保持原有的资本主义制度长期不变。这是中国共产党和中国人民在国家治理模式上的伟大创造，是对国家治理的创新探索，体现了务实的创新精神和高超的政治智慧。

1982年12月4日，五届全国人大五次会议通过并公布施行现行宪法。现行宪法第31条规定：“国家在必要时得设立特别行政区。在特别行政区内实行的制度按照具体情况由全国人民代表大会以法律规定。”这个规定使“一国两制”构想成为国家制度的宪制安排，为保证实现国家和平统一，在某些区域设立实行不同于内地的社会制度和政策的特别行政区提供了宪法依据。1990年4月4日，七届全国人大三次会议通过香港特别行政区基本法，同时作出设立香港特别行政区的决定。1993年3月31日，八届全国人大一次会议通过澳门特别行政区基本法，同时作出设立澳门特别行政区的决定。香港特别行政区基本法、澳门特别行政区基本法是根据宪法制定的基本法律，规定了在香港特别行政区、澳门特别行政区实行的制度和政策，是“一国两制”方针政策的法律化、制度化，为“一国两制”在特别行政区的实践提供了法律保障。邓小平高度评价香港特别行政区基本法，称它是“一部具有历史意义和国际意义的法律”，是“一个具有创造性的杰作”[1]。1997年7月1日，中国政府对香港恢复行使主权，香港特别行政区成立，香港特别行政区基本法开始实施。1999年12月20日，中国政府对澳门恢复行使主权，澳门特别行政区成立，澳门特别行政区基本法开始实施。从此，宪法和特别行政区基本法共同构成特别行政区的宪制基础，香港和澳门进入了“一国两制”、“港人治港”、“澳人治澳”、高度自治的历史新纪元。这既是实施“一国两制”方针政策的历史性功绩，也是中华人民共和国成立70年特别是改革开放40多年以来我国立法工作的巨大成就，是我国推进国家治理体系和治理能力现代化的实践探索，为世界上尚未实现统一的国家提供了中国方案。

回归完成了香港和澳门宪制秩序的巨大转变，宪法和特别行政区基本法共同构成特别行政区的宪制基础。作为直辖于中央人民政府的特别行政区，香港和澳门从回归之日起，重新纳入国家治理体系。中央人民

---

〔1〕《邓小平文选》（第三卷），人民出版社1993年版，第352页。

政府依照宪法和特别行政区基本法对香港、澳门实行管治，与之相应的特别行政区制度和体制得以确立。宪法是国家根本法，是全国各族人民共同意志的体现，是特别行政区制度的法律渊源。特别行政区基本法是根据宪法制定的基本法律，是“一国两制”在特别行政区得以推行的法律依据和实践基础。根据香港、澳门特别行政区基本法第18条，在特别行政区实施的法律按照制定主体来划分可以分为两大类。一类是特别行政区本地法律，主要由特别行政区立法机关制定，包括根据特别行政区基本法的规定保留的原有的法律制度。另一类是适用于特别行政区的全国性法律，由全国人大及其常委会制定，主要包括四种情况：（1）宪法作为国家根本法在特别行政区的实施；（2）特别行政区基本法作为全国性法律在特别行政区的实施，包括全国人大常委会对特别行政区基本法作出的解释；（3）列入特别行政区基本法附件三的全国性法律在特别行政区的实施；（4）中央为特别行政区制定的其他法律法规或作出的决定决议。回顾中华人民共和国成立70周年的立法成就，当然应当包括香港特别行政区和澳门特别行政区的立法成就。这里重点回顾适用于特别行政区的全国性法律的制定和实施历程，这是国家立法的重大成就，对于保证特别行政区长期繁荣稳定具有重大意义。

一、宪法作为国家根本法在特别行政区的实施

党的十八届四中全会决定明确提出，“坚持宪法的最高法律地位和最高法律效力，全面准确贯彻‘一国两制’、‘港人治港’、‘澳人治澳’、高度自治的方针，严格依照宪法和基本法办事，完善与基本法实施相关的制度和机制，依法行使中央权力，依法保障高度自治，支持特别行政区行政长官和政府依法施政，保障内地与香港、澳门经贸关系发展和各领域交流合作，防范和反对外部势力干预港澳事务，保持香港、澳门长期繁荣稳定”。这明确了宪法及中央在特别行政区治理中应当发挥的重要

作用。

宪法作为国家的根本法，在国家全部领域包括香港特别行政区和澳门特别行政区具有最高法律地位和最高法律效力，在特别行政区予以贯彻实施理所当然。特别行政区作为中国的组成部分，尊重宪法在特别行政区的地位与效力，也是特别行政区履行维护国家主权、统一和领土完整义务的应有之义。

然而，宪法是否应当在特别行政区适用，在实践中存在不同认识。有的认为，宪法只有一部分条款适用于特别行政区，理由是根据“一国两制”原则，特别行政区应当实行不同于中国其他地区的制度。有的认为，只有宪法第 31 条，即规定特别行政区制度的宪法条款才适用。还有的认为，宪法整体上适用。这种观点表述得比较原则，听起来比部分适用说要更加全面，但是也容易被推定为“整体适用、个别条款不适用”。之所以会提出宪法是否在特别行政区适用的问题，源于两种考虑：一是认为特别行政区和内地实行不一样的制度，不但不实行社会主义制度，也不实行人民代表大会的根本政治制度和宪法规定的其他基本政治制度；二是认为香港、澳门两个特别行政区基本法就是特别行政区的宪法，因此不需要宪法的适用。这三种观点和两种考虑都存在一定的误区。

首先，特别行政区之所以不实行社会主义制度，源于宪法的明确授权。20 世纪 80 年代，为了和平解决国家统一问题，“一个国家，两种制度”首先作为一种政策，后来又作为一项基本原则用于解决香港、澳门等历史遗留问题。1982 年宪法制定时，宪法第 31 条成为这一原则和政策的具体体现。其后，在香港、澳门特别行政区基本法创制过程中，都明确是以宪法为依据、根据宪法的授权而制定的。

其次，基于宪法而创制的特别行政区基本法虽然属于宪法相关法，但不能取代宪法本身。特别行政区基本法是宪法确定的特别行政区制度的具体化，不能取代宪法作为全国性根本法的作用。不仅如此，从内容上来看，宪法的内容是对国家全局事务的规定，而特别行政区基本法主要是就国家局部地区局部事务的规定，前者可以覆盖后者，后者不能取代前者。在特别行政区局部地区不实行社会主义制度，正是宪法作出的制度安排，没有宪法，特别行政区、特别行政区基本法及其各项制度，就没有存在的合法性基础。宪法在特别行政区的实施并不触及特别行政区的社会制度，相反，恰恰为其更好实行现有制度提供了更有力的法律保障。医为宪法所规定的社会主义是在国家整体意义上的社会主义，而非每一个地区、每一个机构都要按照某一特定模式进行组织。

宪法在特别行政区的适用是整体的、全面的，同时也应当根据具体情况具体适用。实际上，从香港、澳门两个特别行政区的施政与司法实践来看，宪法在特别行政区的适用也是客观存在的事实。例如，特别行政区政府向中央人民政府汇报工作、提出议案不仅依据特别行政区基本法，也需要以宪法与其他宪法相关法为依据。此外，香港、澳门特别行政区的法院也都曾在其判词中援引宪法，并且不限于宪法第31条。这些政治与司法实践有力地说明，宪法在特别行政区的适用是全面的，所谓的宪法单条适用、部分适用说是偏颇的，甚至可以说是错误的。当然，在特别行政区全面适用宪法，并不是要以此干涉特别行政区的高度自治或取而代之。特别行政区需要尊重并适用宪法和特别行政区基本法以行使自治权，中央政府也会尊重宪法和特别行政区基本法以行使管治权。只有基于这样的共同基础，才能形成共识，确保“一国两制”方针行稳致远。

二、特别行政区基本法作为全国性法律在特别行政区的实施

根据香港、澳门特别行政区基本法第18条，在特别行政区适用的法律首先是“本法”。特别行政区基本法规定了特别行政区政治、经济、文化制度、居民的权利和义务、中央与特别行政区的关系等重大问题，是特别行政区行政、立法和司法的基础，也是中央和特别行政区都必须遵

守的宪法性法律。香港、澳门回归后，特别行政区基本法分别取代了各自原有的宪制性文件，开始在特别行政区实施。特别行政区基本法的最大特点，就在于它把原则性和灵活性紧密地结合起来，把维护国家的主权、统一和领土完整与授权特别行政区实行高度自治、保持港澳的繁荣与稳定紧密地结合起来，是保障国家对港澳的基本方针政策实施的基本法律，是体现“一国两制”方针的全国性法律。

“人大释法”是我国宪法规定的一项重要制度。根据宪法，全国人大常委会既是我国的立法机关，也是我国宪法和法律的最终解释机关。人们形象地把全国人大常委会对宪法和法律包括香港、澳门特别行政区基本法的解释简称为“人大释法”。“一国两制”是我们解决历史遗留的香港、澳门问题的基本政策。1997 年 7 月 1 日香港回归，香港特别行政区基本法开始在香港和内地生效。1999 年 12 月 20 日澳门回归，澳门特别行政区基本法开始在澳门和内地生效。从国家层面看，特别行政区基本法实施的一个重要方式就是通过全国人大常委会的解释得到落实和完善。因此，“人大释法”也是全面、准确落实“一国两制”方针和特别行政区基本法的应有之义。香港特别行政区基本法第 158 条和澳门特别行政区基本法第 143 条均规定，“本法”的解释权属于全国人大常委会。这就是说根据需要，全国人大常委会可以主动或者应请求随时对基本法的所有条款进行解释。特别行政区基本法同时规定，全国人大常委会授权特别行政区法院在审理案件时，对特别行政区基本法关于特别行政区自治范围内的条款自行解释。特别行政区法院在审理案件时，对特别行政区基本法的其他条款也可解释。但如特别行政区法院在审理案件时需要对特别行政区基本法关于中央人民政府管理的事务或中央和港澳特别行政区关系的条款进行解释，而该条款的解释又影响案件的判决，在对该案件作出不可上诉的终局判决前，应由特别行政区终审法院提请全国人大常委会对有关条款作出解释。如全国人大常委会作出解释，特别行政区法院在引用该条款时，应以全国人大常委会的解释为准。需要说明的是，全国人大常委会行使特别行政区基本法的解释权与港澳司法独立之间并不矛盾。港澳回归后，根据特别行政区基本法，港澳的司法终审权与特别行政区基本法的最终解释权一分为二。一方面，港澳享有独立的司法权和终审权；另一方面，特别行政区基本法的最终解释权属于全国人大常委会。法院的终审权与全国人大常委会对特别行政区基本法的最终解释权是并行不悖的两个权力。比如，香港终审法院在判决书中清晰指出，“人大释法”是全国人大常委会的宪制性权力，对香港法院有无可争辩的约束力，香港法院应该按照“人大释法”来处理有关案件。

1997年香港回归至今，共发生过五次“人大释法”〔1〕。全国人民代表大会常务委员会先后于1999年、2004年、2005年、2011年、2016年分别就香港永久性居民在香港以外所生中国籍子女等的居留权问题、行政长官产生办法和立法会产生办法修改的法律程序问题、补选产生的行政长官的任期问题、国家豁免规则、公职人员就职宣誓的宪制含义等问题，对香港特别行政区基本法及其附件的有关条款作出解释。每一次释法都是针对香港遇到的重大问题，内容直接关乎“一国两制”方针的正确贯彻落实，关乎香港的繁荣稳定，是党中央和中央人民政府运用法治思维和法治方式治理香港的重要体现。

---

〔1〕 这里所讲的五次“人大释法”，是指全国人大常委会五次解释香港特别行政区基本法。此外，1999年澳门回归后，全国人大常委会曾对澳门特别行政区基本法有关条款作过一次解释，明确澳门特别行政区行政长官产生办法和立法会产生办法修改的法律程序问题，即2011年12月31日，全国人大常委会就澳门特别行政区基本法附件一第7条和附件二第3条作出如下解释：第一，上述两个附件中规定的2009年及以后行政长官的产生办法、立法会的产生办法“如需修改”，是指可以进行修改，也可以不进行修改。第二，上述两个附件中规定的须经立法会全体议员2/3多数通过，行政长官同意，并报全国人大常委会批准或者备案，是指行政长官的产生办法和立法会的产生办法修改时必经的法律程序。只有经过上述程序，包括最后全国人大常委会依法批准或者备案，该修改方可生效。是否需要进行修改，澳门特别行政区行政长官应向全国人大常委会提出报告，由全国人大常委会依照澳门特别行政区基本法第47条和第68条规定，根据澳门特别行政区的实际情况确定。修改行政长官产生办法和立法会产生办法的法案，应由澳门特别行政区政府向立法会提出。第三，上述两个附件中规定的行政长官的产生办法、立法会的产生办法如果不作修改，行政长官的产生办法仍适用附件一关于行政长官产生办法的规定；立法会的产生办法仍适用附件二关于立法会产生办法的规定。

（一）第一次释法：解决港人在内地子女居港权争议

随着香港回归祖国，大量香港居民在内地所生子女的香港居留权问题引起香港社会广泛关注。1999 年 1 月 29 日，香港终审法院作出终审判决，认为香港特别行政区基本法第 24 条所指的香港居民所生子女，包括在其父或母成为香港永久性居民之前或之后所生的子女，以及婚生或非婚生子女；且同时宣布香港特别行政区基本法第 22 条第 4 款中对“中国其他地区的人”进入香港的限制也不适用于这些人士。该项判决改变了香港的出入境管理制度，立即引发了香港社会的讨论和担忧。香港特别行政区政府的调查统计表明，这项判决可能引发严重的社会问题，在此标准下，内地新增加的、具有香港居留权资格的人数将超过 167 万，占当时香港总人口的近 1/4。吸纳如此庞大的内地人士无疑将给香港带来巨大压力，香港的土地和社会资源根本无法满足大量新进入的人口在教育、房屋、医疗卫生、社会福利及其他方面的需要，这将严重影响香港的社会稳定和繁荣。

香港社会就该判决是否符合香港特别行政区基本法产生了争议。1999 年 5 月 19 日，香港立法会通过决议，支持政府请求“人大释法”。5 月 20 日，时任香港特别行政区行政长官董建华向国务院提交报告，认为这一判决内容与香港特别行政区政府对特别行政区基本法有关条款的理解不同，请求国务院提请全国人大常委会对特别行政区基本法有关条款作出解释。国务院对报告进行研究后，向全国人大常委会提出释法议案。1999 年，全国人大常委会对香港特别行政区基本法第 22 条第 4 款和第 24 条第 2 款第 3 项作出解释。解释明确规定，所有香港永久居民在内地所生中国籍子女要进入香港特别行政区，必须依法向特别行政区有关机关提出申请，获准后方能进入，如未按法律规定办理批准手续，即属违法。同时，释法对香港特别行政区永久性居民范围进行了更为明确的界定。

全国人大常委会通过这次释法消除理解分歧，平息社会纷争，有力防止了大批内地人士无序赴港，从而保障了香港社会的繁荣稳定和有序发展。

值得一提的是，香港终审法院在该判决的附带意见中表示，特别行政区法院可审查并宣布全国人大及其常委会的立法行为无效。这显然违反了香港特别行政区基本法的规定，是对全国人大及其常委会的宪法地位及“一国两制”方针的严重挑战。对此，1999年2月8日，肖蔚云等四位曾参与香港特别行政区基本法起草工作的内地法律专家表示：第一，全国人民代表大会是最高国家权力机关，全国人民代表大会的立法行为和决定是任何机构都不得挑战和否定的。第二，香港特别行政区是我国一个直辖于中央人民政府的地方行政区域，这种地位决定了特别行政区终审法院根本无权审查和宣布全国人大及其常委会的立法行为无效，否则相当于否定了国家主权。第三，特别行政区终审法院的管辖权是有限的，其中就包括不可置疑国家最高权力机关的立法行为。2月26日，香港终审法院作出澄清判决，表示全国人大常委会对香港特别行政区基本法解释权、全国人大及其常委会依据香港特别行政区基本法和香港特别行政区基本法所规定的程序行使任何权力，是不能置疑的。这一判决意义重大，它标志着“人大释法”在香港落地，成为香港法治的重要组成部分，也是国家通过宪法和基本法实施“一国两制”方针的成功实践。

（二）第二次释法：厘清香港政治体制发展程序

香港回归前，西方媒体大肆唱衰香港，认为香港回归中国之日，就是香港衰败之时。然而，香港回归后，香港社会不仅保持稳定，还在各方面都取得突出成就。不仅如此，中央政府还高度重视根据香港特别行政区基本法循序渐进地发展适合香港实际的民主制度。从2003年开始，香港社会围绕政治体制发展的讨论聚焦到香港特别行政区基本法附件一和附件二上。鉴于两个附件未对2007年以后行政长官和立法会的产生办法加以明确规定，香港社会一部分人借此大肆鼓吹要在2007年第三任行政长官选举及2008年第四届立法会选举中实现“双普选”，并拒绝中央在香港政治体制发展过程中的主导作用。

香港未来政治体制的发展，关系到“一国两制”方针和香港特别行政区基本法的贯彻实施，关系到中央与香港特别行政区的关系，关系到香港社会各阶层的利益，关系到香港的长期繁荣稳定。有鉴于此，2004年4月6日，全国人大常委会对香港特别行政区基本法附件一第7条和附件二第3条作出解释，明确了政制发展的启动程序，即：第一步，是否需要进行修改，行政长官应向全国人大常委会提出报告，由全国人大常委会依照香港特别行政区基本法第45条和第68条规定，根据香港特别行政区的实际情况和循序渐进的原则确定；第二步，修改行政长官的产生办法和立法会的产生办法，应由香港特别行政区政府向立法会提出；第三步，行政长官的产生办法和立法会的产生办法修改时，须经立法会全体议员2/3多数通过；第四步，行政长官的产生办法和立法会的产生办法修改时，须经行政长官同意；第五步，行政长官的产生办法和立法会的产生办法修改后，只有报全国人大常委会批准或者备案，该修改方可生效。本次释法，明确了香港政治体制是由全国人民代表大会制定的香港特别行政区基本法规定的，香港无权自行决定或改变其政治体制。与此同时，本次释法坚持了循序渐进发展香港政治体制的原则，为香港政治体制发展提供了清晰的法律指引，也显示了中央对循序渐进推进香港民主发展的决心和诚意，在香港政治体制发展史上具有里程碑意义。

（三）第三次释法：明确行政长官剩余任期

2005年3月12日，时任香港特别行政区行政长官董建华因健康原因辞职。根据香港特别行政区基本法及香港特别行政区行政长官选举条例的有关规定，须于7月10日选举新的行政长官。但是，新行政长官的任期到底是新的5年，还是原来行政长官的剩余任期（2年），香港社会对此存在不同意见，这就是所谓的“二五之争”。香港特别行政区政府认为，补选产生的新的行政长官的任期应为原行政长官任期的余下部分。据此，香港特别行政区政府需要修订香港特别行政区行政长官选举条例，把行政长官职位在原行政长官任内出缺时经补选产生的新的行政长官的任期，以清晰明确的条文规定下来。此种意见遭到包括某些立法会议员及一部分香港市民的强烈反对。有立法会议员公开表示，会就香港特别行政区行政长官选举条例的修订草案提出司法复核，而一旦进入司法复核程序，香港便不可能在短时间内产生新的行政长官，这将不利于香港的稳定与发展。为此，时任署理行政长官曾荫权向国务院提交报告，建议提请全国人大常委会对香港特别行政区基本法第53条第2款就新的行政长官的任期作出解释。

国务院研究后认为，特别行政区政府面临的问题，关系到香港特别行政区基本法第53条第2款的正确实施和新的行政长官的顺利产生，也关系到此后中央人民政府对特别行政区行政长官的任命，因此，向全国人大常委会提出《关于提请解释〈中华人民共和国香港特别行政区基本法〉第五十三条第二款的议案》。2005年4月27日，全国人大常委会对香港特别行政区基本法第53条第2款作出解释，指出在行政长官未任满5年任期造成行政长官缺位的情况下，新行政长官的任期为原行政长官的剩余任期，从而避免了一场宪制危机。

（四）第四次释法：明确香港在对外事务上的权限范围

2008年5月，一家在美国注册的公司向香港特别行政区高等法院原讼法庭提起诉讼，要求执行两份国际仲裁裁决。该诉讼以刚果民主共和国为被告、中国中铁股份有限公司及旗下3家子公司为连带被告。刚果民主共和国和中国中铁股份有限公司及其子公司主张，刚果民主共和国享有国家豁免，香港法院对刚果民主共和国无司法管辖权，且刚果民主共和国多次通过外交渠道向我国政府提出交涉。鉴于案件涉及国家主权和中央人民政府的外交权力，经授权，外交部通过驻香港特派员公署向香港特别行政区政府政制及内地事务局先后发出 3 封函件，说明中央人民政府关于国家豁免问题的立场，指出我国一贯坚持的国家豁免原则，并且统一适用于全国，包括香港特别行政区；香港特别行政区如果实行与中央立场不一致的国家豁免原则将对国家主权造成损害等。上述函件均由香港特别行政区政府律政司司长作为证据转交香港特别行政区法院。由于案件涉及香港特别行政区基本法实施的重大法律问题，香港特别行政区政府律政司司长依法参与诉讼。此案先后经香港高等法院原讼法庭、上诉法庭、终审法院开庭审理。

2011 年 6 月 8 日，香港终审法院作出临时判决，该判决涉及对香港特别行政区基本法关于中央人民政府管理的事务及中央和香港特别行政区关系条款的解释。香港特别行政区终审法院依据香港特别行政区基本法第 158 条第 3 款规定，向全国人大常委会提出释法请求。同年 8 月 26 日，全国人大常委会作出解释，明确管理与香港特别行政区有关的外交事务属于中央人民政府的权力，香港特别行政区有责任适用或实施中央人民政府决定采取的国家豁免规则或政策，而不得偏离上述规则或政策，也不得采取与上述规则或政策不同的规则。香港终审法院据此判刚果民主共和国胜诉。

第四次“人大释法”强调了国家豁免规则属于外交事务，香港法院无权处理以外国国家为被告或针对外国国家财产的案件。除此之外，这也是香港终审法院首次主动提请释法，意义重大，成为香港终审法院与全国人大常委会之间良性互动的典范。

（五）第五次释法：明确公职人员就职宣誓的宪制含义

2016 年香港特别行政区第六届立法会选举过程中，一些宣扬“港独”的人员报名参选，香港特别行政区选举主任依法决定其中 6 名公开宣扬“港独”主张的人不能获得有效提名。2016 年 10 月 12 日，在香港特别行政区第六届立法会就职宣誓仪式上，少数当选议员故意违反宣誓要求，公然宣扬“港独”，侮辱国家和民族。一名叫游蕙祯的候任议员在宣誓时，将一面印有英文“香港不属于中国”的旗帜摊在了宣誓桌上，并在接下来的宣誓中将香港称为国家，把中华人民共和国的“共和国”英文念成了英语粗口，还将 China 读成“支那”。另一名叫梁颂恒的候任议员则在宣誓时将一面宣称“香港不属于中国”的旗帜披在了身上，而且也在宣誓中把中国称作“支那”。事实上，所有立法会参选人在选举前都签署过一个法定声明，表明拥护中华人民共和国基本法，效忠中华人民共和国香港特别行政区。香港特别行政区选举管理委员会为此推出确认书，让所有参选人清楚明白拥护香港特别行政区基本法，包括拥护第 1 条、第 12 条和第 159 条第 4 款，即香港是中国不可分离的部分、香港直辖于中央人民政府，以及香港特别行政区基本法的任何修改不得与国家对香港既定的基本方针政策有所抵触。两人的宣誓被监誓人当场判定无效，他们宣扬“港独”，侮辱整个中华民族的行径立即引起香港社会和全球华人的公愤。宣誓闹剧当天，众多香港媒体以《冒犯国家同胞无资格做议员》《全港市民怒斥立法会最丑恶一天》等标题报道此事。在互联网上，许多国内外华人都表达了对此事的愤慨。

香港特别行政区基本法第 104 条规定，香港特别行政区行政长官、主要官员、行政会议成员、立法会议员、各级法院法官和其他司法人员在就职时，必须依法宣誓拥护香港特别行政区基本法、效忠中华人民共和国香港特别行政区。根据香港本地法律《宣誓及声明条例》第 21 条，如任何人拒绝或忽略作出其必须作出的誓言，则该人必须离任；该人若未就任，则须被取消就任资格。根据香港立法会议事规则，议员如未按照《宣誓及声明条例》规定进行宣誓，则不得参与立法会会议或表决。2016 年 10 月 18 日，香港立法会主席梁君彦裁定 5 名未依法宣誓的候任议员宣誓无效，但同时准许其于 19 日重新宣誓。对于这一裁定，香港特别行政区政府和大多数市民十分不满，香港特别行政区行政长官与律政司司长于当天晚上紧急向香港高等法院申请司法复核和禁制令，要求推翻立法会主席批准梁颂恒、游蕙祯等人重新宣誓的裁定。法院当晚紧急审理此案，裁决不予颁发临时禁制令，但接受司法复核申请，并决定于 11 月 3 日宣判。香港社会包括立法会内部及立法会与特别行政区政府之间对宣言的有效性，以及是否应该重新安排宣誓等议题产生意见分歧，严重影响立法会的正常运转和香港的政治稳定。

在这种情况下，2016 年 11 月 7 日，十二届全国人大常委会第二十四次会议全票通过《全国人民代表大会常务委员会关于〈中华人民共和国香港特别行政区基本法〉第一百零四条的解释》，依据香港特别行政区基本法的立法原意对第 104 条内容加以明确。该解释主要明确以下五方面内容：第一，拥护香港特别行政区基本法和效忠特别行政区政府不仅是誓词内容，亦是参选或出任公职人员包括立法会议员的法定资格和条件；第二，对宣誓内容和具体形式作了更为细致的规定，明确宣誓需要准确、完整、庄重；第三，明确不依法宣誓即丧失议员资格；第四，监誓人裁定宣誓无效不得安排重新宣誓；第五，宣誓具有法律约束力，作假誓或有违反誓言的行为均要承担法律责任。11 月 15 日，香港高等法院作出判决，裁定梁颂恒、游蕙祯二人议员资格被取消。法官认为二人行为客观及清楚地显示，无论在形式或内容上，他们均不愿依照香港特别行政区基本法第 104 条及《宣誓及声明条例》作出立法会宣誓，因此根据《宣言及声明条例》第 21 条规定，梁颂恒与游蕙祯二人依法被取消继续作为立法会议员的资格。二人随后提出上诉。11 月 30 日，上诉庭驳回二人上诉。12月2日，律政司代表行政长官，就4名立法会议员的誓词问题向特别行政区高等法院提起司法复核，要求法庭裁定他们的宣誓无效并颁令相应的议席悬空。2017年7月14日，高等法院作出判决，裁定刘小丽、罗冠聪、姚松炎、梁国雄4名立法会议员的宣誓没有法律效力，4人的议员资格被取消。

本次释法非常必要和及时，不仅针对立法会宣誓事件亮明了原则底线，坚决遏制“港独”分子进入立法会，且为今后反对和惩治“港独”活动提供了坚实法律基础，维护了宪法和香港特别行政区基本法权威及香港法治。

回顾全国人大常委会的五次释法经过，无论是人大主动释法，还是国务院或香港终审法院提请“人大释法”，每一次都是确有实际需要，都是出现了香港特别行政区基本法条文理解上的重大分歧，都是香港无法依靠自身解决，只有通过全国人大常委会释法才能定分止争、维护香港的繁荣稳定。“人大释法”是行使国家主权的重要方式，也是回归后香港法治的重要组成部分，对确保“一国两制”方针和香港特别行政区基本法的全面准确实施、维护香港的繁荣稳定发挥了巨大作用。

三、列入特别行政区基本法附件三的全国性法律在特别行政区的实施

根据香港、澳门两个特别行政区基本法第18条的规定，凡列于特别行政区基本法附件三的全国性法律，由特别行政区在当地公布或立法实施。也就是说，特别行政区实施附件三所列全国性法律有两种方式：一是直接公布实施；二是全国性法律无法直接适用，需要本地制度对接、机构配合的，可决定采取本地立法方式予以实施。特别行政区基本法允许特别行政区对全国性法律选择公布实施或立法实施，是“一国两制”方针政策的体现。

（一）全国性法律在香港特别行政区实施的情况

香港特别行政区基本法1990年通过时，全国人民代表大会决定将6部全国性法律列入香港特别行政区基本法附件三在香港实施。香港回归后，全国人大常委会分别于1997年、1998年、2005年、2017年四次增减附件三的全国性法律。截至2019年8月底，共有13部全国性法律在香港实施。

1. 1990年香港特别行政区基本法通过时，全国人民代表大会决定将下列6部全国性法律，自1997年7月1日起由香港特别行政区在当地公布或立法实施，具体包括：关于中华人民共和国国都、纪年、国歌、国旗的决议、关于中华人民共和国国庆日的决议、中央人民政府公布中华人民共和国国徽的命令（附：国徽图案、说明、使用办法）、中华人民共和国政府关于领海的声明、国籍法（为了适应香港的实际情况，更好实施国籍法，1996年5月15日八届全国人大常委会第十九次会议通过关于《中华人民共和国国籍法》在香港特别行政区实施的几个问题的解释）、外交特权与豁免条例。

2. 1997年7月1日香港回归时，全国人大常委会决定增加5部全国性法律在香港特别行政区实施，同时减少1部全国性法律。

在香港特别行政区基本法附件三中增加的5部全国性法律是：国旗法、领事特权与豁免条例、国徽法、领海及毗连区法、香港特别行政区驻军法。

在香港特别行政区基本法附件三中删去的1部全国性法律是中央人民政府公布中华人民共和国国徽的命令（附：国徽图案、说明、使用办法）。这部法律已由新的国徽法取代。

3. 1998年11月4日，全国人大常委会决定在香港特别行政区基本法附件三中增加专属经济区和大陆架法在特别行政区实施。

4. 2005 年 10 月 27 日，全国人大常委会决定在香港特别行政区基本法附件三中增加外国中央银行财产司法强制措施豁免法。

5. 2017 年 11 月 4 日，全国人大常委会决定在香港特别行政区基本法附件三中增加国歌法。

这里重点介绍将国歌法列入香港特别行政区基本法附件三的过程。国歌法颁布后，香港社会普遍认同这部全国性法律属于香港特别行政区基本法第 18 条第 3 款规定的法律，需要在香港特别行政区实施。2017 年 7 月 24 日，全国人大常委会香港基本法委员会召开会议，对国歌法草案及港澳回归后使用国歌的情况进行了认真深入的讨论。2017 年 9 月 9 日，全国人大常委会就将国歌法列入香港特别行政区基本法附件三向香港基本法委员会征询意见。2017 年 9 月 23 日，香港基本法委员会再次召开会议，进行了认真讨论和研究。香港基本法委员会委员一致同意将国歌法列入香港特别行政区基本法附件三，并依法向全国人大常委会提出以下意见：

第一，国旗、国徽和国歌是宪法规定的国家象征和标志，是国家和民族精神的重要体现，维护国旗、国徽、国歌的尊严，是每一位公民应尽的义务。国旗法、国徽法已经列入香港特别行政区基本法附件三。国歌法列入香港特别行政区基本法附件三在香港特别行政区实施，符合香港特别行政区基本法的规定，与香港回归祖国后将同类法律列入香港特别行政区基本法附件三的做法保持一致，是适当的。

第二，考虑到近些年香港社会出现一些不尊重国歌的现象，这部全国性法律在香港特别行政区实施更具有迫切性和重要性。全国人大常委会决定将国歌法列入香港特别行政区基本法附件三之后，建议香港特别行政区及时进行本地立法，根据国歌法的规定，制定适应香港实际情况的本地法律，以保证国歌法在香港特别行政区全面实施。

第三，目前列于香港特别行政区基本法附件三的关于中华人民共和国国都、纪年、国歌、国旗的决议，仍然是有效的全国性法律，这个决议中关于纪年的规定是目前有关纪年的唯一法律性规定，在全国人大常委会决定将国歌法列入香港特别行政区基本法附件三之后，该附件三仍应保留关于中华人民共和国国都、纪年、国歌、国旗的决议。国歌法列入香港特别行政区基本法附件三在香港特别行政区实施，将有效防止并处理香港近年来发生的一些挑战“一国两制”原则底线和社会价值底线的不尊重国歌的事件，有利于推动香港社会形成正确使用国歌、崇尚国歌、维护国家尊严的社会风尚，提升香港居民的国家观念和爱国意识。

需要注意的是，这 13 部列入香港特别行政区基本法附件三的全国性法律在香港的实施情况并不平衡。经过梳理，截至 2019 年 8 月底，关于中华人民共和国国都、纪年、国歌、国旗的决议，关于中华人民共和国国庆日的决议，中华人民共和国政府关于领海的声明，国籍法，外交特权与豁免条例，领事特权与豁免条例，领海及毗连区法，香港特别行政区驻军法，专属经济区和大陆架法等 9 部法律已公布实施；国旗法和国徽法这两部法律已经通过国旗及国徽条例立法实施；国歌法已进入本地立法程序；外国中央银行财产司法强制措施豁免法尚未公布实施，也未进入本地立法。

（二）全国性法律在澳门特别行政区实施的情况

澳门特别行政区基本法 1993 年通过时，全国人民代表大会决定将 8 部全国性法律列入澳门特别行政区基本法附件三在澳门实施。1999 年澳门回归时全国人民代表大会决定增加 2 部全国性法律，2005 年、2017 年全国人大常委会又决定各增加 1 部。截至 2019 年 8 月底，共有 12 部全国性法律在澳门实施。

1. 1993 年澳门特别行政区基本法通过时，全国人民代表大会决定下列 8 部全国性法律自 1999 年 12 月 20 日起由澳门特别行政区在当地公布或立法实施，具体包括：关于中华人民共和国国都、纪年、国歌、国旗的决议，关于中华人民共和国国庆日的决议，国籍法，外交特权与豁免条例，领事特权与豁免条例，国旗法，国徽法，领海及毗连区法。

2. 1999年12月20日澳门回归时，全国人大常委会决定增加2部全国性法律在澳门特别行政区实施：专属经济区和大陆架法、澳门特别行政区驻军法。

3. 2005年10月27日，全国人大常委会决定在澳门特别行政区基本法附件三中增加外国中央银行财产司法强制措施豁免法。

4. 2017年11月4日，全国人大常委会决定在澳门特别行政区基本法附件三中增加国歌法。

（三）非常情况下全国性法律在特别行政区的实施

上述是在正常情况下全国性法律在特别行政区实施的情况。香港、澳门特别行政区基本法都规定，全国人大常委会决定宣布战争状态或因特别行政区内发生特别行政区政府不能控制的危及国家统一或安全的动乱而决定特别行政区进入紧急状态，中央人民政府可发布命令将有关全国性法律在特别行政区实施。根据这一规定，中央人民政府在上述规定的特殊情况下，可以发布命令把有关全国性其他法律在特别行政区实施。

四、中央为特别行政区制定的其他法律法规或作出的决定决议

除宪法、特别行政区基本法和被列入特别行政区基本法附件三的全国性法律在特别行政区实施外，回归后全国人大及其常委会还在宪法和特别行政区基本法赋予的职权范围内为特别行政区制定了其他法律或作出了决定决议。

（一）香港特别行政区、澳门特别行政区全国人民代表大会代表产生办法

香港、澳门特别行政区基本法第 21 条都规定，特别行政区居民中的中国公民依法参与国家事务的管理。人民代表大会制度是我国的根本政治制度，全国人民代表大会是最高国家权力机关，因此，特别行政区居民参与国家管理的主要方式是参加全国人民代表大会的活动。但是，由于特别行政区的政治体制不同于内地，不设人民代表大会及其常务委员会，也不能适用内地的选举法。全国人民代表大会代表的产生又不属于特别行政区高度自治的事项，也不能适用特别行政区本地立法机构成员选举的法律。特别行政区全国人民代表大会代表的产生属于中央负责的事项，只能由全国人民代表大会制定单行的法律来规定。

为此，1997 年 3 月 14 日，八届全国人大五次会议通过了香港特别行政区选举第九届全国人民代表大会代表的办法。此后，全国人大常委会于 1998 年 10 月 27 日作出关于补选出缺的香港特别行政区第九届全国人民代表大会代表的决定，于 1999 年 1 月 30 日作出关于香港特别行政区第九届全国人民代表大会代表辞去代表职务的办法的决定，对香港特别行政区选举第九届全国人民代表大会代表的办法作了补充和完善。1999 年 3 月 15 日，九届全国人大二次会议通过了澳门特别行政区选举第九届全国人民代表大会代表的办法。这两个选举办法是全国人民代表大会为特别行政区制定的单行法，是我国关于在特别行政区选举产生全国人民代表大会代表的特别法。从此以后，每届全国人民代表大会的最后一次会议都要通过下一届港澳全国人民代表大会代表的产生办法，对以前的产生办法进行必要的调整或修改。2002 年 3 月 15 日，九届全国人大五次会议通过香港特别行政区选举第十届全国人民代表大会代表的办法和澳门特别行政区选举第十届全国人民代表大会代表的办法。2007 年 3 月 16

日，十届全国人大五次会议通过香港特别行政区选举第十一届全国人民代表大会代表的办法和澳门特别行政区选举第十一届全国人民代表大会代表的办法。2012 年 3 月 14 日，十一届全国人大五次会议通过香港特别行政区选举第十二届全国人民代表大会代表的办法和澳门特别行政区选举第十二届全国人民代表大会代表的办法。2017 年 3 月 15 日，十二届全国人大五次会议通过香港特别行政区选举第十三届全国人民代表大会代表的办法和澳门特别行政区选举第十三届全国人民代表大会代表的办法。

（二）对香港特别行政区政治体制发展问题作出决定

香港特别行政区基本法的一个重要内容就是要推动香港民主的发展，使民主制度化、法律化。香港特别行政区行政长官和主要官员必须由香港永久居民中的中国公民担任，中央不派官员到特别行政区政府任职。从“英人治港”到“港人治港”，这本身就是巨大的民主进步，是香港同胞当家作主的生动表现，是香港走向民主的里程碑。香港特别行政区基本法还规定，根据香港的实际情况和循序渐进的原则，行政长官和立法会全体议员最终实现由普选产生。由此可见，香港特别行政区基本法规定的政治体制是一个民主的、科学的政治体制，更为重要的是，它还明确规定了香港发展政治体制、走向民主的原则和步骤，为香港最终实现全面民主指明了发展方向。相比香港以前的宪制性法律《英皇制诰》和《皇室训令》，香港特别行政区基本法的原则、精神和内容都是十分民主的。一个不可否认的事实是，香港同胞只有在 1997 年后按照香港特别行政区基本法的规定，才开始真正当家作主，行使自己的民主权利，香港政治体制的真正民主化是从回归祖国重新纳入国家治理体系后才开始的。

香港回归以来，香港居民获得了前所未有的民主权利。根据香港特别行政区基本法，香港居民有史以来第一次通过法定形式参加了行政长官的产生过程，行政长官的选举结果与各种事前民意调查结论高度一致，表明行政长官具有广泛的民意基础。在立法会60名议员选举方面，1998年第一届立法会分区直接选举议员人数是20名，2000年第二届立法会直选议员扩大到24人，2004年第三届立法会直选议员扩大到30人，占议员人数的一半。

香港特别行政区是直辖于中央人民政府的享有高度自治权的地方行政区域。香港特别行政区的高度自治权源于中央的授权。香港特别行政区的政治体制是由全国人民代表大会制定的香港特别行政区基本法予以规定的。我国是单一制国家，地方无权自行决定或改变其政治体制。香港政治体制的发展，涉及中央和特别行政区的关系，必须在香港特别行政区基本法的框架内进行。修改行政长官的产生办法和立法会的产生办法，是香港政治体制发展中的重大问题；是否需要修改和如何修改，决定权在中央。这是宪法和香港特别行政区基本法确立的一项极为重要的原则，也是“一国两制”方针的应有之义。尽管香港社会对政治体制发展的路径存在争议，但中央推动香港民主的决心没有变、步伐没有停。

2004年4月6日，为进一步推动香港民主政治发展，全国人大常委会解释了香港特别行政区基本法附件一第7条和附件二第3条，明确了政治体制发展的启动程序。据此，2004年4月15日，香港特别行政区行政长官董建华向全国人大常委会提交了关于香港特别行政区2007年行政长官和2008年立法会产生办法是否需要修改的报告。4月26日，全国人大常委会通过决定，批准香港特别行政区朝着更加民主化的方向修改2007年行政长官和2008年立法会产生办法。根据这一决定，特别行政区政府经过18个月的广泛咨询，于2005年12月21日向香港立法会提出了一个更加民主的政治体制改革方案。尽管这个方案没有获得立法会全体议员2/3多数通过，中央和特别行政区政府仍然表示将依照香港特别行政区基本法进一步推动香港民主的发展。

2007年12月12日，香港特别行政区行政长官曾荫权向全国人大常委会提交了关于香港特别行政区政制发展咨询情况及2012年行政长官和立法会产生办法是否需要修改的报告。全国人大常委会依据香港特别行政区基本法的有关规定和《全国人民代表大会常务委员会关于〈中华人民共和国香港特别行政区基本法〉附件一第七条和附件二第三条的解释》，于2007年12月29日通过了《全国人民代表大会常务委员会关于香港特别行政区2012年行政长官和立法会产生办法及有关普选问题的决定》，明确指出：2012年香港特别行政区第四任行政长官的具体产生办法和第五届立法会的具体产生办法可以作出适当修改。2017年香港特别行政区第五任行政长官的选举可以实行由普选产生的办法；在行政长官由普选产生以后，香港特别行政区立法会的选举可以实行全部议员由普选产生的办法。2010年6月24日、25日，香港特别行政区立法会均以超过全体议员总数2/3的多数票赞成，先后通过了关于2012年行政长官和立法会产生办法的修订议案，从而通过了香港2012年政改方案。根据这两项议案，全国人大常委会分别对2012年香港特别行政区行政长官和立法会的产生办法作出修改。其中，对2012年香港特别行政区行政长官产生办法的修改内容包括：行政长官选举委员会人数由800人增至1200人，行政长官选举委员会由工商、金融界，专业界，劳工、社会服务、宗教等界，特别行政区立法会议员、区议会议员的代表、乡议局的代表、港区全国人民代表大会代表、港区全国政协委员的代表，共四大界别人士组成，每个界别300人，不少于150名的行政长官选举委员会委员可联合提名行政长官候选人等。对2012年香港特别行政区立法会产生办法的修改内容包括：立法会议席总数由60席增至70席，其中功能组别和分区直选议席各为35席。该方案获得通过，从而迈出香港民主发展进程中的"一大步"。

2013年12月4日至2014年5月3日，香港特别行政区政府就2017年行政长官产生办法和2016年立法会产生办法进行了广泛、深入的公众咨询。咨询过程中，香港社会普遍希望2017年实现行政长官由普选产生，并就行政长官普选办法必须符合香港特别行政区基本法和全国人大常委会有关决定、行政长官必须由爱国爱港人士担任等重要原则形成广泛共识。对于2017年行政长官普选办法和2016年立法会产生办法，香港社会提出了各种意见和建议。在此基础上，香港特别行政区行政长官梁振英就2017年行政长官和2016年立法会产生办法修改问题向全国人大常委会提出报告。2014年8月31日，全国人大常委会就香港特别行政区行政长官普选问题和2016年立法会产生办法作出决定，明确了行政长官普选的核心要素和制度框架，明确了2016年立法会产生办法不作修改。决定还明确，从2017年开始，香港特别行政区行政长官可以实行由普选产生的办法，在实行行政长官普选时，须组成一个有广泛代表性的提名委员会，按照民主程序产生2～3名行政长官候选人，每名候选人均须获得提名委员会全体委员半数以上的支持。这既是一项重大法律决定，也是一项重大政治决断，体现了中央落实香港行政长官普选的坚定立场，有利于香港更好地凝聚社会共识，达成普选目标，走好香港政治体制发展的关键一步。香港特别行政区政府通过广泛、深入的公众咨询，2015年4月22日向立法会提交了行政长官普选法案。由于立法会内反对派议员联手否决，法案未能获得香港特别行政区基本法规定的全体议员2/3多数支持而未获通过。

（三）对香港特别行政区作出新的授权

香港回归前的1996年，全国人大常委会即授权香港特别行政区政府指定其入境事务处为香港特别行政区受理国籍申请的机关，根据国籍法及其解释规定对所有国籍申请事宜作出处理。香港回归后的2006年，全国人大常委会授权香港对深圳湾口岸港方口岸区依照特别行政区法律实施管辖。2017年，全国人大常委会作出批准“一地两检”合作安排的决定。这里重点介绍后一个决定。

广深港高铁是内地与香港特别行政区大型基础设施建设重大合作项目。为实现香港特别行政区与全国高铁网络互联互通，保障广深港高铁香港段的运输、经济和社会效益最大化，中央有关部门、广东省人民政府与香港特别行政区政府经反复研究，并参考了此前在广东省深圳湾设立内地口岸区和港方口岸区并实施“一地两检”的模式，一致认为，在广深港高铁香港特别行政区西九龙站（以下简称西九龙站）设立口岸并实施“一地两检”是最佳方案。该方案的主要内容是，在西九龙站设立口岸，分为香港口岸区和内地口岸区，由双方分别按照各自法律，对乘坐高铁往来于内地与香港特别行政区的人员及其随身物品和行李，进行出入境边防检查、海关监管、检验检疫等出入境监管。鉴于在西九龙站实施“一地两检”涉及在香港特别行政区区域内设立内地口岸区以及内地与香港特别行政区管辖权（包括司法管辖权）的划分和法律适用，需要根据香港特别行政区基本法明确相应的法律依据和具体实施办法，中央有关部门和香港特别行政区政府经过深入研究后同意采取“三步走”程序作出有关安排，即：第一步，内地和香港特别行政区签署《内地与香港特别行政区关于在广深港高铁西九龙站设立口岸实施“一地两检”的合作安排》（以下简称《合作安排》）；第二步，由国务院提请全国人大常委会批准《合作安排》；第三步，双方通过各自法律程序落实《合作安排》。

2017年7月25日，香港特别行政区政府公布了在香港西九龙站实行“一地两检”的框架安排。11月15日，香港特别行政区立法会通过动议支持在西九龙站实行“一地两检”。经国务院授权，2017年11月18日，广东省人民政府省长马兴瑞代表内地与香港特别行政区行政长官林郑月娥正式签署《合作安排》，完成了“三步走”程序的第一步。

2017年12月27日，全国人大常委会作出批准“一地两检”《合作安排》的决定。“一地两检”《合作安排》与香港特别行政区基本法的理解和适用密切相关，主要包括以下三个方面：一是香港特别行政区与内地签署《合作安排》的权力来源；二是与全国性法律在香港特别行政区实施有关规定的关系；三是与全国人大常委会有关授权条文的关系。

根据全国人大常委会批准的《合作安排》，有关方面均已完成法律程序，“一地两检”已经成功实施。在西九龙站实施“一地两检”有利于实现香港特别行政区与全国高铁网络的互联互通及广深港高铁香港段的运输、经济、社会效益最大化，有利于促进香港特别行政区与内地之间的人员往来和经贸活动，有利于深化香港特别行政区与内地的互利合作，有利于香港特别行政区更好地融入国家发展大局，对于保持香港特别行政区长期繁荣稳定具有重要意义。

（四）对澳门特别行政区作出新的授权

澳门回归前的1998年，全国人大常委会即授权澳门特别行政区政府指定其有关机构，根据国籍法及其解释规定对所有国籍申请事宜作出处理。与香港不同，澳门国籍问题的特殊性表现为存在一个既有中国血统同时又具有葡萄牙血统的葡萄牙后裔居民问题。他们希望对其国籍问题可以采取灵活务实的解决方法。正是基于这一历史背景和现实情况，1994年4月，葡萄牙总理席尔瓦访华时，李鹏总理表明了“中国政府无意强求在澳门出生的葡后裔居民做中国公民，允许其根据自愿的原则自由选择国籍”的立场。为贯彻自由选籍这一立场，全国人大常委会明确规定：“凡具有中国血统但又具有葡萄牙血统的澳门特别行政区居民，可根据本人意愿，选择中华人民共和国国籍或葡萄牙共和国国籍。确定其中一种国籍，即不具有另一种国籍。上述澳门特别行政区居民，在选择国籍之前，享有澳门特别行政区基本法规定的权利，但受国籍限制的权利除外。”这一条规定充分体现了灵活、务实、宽松处理葡萄牙后裔居民国籍问题的原则，有利于社会稳定，有利于澳门的平稳过渡和顺利交接。

澳门回归后的2009年，全国人大常委会授权澳门特别行政区对设在横琴岛的澳门大学新校区实施管辖。澳门大学是澳门目前规模较大、在澳门高等学校中具有代表性的综合性公立大学，当时在校学生近6600人。由于校园面积仅有5.4万平方米，教学设施拥挤不堪，学校发展受到严重制约。鉴于澳门特别行政区地域狭小，已无适合的土地供澳门大学扩建，澳门特别行政区于2009年4月24日请求中央政府同意在与澳门隔河相望的广东省珠海市横琴岛，为澳门大学提供面积约1平方公里的新校址，由专用通道与澳门特别行政区连接；同时提出，为了使澳门大学迁址到横琴岛后办学宗旨、理念、特色和管理模式等保持不变，请求国务院参照全国人大常委会授权香港特别行政区对深圳湾口岸港方口岸区依照香港特别行政区法律实施管辖的先例，提请全国人大常委会授权澳门特别行政区对横琴岛澳门大学新校区依照澳门特别行政区法律实施管辖。为了支持澳门特别行政区发展教育、培养人才，促进澳门特别行政区更好更快发展，国务院同意澳门特别行政区关于将澳门大学迁址到广东省珠海市横琴岛的请求。澳门大学迁址到广东省珠海市横琴岛后，需要按照澳门特别行政区法律实施管辖。为此，根据国务院提出的议案，全国人大常委会作出决定："授权澳门特别行政区自横琴岛澳门大学新校区启用之日起……对该校区依照澳门特别行政区法律实施管辖。"同时规定，"横琴岛澳门大学新校区与横琴岛的其他区域隔开管理"，横琴岛澳门大学新校区的范围，由国务院规定；横琴岛澳门大学新校区土地使用权取得方式和使用期限，由国务院依照有关法律的规定确定。在全国人大常委会作出授权决定、国务院对广东省人民政府和澳门特别行政区政府作出批复后，澳门特别行政区政府同广东省珠海市人民政府签订以租赁方式取得横琴岛澳门大学新校区土地使用权的国有土地租赁合同。关于横琴岛澳门大学新校区的选址和用地范围，经珠海市与澳门特别行政区政府协商，国务院决定，横琴岛澳门大学的校址选在横琴口岸南侧，环岛东路和十字门水道之间面积为 1.0926 平方公里的区域内，由专用通道通往澳门特别行政区。考虑到澳门特别行政区基本法第 5 条规定，澳门特别行政区保持原有的资本主义制度和生活方式 50 年不变，同时参照土地管理法律法规有关教育用地出让的最高年限为 50 年的规定，国务院决定，横琴岛澳门大学新校区的土地使用期限自该校区启用之日起至 2049 年 12 月 19 日止；经双方协商并按程序报国务院批准，可提前终止土地使用权或者在租赁期满后续期。

邓小平同志在 20 世纪 80 年代创造性地提出的“一国两制”伟大构想，最初目的是解决台湾问题。目前，“一国两制”方针已在香港特别行政区、澳门特别行政区成功实践，也将为“一国两制”方针在台湾地区的落实提供有益借鉴。回顾贯彻落实“一国两制”方针的立法实践，我们深刻感受到，宪法和特别行政区基本法是“一国两制”方针坚实的法制保障，对于保证香港特别行政区和澳门特别行政区长期繁荣稳定具有重大意义，也为解决台湾问题、实现祖国完全统一积累了重要经验。改革开放 40 多年来，全国人大及其常委会认真贯彻落实党中央对台大政方针，依法行使职权，为发展两岸关系、促进祖国和平统一作出了积极努力。1994 年 3 月，全国人大常委会通过台湾同胞投资保护法；2005 年 3 月，十届全国人大三次会议高票通过反分裂国家法；长期以来，台湾省籍人大代表依法积极参与国家事务管理。实践证明，“和平统一、一国两制”是实现国家统一的最佳方式，体现了海纳百川、有容乃大的中华智慧。2014 年 10 月，党的十八届四中全会提出，“运用法治方式巩固和深化两岸关系和平发展，完善涉台法律法规，依法规范和保障两岸人民关系、推进两岸交流合作。运用法律手段捍卫一个中国原则、反对‘台独’，增进维护一个中国框架的共同认知，推进祖国和平统一”。2019 年 1 月 2 日，习近平总书记在《告台湾同胞书》发表 40 周年纪念会上的重要讲话中，提出新时代推动两岸关系和平发展、推进祖国和平统一进程的重大决策主张，明确提出探索“两制”台湾方案，创造性地提出开展两岸民主协商，就两岸关系和平发展达成制度性安排，体现了开放、自信、务实的态度，开启了新时代和平统一的新征程，必将对两岸关系的未来发展产生深远影响。我们坚信，在党中央的坚强领导下，“一国两制”的伟大实践将继续丰富，涉台立法将不断完善，为解决台湾问题、实现祖国完全统一打下坚实法治基础。

新中国成立 70 年人权保障立法成就

我国宪法明确规定："国家尊重和保障人权。"通过建立健全尊重和保障人权的法律制度体系，促进人权事业全面发展，是中国共产党长期探索形成的立场和主张，也是全国人大及其常委会的工作重点和目标任务。[1] 新中国成立 70 年来，我国人权保障立法工作取得了巨大成就和显著进步。随着中国特色社会主义法律体系的形成和不断完善，中国特色社会主义法治体系建设持续推进，公民的生存权、发展权、人身权、财产权、基本政治权利和自由、劳动权、受教育权、社会保障权和平等权等各方面权利，在宪法法律上得到确认和保障，在法律实施中得到落实和发展，从"纸面上的权利"真正成为"行动中的权利"。

党的十八大以来，以习近平同志为核心的党中央毫不动摇坚持和发展中国特色社会主义，强调人民对美好生活的向往就是我们的奋斗目标，贯彻以人民为中心的发展思想；坚定不移推进全面依法治国，强调坚持法治为了人民、依靠人民、造福人民、保护人民，加强人权法治保障，实现公民权利保障法治化。中国特色社会主义进入新时代，我国人权保障理念更加先进鲜明，人权保障法律制度更加健全完备，人权保障道路更加明确坚定。

---

[1] 参见沈春耀：《加强人权保障法制建设　促进人权事业全面发展》，载中华人民共和国外交部国际司主编：《中国人权新成就（2012～2017）》，世界知识出版社 2018 年版，第 15 页。

70年来人权保障立法坚持党的领导、人民当家作主和依法治国有机统一，充分体现出党的主张和人民意愿的高度一致性，充分体现出我们党建立和完善人民代表大会制度的初心和使命；70年来人权保障立法坚持从中国国情出发，实事求是，深深植根于我国社会主义革命、建设和改革伟大实践中，展现出我国经济社会长足发展、国力日益强盛的社会主义优越性；70年来人权保障立法坚持以人民为中心，书写了一部波澜壮阔的人权发展史、保护史，不断发挥出保护人民群众权利、发展人民群众权益的制度优势。中国人权事业发展之所以能够取得如此辉煌成就，关键在于我们坚定不移地走中国特色人权发展道路。这是一条以国情为基础、以人民为中心、以发展为要务、以法治为准绳、以开放为动力的道路。[1] 人权保障立法为这条道路奠定了坚实的法治基础、制度基础。

一、1949年新中国成立开启了我国人权保障立法的初步探索

1949年10月中华人民共和国成立，中国人民从此站起来了，成为国家的主人，真正实现当家作主，为人权保障立法提供了优越的前提条件和坚实的依托。具有临时宪法性质的《共同纲领》规定了中华人民共和国人民享有的权利，规定了中华人民共和国人民行使国家权力的各项制度。从此，中国人民的人权事业以崭新的面貌开启了新的发展历程。

在波澜壮阔的中国革命时期，我们党以马克思列宁主义人权观、法律观为指导，坚持马克思主义基本原理与中国革命具体实际紧密结合，中国共产党人的人权法治观逐渐萌芽、形成并发展起来。新民主主义革命时期，以毛泽东同志为代表的中国共产党人，从理论和实践两方面，对建立人民民主、实现人民当家作主、发展和保障人民权利进行了探索，取得了创造性成果。新中国成立后，随着我国逐步向社会主义过渡，我

---

〔1〕 参见三毅：《沿着中国特色人权发展道路继续前进》，载中华人民共和国外交部国际司主编：《中国人权新成就（2012～2017）》，世界知识出版社2018年版，第3～4页。

们党的人权法治观进一步发展，形成了一系列鲜明的理论观点。主要有：社会主义国家公民享有比资本主义国家公民更广泛的权利和自由[1]；社会主义人民享有的权利是广泛的，既包括公民权利与政治权利，也包括经济、社会和文化权利[2]；强调人民权利与义务相一致[3]；注重人权的国家保障[4]；等等。这一时期，我们党的人权法治观直接指导了我国法治建设和实践，在人权保障立法方面取得了巨大成绩。

这一时期的人权保障立法成就主要有：

一是，制定《共同纲领》和1954年宪法，为人权保障提供根本法依据。宪法是国家法律法规和各种制度的总依据，是人民当家作主和公民基本权利的根本法保障。列宁曾精辟指出："什么是宪法？宪法就是一张

〔1〕 1954年9月，刘少奇同志在关于中华人民共和国宪法草案的报告中指出："在宪法草案的许多条文中，规定了我国公民享有广泛的自由和权利……我们的国家所以能够关心到每一个公民的自由和权利，当然是由我国的国家制度和社会制度来决定的。任何资本主义国家的人民群众，都没有也不可能有我国人民这样广泛的个人自由。"1957年2月，毛泽东同志在《关于正确处理人民内部矛盾的问题》中指出："我们的宪法又规定：国家机关实行民主集中制，国家机关必须依靠人民群众，国家机关工作人员必须为人民服务。我们的这个社会主义的民主是任何资产阶级国家所不可能有的最广大的民主。"参见全国人大常委会办公厅、中共中央文献研究室编：《人民代表大会制度重要文献选编》（一），中国民主法制出版社、中央文献出版社2015年版，第216～217页、第342页。

〔2〕 1956年9月，董必武同志在《进一步加强人民民主法制，保障社会主义建设事业》中指出："我国人民民主政权是属于世界上最民主的社会主义的类型。人民在这个政权下，不仅有言论、出版、集会、结社、游行示威等各种自由，尤其是有反对帝国主义的自由，有反对剥削制度和压迫制度的自由，有反对侵略战争和维护世界和平的自由，有肃清社会前进道路上障碍物的自由，有随着生产发展改善物质文化生活的自由等等。像这类极广泛的自由是帝国主义统治下的人民绝对享受不到的。"参见董必武：《董必武政治法律文集》，法律出版社1986年版，第478～479页。

〔3〕 1954年9月，刘少奇同志在关于中华人民共和国宪法草案的报告中指出："在我们的国家里，人民的权利和义务是完全一致的。任何人不会是只尽义务，不享受权利；任何人也不能只享受权利，不尽义务。"参见全国人大常委会办公厅、中共中央文献研究室编：《人民代表大会制度重要文献选编》（一），中国民主法制出版社、中央文献出版社2015年版，第218页。

〔4〕 1956年9月，刘少奇在中国共产党第八次全国代表大会上的政治报告中提出："为了正常的社会生活和社会生产的利益，必须使全国每一个人都明了并且确信，只要他没有违反法律，他的公民权利就是有保障的，他就不会受到任何机关和任何人的侵犯；如果有人非法地侵犯他，国家就必然出来加以干涉。"参见刘少奇：《刘少奇选集》，人民出版社1981年版，第253页。

写着人民权利的纸。”[1] 1949年9月，中国人民政治协商会议第一届全体会议通过的《共同纲领》，规定中华人民共和国人民依法享有选举权和被选举权，享有思想、言论、出版、集会、结社、通讯、人身、居住、迁徙、宗教信仰及示威游行的自由权；妇女在政治的、经济的、文化教育的、社会的生活各方面均有与男子平等的权利；等等。1954年9月，一届全国人大一次会议通过了宪法。1954年宪法确立了民主原则和社会主义原则，规定了我国的国体和政体，正式确立了人民代表大会制度，在制度上保障了国家一切权力属于人民；设立专章规定了公民的基本权利，包括选举权和被选举权，言论、出版、集会、结社、游行、示威的自由，宗教信仰自由，人身、通信、居住和迁徙等自由，劳动、休息、受教育、获得物质帮助等社会权利，以及妇女享有同男子平等的权利，等等。在《共同纲领》和1954年宪法的指引下，我国逐步实现了由新民主主义到社会主义的过渡，完成了生产资料私有制的社会主义改造，消灭了人剥削人的制度，确立了社会主义制度，走上社会主义道路。

二是，制定国家机构方面的法律，确保人民当家作主落到实处。1953年制定了全国人民代表大会及地方各级人民代表大会选举法，保障了人民群众充分行使选举权、被选举权，标志着我国人民民主政治的发展进入了新阶段。依照选举法，全国各地进行了普选，在民主选举的基础上，产生了各级人民代表大会，为新中国一届全国人大一次会议的顺利召开作了必要准备。全国人大先后制定了全国人民代表大会组织法、国务院组织法、地方各级人民代表大会和地方各级人民委员会组织法、人民法院组织法、人民检察院组织法等国家组织机构方面的法律，以及城市居民委员会组织条例、城市街道办事处组织条例，为人民当家作主提供了法律依据，为保护人民群众权益提供组织保证。

三是，制定经济领域、婚姻家庭方面的法律，保护公民财产权利和

---

〔1〕 列宁：《两次会战之间》，载中共中央马克思恩格斯列宁斯大林著作编译局编译：《列宁全集》（第十二卷），人民出版社2017年版，第50页。

婚姻家庭有关权利。颁布土地改革法，废除封建剥削的地主土地所有制，实行农民土地所有制，全国3亿多无地和少地农民无偿地分得耕地4700万公顷和其他生产资料；土地改革的完成，使农民在经济上对地主的依附关系被废除，成为平等的、更具独立人格的人，形成了一种有利于国家向现代化发展的新的、民主的、自由的社会关系。[1] 批准商标管理条例，保护商标权利，促使企业保证和提高产品的质量，以保障消费者的利益。制定婚姻法，彻底摧毁了在中国延续几千年的包办强迫、男尊女卑、漠视子女利益的封建婚姻家庭制度，确立了婚姻自由、一夫一妻、男女平等、保护妇女和儿童权益的新民主主义婚姻制度，建立起了互敬互爱、相互扶助、团结和睦的新型婚姻关系和家庭关系。

四是，制定社会管理方面法律，保护公民合法权益。制定工会法，明确工会在新中国的法律地位，对于巩固人民民主专政的政权，维护工人的合法权益发挥了重要作用。制定、批准治安管理处罚条例、国境卫生检疫条例、消防监督条例，加强社会管理，为保护公民有关合法权益提供法律支撑。

五是，制定司法领域法律，巩固人民民主专政政权，保障人民群众利益。制定惩治反革命条例，依法惩治土匪、特务、恶霸、反动党团骨干分子等需要重点打击的反革命分子，彻底打垮反动势力的猖狂进攻，全面清除新生人民政权的安全隐患，实现社会安定、人民乐业，保障各项事业的顺利进行。总结“三反”运动经验，制定惩治贪污条例，确立了坚持惩办和教育相结合、镇压与宽大相结合的方针，明确规定了贪污罪的罪状和刑罚、处罚的宽严界限，为依法惩治贪污分子、保护人民群众根本利益不受损失提供了法律依据。还制定逮捕拘留条例，作出一系列关于诉讼程序的规定，在一定程度上保证了公民诉讼权利的行使。

但是，由于受党内“左”的指导思想影响，从1957年开始到“文化

---

〔1〕 参见郑有贵：《土地改革是一场伟大的历史性变革——纪念〈中华人民共和国土地改革法〉颁布50周年》，载《当代中国史研究》2000年第5期。

大革命”结束，国家处于各种政治运动之中，国家机器无法正常运转。据统计，从1959年至1977年，整整18年基本没有立法活动。[1] 特别是十年“文化大革命”，给党、国家和人民的事业造成严重灾难，对社会主义制度和社会秩序都造成极大破坏。1975年1月召开的四届全国人大一次会议，修改了1954年宪法，通过了1975年宪法，第13条规定：“大鸣、大放、大辩论、大字报，是人民群众创造的社会主义革命的新形式。国家保障人民群众运用这种形式，造成一个又有集中又有民主，又有纪律又有自由，又有统一意志又有个人心情舒畅、生动活泼的政治局面，以利于巩固中国共产党对国家的领导，巩固无产阶级专政。”1976年“文化大革命”结束，1978年2月，五届全国人大一次会议全面修改1975年宪法，但由于当时还没有来得及彻底肃清“文化大革命”时期“左”的错误，1978年宪法继续保留了1975年宪法中某些错误内容和不符合实际情况的条文规定，仍然把阶级斗争作为国家的基本路线，肯定了“文化大革命”，将“大鸣、大放、大辩论、大字报”作为公民基本权利加以规定。为了充分发扬社会主义民主，健全社会主义法制，维护安定团结的政治局面，保障社会主义现代化建设的顺利进行，1980年五届全国人大三次会议专门对1978年宪法第45条作出修改，取消了有“运用‘大鸣、大放、大辩论、大字报’的权利”的规定。对此，邓小平同志曾深刻指出：“因为他们（注：搞资产阶级自由化并且触犯了刑律的人）搞的这一套无非是大鸣、大放、大字报，出非法刊物，实际上是一种动乱，是‘文化大革命’遗留下来的做法。不能让这股风刮起来。全国人大一九八〇年专门做了决议，废除宪法中肯定‘大鸣、大放、大辩论、大字报’的条款，这个条款是‘文化大革命’中写进宪法的。那些崇拜西方‘民主’的人总想搞这个‘四大’。中国经过十年‘文化大革

---

〔1〕 全国人大常委会只在1963年通过了商标管理条例、军官服役条例（修正）和1964年通过了外国人入境出境过境居留旅行管理条例3部法律。

命’的沉痛教训，再不能那样干了。”[1] 党的十一届六中全会总结这段历史时指出，我们之所以犯“文化大革命”的错误，一个重要原因是“我们没有能把党内民主和国家政治社会生活的民主加以制度化、法律化，或者虽然制定了法律，却没有应有的权威”。

二、1978年改革开放开创了我国人权保障立法的新时期

1978年，党的十一届三中全会深刻总结“文化大革命”的历史教训，作出把党和国家工作重心转移到经济建设上来、实行改革开放的历史性决策，同时把加强社会主义民主法制建设作为坚定不移的方针确定下来，强调必须使社会主义民主制度化、法律化，开启了社会主义民主法制建设蓬勃发展的新时期。这个时期，以邓小平、彭真等老一辈无产阶级革命家为代表的中国共产党人，在社会主义民主和法制建设中不断加深对人民权利保护的认识，开创了我国人权保护事业新局面。

从20世纪90年代开始，我们党先后明确提出“人权”“依法治国”。1991年，国务院新闻办公室发表《中国的人权状况》白皮书，成为中国政府第一次在政治上使用人权概念，也是第一次从人权的角度总结近代以来中国革命、建设与改革开放的历史，并结合中国的国情，第一次阐明了中国的人权状况与中国人权的基本观点。[2] 1997年，党的十五大报告提出，“依法治国，建设社会主义法治国家”，报告还提出“共产党执政就是领导和支持人民掌握管理国家的权力，实行民主选举、民主决策、民主管理和民主监督，保证人民依法享有广泛的权利和自由，尊重和保障人权”。这是党的文件第一次确立依法治国基本方略，也是党的文件第一次明确提出“尊重和保障人权”，从而实现了“人权”与“法治”的

---

〔1〕 邓小平：《搞资产阶级自由化就是走资本主义道路》（一九八五年五月、六月），载《邓小平文选》（第三卷），人民出版社1993年版，第123～124页。

〔2〕 陈佑武、李步云：《改革开放以来法治与人权关系的历史发展》，载《现代法学》2015年第2期。

有机结合。2002 年，党的十六大报告重申，“健全民主制度，丰富民主形式，扩大公民有序的政治参与，保证人民依法实行民主选举、民主决策、民主管理和民主监督，享有广泛的权利和自由，尊重和保障人权”。2003 年，党的十六届三中全会通过《中共中央关于修改宪法部分内容的建议》，向全国人大建议在宪法中增加“国家尊重和保障人权”的规定。2004 年十届全国人大二次会议通过宪法修正案，实现了人权条款入宪，成为中国人权发展史上具有里程碑意义的事件。2007 年，党的十七大将“尊重和保障人权”写入党章，从党的总章程中明确了中国共产党人的任务和方针。

从 1978 年改革开放到 2012 年党的十八大召开，人权保障立法成就主要有：

（一）制定并不断完善现行宪法，加强人权的根本法保障

1982 年 12 月，五届全国人大五次会议通过了现行宪法，明确规定了我国的国体、政体，规定了国家的根本任务、发展道路、奋斗目标和大政方针。我国宪法高度重视公民基本权利和义务部分的内容，1982 年宪法在 1954 年宪法专章规定的基础上，将“公民的基本权利和义务”一章移到了总纲后面、“国家机构”前面，作为第二章，凸显保障公民权利和自由的宪法精神。我国宪法规定的公民的基本权利，主要有：公民在法律面前一律平等，选举权和被选举权，言论、出版、集会、结社、游行、示威的自由，宗教信仰自由，人身自由，人格尊严不受侵犯，住宅不受侵犯，通信自由和通信秘密，批评、建议、申诉、控告、检举和获得国家赔偿的权利，劳动权，劳动者休息权，物质帮助权，残疾军人生活保障，抚恤烈属，优待军属，帮助残疾人，科研、文艺等文化活动自由，保护妇女权利，禁止破坏婚姻自由，保护婚姻、家庭、母亲、儿童和老年人，保护华侨、归侨、侨眷合法权益等。除宪法第二章规定的内容外，

宪法第一章规定了国家依照法律规定保护公民的私有财产权和继承权，国家保护个体经济、私营经济等非公有制经济的合法的权利和利益，这实际上是确认和保障了公民的私有财产权。

30多年来的发展历程充分证明，1982年宪法是符合国情、符合实际、符合时代发展要求的好宪法，是充分体现人民共同意志、充分保障人民民主权利、充分维护人民根本利益的好宪法，是推动国家发展进步、保证人民创造幸福生活、保障中华民族实现伟大复兴的好宪法。

这一时期，在党中央领导下，根据我国改革开放和社会主义现代化建设的实践和发展，全国人大分别于1988年、1993年、1999年、2004年，共4次对1982年宪法的个别条款和部分内容作出重要的修正，先后通过31条修正案，实现了我国宪法与时俱进、完善发展。1982年宪法的历次修正案，继续丰富人权保障的具体内容，从基本经济制度、分配制度调整，加强公民私有财产保护、建立健全公民的社会保障制度等方面，不断加强对人权的保护。尤其是2004年3月，十届全国人大二次会议通过宪法修正案，将“尊重和保障人权”郑重载入宪法，成为国家根本法规定的一项基本原则。这标志着我国社会主义民主和法治建设达到一个新的水平，有力保障和推进了我国人权事业发展。

（二）加强和完善人权保障立法，构建较为完备的人权法律制度体系

通过建立健全法律法规和制度体系，推动和保障宪法实施，是我国宪法实施的基本途径。宪法规定的公民政治、经济、文化、社会等各方面权利，正是通过相关法律的制定和实施得到有力保障、充分实现。到2010年，改革开放30多年来，经过各方面长期坚持不懈的共同努力，以宪法为核心，主要由宪法相关法、民法商法、行政法、经济法、社会法、刑法、诉讼与非诉讼程序法7个法律部门和法律、行政法规、地方性法

规三个规范层次构成的中国特色社会主义法律体系已经形成，并继续不断完善发展。其中，大量有关公民基本权利和人权保障的法律规范，构建起较为完备的人权法律制度体系。

第一，制定保障和改善公民生存权、发展权的法律制度。

公民的生存权和发展权，是公民享有其他一切权利的基础。我国高度重视加强人民生存发展环境安全立法，为保障公民生存权和发展权创造有利制度环境，不断增强人民群众获得感、幸福感、安全感。

一是，通过立法巩固、维护国家安全，保障人民群众的生存权和发展权。制定国家安全法、兵役法、国防法、军事设施保护法、保守国家秘密法、反分裂国家法等，维护国家统一、稳定，为人民群众安居乐业提供安全保障。

二是，建立健全环境保护法律制度，保障人民群众享有宜居环境。制定环境保护法、海洋环境保护法、水污染防治法、大气污染防治法、环境噪声污染防治法、放射性污染防治法、环境影响评价法、防沙治沙法、海岛保护法、循环经济促进法等，推动绿色发展，保障和维护公民环境权利。

三是，大力保障和改善民生，加强公共卫生、社会安全等方面制度建设。制定食品安全法、农产品质量安全法、传染病防治法、药品管理法、母婴保健法、道路交通安全法、消防法、安全生产法、职业病防治法等，以严格的法律制度保障人民群众生命健康权利。

第二，保障公民权利、政治权利的法律规范不断完善。

一是，充分发挥人民代表大会制度的根本政治制度作用，切实加强人民当家作主的根本制度保障。制定全国人民代表大会组织法、地方组织法、国务院组织法、人民法院组织法、人民检察院组织法等，建立完善有关国家机构组织、职权和权限等方面的制度。制定民族区域自治法，实行民族区域自治制度，充分尊重和保障各少数民族管理本民族内部事务的权利，依法保障各少数民族的合法权益。制定居民委员会组织法、村民委员会组织法，建立城乡基层群众自治制度，保证人民群众参与基层治理。

二是，不断完善保障公民政治权利制度。制定全国人民代表大会和地方各级人民代表大会代表法、立法法、预算法、各级人民代表大会常务委员会监督法等，依法推动、保障公民行使选举权、被选举权和知情权、参与权、表达权、监督权。

三是，着力加强人权司法保障，妥善解决人民群众纠纷。适应深化司法体制机制改革、保证公正司法的要求，制定刑法、刑事诉讼法、民事诉讼法、行政诉讼法，作出刑法相关立法解释，从法律制度上加强人权司法保障。制定仲裁法、人民调解法、农村土地承包经营纠纷调解仲裁法、劳动争议调解仲裁法等，依靠多元化制度解决人民群众纠纷。

四是，规范行政机关行为，保障公民合法权益。制定行政复议法、行政处罚法、行政许可法、行政强制法等法律，确保行政机关依法行使权力，加强对行政相对人合法权益保护。制定国家赔偿法，建立国家赔偿制度，有效保障公民和组织依法获得国家赔偿的权利。

第三，推进保障经济、社会和文化权利相关法律制度建设。我国恪守以民为本、立法为民理念，通过立法着力提高公民经济、社会和文化权利保障水平，努力增进人民福祉，营造公平社会环境。

一是，制定民法通则、合同法、物权法、侵权责任法、婚姻法、继承法、收养法以及消费者权益保护法等，保障公民人身权、财产权。

二是，不断完善以专利法、商标法、著作权法为核心的知识产权保护体系，制定公司法、合伙企业法、证券法、中小企业促进法、反不正当竞争法、反垄断法等商事法律，维护社会主义市场经济秩序，保护市场主体的合法权益，不断激发创新主体的积极性。

三是，制定劳动法、劳动合同法、就业促进法、工会法等法律，保障公民劳动就业方面的权利。制定社会保险法、公益事业捐赠法、红十字会法等，不断完善社会保障和社会救助体系，保障公民获得救助的权利。

四是，制定教育法、义务教育法、高等教育法、民办教育促进法、教师法等，保障公民受教育权。

五是，制定文物保护法、非物质文化遗产法、体育法等，保障公民文化权益。

第四，建立健全保护少数民族和妇女、未成年人、老年人、残疾人权利等特定群体的法律制度。

一是，以法律保障少数民族权利。我国已经形成以宪法为引领，以民族区域自治法、选举法、劳动法、就业促进法、通用语言文字法、教育法、刑法等相关法律为主体的禁止民族歧视、保障少数民族权利的一系列制度规范。

二是，制定妇女权益保障法、未成年人保护法、预防未成年人犯罪法、老年人权益保障法等，依法保护妇女、未成年人、老年人等特定群体的合法权益，并通过加强刑事立法，不断增强对这些群体的制度保护。

三是，制定残疾人保障法，明确残疾人在政治、经济、文化、社会和家庭生活方面享有同其他公民平等的权利。

（三）履行国际人权条约并主动参与创设国际人权规则

我国共参加了26项国际人权公约[1]，其中包括《经济、社会及文化权利国际公约》《消除一切形式种族歧视国际公约》等。我国重视国际人权文书对促进和保护人权的重要作用，认真履行条约义务，包括在国内立法、政策制定等方面注重与条约规定相衔接，按照条约规定撰写并及时向相关条约机构提交履约报告，与条约机构开展建设性对话，并充分考虑条约机构提出的建议与意见，结合中国国情对合理可行的建议加以采纳和落实。我国积极参与涉人权保障国际规则制定，参与了《联合

---

〔1〕 国务院新闻办公室：《改革开放40年中国人权事业的发展进步》，载新华网：www. xinhuanet. com/politics/2018－12/12/c_ 1123841017. htm，最后访问日期：2019年8月28日。

国宪章》《世界人权宣言》和一系列国际人权文献的制定工作，为国际人权规则体系发展作出重要贡献；参与了《维也纳宣言与行动纲领》《发展权利宣言》《儿童权利公约》《残疾人权利公约》《和平权利宣言》《消除对妇女一切形式歧视公约》等的制定。[1]

三、党的十八大推动我国人权保障立法进入新的历史阶段

党的十八大以来，以习近平同志为核心的党中央高度重视全面依法治国，将之提到“四个全面”战略布局的新高度，作出一系列重大决策，提出一系列重大举措，要求坚持人民主体地位，要把体现人民利益、反映人民愿望、维护人民权益、增进人民福祉落实到依法治国全过程。党的十九大作出我国社会主要矛盾转化的重大政治论断，反映了我国社会发展的客观实际，是我们研判发展形势、制定人权政策、作出立法部署的重要依据。党的十九大报告提出，“我们要在继续推动发展的基础上，着力解决好发展不平衡不充分问题，大力提升发展质量和效益，更好满足人民在经济、政治、文化、社会、生态等方面日益增长的需要，更好推动人的全面发展、社会全面进步”。在人权保障立法领域，就是要按照新时代的要求，紧扣发展不平衡不充分的关键环节，在民主、法治、公平、正义、安全、环境等方面立法作出更大的努力，以实现人的共享发展、全面发展。

（一）习近平总书记关于人权法治保障的重要论述

2012年，党的十八大将“人权得到切实尊重和保障”作为全面建成小康社会的重要目标，从战略层面确立了人权事业的重要地位。党的十

[1] 国务院新闻办公室：《中国人权法治化保障的新进展》，载人民网：politics. people. com. cn/n1/2017/1215/c1001 - 29709774. html，最后访问日期：2019年8月28日。

八大修改通过的《中国共产党章程》再次重申尊重和保障人权。2014年，党的十八届四中全会通过《中共中央关于全面推进依法治国若干重大问题的决定》，从推进国家治理体系和治理能力现代化的高度，对全面依法治国作出重大战略部署，强调“加强人权司法保障”“增强全社会尊重和保障人权意识”，还就加强人权司法保障提出了重要改革措施。2017年，党的十九大确立习近平新时代中国特色社会主义思想为党的指导思想，明确提出“加强人权法治保障，保证人民依法享有广泛权利和自由”。习近平新时代中国特色社会主义思想蕴含着丰富的人权内涵，对新时代中国人权事业发展提出了新的更高要求，为坚持中国特色人权发展道路、全面推进中国人权事业提供了根本遵循。[1]

习近平总书记对人权事业发展作出一系列重要论述，经过梳理主要有：

一是，坚持“以人民为中心”的发展理念统领、指导人权事业和人权法治保障工作。习近平总书记在党的十九大报告、在庆祝中国共产党成立95周年大会上的讲话等多次深刻阐述了“以人民为中心”的基本方略和发展理念，为人权保障立法提供了根本遵循。比如，“中国共产党和中国政府坚持以人民为中心的发展思想，始终把人民利益摆在至高无上的地位，把人民对美好生活的向往作为奋斗目标，不断提高尊重与保障中国人民各项基本权利的水平”[2]。

二是，强调尊重和保障人权的基本立场和基本原则。比如，“中国共产党和中国政府始终尊重和保障人权”[3]。又如，“国家的根本制度和根本任务，国家的领导核心和指导思想……社会主义法制原则，民主集中制原则，尊重和保障人权原则，等等，这些宪法确立的制度和原则，我

〔1〕国务院新闻办公室：《改革开放40年中国人权事业的发展进步》，载新华网：www. xinhuanet. com/politics/2018－12/12/c_ 1123841017. htm，最后访问日期：2019年8月28日。

〔2〕《习近平致首届“南南人权论坛”的贺信》，载《人民日报》2017年12月8日，第1版。

〔3〕《习近平致“2015·北京人权论坛”的贺信》，载《人民日报》2015年9月17日，第1版。

们必须长期坚持、全面贯彻、不断发展”[1]。

三是，坚持走适合中国国情的人权发展道路。比如，“长期以来，中国坚持把人权的普遍性原则同中国实际相结合，不断推动经济社会发展，增进人民福祉，促进社会公平正义，加强人权法治保障，努力促进经济、社会、文化权利和公民、政治权利全面协调发展，显著提高了人民生存权、发展权的保障水平，走出了一条适合中国国情的人权发展道路”[2]。又如，“多年来，中国坚持以人民为中心的发展思想，把增进人民福祉、保障人民当家作主、促进人的全面发展作为发展的出发点和落脚点，有效保障了人民发展权益，走出了一条中国特色人权发展道路”[3]。

四是，强调生存权和发展权是首要的基本人权。比如，“中国坚持把人权的普遍性原则同本国实际相结合，坚持生存权和发展权是首要的基本人权”[4]。又如，“中国坚持把人权的普遍性原则和当代实际相结合，走符合国情的人权发展道路，奉行以人民为中心的人权理念，把生存权、发展权作为首要的基本人权，协调增进全体人民的经济、政治、社会、文化、环境权利，努力维护社会公平正义，促进人的全面发展”[5]。

五是，强调人权的法治保障、司法保障。比如，“我们要依法保障全体公民享有广泛的权利，保障公民的人身权、财产权、基本政治权利等各项权利不受侵犯，保证公民的经济、文化、社会等各方面权利得到落实，努力维护最广大人民根本利益，保障人民群众对美好生活的向往和追求。我们要依法公正对待人民群众的诉求，努力让人民群众在每一个司法案件中都能感受到公平正义，决不能让不公正的审判伤害人民群众

---

〔1〕 习近平：《在首都各界纪念现行宪法公布施行30周年大会上的讲话》（2012年12月4日），载习近平：《习近平谈治国理政》，外文出版社2014年版，第138～139页。

〔2〕《习近平致“2015·北京人权论坛”的贺信》，载《人民日报》2015年9月17日，第1版。

〔3〕《习近平致“纪念〈发展权利宣言〉通过30周年国际研讨会”的贺信》，载《人民日报》2016年12月5日，第1版。

〔4〕 同脚注〔3〕。

〔5〕《习近平致信纪念〈世界人权宣言〉发表70周年座谈会强调 坚持走符合国情的人权发展道路 促进人的全面发展》，载《人民日报》2018年12月11日，第1版。

感情、损害人民群众权益”[1]。又如，“要深入推进公正司法，深化司法体制改革，加快建设公正高效权威的司法制度，完善人权司法保障制度，严肃惩治司法腐败，让人民群众在每一个司法案件中都感受到公平正义”[2]。

六是，强调共同构建人类命运共同体以促进人权发展。比如，“中国人民愿与包括广大发展中国家在内的世界各国人民同心协力，以合作促发展，以发展促人权，共同构建人类命运共同体”[3]。

（二）宪法修正案为新时代实施加强人权法治保障提供了根本法保障

党的十九大确立了习近平新时代中国特色社会主义思想在全党的指导地位，确定了新的奋斗目标，对党和国家事业发展具有重大指导和引领意义。2018年，十三届全国人大一次会议通过宪法修正案，确立了科学发展观、习近平新时代中国特色社会主义思想在国家政治和社会生活中的指导地位，调整充实了中国特色社会主义事业总体布局和第二个一百年奋斗目标的内容，完善了依法治国和宪法实施举措，充实了坚持和加强中国共产党全面领导的内容，增加倡导社会主义核心价值观的内容，修改了国家主席任职方面的规定，增加了有关监察委员会的各项规定。这些修改，更好地体现了人民意志，更好地体现了中国特色社会主义制度的优势，更好地适应了新时代中国特色社会主义伟大实践，对于进一步加强以习近平同志为核心的党中央集中统一领导，推进国家治理体系

---

〔1〕 习近平：《在首都各界纪念现行宪法公布施行30周年大会上的讲话》，载习近平：《习近平谈治国理政》，外文出版社2014年版，第141页。

〔2〕 习近平：《在庆祝全国人民代表大会成立60周年大会上的讲话》，载全国人大常委会办公厅、中共中央文献研究室编：《人民代表大会制度重要文献选编》（四），中国民主法制出版社、中央文献出版社2015年版，第1768页。

〔3〕《习近平致首届“南南人权论坛”的贺信》，载《人民日报》2017年12月8日，第1版。

和治理能力现代化，推动和加强我国社会主义法治建设和人权保障事业发展，具有十分重大的意义和极其深远的影响。

（三）人权保障法律制度体系进一步完善发展

全国人大及其常委会贯彻习近平总书记全面依法治国新理念新思想新战略以及关于人权事业发展的重要论述，进一步落实宪法关于尊重和保障人权原则，加强和完善人权保障立法，不断提高人民群众的获得感、幸福感、安全感，取得一系列立法新成就新进展。截至2019年8月底，我国现行有效法律274件。这些法律全面落实了宪法关于公民基本权利规定，与我国加入的各项人权保护公约相衔接，丰富和发展了人权保障内涵、范围和层次。

一是，构建国家安全法律制度体系，以国家安全保障人民生存权和发展权。国家安全是人权保障事业的重要前提和基础。党的十八大以来，相继制定国家安全法、反间谍法、反恐怖主义法、境外非政府组织境内活动管理法、网络安全法、国家情报法、国防交通法等，切实维护国家安全。

二是，切实保障公民权利与政治权利。制定监察法，修改地方组织法、选举法、代表法及公务员法，完善国家组织机构及运行制度，提升国家机构及其工作人员为民服务的能力，密切人大代表同人民群众的联系，扩大公民有序政治参与，畅通社情民意表达和反映渠道，保障公民更好行使选举权、被选举权和监督权。修改立法法，加强对法规、规章和规范性文件的备案审查制度，明确规定主动审查、向审查申请人反馈及向社会公开制度，依法撤销和纠正违宪违法的法规、规章和规范性文件，保证宪法法律有效实施。制定人民陪审员法，修改人民法院组织法、人民检察院组织法、法官法、检察官法，切实保障人民群众对审判工作的知情权、参与权、监督权，通过立法巩固和深化司法体制改革成果，落实司法责任制，推进公正、高效、权威的中国特色社会主义司法制度建设，更好地提供人权司法保障。

三是，完善社会主义市场经济立法，不断加强公民民事权利、经济权利保护。制定民法总则，确立了保护权利的立法目的，明确了平等、自愿、公平、诚信等基本原则，彰显了意思自治和权益保护，体现出对个人全面保护、维护人的价值、保障人的发展条件的立法追求；强化了对财产权的保护，明确规定“民事主体的财产权利受法律平等保护”，将物权法中的物权平等保护扩展到所有财产权的平等保护；加大对特定主体民事权利的保护，更好地保护未成年人的利益，将老年人纳入监护制度保护范围；构建完整的民事权利体系，明确规定隐私权受法律保护，强化对个人信息、数据和网络虚拟财产等的保护。加紧民法典编纂工作，确保到2020年制定出一部适应中国特色社会主义发展要求，符合我国国情和实际，体例科学、结构严谨、规范合理、内容协调一致的民法典，全面提升民事主体合法权益的保护力度，更好地维护人民群众的切身利益。修改农村土地承包法，将所有权、承包权、经营权“三权分置”的重大改革成果用法律形式确定下来，规范和保障土地经营权有序流转、融资担保、入股经营等，明确国家依法保护农村土地承包关系稳定并长久不变，进一步赋予了农民充分而有保障的土地权利。

制定旅游法、资产评估法、电子商务法、外商投资法等，修改反不正当竞争法、商标法、标准化法、广告法、消费者权益保护法等，规范和保障市场经济健康发展，维护市场秩序和公平竞争，保障消费者、投资者等合法权益。落实税收法定原则，制定环境保护税法、烟叶税法、船舶吨税法、耕地占用税法、车辆购置税法、资源税法，保障纳税人合法权利。修改个人所得税法，推动个人所得税从分类税制向综合与分类相结合税制转变，确保广大人民群众享受到减税福利。

四是，加强民生领域立法，保障公民人身财产安全，增进公民福祉。制定精神卫生法、中医药法、疫苗管理法，修改药品管理法、红十字会法，以有效的管理制度和严格的法律责任，加强对公民生命健康权的保障力度。修改人口与计划生育法，落实“全面两孩”政策，提倡一对夫妻生育两个子女。修改教育法、高等教育法、民办教育促进法，促进教育公平，推动教育均衡发展，保障公民更好地行使受教育权。修改就业促进法、劳动合同法、安全生产法、职业病防治法，保障劳动者的合法权益。制定特种设备安全法、网络安全法、核安全法、消防救援衔条例，修改食品安全法，依法健全公共安全体系，遏制和防范社会各种安全事故和风险，保护人民群众人身权财产权免受侵害。制定慈善法，保障慈善事业发展，保护慈善活动参与者的合法权益，促进人人共享发展成果。

五是，弘扬社会主义先进文化，推动社会主义文化大发展大繁荣，不断满足人民群众日益增长的精神需求。制定公共文化服务保障法、电影产业促进法、公共图书馆法、英雄烈士保护法，修改文物保护法，加强文化法律制度建设，丰富公共文化服务内容，推进基本公共文化服务标准化、均等化，保障人民群众文化权益。

六是，完善生态环境保护法律规范，为人民群众守护好绿水青山、美好家园。制定土壤污染防治法，修改环境保护法、大气污染防治法、海洋环境保护法、水污染防治法、野生动物保护法等，强化环境监管和责任追究，完善环境保护公益诉讼制度，努力构建最严格的生态保护法律制度，保障公民相关环境权利，加强美丽中国制度建设。

七是，继续深化、努力加强人权司法保障。全国人大常委会通过关于废止有关劳动教养法律规定的决定，废止劳动教养制度。通过刑法修正案（九），取消9个罪名的死刑，除贪污、受贿罪外，保留的死刑罪名基本上都直接与国家安全、公共安全、人民生命安全和军人职责犯罪有关；进一步完善对死缓罪犯执行死刑的规定，将执行死刑的条件由死刑缓期执行期间“故意犯罪，查证属实”修改为“故意犯罪，情节恶劣”，提高了死刑适用标准。修改民事诉讼法，明确检察机关可以提起民事公益诉讼。修改行政诉讼法，完善行政审判体制，扩大行政诉讼受案范围，放宽行政诉讼原告和第三人资格限制，加大对行政审判的监督和法院裁判的执行力度，保护行政诉讼当事人合法权益。建立检察机关提起公益诉讼制度，更好维护公民权利和社会公共利益。修改刑事诉讼法，完善刑事诉讼与监察的衔接机制，建立刑事缺席审判制度、认罪认罚从宽制度、速裁程序等。制定国际刑事司法协助法，完善我国司法协助体制，有利于深化司法领域国际合作、打击跨国犯罪、维护公民合法权益。

八是，不断健全保护妇女、未成年人、老年人、残疾人权益的法律制度。制定反家庭暴力法，规定家庭暴力的预防和处置机制措施，设立公安告诫、人身安全保护令和强制报告等制度，明确加害人法律责任及追究程序，切实保护家庭暴力受害人特别是未成年人、老年人、残疾人、孕期和哺乳期妇女等合法权益。修改刑法，加大对拐卖妇女儿童犯罪收买方的刑事处罚力度，将收买被拐卖妇女儿童的行为一律纳入刑事责任追究范围；明确规定，虐待被监护、看护的未成年人、老年人、患病的人、残疾人，情节恶劣的，追究刑事责任。修改老年人权益保障法，积极应对人口老龄化，确立社会养老服务体系的基本框架，推动建立和完善社会养老服务体系。

（四）加强宪法实施和监督工作，保证宪法法律关于人权保障内容的有效落实

宪法的生命在于实施，宪法的权威也在于实施。宪法规定的公民政治、经济、文化、社会等各方面权利，通过相关法律的制定和实施得到有力保障、充分实现。我国长期坚持、全面贯彻、不断发展国家根本政治制度、基本政治制度，用制度体系保证人民当家作主，贯彻国家尊重和保障人权的宪法原则，坚持在发展中保障和改善民生，在发展中补齐民生短板、促进社会公平正义，让改革发展成果更多更公平惠及全体人民，实现人民对美好生活的向往。新中国成立70年特别是改革开放40多

年来，我国越来越重视宪法法律的实施，努力在推动宪法法律有效实施上下功夫，建立了规范性文件备案审查、执法检查等一系列相关保障制度。党的十八大以来，在以习近平同志为核心的党中央领导下，采取一系列有力措施，弘扬宪法精神、维护宪法权威、推动宪法实施、加强宪法监督，在宪法法律实施上取得显著成效和重要进展，宪法法律关于人权保障的原则、措施和规范进一步得到贯彻落实。

第一，通过宪法制度的实施推动人权法治保障。

一是，实行宪法宣誓制度，从理想信念高度推动国家工作人员履行宪法使命、更好为人民服务。2015 年 7 月，全国人大常委会通过关于实行宪法宣誓制度的决定；2018 年 2 月，全国人大常委会修订了关于实行宣誓制度的决定；2018 年宪法修正案规定，国家工作人员就职时应当依照法律规定公开进行宪法宣誓。将“忠于中华人民共和国宪法，维护宪法权威，履行法定职责，忠于祖国、忠于人民，恪尽职守、廉洁奉公，接受人民监督，为建设富强民主文明和谐美丽的社会主义现代化强国努力奋斗”作为宣誓誓词，通过严肃庄重的宣誓仪式，推动国家工作人员树立宪法意识、恪守宪法原则、弘扬宪法精神、履行宪法使命，激励和教育国家工作人员忠于宪法、遵守宪法、维护宪法，加强宪法实施，更好地保障公民基本权利，推进人权事业发展，更好地为人民服务。

二是，贯彻全面依法治国和体现人道主义精神，实施宪法规定的特赦制度。特赦是国家依法对特定罪犯免除或者减轻刑罚的制度，也是一项国际通行的人道主义制度。现行宪法规定，全国人大常委会决定特赦，国家主席发布特赦令。2015 年，全国人大常委会通过关于特赦部分服刑罪犯的决定，对参加过中国人民抗日战争、中国人民解放战争等 4 类部分服刑罪犯实行特赦。2019 年 6 月，全国人大常委会通过关于在中华人民共和国成立七十周年之际对部分服刑罪犯予以特赦的决定，对参加过中国人民抗日战争、中国人民解放战争，中华人民共和国成立以后参加过保卫国家主权、安全和领土完整对外作战等 9 类罪犯实行特赦。特赦决定有利于彰显我们党承续中华文明慎刑恤囚、明刑弼教的优良传统的形象，展示执政自信和制度自信；有利于弘扬全面依法治国理念，形成依宪执政、依宪治国的良好社会氛围，深入推进法治中国建设；有利于贯彻落实宽严相济刑事政策，充分发挥特赦的感召效应，最大限度地化消极因素为积极因素，促进社会和谐稳定；有利于展现我国人权司法保障水平，进一步树立我国开放、民主、法治、文明的国际形象。

第二，推进合宪性审查工作，为人权提供宪法保障。

党的十九大报告提出："加强宪法实施和监督，推进合宪性审查工作，维护宪法权威。"宪法的基本精神是规范公权力运行，保障人权。人权是宪法的核心价值，宪法有权威，则人权有保障。报告提出的推进合宪性审查工作，正是保障人权的重大制度安排。[1] 2018 年 3 月，全国人大通过的宪法修正案将全国人大"法律委员会"更名为"宪法和法律委员会"。2018 年 6 月，全国人大常委会作出关于全国人民代表大会宪法和法律委员会职责问题的决定，宪法和法律委员会在继续承担统一审议法律草案等工作的基础上，增加推动宪法实施、开展宪法解释、推进合宪性审查、加强宪法监督、配合宪法宣传等工作职责。通过推进合宪性审查工作，确保全国人大及其常委会通过的法律和作出的决定决议符合宪法规定、宪法精神。同时，要求有关方面拟出台的法规规章、重要政策和重大举措，凡涉及宪法有关规定如何理解、如何适用的，都应当事先经过全国人大常委会合宪性审查，必要时通过适当方式作出合宪性安排，确保其与宪法规定、宪法精神相符合。具体来说，涉及公民基本权利的制度设计、规范内容和举措措施，要符合宪法关于公民基本权利保护、人权保障有关精神和条款。

第三，建立健全规范性文件备案审查制度，为人权提供有力的法律保障。

---

〔1〕 参见韩大元：《加强人权法治保障　推进人权事业的发展》，载《人权》2017 年第 6 期。

根据我国宪法规定，一切法律、行政法规和地方性法规都不得同宪法相抵触。全国人大常委会已建立法规、规章和规范性文件备案审查衔接联动机制，制定备案审查工作规程，建立全国统一的备案审查信息平台，听取审议议案审查工作情况的报告，增加审查刚性，督促纠正与法律相抵触或者不适当的问题。截至2018年12月，各类法规、规章、司法解释和规范性文件都已纳入备案审查范围，实行“有件必备、有备必审、有错必纠”，保障宪法法律关于公民基本权利、人权保障的规定落到实处。对备案审查工作中发现的与宪法法律相抵触、侵犯公民基本权利的问题，全国人大常委会法工委认真开展审查研究，通过与制定机关沟通、提出书面研究意见等方式，加大监督纠正力度，推动相关问题妥善解决，切实维护国家法制统一。

在最高人民法院、最高人民检察院发布的司法解释备案审查方面，比如，根据公民审查建议，推动最高人民法院对婚姻法司法解释（二）第24条进行修改完善。2018年1月，最高人民法院发布关于审理涉及夫妻债务纠纷案件适用法律有关问题的解释，对夫妻共同债务的认定标准和举证责任分配进行了细化和完善，有关问题得到妥善解决。又如，根据公民审查建议，对最高人民检察院人民检察院民事诉讼监督规则（试行）有关“当事人对一审民事判决、裁定未提出上诉而向人民检察院申请监督的，人民检察院不予受理”的规定，进行审查研究。经沟通，最高人民检察院已停止执行该规定，并明确当事人针对人民法院作出的已经发生法律效力的一审民事判决、裁定提出的监督申请，无论是否提出过上诉，只要符合民事诉讼法第209条规定，均应依法受理。

在地方性法规备案审查方面，比如，根据公民审查建议，要求有关地方人大常委会对人口与计划生育条例中关于“超生即辞退”等控制措施和处理规定作出修改，有7个省的地方性法规存在上述问题，均按照审查要求完成相关法规修改工作。又如，2015年，杭州一市民骑行的电动自行车被杭州交警依据《杭州市道路交通安全管理条例》扣留。该市民认为，该条例设定的行政强制措施违反了法律规定，遂向全国人大常委会提出审查建议。全国人大常委会法工委经认真研究，认为该条例关于扣留非机动车并强行托运回原籍的规定与行政强制法规定不一致，要求制定机关进行研究并作出修改。2017 年 6 月，杭州市人大常委会对相关规定作出修改。

中国特色社会主义进入新时代。新时代立法要有新作为。全国人大常委会根据党的十九大战略部署，对未来五年的立法工作作出规划，紧紧围绕统筹推进“五位一体”总体布局和协调推进“四个全面”战略布局，全面贯彻“加强人权法治保障，保证人民依法享有广泛权利和自由”的要求，通过立法不断提高人权保护力度，为更好推进中国人权事业发展进步，提供更加坚实的法治保障。

国际法与新中国成立70年立法实践

新中国成立以来，中国作为国际社会的重要成员，始终坚持独立自主的和平外交政策，坚持尊重和践行国际法，遵守公认的国际法和国际关系基本准则，在进行国内立法时充分考虑有关国际条约和国际惯例，积极履行有关国际义务。特别是在改革开放以来加速融入全球化的进程之中，国际法在我国法治建设进程中发挥了重要作用。从整体上看，尽管中国没有将国际法直接纳入国内法律体系，但始终高度重视国际法和相关国际义务的履行，这一点在新中国成立70年的立法进程中得到了很好的体现。

一、尊重和遵守国际法是中国的一贯立场

中国尊重和遵守国际法，这是新中国从成立之时就坚持的立场。从新中国成立70年的国家立法和履行国际义务的实践来看，这一立场是明确的、一贯的。

第一，国家对国际法基本原则的立场集中反映了国家对国际法的态度。[1] 新中国成立70年来，中国始终秉持平等互利、互相尊重领土和主

---

〔1〕 参见李适时：《中国的立法、条约与国际法》，载中国国际法学会主编：《中国国际法年刊（1993年）》，中国对外翻译出版公司1994年版，第263页。

权完整等国际法基本原则，这是中国对国际法态度的集中体现。

对国际法特别是国际法基本原则的尊重首先体现在国家根本法中。1949年，中国人民政治协商会议第一届全体会议通过的具有临时宪法性质的《共同纲领》规定，“中华人民共和国外交政策的原则，为保障本国独立、自由和领土主权的完整，拥护国际的持久和平和各国人民之间的友好合作，反对帝国主义的侵略政策和战争政策”；1982年宪法庄严规定，“中国坚持独立自主的对外政策，坚持互相尊重主权和领土完整、互不侵犯、互不干涉内政、平等互利、和平共处的五项原则”；1993年和2018年两次宪法修正又分别将“坚持改革开放”和“推动构建人类命运共同体”载入宪法序言，不仅表明了我国坚持对外开放、融入国际社会的决心，也是以国家根本法的形式向全世界作出的庄严法律承诺。

对国际法的尊重和重视同样体现在中国历届领导人的公开讲话和相关文稿当中。1949年新中国成立之际，毛泽东同志在致各国政府的公告中宣布，“本政府为代表中华人民共和国全国人民的唯一合法政府。凡愿遵守平等、互利及互相尊重领土主权等项原则的任何外国政府，本政府均愿与之建立外交关系”。[1] 邓小平同志在起草十一届三中全会报告时提出，要建立必要的法律，并且要研究国际法，不懂国际法，国际交往越多，将来要栽很大跟头。[2] 江泽民同志指出，要注意学习国际法知识，努力提高运用国际法的能力……要善于运用国际法维护国家利益和民族尊严，伸张国际正义。[3] 胡锦涛同志提出，中国遵循联合国宪章宗旨和原则，恪守国际法和公认的国际关系准则，在国际关系中弘扬民主、和睦、协作、共赢精神……推动国际秩序朝着更加公正合理的方向发展。[4]

---

〔1〕 李兆杰、饶戈平：《一个中国的原则与国际法》，载《人民日报》2000年6月5日，第5版。

〔2〕 参见于光远：《为邓小平同志起草讲话稿》，载人民网：http://cpc.people.com.cn/n1/2018/0126/c69113-29789388.html，最后访问日期：2019年5月1日。

〔3〕 参见罗观星、张宿堂、吴恒权：《中共中央举行国际法知识讲座江泽民主持并讲话》，载《人民日报》1996年12月10日，第1版。

〔4〕 胡锦涛：《坚持改革开放 推进合作共赢》，载人民网：http://politics.people.com.cn/GB/1024/7112603.html，最后访问日期：2019年6月19日。

习近平同志在联合国日内瓦总部发表主旨演讲时就推动国际法治、共同构建人类命运共同体提出，“纵观近代以来的历史，建立公正合理的国际秩序是人类孜孜以求的目标……法律的生命在于付诸实施，各国有责任维护国际法治权威，依法行使权利，善意履行义务。法律的生命也在于公平正义，各国和国际司法机构应该确保国际法平等统一适用，不能搞双重标准，不能‘合则用、不合则弃’”。[1]

第二，新中国成立以来的70年历程中，中国整体上高度重视对外缔约工作，建立并完善对外缔约程序机制，这也是重视和遵守国际法的一个重要体现。条约是对国家有法律拘束力的国际文件，信守条约是公认的国际法原则。中国认为，缔结条约是十分严肃的事情，缔约权是国家主权的内容之一，其正确行使需要确立缔约程序的法律规范。[2] 新中国成立之初，中国人民政治协商会议就在中央人民政府组织法中规定了中央人民政府委员会“批准或废除或修改中华人民共和国与外国订立的条约和协定”的职权；[3]1954年宪法明确规定由全国人大常委会决定条约的批准和废除，[4] 同年通过的《关于同外国缔结条约的批准手续的决定》则规定了与宪法相衔接的条约批准程序。[5] 上述规定在新中国成立初期外交条法工作，特别是清理修改旧条约的相关工作中，发挥了重要

---

〔1〕 习近平：《共同构建人类命运共同体——在联合国日内瓦总部的演讲》，载新华网：http：//www. xinhua net. com//politics/2017 -01/19/c_ 1120340081. htm，最后访问日期：2019年4月25日。

〔2〕 钱其琛：《关于〈中华人民共和国缔结条约程序法（草案）〉的说明》，载中国人大网：http：//www. npc. gov. cn/wxzl/gongbao/2000 -12/27/content_ 5002493. htm，最后访问日期：2019年4月26日。

〔3〕 中国人民政治协商会议第一届全体会议：《中华人民共和国中央人民政府组织法》，载中国人大网：http：//www. npc. gov. cn/wxzl/wxzl/2000 -12/10/content_ 4237. htm，最后访问日期：2019年4月25日。

〔4〕 第一届全国人民代表大会第一次会议：《中华人民共和国宪法》，载中国人大网：http：//www. npc. gov. cn/wxzl/wxzl/2000 -12/26/content_ 4264. htm，最后访问日期：2019年4月27日。

〔5〕 全国人大常委会第一次会议：《全国人民代表大会常务委员会关于同外国缔结条约的批准手续的决定》，载中国人大网：http：//www. npc. gov. cn/wxzl/wxzl/2000 -12/16/content_ 4271. htm，最后访问日期：2019年4月28日。

作用。改革开放后，为适应新的情况和需要，我国又于1990年通过了缔结条约程序法，本着符合宪法原则和规定、与过去的法律相衔接、反映我国缔约实践、符合国际法和国际惯例的原则，对缔结条约的相关程序作了较为细致的规定，为进一步发展国际合作奠定了重要基础。

第三，积极通过签订和加入双多边国际条约，参与国际立法活动，是中国尊重和重视国际法的又一重要体现。据了解，截至2019年4月，我国累计缔结双多边国际条约共计27,000余项，其中经外交部条约数据库[1]公开的条约共计7230项。根据缔结条约程序法，条约和重要协定需由全国人大常委会决定批准，[2]因此，对经过全国人大及其常委会批准程序的条约和重要协定的分析，可以作为了解新中国成立70年来我国参与国际条约情况的重要参考。经过对全国人大常委会公报信息的统计，截至2018年12月底，由全国人大或者全国人大常委会批准或者作出加入决定的国际条约共计420件，[3]其中包括经全国人大批准的1件；[4]按条约参与方进行分类，双边条约共计263件，多边条约157件。对上述国际条约，按其批准或者加入决定作出的时间进行统计，具体情况如图1所示。

---

〔1〕数据来源于中华人民共和国条约数据库：http：//treaty. mfa. gov. cn/Treaty/web/index. jsp，最后访问日期：2019年5月7日。

〔2〕全国人大常委会：《中华人民共和国缔结条约程序法》，载中国人大网：http：//www. npc. gov. cn/wxzl/gongbao/2000－12/16/content_ 5004545. htm，最后访问日期：2019年6月1日。

〔3〕作者依据全国人大常委会公报统计。由于个别批准决定同时批准两个及以上条约文件（如1988年全国人民代表大会常务委员会《关于批准〈南太平洋无核区条约〉第二号和第三号议定书的决定》，同时批准了《南太平洋无核区条约》第二号和第三号议定书，条约数可能计为1件或者2件），统计数据可能与其他研究报告有出入。

〔4〕即《中华人民共和国政府和大不列颠及北爱尔兰联合王国政府关于香港问题的联合声明》，由六届全国人大三次会议于1985年作出批准决定。

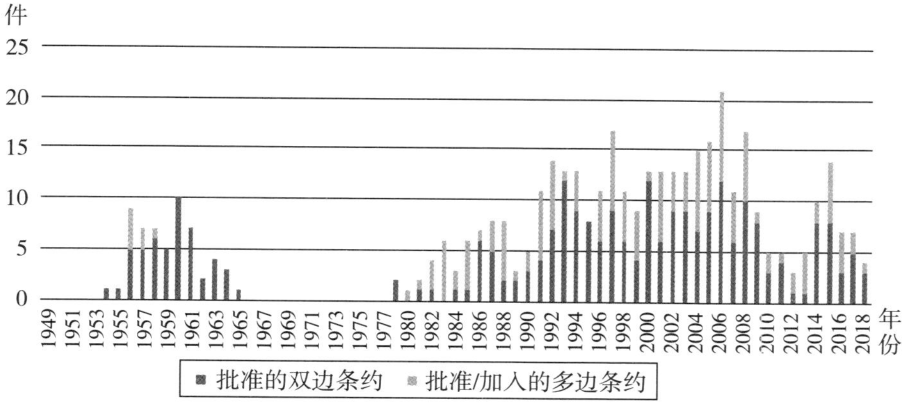

图1 全国人大及其常委会批准/加入国际条约情况统计图

参考外交部建立的条约数据库对相关国际条约的分类，可将上述420件经过全国人大及其常委会相关程序批准或者加入的国际条约再行分类统计，具体情况如图2所示。如果按相关条约参与方分别观察可以发现，在双边条约方面，由于缔结条约程序法对提交全国人大常委会的条约类型作了具体规定，1990年之后经过全国人大常委会相关程序的双边国际

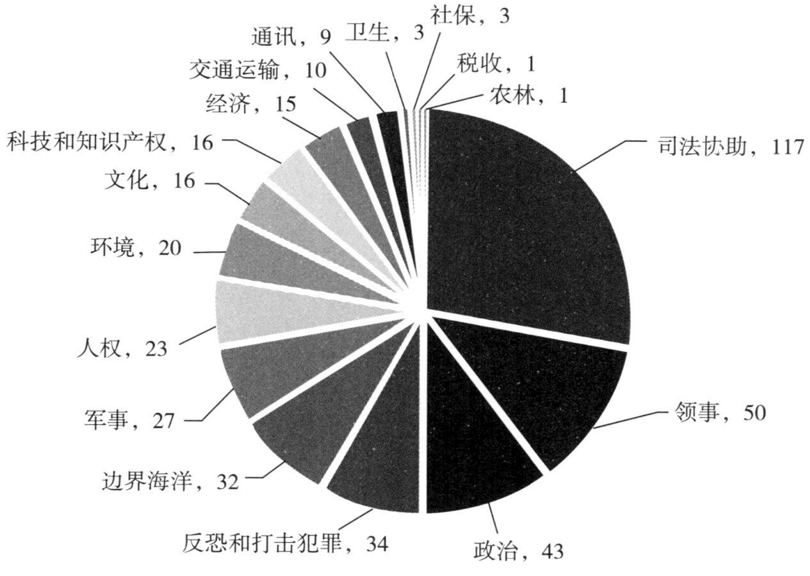

图2 全国人大及其常委会批准/加入的国际条约分类情况统计图（单位：件）

条约类型逐渐集中于政治、军事、司法协助以及反恐和打击犯罪等固定类型；而在多边条约方面，随着中国参与国际合作的领域不断拓宽，在分类上反而呈现出多样化趋势。

综上所述，新中国成立以来，我国参加国际条约的情况经历了数量从少到多、领域从窄到宽的变化过程。从中国参与国际条约的情况来看，中国对国际法的态度是明确的。

二、国际法对我国国内立法进程的特殊影响

国际法与国内法的关系是国际法学研究的重要课题之一。从理论发展脉络上看，关于国际法与国内法关系的学说主要可归入两个大类，即认为二者同属一个法律体系因而应区分效力等级的“一元论”；将二者视为不同法律体系的“二元论”。[1] 两种学说各有合理之处，但是站在当前全球化深度发展的时代背景下看，无论是将国际法与国内法完全割裂，还是笼统要求国际法或者国内法效力优先，都无法与国际社会的现实情况相适应。正如周鲠生先生所指出的，“国际法和国内法按其实质来看，不应该有谁属优先的问题，也不能说彼此对立”。[2] 就此，国际法和国内法关系问题的关键就应当在于国家如何履行依国际法承担的义务，特别是如何通过国家立法活动体现国际法原则和精神，以及实现对国际法相关具体规定的适用和落实。从中国国内法的规定看，中国对国际法的立场是明确的。[3]

（一）直接出现在我国法律条文中的国际条约和国际惯例

据统计，在截至2019年4月现行有效的272件法律中，有61件包含

---

〔1〕 参见曾令良主编：《国际公法学》，高等教育出版社2016年版，第77～81页。

〔2〕 周鲠生：《国际法》（上册），商务印书馆1976年版，第19～20页。

〔3〕 参见李适时：《中国的立法、条约与国际法》，载中国国际法学会主编：《中国国际法年刊（1993年）》，中国对外翻译出版公司1994年版，第263页。

与国际法及其适用有关的条款，超过法律总数的1/5；按部门法分类来看，涵盖了中国特色社会主义法律体系所包含的宪法和宪法相关法、民法商法、行政法、经济法、社会法、刑法、诉讼与非诉讼程序法等七大门类，具体情况如图3所示。[1] 其中，宪法和宪法相关法类的相关条款大多是关于参与缔结条约的国家机关职权和程序的规定；诉讼与非诉讼程序法类的相关条款则大多是关于涉外案件诉讼或者其他处理方式的程序性规定；民法商法、经济法、行政法、社会法类的相关条款则大多是对国际条约转化适用和效力的规定，其中绝大部分采用了与民法通则第142条一致、部分一致或者类似的表述方式，即“中华人民共和国缔结或者参加的国际条约同中华人民共和国的民事法律有不同规定的，适用国际条约的规定，但中华人民共和国声明保留的条款除外。中华人民共和国法律和中华人民

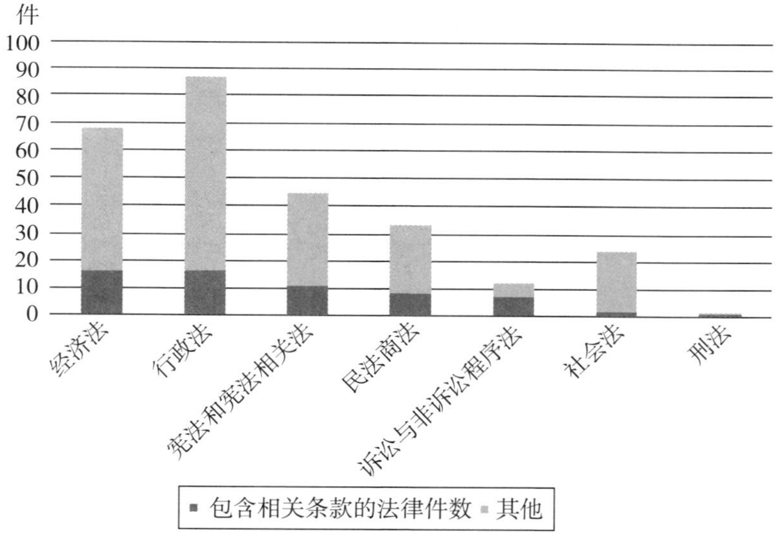

图3　包含与国际法及其适用有关条款的法律统计图

[1] 该统计数据基于“中国法律法规信息系统”法律文本信息（最后访问日期：2019年5月4日），凡含有（国际）“条约”“公约”“协定”“协议”“惯例”等用词（含“协定”“协议”“惯例”的仅包括根据上下文可以分析得出该词所指为国际协定、国际协议、国际惯例的法律）的视为“包含与国际法及其适用有关的条款”。对法律和有关法律问题的决定的区分以及部门法分类，均参照全国人民代表大会常务委员会法制工作委员会编著：《中华人民共和国法律》，人民出版社2018年版。

共和国缔结或者参加的国际条约没有规定的，可以适用国际惯例”[1]。

从立法历程上看，如果把写入与国际法及其适用有关条款的立法活动按件次做个统计，大致按10年一个阶段分别计数，可以发现较明显的阶段性特点：在新中国成立之初，我国就已经开始出现相关立法活动；20世纪60年代至70年代相关立法活动处于空白，是由于这一时期“全国人民代表大会作为国家的立法机关……不能按照宪法规定的程序活动”，[2] 与我国中央立法“骤然冷清直至几乎废弃”的整体情况相契合；[3]而在改革开放后，一方面，党的十一届三中全会宣告“应当把立法工作摆到全国人民代表大会及其常委会的重要议程上来”[4]，立法工作步伐整体加快；另一方面，经济体制改革和对外开放不断深入，党的十二届三中全会决定明确指出“国家立法机关要加快经济立法”，并提出充分利用“两种资源”“两个市场”，“学会组织国内建设和发展对外经济关系两套本领”的要求，[5] 写入与国际法及其适用有关条款的立法活动出现高潮，具体情况如表1所示。[6]

表1 写入与国际法及其适用有关条款的立法活动统计表

单位：件次

时间段	写入与国际法及其适用有关条款的立法
1949—1959年	3
1960—1969年	0

---

〔1〕 全国人大常委会：《中华人民共和国民法通则》，载中国人大网：http：//www. npc. gov. cn/wxzl/wxzl/2000－12/06/content_ 4470. htm，最后访问日期：2019年5月22日。

〔2〕 信春鹰：《中国的法律制度及其改革》，法律出版社1999年版，第16页。

〔3〕 周旺生：《中国立法五十年——1949－1999年中国立法检视》（上），载《法制与社会发展》2000年第5期。

〔4〕 万其刚：《依法治国基本方略的提出和发展》，载中国人大网：http：//www. npc. gov. cn/npc/xinwen/rdlt/fzjs/2014－11/14/content_ 1886222. htm，最后访问日期：2019年5月30日。

〔5〕 中国共产党第十二届中央委员会第三次全体会议：《中共中央关于经济体制改革的决定》，载中共中央文献研究室编：《十二大以来重要文献选编》（中），人民出版社1986年版，第575页。

〔6〕 该统计数据包括对在第一届全国人大常委会成立以前由中国人民政治协商会议全体会议和中央人民政府委员会进行的相关立法活动的统计。立法活动包括对法律和有关法律问题的决定的制定、修订和修改活动，统计时间截至2019年4月。

续表

时间段	写入与国际法及其适用有关条款的立法
1970—1979年	0
1980—1989年	19
1990—1999年	29
2000—2009年	21
2010—2019年	11

值得注意的是，由于上述统计方法仅以法律条文本身包含国际法相关用词作为统计依据，所得到的数据并不能全面展现中国通过国内立法积极转化国际法有关规定、忠实履行国际法义务的全貌。有的法律和有关法律问题的决定，虽然条文当中未包含相关用词，但是从草案说明和部分条款的具体内容来看，与中国履行所加入的国际条约义务、尊重和遵守国际惯例是密切相关的，原则精神是一致的。比如，2016年全国人大常委会审议通过了深海海底区域资源勘探开发法，法律条文当中并未直接包含国际法相关用词，但该法规定的多项制度来自《联合国海洋法公约》。时任全国人大环境与资源保护委员会主任委员陆浩在2015年向常委会作草案说明时指出，1996年5月15日八届全国人大常委会第十九次会议审议通过了关于批准《联合国海洋法公约》的决定，我国成为缔约国。作为缔约国和深海海底区域活动的担保国，应当尽早完成立法工作，履行《联合国海洋法公约》义务。根据《联合国海洋法公约》相关规定，通过国家立法有效管控我国担保的承包者在区域内的活动，既是履行国际义务，也做到履行国际义务与减免国家赔偿责任相一致。[1]

（二）推动社会主义市场经济法律制度改革的WTO规则

在我国实行社会主义市场经济是一场伟大的革命，它既是一个思想

〔1〕 陆浩：《关于〈中华人民共和国深海海底区域资源勘探开发法（草案）〉的说明》，载中国人大网：http：//www. npc. gov. cn/wxzl/gongbao/2016 - 06/03/content_ 1993578. htm，最后访问日期：2019年6月7日。

不断解放的过程，也是制度不断创新和完善的过程。[1] 有研究认为，完整地看待当代中国法律体系的结构性整合过程，社会主义市场经济法律体系的建构是贯穿其间的一条主线，[2] 而社会主义市场经济法律体系的建构过程中与国际法进行了规模空前的“互动”，[3] 其中范围最广、影响最大的是中国加入世贸组织（WTO）前后我国经济领域的立法工作。

1986年，中国政府正式提出“复关”申请、启动有关谈判，并在1995年WTO成立后改为“入世”谈判。面对WTO对发展中国家提出的“开放市场”和“接受WTO规则”的要求，[4] 李鹏同志曾指出，“加入世贸组织，对我国的立法工作提出了新的要求。我们要按照社会主义市场经济的运作要求和世贸组织的规则，对现行的法律法规进行必要的清理、修改，抓紧制定一些新的法律法规，以适应加入世贸组织的需要……中国还是一个发展中国家，因此还要根据世贸组织规则中适合发展中国家国情的条款，制定相应的法律法规，以体现权利与义务的平衡，维护国家的经济安全，提高竞争能力和对外开放水平。世贸组织规则涉及的面很广，有很多是我们不熟悉、不了解的，加强这方面学习是很有意义的”[5]。按照这一精神，中国立法机关对WTO法律制度进行了系统研究，并从入世前的1999年开始，遵照WTO法律制度和所作出的承诺，对相关法律、行政法规、部门规章、规范性文件等进行了全面梳理，在此基础上“努力改革自身的制度和法律结构，使之与其在多边贸易体系

---

〔1〕 信春鹰：《改革开放40年全国人大及其常委会的立法工作》，载中国共产党新闻网：http://theory. people. com. cn/n1/2019/0218/c40531－30759985. html，最后访问日期：2019年6月7日。

〔2〕 庞正：《论当代中国法律体系的结构性整合和创新》，载《法制现代化研究》（第九卷），第115页。

〔3〕 廖诗评：《经由国际法的国内法改革——改革开放四十年国内法制建设的另类路径观察》，载《中国法律评论》2018年第5期。

〔4〕 信春鹰：《警惕经济全球化过程中的法律霸权》，载《中国经贸导刊》2000年第19期。

〔5〕 李鹏：《李鹏委员长在主持九届全国人大常委会第十七次法制讲座时的讲话》，载全国人大培训中心编：《九届全国人大常委会法制讲座》，中国民主法制出版社2003年版，第386页。

中的主要成员角色相符”[1]，赢得了WTO的高度评价。

一方面，为履行入世承诺，中国对包括法律、行政法规、地方性法规、部门规章和规范性文件等进行了大规模清理。入世谈判中，中国代表团就公开表示，中国修法废法将在正式成为WTO成员前基本完成。[2]据统计，截至2002年6月底，全国31个省、自治区、直辖市和49个较大的市根据清理结果，修改、废止了19万多件地方性法规、地方政府规章和其他政策措施；[3]截至2010年，中国已清理了3000多件法律、法规和规章，对贸易体制和政策进行了全面调整，[4]堪称新中国立法史上规模最大的一次法律清理工作。

另一方面，为使中国经济立法与WTO规则接轨，中国对一大批重要法律进行了集中修改。从全国人大及其常委会的层面看，主要是对中外合资经营企业法、中外合作经营企业法、外资企业法、对外贸易法和知识产权领域相关法律进行了系统修改，并对海关法、进出口商品检验法等作出修改，在海关、知识产权保护、原产地规则、进出口商品检验管理等方面与WTO有关法律制度进行了衔接。

2010年，中国正式宣告加入WTO时的所有承诺已全部履行完毕，符合WTO规则要求的经济贸易体制已经建成，中国成为全球最开放的市场之一。[5]从整体上看，入世无疑是推动中国建立系统化的市场经济法律制度的最大外部动力。对此，有学者评价称“WTO对中国法治建设的

---

〔1〕 WTO秘书处编著：《贸易政策审议：WTO秘书处关于中华人民共和国的报告》，刘敬东等译，中国财政经济出版社2006年版，第46页。

〔2〕 参见李适时：《修法废法将在正式成为WTO成员前基本完成》，载南方网：http：//news.southcn.com/ztbd/wto/news/200111100397.htm，最后访问日期：2019年6月7日。

〔3〕 参见杨国华：《WTO的理念》，厦门大学出版社2012年版，第234～251页。

〔4〕 商务部：《中国与世贸组织：回顾与展望》，载中华人民共和国商务部官网：http：//www.mofcom.gov.cn/aarticle/ae/ai/201007/20100707037241.html，最后访问日期：2019年6月7日。

〔5〕 商务部：《中国与世贸组织：回顾与展望》，载中华人民共和国商务部官网：http：//www.mofcom.gov.cn/aarticle/ae/ai/201007/20100707037241.html，最后访问日期：2019年6月7日。

影响是任何其他国际组织无法比拟的”[1]。

（三）作为中国科学立法重要参照的国际条约和惯例

提高立法质量，是立法工作永恒的主题。它要求我们在立法工作中使法律反映社会发展的客观规律，要能够体现党的政策主张和广大人民的共同意志，还要符合我国的实际，有可操作性。科学立法是我国在立法工作中保证法律质量的重要手段。[2] 2000 年制定的立法法第 6 条规定：“立法应当从实际出发，科学合理地规定公民、法人和其他组织的权利与义务、国家机关的权力与责任。”该条规定常被引作我国追求科学立法的法律依据。根据法律释义，法律作为上层建筑，必须符合现实社会生活的需要，否则就只能是一纸空文。[3] 实现科学立法，必须从国情和实际出发，使法律符合经济社会发展要求，科学合理地规范社会关系。[4] 随着全球化深入发展和改革开放持续推进，我国的实际情况已经与世界的实际情况深度融合，国际法已经成为考虑我国所处现实条件时不可忽视的“实际情况”的一部分。因此，充分考虑国际法有关原则和规定，在立法过程中确保国家立法与国际条约和习惯在精神和实质上的一致性，是我国在立法工作中坚持从实际出发的重要表现。

全国人大及其常委会在立法实践中，尽可能地使我国已经加入或将要加入的条约同国内法的规定有机地衔接起来，认真履行条约义务。[5] 回顾过去，这一点在国际条约体系较为成熟的领域体现得尤为突出。在具体立法过程中，往往通过将我国已批准或加入的国际条约作为立法背

---

〔1〕 刘敏东：《入世 10 年对中国法治建设的影响述评》，载《国际经济法学刊》2011 年第 3 期。

〔2〕 参见李飞：《全国人大及其常委会从七方面科学立法民主立法》，载腾讯新闻：https://news.qq.com/a/20110310/002158.htm，最后访问日期：2019 年 5 月 26 日。

〔3〕 参见张春生主编：《中华人民共和国立法法释义》，法律出版社 2000 年版，第 12～13 页。

〔4〕 参见全国人大常委会法制工作委员会国家法室编著：《中华人民共和国立法法释义》，法律出版社 2015 年版，第 26 页。

〔5〕 参见宋建立：《国际条约国内适用的若干问题》，载《人民司法》2015 年第 5 期。

景的重要组成部分，在起草和审议过程中高度重视对国际条约有关条款的转化适用，实现忠实履行条约义务、科学立法的目的。这样的例子非常多。比如，著作权法的许多规定是参照《伯尔尼保护文学和艺术作品公约》和《世界版权公约》的规定拟定的。[1] 其起草部门提出，对于外国人在我国境外发表的作品依照其所属国同我国签订的协议或共同参加的国际条约享有的著作权，应当受我国法律保护。这既是尊重国际条约的直接表现，也是尊重作为国际法基本原则的互惠原则的表现。[2] 又如，种子法中对种质资源的主权保护作了专门规定，这一规定是为确保我国种质资源安全、参照联合国粮农组织修改植物遗传资源国际约定时达成的国际共识而作的。[3] 再如，时任国家海洋局局长严宏谟在关于《中华人民共和国领海和毗连区法（草案）》的说明中，就该法关于确定我国领海宽度的依据时明确提到，1982年通过的《联合国海洋法公约》明确了"各国有权确定其领海宽度"，以"自基线量起不超过十二海里的界限为止"。根据我国的自然条件和具体情况，考虑到国家经济利益和国防安全，我国政府1958年宣布"中华人民共和国领海宽度为十二海里"，体现了我国主权，既符合我国根本利益，也与《联合国海洋法公约》协调一致，因此上述草案中规定领海宽度为十二海里。[4]

随着我国参与国际交往程度的加深和条法工作的持续推进，当一个立法项目内容明显涉及某些已有较成熟国际条约规范的领域时，我国立

---

〔1〕 李适时：《中国的立法、条约与国际法》，载中国国际法学会主编：《中国国际法年刊（1993年）》，中国对外翻译出版公司1994年版，第264页。

〔2〕 宋木文：《关于〈中华人民共和国著作权法（草案）〉的说明》，载中国人大网：http://www.npc.gov.cn/wxzl/gongbao/1989-12/20/content_1479229.htm，最后访问日期：2019年5月28日。

〔3〕 高德占：《关于〈中华人民共和国种子法（草案）〉的说明》，载中国人大网：http://www.npc.gov.cn/wxzl/gongbao/rlyw/2000-12/17/content_5008912.htm，最后访问日期：2019年5月28日。

〔4〕 严宏谟：《关于〈中华人民共和国领海及毗连区法（草案）〉的说明》，载中国人大网：http://www.npc.gov.cn/wxzl/gongbao/2000-12/14/content_5002675.htm，最后访问日期：2019年5月28日。

法机关也会根据实际情况，对尚未批准或加入、但是可以预见批准或加入与国内立法宗旨相契合的国际条约，提前进行研究，并予以吸收借鉴；对可能出现法律冲突的条款提前做好准备，规避法律冲突风险。比较明显的例子是民用航空法立法。正如关于《中华人民共和国民用航空法（草案）》的说明所指出的，“（民用航空法）草案从我国改革开放的实际需要出发，认真研究了现有国际航空公约的规定，使我国的民用航空法律制度尽可能地与国际通行的规则接轨”。该草案说明中明确就当时已有的20多个国际航空条约按“我国已经批准或者加入的”、“我国尚未批准或者加入，但是其内容合理，且与我国现行政策不相抵触的”、“我国目前尚未批准或者加入，其部分内容与我国实际情况不符或者与我国现行政策有某种抵触，但是其责任制度的框架或者其他内容却具有正确、合理的成分，甚至代表了国际民用航空立法的共同发展方向的”以及“调整对象……一时还提不上我国的议事日程的”四类区别对待，对已批准或加入的国际公约“尽可能做到规定一致”，对尚未批准或加入的国际公约中合理且与民用航空法立法宗旨一致的内容予以充分吸收，实现了国内立法与国际条约关系的妥善处理。[1] 另一个例子是缔结条约程序法立法。缔结条约程序法在起草过程中明确将“符合国际法和国际惯例”列为起草原则之一，草案说明中还专门就相关领域主要的两个国际公约[2] 提到，“这两个公约集中体现了条约法方面的国际法规则和惯例。我国虽尚未加入该两公约，但两公约中的规定与我国法律和实践基本一致。起草中吸收了两公约中的一些内容，并力求与两公约保持一致。这样，也

---

〔1〕 陈光毅：《关于〈中华人民共和国民用航空法（草案）〉的说明》，载中国人大网：http：//www. npc. gov. cn/wxzl/gongbao/1995－06/23/content_ 1481317. htm，最后访问日期：2019年5月29日。

〔2〕 即1969年的《维也纳条约法公约》和1986年的《关于国家和国际组织间或国际组织相互间条约法的维也纳公约》。

就为以后加入两公约打下了基础”[1]。

参照国际惯例的法律规定多见于涉外民商事和经济法领域。为达到科学立法的效果，这些领域的立法工作除了需要考虑涉外民商事和经济交往的超国界性、对涉外关系中特有的法律问题作出针对性的规范外，还需要站在特殊的时代背景下考虑法律条文的科学性。这是因为，在改革开放以前，国际经济交往特别是商事交往的一些基本规则就已经成型，并呈现出成文化趋势，一些经过编纂的国际惯例已经被国际社会广泛接受。改革开放以后，作为后来者，“我们实行对外开放，要进行国际交往，不考虑国际上的经验和惯例是不成的”[2]，“学习、熟悉和执行规则”成为我国在对外开放、融入世界经济体系初期的必然选择。[3]一个典型例子是合同法立法。在制定合同法时，我国认真研究、充分借鉴了国际上的通行做法，除《联合国国际货物销售合同公约》外，还参考了《国际商事合同通则》。这个通则不是国际公约，而是作为示范文本，考虑了大陆法系、英美法系不同做法后，在双方可以接受的基础上作出的折中规定。[4]另一典型的例子是海商法立法。海商法具有很强的国际性，与进出口贸易高度相关。商事国际惯例自发地产生于频繁的国际商事活动之中，是国际商事活动稳定性和可预见性的重要保障。我国自新中国成立之初就开始研究并组织起草海商法，后因各种政治运动和“文化大革命”而中断，到1982年又重新组建起草委员会，至1992年海商法通过前后历经40年。其间，起草工作始终注重对相关领域国际条约和商事

---

〔1〕 钱其琛：《关于〈中华人民共和国缔结条约程序法（草案）〉的说明》，载中国人大网：http://www.npc.gov.cn/wxzl/gongbao/2000-12/27/content_5002493.htm，最后访问日期：2019年5月29日。

〔2〕 顾昂然：《立法札记——关于我国部分法律制定情况的介绍（1982-2004年）》，法律出版社2006年版，第215页。

〔3〕 赵龙跃：《中国参与国际规则制定的问题与对策》，载《人民论坛·学术前沿》2012年第16期。

〔4〕 参见顾昂然：《立法札记——关于我国部分法律制定情况的介绍（1982-2004年）》，法律出版社2006年版，第294页。

国际惯例的研究借鉴，将“从我国实际情况出发，以目前通行的国际公约为基础，吸收体现国际惯例的民间规则，借鉴有广泛影响的标准合同，并考虑了国际海事立法的发展趋势”贯穿于立法工作过程之中。[1] 我国民商事立法中涉及海商法调整对象的条款均体现了同样的立法精神。有研究认为，从1986年民法通则、1991年民事诉讼法、1992年海商法、1999年海事诉讼特别程序法和合同法有关运输合同的条款，以及2007年物权法关于“船舶”的有关条款等立法内容来看，我国以直接纳入和概括认可两种主要方式，确定了海事国际惯例在国内法中的法律地位。[2]

此外，有研究认为，随着全球化的进程，我国加入了越来越多的国际组织，包括国际组织决议在内的各类“国际软法”[3]和“国际标准”[4] 对我国立法也起到了重要的参考作用。

三、我国国内立法与国际法关系发展的新趋势

对于处在国际社会中的国家来说，其行动往往是基于一定的自我定位，而这一定位又是以其对自身实力、价值和追求的认识为基础的。新中国成立70年来，特别是在1971年恢复联合国合法席位以后，中国从国际法体系中的“受害者”“游离者”逐渐变为“参加者”，重归国际法体系且国际地位不断提高；“冷战”结束后，中国日益成为国际体系的“推动者”乃至积极的“建设者”和“主导者”，也是将国际法律秩序推向

---

〔1〕 杨景宇：《关于〈中华人民共和国海商法（草案）〉的说明》，载中国人大网：http：//www. npc. gov. cn/wxzl/gongbao/1992－06/23/content_ 1479244. htm，最后访问日期：2019年6月2日。

〔2〕 参见陈亚芹：《论海事国际惯例在中国法中的地位——以中国的立法与司法实践为视角》，复旦大学2008年博士学位论文，第76～110页。

〔3〕 何志鹏：《逆全球化潮流与国际软法的趋势》，载《武汉大学学报》（哲学社会科学版）2017年第4期。

〔4〕 朱景文：《中国特色社会主义法律体系：结构、特色与趋势》，载《中国社会科学》2011年第3期。

“共存法”“合作法”方向的推动者。[1] 党的十九大报告指出，“经过长期努力，中国特色社会主义进入了新时代，这是我国发展新的历史方位……这个新时代……是我国日益走近世界舞台中央、不断为人类作出更大贡献的时代”。站在新时代的历史方位上看，我国国内立法与国际法的关系呈现出三方面新特点。

首先，国内立法与国际法两种治理规则的理念共鸣不断加强。在全球化时代，我国统筹国内国际两个大局，国内立法在价值取向上与国际规则理念趋同，其中有三大趋势值得特别关注。

一是法治化。法治是人类社会政治文明的共同成果。新中国成立70年特别是改革开放40多年来，我国在思想认识上经历了从“法制”到“法治”的发展过程，法治实践也相应地从追求“有法可依”的法制建设阶段迈入了全面依法治国阶段。我国深刻认识到法治不仅是实现高质量发展的需要，更是实现中华民族伟大复兴中国梦的重要保障。坚持法治，实行全面依法治国已经成为全社会的共识。在中国特色社会主义法律体系已经形成的基础上，继续完善法律体系、健全立法体制、提高立法质量、把国家治理各项事务纳入法治轨道，是我国在国内立法活动中坚持法治的集中表现。与此同时，随着国家间交往日益频繁，世界上的事情越来越需要各国共同商量着办，建立国际机制、遵守国际规则、追求国际正义成为多数国家的共识，国际法作为全球治理重要工具和载体的地位与作用进一步凸显。全面依法治国与推进国际法治在价值取向上是一致的，都讲求把法律作为评判是非的标准、定分止争的参照——广义地讲，这里的“法律”不仅应当包括国家立法，也应包括反映人类社会共同利益、共同价值和共同行动的国际法律制度。[2]

二是人本化。在保障人的权利、尊重人的价值方面，新时期国内立

---

〔1〕 何志鹏、崔悦、隽薪：《从迷茫到觉醒：国际关系变迁视角下的中国与国际法》，载《国际关系与国际法学刊》2011年第1卷。

〔2〕 参见刘志云：《国家利益视角下的国际法与中国的和平崛起》，法律出版社2015年版，第37页。

法与国际法高度一致。在国内立法方面，改革开放以来，中国将人权保障贯穿于立法工作当中。自进入新世纪以来，以改善民生为重点、着力加强社会领域立法，日益成为全国人大及其常委会立法工作的重点。以人为本、立法为民，已成为人大立法工作的一个最鲜明的时代特征。[1]人权保障方面，国务院新闻办公室连续发布《国家人权行动计划》，对国家立法改善人权状况、推动人权事业发展作出规划。以《国家人权行动计划（2016—2020年）》为例，它明确以国家尊重和保障人权的宪法原则和《世界人权宣言》及有关国际人权公约精神为根据，将“依法推进，将人权事业纳入法治轨道”列为基本原则，对各领域立法保障人权的情况定期进行审查评估。[2]我国已经构建了较为完备的人权保障法律规范体系，保障公民及政治权利的法律规范不断完善，保障经济社会文化权利的法律规范更加健全。[3]国内立法不仅注重从整体上保证全体人民的生存权、发展权，而且坚持正确处理全社会整体利益和公共利益与公民个人利益的平衡协调，特别注重加强民生领域立法，注重加强对个人生命财产权利的保障，保护各类社会群体的合法权益，规范劳动关系，促进就业，完善社会保障体系，规范并促进教育、医疗等民生事业发展，在提升民生质量方面发挥了关键作用，也与国际法的理念日趋吻合。在国际法方面，现代国际法受人本主义发展理念影响，越来越注重确立个人权利与义务和全人类的整体利益，在注重建立和完善国家间和平与发展秩序的基础上，越来越多地致力于确立和维护“以个人为本”和“以人类为本”的人本秩序，催生了国际人道法、人权法、国际刑法、国际环境法等新的国际法分支，国际法的作用空间也从国家职能下沉到人类

---

〔1〕参见王萍：《关注民生：中国立法新底色》，载《中国人大》2014年第17期。

〔2〕参见国务院新闻办公室：《国家人权行动计划（2016－2020年）》，载国务院新闻办公室网：http://www.scio.gov.cn/wz/Document/1492804/1492804_1.htm，最后访问日期：2019年6月12日。

〔3〕参见国务院新闻办公室：《〈改革开放40年中国人权事业的发展进步〉白皮书（全文）》，载国务院新闻办公室网：http://www.scio.gov.cn/zfbps/32832/Document/1643346/1643346.htm，最后访问日期：2019年6月12日。

活动的各个方面。[1]

三是公开化。以公开的法律作为全体社会主体的行为规范和价值指南，并注重立法程序的公开透明，以确保法律规范的科学性、合理性，是现代法治社会最主要的特点之一。这一特点与国际法上的透明度原则是一致的。从国际层面看，20世纪以来，透明度原则广泛融入国际议程，当下已经嵌入到跨境投资贸易、国际人权问题、全球环境治理等相关国际制度之中，被视为“国际制度程序正当性的重要支撑”[2]，有力推动了国际履约机制的发展，有效提高了国际组织等非国家行为体在国际规则制定和实施中的参与度。从国内层面看，我国国内立法坚持“开门立法”的做法，也是国际法中透明度原则的一种体现和实践。立法法第5条明确规定，坚持立法公开，保障人民通过多种途径参与立法活动。值得特别注意的是，由于WTO对透明度的要求非常高，“只要是普遍适用，都必须经本国官方语言公布。如果没有公布可能的，应该公开”[3]。国内学者较普遍地认为，在加入WTO过程中，WTO透明度原则对国内立法公开化起到了关键性作用。这种认识和结论是片面的。中国的立法公开是由中国共产党领导的国家的人民民主性质决定的。中国早在1954年宪法草案公布开始就实行了公开透明的原则；在成为WTO成员方之后，我国立法公开的步伐进一步加大。2008年4月，全国人大常委会委员长会议决定，今后全国人大常委会审议的法律草案，一般都予以公开，向社会广泛征求意见。[4] 公开化作为一种立法理念，在我国国内立法进程和国际法发展过程中出现越来越强烈的共鸣。

---

〔1〕 参见曾令良：《现代国际法的人本化发展趋势》，载《中国社会科学》2007年第1期。

〔2〕 See David B. Hunter, “The Emerging Norm of Transparency in International Environmental Governance,” in Padideh Ala'i, Robert G. Vaughn, eds., *Research Handbook on Transparency*, Edward Elgar Publishing, 2014, pp. 343-344.

〔3〕 曹建明：《WTO法律制度与中国相关法律法规和政策措施比较》，载《中国工商管理研究》2000年第9期。

〔4〕 参见李适时：《关于全国人大常委会的立法工作》，载中国人大网：http://www.npc.gov.cn/npc/xinwen/2013-06/25/content_1798343.htm，最后访问日期：2019年6月12日。

其次，国内立法与国际立法议题同步性显著加强。当今世界新机遇新挑战层出不穷，需要全球合作、共同解决的公共问题不断增加，全球治理越来越成为各国共识。随着我国在全球治理中逐渐走近舞台中央，扮演越来越重要的角色，我国国内立法项目与相应国际规则议题的同步性表现得越来越突出。这一趋势在经济法、贸易法、海洋法、环境法等新兴法律部门表现得比较突出：从国内立法情况看，在第十三届全国人大常委会立法规划中，上述新兴部门立法项目在一、二、三类项目中均占据较高比例；[1]从国际法方面看，国际私法领域谈判正在加速推进，多边海洋治理成为国际合作的重要领域，气候与环境领域国际规则不断发展完善。[2] 这一方面是因为，这些部门的法律规则是以社会生产力不断提高、国际交往愈加密切、人类发展需要有所变化为背景的。我国的发展已经深度融入世界发展之中，在追求发展的道路上，我国对于这些领域制度供给的需求与其他国家是相近的。另一方面，这也是由我国国内立法工作情况和国际法发展的阶段性特点决定的。从国内层面看，中国特色社会主义进入新时代，这是我国发展新的历史方位，国内立法工作随之进入新的阶段，建设中国特色社会主义法治体系，完善以宪法为核心的中国特色社会主义法律体系，要求不断提高立法质量和效率，把更多的精力放到法律的修改完善上，放到推动法律配套法规的制定修改上，同时抓紧制定适应经济社会发展新形势新领域需要的新法律。从国际层面看，传统的战争与和平法已经基本成型，国际法逐渐向囊括更多具体部门国际规则的集合发展。随着外空、深海、极地、网络等新兴领域法律规制需求的出现，在这些领域的规则制定当中，国内立法与国际立法议题的同步性要求将进一步凸显。

---

〔1〕 参见《第十三届全国人大常委会立法规划》，载中国人大网：http：//www. npc. gov. cn/npc/xinwen/2018－09/10/content_ 2061041. htm，最后访问日期：2019 年 6 月 11 日。

〔2〕 参见贾桂德：《当前国际法形势和我国外交条法工作》，载中国海洋发展研究中心官网：http：//aoc. ouc. edu. cn/_ t719/cb/0e/c9824a248590/page. psp，最后访问日期：2019 年 6 月 11 日。

最后，国内立法与国际法的关系从单向影响为主走向双向频繁互动，特别是我国国内立法对国际法的影响力有了质的提升。改革开放初期，经过全国人大常委会对1978年以前颁布法律的清理，在134件法律和有关法律问题的决定中，已经失效的有111件，占到81%。我国当时法制建设的主要基础就是余下的23件,[1] 国家治理规则出现了大幅度的空白，迫切需要加强立法工作。到20世纪90年代初短短十几年间，我国制定了200多部法律及有关法律问题的决定、700多件行政法规。[2] 在如此迅速的立法过程中，国内立法参考借鉴了大量国际法原则和规则，从互动关系上看，以国际法和外国法对国内法的单向影响为主，国内法对国际法的影响力或者说“输出”相对有限。较典型的例子是和平共处五项原则，在国内被写入宪法序言，成为我国外交政策的基石，在国际上经我国与亚非国家的共同实践，逐渐被接受为国际关系基本准则和国际法基本原则。[3]

从国际法基本理论出发，国际法和国内法互相影响的关系，不仅推动国内法的发展，也应该推动国际法的发展。国内法影响国际法的渠道和模式处在不断的发展变化之中。历史上，各国立法产生的一些概念和制度会逐步发展成为国际法的概念和制度，最明显的就是条约法和国家责任法。[4] 这种模式以国家在相互交往的反复实践中逐渐形成的认同和法律确信为基础，历程漫长。为加速这一过程，强化国内法对国际法影响力，美国从1945年开始逐渐发展形成“长臂管辖”模式，目前已经从最初的跨联邦州的司法管辖权扩展到跨越国界，突破立法、司法和行政界限的管辖权，由民商事领域扩展到刑事领域。这种模式对传统的涉外

---

〔1〕 参见信春鹰：《中国的法律制度及其改革》，法律出版社1999年版，第19页。

〔2〕 参见李适时：《中国的立法、条约与国际法》，载中国国际法学会主编：《中国国际法年刊(1993年)》，中国对外翻译出版公司1994年版，第266页。

〔3〕 参见习近平：《弘扬和平共处五项原则 建设合作共赢美好世界》，载新华网：http://www.xinhuanet.com//politics/2014-06/28/c_1111364206.htm，最后访问日期：2019年6月15日。

〔4〕 参见王铁崖：《国际法引论》，北京大学出版社1998年版，第194页。

管辖权制度进行了扩充，使一国国内法律得以以一种“短平快”的方式直接产生跨越国界的域外效力，在相应规范领域起到了类似国际法的作用。但是，这种模式极易被滥用，成为实施“保护主义”的工具，且相关规则的执行对于国家制度创新能力、立法可操作性和域外执法能力均有较高要求。

从当前实际出发，我国推动国际关系法治化，加强国内立法与国际法的互动，主要是通过第三种模式，即在制定和实施国内法律的同时，积极参与国际立法特别是对外缔约活动，充分利用以联合国为代表的多边国际组织平台，发出中国声音、提出中国方案、表达中国主张，通过主动承担大国责任，了解并定位不同国家的共同需求，推动国际治理规则向法治化、民主化的方向发展。一个典型例子是我国在应对气候变化方面对国内国际两个大局、两种规则的统筹考虑和把握。习近平主席提出，“积极应对气候变化不是别人让我们做，是我们自己要做，这是中国国内可持续发展的内在要求，也是我们保护人类、保护地球，作为一个发展中大国的责任担当”〔1〕。在国内，我们坚决贯彻实施循环经济促进法、节约能源法和修订后的环境保护法等相关法律规定，设立专门机构协调和监督《联合国气候变化框架公约》及其后两个议定书的落实；在国际上，我国提出解决气候变化问题重大分歧点的中国方案，主动承担减排责任，既立足当下又面向未来，既坚持原则又体现灵活，得到国际社会广泛支持和赞同。〔2〕另一个典型例子是中国在国内国际两个层面坚决打击腐败、积极推进反腐败制度化、法治化。在国内层面，我国以史无前例的力度和决心治党治吏、铁腕反腐，修改宪法，制定监察法，并

---

〔1〕国务院新闻办公室：《新闻办发布会介绍〈中国应对气候变化的政策与行动2018年度报告〉》，载中华人民共和国中央人民政府网：http：//www.gov.cn/xinwen/2018-11/26/content_5343360.htm，最后访问日期：2019年6月15日。

〔2〕参见《同舟共济迎挑战　携手并进促发展》，载《人民日报》（海外版）2015年12月7日，第4版。

通过大规模党内立法不断扎紧制度笼子；[1]在国际层面，我国大力推动国际反腐败合作，深入参与联合国等多边框架下的反腐败国际合作建章立制，积极稳妥参与《联合国反腐败公约》履约审议进程并参与《联合国反腐败公约》追赃、预防腐败工作组，赢得高度评价。[2] 此外，在国际国内规则尚未定型的一些新兴领域，我国国内立法与国际规则加速互动的趋势也已经非常明显，比如，网络安全法坚持“网络空间主权”原则，与我国提出的《国家网络空间安全战略》相互呼应。在与俄罗斯等其他国家的共同推动下，“网络主权”的概念已经得到国际上的广泛接受，体现在联合国信息安全政府专家组相关报告当中。

总体上看，我国国内立法与国际治理规则互动关系发展呈现出理念共鸣、议题同步、国内立法的国际影响力大幅提升这三大新趋势。尽管有的国家利用强权滥用规则或者破坏秩序，不断“废约”“退群”，使国际法面临“冷战”以来最严峻的挑战，但在国际关系中，定规则、守规则仍是大势所趋，国际法作为国际关系稳定器的价值、在国际秩序塑造中的作用更受重视。中国坚定支持以联合国为核心、以国际法为基础的国际秩序，提出推动构建人类命运共同体等理念，并通过国内立法忠实转化落实对外承诺，以实际行动履行国际义务，支持多边主义、维护多边贸易体制，这与国际秩序发展方向是一致的。在国际秩序演进过程中，中国坚持顺势而为、因势而动，国际影响力将进一步释放。

四、对新时代国内立法与国际法关系新趋势的思考

中国特色社会主义进入新时代，这一新的历史方位对国家治理提出了新的要求。党的十八大以来，以习近平同志为核心的党中央审时度势，

〔1〕 参见严瑜：《中国反腐成果令世界惊叹》，载《党建文汇》2017年第7期。

〔2〕 参见姜洁：《向世界展示中国反腐败决心》，载《人民日报》2018年12月10日，第5版；贾桂德：《当前国际法形势和我国外交条法工作》，载中国海洋发展研究中心官网：http：//aoc. ouc. edu. cn/_ t719/cb/0e/c9824a248590/page. psp，最后访问日期：2019年6月11日。

统筹推进“两个法治”，国内法治与国际法治的契合达到前所未有的程度。[1] 回顾新中国成立以来国内立法与国际法的互动关系发展历程，可以清晰地看出，从本质上讲，法治并非舶来品，法治建设是基于我国国内需求的，是对新中国成立70年来民主法制建设正反两方面经验的深刻总结，这一点我们必须明确。从趋势上讲，随着中国走近世界舞台中央，国内立法与国际法的互动关系越来越紧密，我们迫切需要将国内立法与推动国际法治的相关工作统筹考虑，明确以实现社会主义现代化和中华民族伟大复兴为目标，坚决做世界和平的建设者、全球发展的贡献者和国际秩序的维护者。当前，“坚持全面依法治国”和“坚持推动构建人类命运共同体”都是新时代中国特色社会主义的基本方略，需要我们在各项工作中全面准确贯彻落实。为推动将全面依法治国与构建人类命运共同体有机结合，更好适应国内立法与国际治理规则互动关系发展新趋势，我国参与国际规则制定，必须坚持从本国利益出发、以国内立法作为提出中国方案的基本参照，同时应坚持“共商、共建、共享”的基本原则，更加善于将中国诉求以更符合全人类公共利益的方式表达出来，更有效率地使国际关系向法治化方向推进。

上述新趋势也对我国国内立法工作提出了新的更高要求。国内立法应当秉持“在坚持继承和借鉴的基础上不断创新”的理念和做法，继续将中国特色与国际和域外立法经验相结合。具体而言，应从以下角度继续加强改进国内立法工作，推动国内立法与国际法的衔接。

一是要倍加注重提高法律规范的精确性。在国际交往中，了解、理解是交流合作的前提，了解越多理解越深，交流合作的基础才能越牢固、越广泛。[2] 一国法律是国家治理能力和治理体系的集中体现，是国家开展对外法治交流的“窗口”。但在我国立法实践中，为使法律能够及时适

---

〔1〕 张文显：《中国法治40年：历程、轨迹和经验》，载中国社会科学网：http：//sub. cssn. cn/fx/201810/t20181016_ 4705087_ 14. shtml，最后访问日期：2019年6月11日。

〔2〕 参见习近平：《在德国科尔伯基金会的演讲》，载《人民日报》2014年3月30日，第2版。

应现实世界的发展变化，往往通过作出一些模糊性规定，保留了相关制度的适度弹性，一定程度上也使我国法律规范形成一种“立体结构”，[1]即同一法律规范的组成部分分散于法律、行政法规、地方性法规、部门规章、地方政府规章、各级各类规范性文件乃至司法解释之中，从而增加了对外法治交流的难度。在今后的立法工作中，从内容规范上讲，应当实现精准立法、精细化立法，努力做到能具体就具体、能明确就明确，切实提高法律规范的针对性、有效性和可操作性；从语言规范上讲，应当进一步加强立法技术规范的研究、编制和落实，确保立法用语准确、连贯，使各层级法律规范对同一事物的表述尽量一致，并尽可能做到符合国际法律规则的表达习惯，使法言法语能为国际社会所明白接受，为中国开展对外法治交流、阐明中国治理模式提供有力的支撑。

二是加快完善涉外法律制度规范体系。新中国成立以来，我国依据宪法，坚持从中国国情出发，充分学习借鉴国际法和外国法中的有益经验，创建了符合中国国情的涉外法律体系。[2] 特别是在2019年3月，经十三届全国人大二次会议审议通过的外商投资法，作为我国统一的外商投资基础性法律，坚持中国特色和国际规则相衔接，将在我国贯彻落实扩大对外开放部署、推动外商投资法律制度与时俱进、促进社会主义市场经济高质量发展当中，发挥重要的引领和推动作用。[3] 目前，从具体领域来看，我国在陆地国界管理、海洋治理、出口管制等领域涉外立法还有进一步完善的空间，相关立法项目已列入十三届全国人大常委会立法规划，将适时安排有关审议工作。随着我国倡导的“一带一路”国际合作深入开展，中国企业和公民走出去的越来越多，涉外法律关系不断

---

〔1〕 谢勇：《从法律规范的立体结构看地方立法理论根据的更新》，载《中国人大》2017年第20期。

〔2〕 参见李伟红、敬宜、杨迅、王迪：《中国为国际法的创新发展作出重要贡献》，载《人民日报》2019年4月17日，第17版。

〔3〕 参见王晨：《关于〈中华人民共和国外商投资法（草案）〉的说明》，载中国人大网：http：//www.npc.gov.cn/npc/xinwen/2019－03/15/content_2083626.htm，最后访问日期：2019年6月21日。

复杂化，国家利益的维护和企业公民权益的保护都对涉外立法工作提出了更高要求。为深化对外开放，确保我国国内立法与国际法的衔接及正向溢出效应，应当开始关注和研究我国涉外立法的域外效力问题，特别是对外商投资法、网络安全法、反垄断法、商标法等现行有效法律中的相关条款，适时通过修改细化加强其实施，为保护我国海外利益提供有力法律依据。

涉外法律制度的实施有其特殊性，应考虑通过立法搭建相关部门联动配合的平台，明确各部门在其中的职权范围，完善信息共享的协作机制，加大执法力度；同时对于走出去的企业和公民加强法律宣传和教育，不仅包括中国和相关国家国内法律知识的培训，也包括国际法基本常识的教育和合规意识的培养。这也应当成为今后涉外立法过程中的一项重要工作。

三是加强跨部门协调沟通，着力确保国内立法与对外主张相一致。应当注意到，随着中国综合国力和国际影响力的提升，不只是涉外立法，国内其他一些立法项目由于直观体现中国治理模式，也受到国际社会广泛关注。特别是，从当前情况看，国际法和各国国内立法同步向国际规则尚未完全定型的新领域拓展趋势明显，中国主张可能影响国际规则发展走向，国际规则也将反过来对中国国内立法带来重大影响。我们必须抓住机遇，坚持高举和平、发展、合作、共赢的旗帜，坚持独立自主和平外交的原则，恪守维护世界和平、促进共同发展的理念，推动提高国内立法与国际法的融合度。从短期看，以国际组织决议等为代表的国际软法值得高度关注。国际组织为国家间频繁交往提供了平台，国际软法对国际习惯和国际条约相关规定的引导和推动作用日益明显，是我国提高国内立法与国际法主张互动效率和质量的最佳衔接点。在网络治理、社会信用、人工智能、生物安全等新领域，国内立法应继续坚持从中国国情和实际出发的基本原则和经验，在立法过程中充分调研、精准定位我国国家利益和发展需要，为确定中国对外表达立场提供基本的参照和支持。在日常工作中，这要求立法机关同参与对外交往的具体部门加强沟通联系，对立法项目可能涉及的国际治理规则相关问题适时作出预判分析。从长期看，要更好地利用国际法推动构建人类命运共同体，需要明确国际法特别是国际条约在中国特色社会主义法律体系中的地位。在此之前，必须通过考察调研，全面摸清我国对外缔约和作出承诺的情况，对履约情况作系统整理，在此基础上通过立法或者修法对有关国家机关在缔约工作中的职权和具体程序作出细化完善。

四是要倍加重视培育和发展立足中国、面向国际的制度创新能力。当今世界，经济社会发展越来越依赖于理论、制度、科技、文化等领域创新，国际竞争新优势也越来越体现在创新能力上。[1] 在国际力量对比发生积极变化的今天，尽管新兴市场国家和发展中国家群体性崛起趋势明显，但是西方国家在全球治理体系中仍然占据主导地位，其强大的制度创新能力是保持这一地位的重要基础。我国要推动构建人类命运共同体，必须要更加善于将经济实力转化为国际制度性权力，通过制度创新发展和巩固我国改革开放成果和社会经济发展成就，形成有中国特色、面向世界的法治化、便利化、统一、高效的市场环境，并积极推动全球治理体系变革。从国内立法工作角度看，一方面，这要求更加充分发挥人大在立法工作中的主导作用，遏制立法中的部门利益和地方保护主义倾向，使法律规定更加契合国家发展的整体战略，为维护我国在经济、科技以及国际贸易中地位和利益提供高效、有针对性的法律依据。为此，应考虑进一步优化全国人大及其常委会组成人员结构，提高专职委员特别是具备法律职业背景或从业经历委员的比例，并加强对全国人大及其常委会组成人员在法律知识、国际法基本常识和立法技术规范等方面的培训。[2] 另一方面，这要求大力加强对具备国际视野、通晓国际规则、善于处理涉外法律事务的涉外法治人才的培养。为此，应当鼓励高校和

---

〔1〕 参见习近平：《创新能力决定国家和民族的前途命运》，载《人民日报》2016年5月10日，第2版。

〔2〕 参见高建国：《关于优化人大常委会组成人员结构的思考》，载《公民与法治》2006年第6期。

科研机构加强国际法、比较法研究和专业人才培养，并采取定期选送优秀青年人才到相关国际组织挂职锻炼等措施，通过学习了解国际制度变革创新的具体过程，为在不同问题领域提出中国方案、发出中国声音积累经验、积蓄力量。

五、结语

新中国成立70年特别是改革开放40多年来，我国始终坚持尊重和遵守国际法，吸纳国际法治有益经验，促进了国家的对外开放和法治进程。站在新时代新起点，我们要更加坚定制度自信，在立法工作特别是涉外立法工作中，坚持以完善和发展中国特色社会主义制度、实现国家治理体系和治理能力现代化为目标，坚定践行和平共处五项原则和“共商、共建、共享”原则，真正使国内法治与国际法治有效衔接，并形成良性互动、相得益彰，为推动构建人类命运共同体、共创人类美好未来贡献中国智慧、提供中国方案。

“立改废释”的立法实践与发展

习近平总书记指出，“小智治事，中智治人，大智立法。治理一个国家、一个社会，关键是要立规矩、讲规矩、守规矩。法律是治国理政最大最重要的规矩。推进国家治理体系和治理能力现代化，必须坚持依法治国，为党和国家事业发展提供根本性、全局性、长期性的制度保障”〔1〕，强调“法治是国家治理体系和治理能力的重要依托。全面推进依法治国，是解决党和国家事业发展面临的一系列重大问题，解决和增强社会活力、促进社会公平正义、维护社会和谐稳定、确保党和国家长治久安的根本要求。要推动我国经济社会持续健康发展，不断开拓中国特色社会主义事业更加广阔的发展前景，就必须全面推进社会主义法治国家建设，从法治上为解决这些问题提供制度化方案”〔2〕。这是我们党对社会主义革命、建设和改革经验经过深刻总结得出的历史结论，作出的重大抉择。

中华人民共和国的成立，给中国社会的发展进步提供了新的历史机遇，为古老的中国实现国家治理现代化提供了社会制度基础。中华人民

---

〔1〕 中共中央文献研究室编：《习近平关于全面依法治国论述摘编》，中央文献出版社 2015 年版，第 12 页。

〔2〕《关于〈中共中央关于全面推进依法治国若干重大问题的决定〉的说明》，载中共中央文献研究室编：《十八大以来重要文献选编》（中），中央文献出版社 2016 年版，第 141 页。

共和国成立70年特别是改革开放40多年来的实践证明，只有社会主义才能救中国，只有中国特色社会主义才能发展中国。新中国成立以来，围绕建立、巩固、完善和发展社会主义制度，建立实现人民当家作主的国家政权，建设社会主义现代化强国，我们党领导全国人民进行了艰辛探索，走出一条中国特色社会主义法治道路，提出要建设中国特色社会主义法治体系、建设社会主义法治国家，最终实现国家治理体系和治理能力现代化。70年来，我们在实践中形成、完善和发展了中国的立法制度，我国的立法主体、程序、活动不断发展变化，法律渊源日益多样，立法形式不断丰富。从新中国成立初期中央人民政府委员会制定并解释国家的法律、颁布法令，到全国人民代表大会修改宪法、制定法律；从全国人大常委会解释法律、制定法令，到全国人大及其常委会制定法律；从国务院制定行政法规，到省、自治区、直辖市和设区的市、自治州及4个不设区的地级市的人大及其常委会制定地方性法规，立法主体范围不断扩大。立法形式也由最初单一的制定法律、法令发展到制定新法和修改法律并举，又发展到改革开放后根据经济社会发展需要，综合运用“立改废释”多种立法形式。特别是党的十八大以来，制定、修改、废止、解释、授权、决定、编纂、清理等多种立法形式被更灵活、更常态化地运用。立法形式不断多样化、立法活动日益规范化，使立法更有效率，能更好地体现党和人民的共同意志，也反映出我国国家治理水平和治理能力不断提升，在实现国家治理体系和治理能力现代化的征途上迈出坚实步伐。

一、从新中国成立到改革开放前我国的立法形式

中华人民共和国成立后到改革开放前夕，我国的立法围绕建立、巩固和完善社会主义，实现人民民主的国家治理，经历了破旧立新，探索前进再到停滞的曲折过程。新中国成立之初的首要任务是医治战争创伤，

恢复国民经济，镇压反革命，巩固人民政权，彻底摧毁旧的社会制度和社会秩序，建立新的社会制度和社会秩序。与之相适应，法制建设的首要任务就是要通过制定和实施一系列新的法律制度，来保障新生的人民民主政权，保障人民当家作主，保证国家的主要任务完成，为国家的稳定和发展创造条件，为各项社会事业的创立和发展创造良好环境，并为未来的法制建设打好基础。因此，这段时期需要破旧立新，立法形式以立新法为主，也有少数修改和废止，并对法律解释作了制度性安排。从立法主体上看，从新中国成立初期临时代行全国人民代表大会职权的中国人民政治协商会议以及中央人民政府委员会制定并解释国家法律、颁布法令，到1954年宪法规定全国人民代表大会是国家唯一的立法机关，只有全国人民代表大会才能修改宪法、制定法律；从全国人大常委会解释法律、制定法令，再到全国人民代表大会授权全国人大常委会制定单行法规、修改法律，这是一个我们党对治国理政方式从理论到实践的探索都不断成熟和发展完善的过程。按照法制发展进程和立法体制的不同，可以将这一时期分为两个阶段：

（一）中央人民政府委员会立法阶段：1949年中国人民政治协商会议第一届全体会议召开到1954年第一届全国人民代表大会第一次会议召开前

1949年9月29日，中国人民政治协商会议第一届全体会议一致通过具有临时宪法作用性质的《共同纲领》，确立了国家的国体和政体，明确了国家的立法制度，新中国成立初期的一切法制建设都以它为基础。

从立法体制来看，按照《共同纲领》和中央人民政府组织法的规定，中华人民共和国的国家政权属于人民。人民行使国家政权的机关为各级人民代表大会和各级人民政府。各级人民代表大会闭会期间，各级人民政府为行使各级政权的机关。中华人民共和国政府是基于民主集中制原则的人民代表大会制的政府。中央人民政府委员会制定并解释国家的法律，颁布法令，并监督其执行；废除或修改政务院与国家的法律、法令相抵触的决议和命令。政务院是中央人民政府委员会的执行机关，负责颁发决议和命令，并审查其执行。

从立法形式来看，这一阶段主要是破旧立新：

一是废除旧法制。1949年1月，我们党发表了为准备同国民党进行和平谈判提出的惩办战犯和废除伪宪法、伪法统等八项条件的声明。1949年2月，党中央发布了《关于废除国民党的六法全书与确定解放区的司法原则的指示》。这些都给我们的人民民主法制建设指明了方向。具有临时宪法作用性质的《共同纲领》第17条也明确规定，废除国民党反动政府一切压迫人民的法律、法令和司法制度，制定保护人民的法律、法令，建立人民司法制度。根据这一规定，中央人民政府在全国范围内，展开了摧毁旧法制、建设革命法制的斗争。

二是建立新法制。根据《共同纲领》第13条关于“中国人民政治协商会议为人民民主统一战线的组织形式……在普选的全国人民代表大会召开以前……执行全国人民代表大会的职权”的规定，中国人民政治协商会议第一届全体会议通过了《中国人民政治协商会议组织法》《中华人民共和国中央人民政府组织法》等。新中国成立初期，我们党根据《共同纲领》和《中华人民共和国中央人民政府组织法》建立了中央国家机关和地方各级人民政府。与此相适应开展了全国范围内的法制建设，制定了地方各级人民政府和司法机关的组织通则，制定了工会法、婚姻法、土地改革法、人民法院暂行组织条例、惩治反革命条例、惩治贪污条例、全国人民代表大会及地方各级人民代表大会选举法以及有关民族区域自治等法律、法令。所有这些法律、法令，对于维护革命，保护人民利益，巩固民族团结，特别是摧毁一切旧制度，保障各项社会民主革命运动的胜利，促进国民经济的恢复和发展，起到了重要作用。

从立法涉及的内容来看，这一时期中国人民政治协商会议和中央人民政府委员会所制定的一系列法律法令大部分是民主政治类的法律。比如，1952 年通过的民族区域自治实施纲要是我国第一部系统规范民族区域自治制度、民族政策和民族关系的法律文件，为发展民族经济、处理民族关系、促进和保障民族团结、实现各民族当家作主的权利提供了很好的法律依据。再如，1953 年通过的第一部选举法，为召开第一届全国人民代表大会提供了制度保证。在这些民主政治类法律中最主要的是各种“组织法”，例如，政务院及其所属各机关组织通则、省各界人民代表会议组织通则、工会法、人民法庭组织通则、中央人民政府最高人民检察署暂行组织条例、人民法院暂行组织条例、各级人民政府民族事务委员会试行组织通则、民兵组织暂行条例等。此外，还有部分是为了进行相关社会改革，在一系列大规模群众运动过程中制定的法律法令。例如，土地改革法是为了有步骤有秩序地进行农村土地改革工作于 1950 年 6 月通过的，是在土地改革运动中制定的，土地改革后即不再实施。再如，惩治反革命条例是为了在新中国成立初期镇压反革命于 1951 年 2 月制定的，是新中国成立以来刑事立法领域的第一部重要法律。惩治贪污条例是在开展“三反”“五反”运动中通过的。还有一些出于政府管理需要制定的法律法令，范围涉及行政、公安司法、行政监察、经济、科学文化教育等领域。例如，新解放区农业税暂行条例、中央人民政府任免国家机关工作人员暂行条例、婚姻法等。其中，1950 年制定的婚姻法，是除《共同纲领》《中华人民共和国中央人民政府组织法》《中国人民政治协商会议组织法》等以外，我国最早制定的基本法律，是新中国民事领域的第一部法律，是中国婚姻家庭制度的一次伟大变革。

从新中国成立到 1954 年宪法颁布前，中国人民政治协商会议和中央人民政府作为法定的具有国家立法权的国家机关，先后共制定了 30 余部法律。其中，中国人民政治协商会议只在第一届全体会议上通过了《共同纲领》《中华人民共和国中央人民政府组织法》《中国人民政治协商会议组织法》，关于中华人民共和国国都、纪年、国歌、国旗的决议 4 部法律，此后再未行使立法职权。这一时期的立法程序没有明确的规范，法律草案在政务院通过后，既有由中央人民政府委员会通过颁布的，也有未经过中央人民政府委员会通过而仅由中央人民政府主席批准的。如人民法庭组织通则、保守国家机密暂行条例、各级人民政府民族事务委员会试行组织通则、民兵组织暂行条例等，就是由中央人民政府主席批准的。作为最高行政机关的政务院依法并没有法定立法权，但是制定了 300 多件具有法律性质的规范性文件，制定了许多重要的制度。[1] 这期间还存在各大行政区军政委员会（后改为行政委员会），它们在《共同纲领》的统一原则下，根据 1949 年 12 月中央人民政府政务院制定的大行政区人民政府委员会组织通则的规定，根据《共同纲领》和国家的法律、法令，以及中央人民政府规定的施政方针和政务院颁布的决议、命令，制定了许多与地方政务有关的暂行法令、条例。这些暂行法令、条例虽然参差不齐，但是对当时当地各项工作的开展发挥了积极作用。1953 年，我国开始国民经济第一个五年计划建设，撤销了各大行政区的建制，法制建设更加集中统一。县级以上的地方各级人民政府根据 1950 年 1 月中央人民政府政务院公布的省市县人民政府组织通则的规定，制定了大量与本区域政务有关的暂行法令、条例或单行法规。虽然这一时期地方制定暂行法令、条例或者单行法规的活动，还不能称为现在所说的地方立法，但具有地方立法的萌芽。[2]

---

〔1〕 根据中央人民政府法制委员会所编《中央人民政府法令汇编》1949～1954 年版整理。

〔2〕 全国人大常委会法制工作委员会国家法室编著：《中华人民共和国立法法释义》，法律出版社 2015 年版，第 222 页。另据统计，从 1949 年 9 月到 1954 年 8 月，新中国法律、法令和带有法律性质的规范性文件总计为 500 多件。参见蓝全普编：《三十年来我国法规沿革概况》，群众出版社 1980 年版，第 10 页。

（二）全国人大及其常委会立法阶段：1954年一届全国人大一次会议召开到改革开放前

1954年9月20日，一届全国人大一次会议通过的宪法，进一步明确了我国的立法制度。

从立法体制上看，这一时期的立法体制，按照1954年宪法的规定，全国人民代表大会是行使国家立法权的唯一机关，修改宪法、制定法律；全国人大常委会解释法律、制定法令。也就是说，全国人民代表大会是唯一拥有国家立法权的机构，但同时又授予全国人大常委会部分立法职能。1975年宪法和1978年宪法也都作了类似规定。这说明我们党对法律制定权的行使非常慎重，把立法权看得十分神圣。因此，国家的立法权是高度集中的，只能由全国人民代表大会这一个机关行使，全国人大常委会只能制定位阶层级较低的法令。法令是指国家机关在职务范围内规定的带有规范性的、法律性的个别文书，与法律不同。但是，不可因此否认其应有的法律效力。对此，董必武同志有过明确的论述，“在人民代表大会闭会期间，全国人民代表大会常务委员会有权通过具有法律效力的法令。但是它通过的法令，如果全国人民代表大会认为违背了宪法，违背了其他原则，可以撤销，只有人民代表大会能够撤销”[1]，也就是说全国人大常委会制定的法令虽然不是法律，但具有法律效力。正由于“法令”这一词语表达得模糊，与法律的效力界限难以区别，1982年宪法颁布时，删去了“法令”一词。虽然1954年宪法规定全国人民代表大会是行使国家立法权的唯一机关，但是由于全国人民代表大会代表人数较多，不可能经常开会，仅靠全国人民代表大会显然无法适应繁重的立法任务。因此，1955年7月，一届全国人大二次会议又专门“授权常务

---

〔1〕 董必武：《关于党在政治法律方面的思想工作》（一九五四年五月十八日），载《董必武选集》编辑组编：《董必武选集》，人民出版社1985年版，第346页。

委员会依照宪法的精神、根据实际的需要，适时地制定部分性质的法律，即单行法规”；1959 年，二届全国人大一次会议又进一步明确授权常务委员会在大会闭会期间根据情况的发展和工作需要，对现行法律中一些已经不适用的条文，适时地加以修改，作出新的规定。后来，由于“反右派”斗争和“文化大革命”的影响，我国的民主与法治建设逐渐停滞，1959 年的这次授权实际上并没有得到执行。但是这两次授权，已经赋予全国人大常委会行使部分国家立法权，从而改变了全国人民代表大会作为行使国家立法权的唯一机关的规定，这是对 1954 年宪法的重要补充和发展。在地方立法层面，这一阶段取消了一般地方享有的法令、条例拟定权，仅规定民族自治地方有权制定自治条例、单行条例。

从立法形式来看，这一阶段主要是立新法，包括通过有关法律问题的决定。同时，这个阶段从立法形式上还出现了少量修改和废止法律的情况。修改方面，比如，1975 年和 1978 年两次修改宪法。明示修改或修正法律的只有 1955 年作出的关于撤销热河省、西康省并修改中华人民共和国地方各级人民代表大会和地方各级人民委员会组织法第二十五条第二款第一项规定的决议，关于撤销燃料工业部设立煤炭工业部、电力工业部、石油工业部、农产品采购部并修改中华人民共和国国务院组织法第二条第一款条文的决议，1956 年作出的关于修改地方各级人民代表大会和地方各级人民委员会组织法第二十五条第二款第四项第五项规定的议案，以及 1963 年修正通过的《中国人民解放军军官服役条例》等。

废止方面，既有明文规定废止的，也有未明文规定废止实际已不再适用或停止施行的。一是个别通过新法明文规定旧法同时废除。比如，1958 年制定的农业税条例第 32 条规定：“本条例从公布之日起施行。原有的农业税条例和有关规定即行废止。”据此，1950 年 9 月中央人民政府委员会通过的新解放区农业税暂行条例被废止。二是有一些被新法替代或者由于调整对象变化或者情况变化而不再适用或已经停止施行的法律法令，并没有被明文废止。比如，《中国人民政治协商会议组织法》、中央人民政府组织法、省各界人民代表会议组织通则、市各界人民代表会议组织通则、县各界人民代表会议组织通则、政务院及其所属各机关组织通则、土地改革法、人民法庭组织通则等。其中有些是以作出有关法律问题的决定形式，笼统作了处理。比如，1954 年 9 月 26 日，一届全国人大一次会议作出关于现行法律、法令继续有效的决议，规定所有自 1949 年 10 月 1 日中华人民共和国成立以来，由中央人民政府制定、批准的现行法律、法令，除同宪法相抵触的以外，继续有效，但并未具体说明哪些法律、法令因与宪法相抵触而废止。这一决议也可以视为新中国成立以来第一个具有法律清理性质的文件。

此外，这一阶段还进一步为法律解释作了制度安排，奠定了制度基础。早在 1949 年 9 月，中国人民政治协商会议第一届全体会议通过的中央人民政府组织法就规定由中央人民政府委员会制定并解释法律。1954 年宪法、1978 年宪法直到后来的 1982 年宪法都规定，全国人大常委会解释法律。1955 年 6 月，第一届全国人大常委会根据宪法规定，通过关于法律解释问题的决议，对法律解释的主体、范围等作了明确规定。但真正意义上的法律解释则是在改革开放之后开始的。

从立法涉及的内容来看，这一阶段制定了许多涉及国家制度的重要法律，主要还是以民主政治类的法律为主。1954 年 9 月，一届全国人大一次会议在通过宪法的同时，还制定了全国人民代表大会组织法、国务院组织法、地方各级人民代表大会和地方各级人民委员会组织法、人民法院组织法、人民检察院组织法。这些法律的制定标志着国家的根本制度、国家生活的基本原则、公民的基本权利和义务等，通过宪法和法律的形式得以正式确立。此后，根据宪法和党的路线方针政策，国家又先后制定了一批法律、法规，包括一些行政管理类的法律，比如，县级以上人民委员会任免国家机关工作人员条例、关于批准消防监督条例的决议、国境卫生检疫条例、户口登记条例、商标管理条例、治安管理处罚条例等。还有一些劳动类的法律，比如，批准国务院关于企业、事业单位和国家机关中普通工和勤杂工的工资待遇的暂行规定的决议，批准国务院关于工人、职员退休处理的暂行规定的决议等。此外，还有一些经济类的法律，比如，地方经济建设公债条例、批准国务院关于华侨投资于国营华侨投资公司的优待办法的决议、关于适当提高高级农业生产合作社公积金比例的决定、批准国务院关于农业生产合作社股份基金的补充规定的决议等。

（三）成绩和问题

回顾这一时期的立法工作，我们党对人民民主法制建设工作总体上是重视的，对法制建设也进行了积极探索，虽然经历了“文化大革命”的挫折，但仍然取得了显著成绩。这一时期，不仅制定了国家的根本法——宪法，而且制定了许多重要的法律、法令和其他各项法规。截至“文化大革命”前，中国人民政治协商会议、中央人民政府委员会、全国人大及其常委会共通过法律以及有关法律问题的决定134件，[1] 还起草了刑法、刑事诉讼法、民法、民事诉讼法等一批重要法律草案；国务院制定行政措施、发布的决议或者命令（相当于行政法规）1500多件。这些法律法规为进一步推进社会主义法制建设奠定了重要基础。但是，从1957年“反右”运动开始，党和国家工作中“左”倾错误指导思想不断发展蔓延，党提出的一系列正确主张和方针政策没能一贯坚持。特别是“文化大革命”把“左”倾严重错误推向极端，使社会主义法制遭受严重破坏，宪法和法律实际上成为一纸空文，教训极其深刻。

在这一时期，一些急需的基本法律最终都没有制定出来，比如，刑法、民法、各种诉讼法、劳动法等。同时，还有许多法律由于政治、经

---

〔1〕 信春鹰：《中国法律的历史与文化渊源》，载信春鹰：《中国的法律制度及其改革》，法律出版社1999年版，第19页。

济情况的变化，应该修改的没有修改，应该废止的没有废止，应该重新制定的没有重新制定。在实际操作中发挥重要作用的中央各部委的暂行办法又存在修改过于频繁的问题，比如，中央贸易部1951年3月6日公布了易货贸易管理暂行办法实施细则，但仅隔6个月，到1951年9月11日就修改了一次，而且仅隔一天，到12日又发了两个通告，修改了两次。之后到10月12日，又修改了一次。一个法律规范一个月左右就修改了四次，甚至其中一天竟修改两次，[1] 十分不严肃。这些也反映了我们在治国理政方面经验的缺乏和不成熟。

新中国成立初期到改革开放前，我国虽然制定了一些法律，但缺乏对整个法律部门和整个法律体系的建设规划，整体上法制建设滞后于现实需要。当时，由于依法治国的思想还未确立，在国家管理的实际操作中，党和政府政策、决议成为调解社会关系的主要手段，以致在相当长的时间里党的指示或政策实际上发挥着法律的作用，具体的表现形式又随着形势变化以及党和国家领导人治国思想及注意力的变化而变化。例如，新中国成立之初，由于要巩固新生的人民民主政权，党和国家领导人以党政联合的形式颁行指示及时处理各种问题，调解各种社会关系，发挥了一定的积极作用。随着法制的逐步健全，1954年我国第一部宪法颁布后，开始比较注意党政职能的区分，党的文件多涉及党务，而国家的政策文件多涉及政务。然而，从1957年“反右”开始，涉及治国和一般管理的党的文件和指示日益增多，到1958年“大跃进”以后，党的指示不仅涉及一般国家和社会的政治层面，也深入农业、工业、文化教育、科技卫生等领域。此后，这种情况越来越多，比如，为了应对1960年的经济困难，党的指示、命令扩大到治安和司法方面。1962年虽有拨乱反正，但随着“四清”运动的展开，党的主要领导人“以阶级斗争为纲”的指导思想也影响国家的法制建设，国家的作用明显减弱。1964年到

---

〔1〕 董必武：《关于党在政治法律方面的思想工作》（一九五四年五月十八日），载《董必武选集》编辑组编：《董必武选集》，人民出版社1985年版，第349页。

1965年，国家的各种立法明显减少，党的主要领导人的指示、批示愈加频繁且广泛地涉及社会生活的方方面面，直接发挥着治国理政的重要作用。[1]

立法形式的不规范、法治进程走上弯路，折射出新中国成立初期我们党对社会主义建设规律、共产党的执政规律还缺乏较为深刻的认识，从而使这种法制不健全的状态成为一种不可避免的现实存在。究其原因是多方面的，其中最主要的原因是我国长期处于封建专制统治社会，人民的法治观念淡薄，这种历史文化传统影响根深蒂固，生成了阻却和影响法制建设的土壤。正如邓小平同志所指出的，"旧中国留给我们的，封建专制传统比较多，民主法制传统很少"，因而法制建设的任务更加艰巨，我们不可能也不应该设想，一下子就能够把国家的一切法制都完备地建立起来。

二、改革开放后特别是党的十八大以来我国的立法形式变化

习近平总书记指出，"历史是最好的老师。经验和教训使我们党深刻认识到，法治是治国理政不可或缺的重要手段。法治兴则国家兴，法治衰则国家乱"[2]。党的十一届三中全会以来，我们党认真总结了新中国成立以来"左"的错误对法制建设的影响，特别是"文化大革命"使法制建设遭受严重破坏的惨痛教训，把依法治国确定为党领导人民治理国家的基本方略，把依法执政确定为党治国理政的基本方式，始终把法治放在党和国家工作大局中来考虑、来谋划、来推进，依法治国取得重大成就。

立法是依法治国的基础。改革开放以来，全国人大及其常委会坚定坚持党的领导，紧紧围绕党和国家在改革开放不同历史时期的发展战略，

---

〔1〕 张培田主编：《新中国法制研究史料通鉴》（第一卷），中国政法大学出版社2003年版，前言第3页。

〔2〕 中共中央文献研究室编：《习近平关于全面依法治国论述摘编》，中央文献出版社2015年版，第52页。

提出相应的立法目标，综合运用"立改废释"等形式，加快立法步伐，为形成和完善中国特色社会主义法律体系进行了不懈努力，取得了巨大成就。特别是党的十八大以来，各种立法手段被更广泛、更规范、更常态化地运用，制定、修改、解释法律以及作出有关法律问题的决定的数量明显增加（见图1）。多种立法形式的灵活运用，使法律能更及时地适应社会经济发展的实践需求，更好地体现党的主张、人民的意愿，有力推动了以宪法为核心的中国特色社会主义法律体系不断完善，有力推进了国家治理体系和治理能力现代化。从1979年到2019年8月底，全国人大及其常委会共通过宪法1部及5个宪法修正案，制定修改法律643件次，其中新制定法律297件，修改法律344件次，[1] 废止有关法律的法律或有关法律问题的决定4件，[2] 作出法律解释25件，通过有关法律问题和重大问题的决定258件。

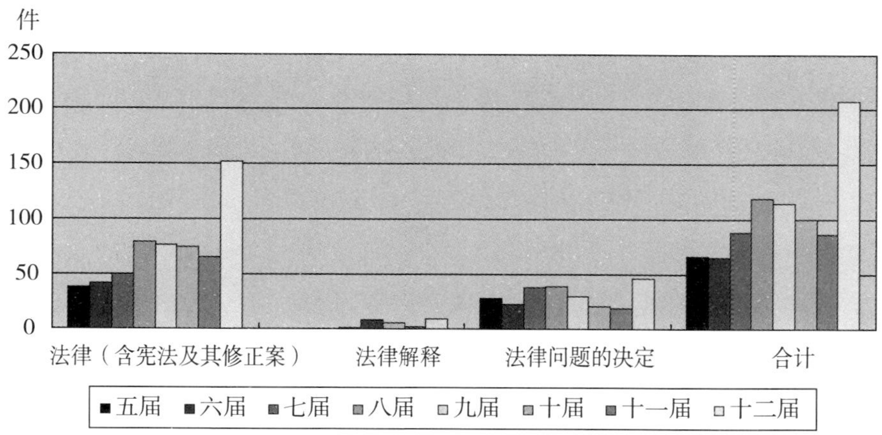

图1 历届各类立法形式的变化

据统计，十二届全国人大及其常委会制定法律25件，占历届以来制定总数的8.74%；修改法律127件次，占五届以来修改总数的44.1%；

---

[1] 2013年以后按照涉及修改的法律数量统计为件次数，此前的统计为件数。

[2] 包含2件法律和2个决定。

作出9件法律解释，占五届以来法律解释总数的36%；通过授权决定和改革决定21件，占五届以来授权决定总数的63.64%；其他有关法律问题和重大问题的决定30件次，占五届以来总数的11.85%。2018年3月至2019年8月，十三届全国人大及其常委会履职仅一年多时间，就制定法律12件，通过宪法修正案1件，修改法律60件次，通过授权决定和改革决定5件，其他有关法律问题和重大问题的决定9件。随着我国法律体系的不断完善，比起制定新法，修改、解释、作出授权等有关法律问题和重大问题的决定等立法形式被更为广泛地运用，并发挥着越来越重要的作用。

（一）适应社会经济发展实践需求，不断制定新的法律

党的十一届三中全会深刻总结"文化大革命"的经验教训，在作出把党和国家工作重心转移到经济建设上来、实行改革开放历史性决策的同时，把加强社会主义民主法制建设作为坚定不移的方针确定下来，强调必须使社会主义民主制度化、法律化，使这种制度和法律不因领导人的改变而改变，不因领导人看法和注意力的改变而改变。之后，党的历次代表大会都提出了加强民主法制建设的要求，特别是党的十五大提出了"到二〇一〇年形成有中国特色社会主义法律体系"的法制建设目标任务。在党中央的坚强领导下，1982年12月4日，五届全国人大五次会议通过了现行宪法，确定了国家的发展目标和历史任务，为全国人民指明了前进方向，提供了宪法依据。同时，全国人大及其常委会还制定了一大批国家和社会生活中急需的、基本的、主要的法律，有效维护了国家和社会秩序稳定，推动了国家经济社会的有序发展。从图2可以看出，改革开放以后，我国先是制定了不少新的法律，每届新制定法律的数量不断增加，到第八届时达到顶峰。从第九届起，全国人大及其常委会在注重新制定法律的同时，注重适应我国经济社会发展变化转型的需要，

加大了修改现有法律工作的力度。十届全国人大常委会更是提出，在基本形成中国特色社会主义法律体系目标的基础上，重点提高立法质量。因此，自第八届后起，新制定法律的数量呈下降趋势。随着新法律的不断制定和对原有法律的修改完善，到2010年中国特色社会主义法律体系如期形成，国家经济建设、政治建设、文化建设、社会建设以及生态文明建设的各个方面都实现了有法可依。法律是社会实践的反映，社会实践的发展变化要求法律制度随之不断发展变化。中国特色社会主义法律体系形成后，随着我国经济社会发展变化不断提出新的实践要求，得到不断完善。截至2019年8月底，我国现行有效法律共274件。其中，宪法与宪法相关法45件，民法商法类34件，行政法类88件，经济法类71件，社会法类24件，诉讼与非诉讼程序法类11件，此外，还有刑法及10个刑法修正案。

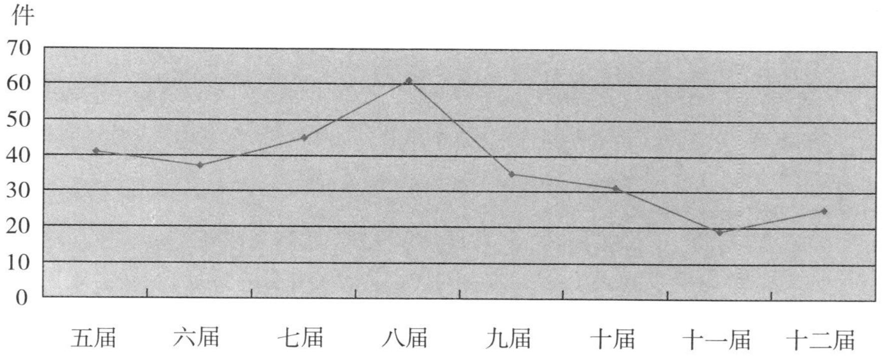

图2　历届新制定法律的数量变化

党的十八大以来，以习近平同志为核心的党中央坚定不移全面深化改革，各项改革措施密集出台，改革呈现全面发力、多点突破的局面。十二届、十三届全国人大及其常委会认真贯彻落实党中央的决策部署，坚持立法决策和改革决策相衔接，立法主动适应改革和经济社会发展需要，及时把党中央的改革决策通过法定程序转化为法律规定，为重大改革举措落地落实提供法律支撑，立法呈现数量多、分量重、节奏快、效果好的特点。根据经济社会发展变化提出的新要求，全国人大及其常委会加强重点领域立法，适时制定了一系列新的法律，推进法律体系不断完善。制定国家勋章和国家荣誉称号法、国歌法、英雄烈士保护法等，健全保证宪法实施的法律制度。围绕加快国家安全法制建设，制定国家安全法、反间谍法、反恐怖主义法、境外非政府组织境内活动管理法、网络安全法、国家情报法、国防交通法、核安全法、深海海底区域资源勘探开发法等一批重要法律。推进反腐败国家立法，贯彻落实党中央关于深化国家监察体制改革决策部署，制定监察法。完善我国司法协助体制，制定国际刑事司法协助法。推进编纂民法典，制定民法总则。加强社会主义市场经济立法，制定外商投资法、电子商务法、旅游法、资产评估法、航道法等。贯彻落实税收法定原则，制定环境保护税法、烟叶税法、船舶吨税法、耕地占用税法、车辆购置税法、资源税法等。为改变我国文化领域立法相对滞后的局面，制定公共文化服务保障法、公共图书馆法、电影产业促进法。为改善民生提供有力法治保障，制定慈善法、疫苗管理法、中医药法、反家庭暴力法、特种设备安全法等。推进环境立法，制定土壤污染防治法，为推进净土保卫战提供有力法治保障，与大气污染防治法、水污染防治法一起，构建起“三位一体”、立体管控的生态环保法治网。

今后，随着改革的不断深入，适应新时代提出的新形势新任务，还要围绕党和国家的工作大局，根据经济社会的发展，继续制定新的法律。从图3可以看出，改革开放以来，我国新制定的法律主要体现在经济和社会主义民主政治领域。今后一个时期，除继续完善市场经济领域立法，不断完善发展社会主义民主政治方面的法律制度外，还应在以下领域着重加强立法：一是应突出加强社会领域立法，紧紧围绕着力保障和改善民生，抓紧完善保障公民权利、发展社会事业、健全社会保障、规范社会组织、加强社会管理、保障群众基本生活、保护特殊群体合法权益等方面的法律，逐步建立健全包括劳动就业、社会保障、社会救助、社会福利、教育医疗、公共安全等在内的社会保障制度，合理调整收入分配关系制度。二是应着力推进文化科技领域立法，抓紧制定推进文化产业发展的法律制度，繁荣文化产业，满足人民群众不断增长的精神文化需求，弘扬社会主义核心价值观；进一步完善鼓励自主创新、促进科技进步方面的法律制度，不断提高自主创新能力。三是应高度重视生态文明领域立法，抓紧制定发展绿色经济、应对气候变化方面的法律制度，促进资源节约型、环境友好型社会建设，促进人与自然和谐相处，努力从制度上解决经济社会发展与环境资源保护的矛盾。

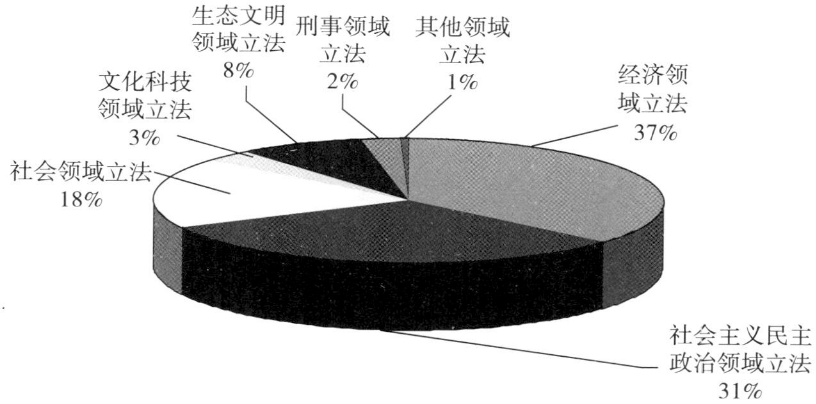

图 3　改革开放以来各领域新制定法律占新制定法律总数的比重（截至 2019 年 8 月底）

注：图 3 中统计数据的分类标准如下：

1. 经济领域立法，是调整国家履行宏观调控、市场监管、对外开放和产业振兴等职能所产生的社会经济关系的重要法律制度，其中包括民事商事类法律制度、财税金融类法律制度等。

2. 民主政治领域立法是健全选举、基层群众自治、国家机构组织，规范行政行为的程序立法，适应司法体制改革，完善国家机关权利行使、惩治和预防腐败等民主政治方面的重要法律制度。

3. 社会领域立法是围绕保障和改善民生，在促进社会事业发展、健全社会保障体制、创新社会管理等方面，完善劳动就业、劳动保护、社会保险、社会救助、社会福利、收入分配、教育、医疗、住房以及社会组织等的法律制度。

4. 文化科技领域立法是适应推进文化体制改革，促进科技进步的要求，完善扶持公益性文化事业、发展文化产业、鼓励文化科技创新等方面的法律制度。

5. 生态文明领域立法是适应资源节约型、环境友好型社会建设的要求，完善节约能源资源、保护生态环境等方面的法律制度。

（二）转变立法观念，把修改法律作为重要的立法工作

随着各方面的法律制度不断完善，我国国家和社会生活各个方面主要的、基本的法律都已经具备。但随着经济社会的发展，过去制定的法律中出现了一些不适应现实变化的情况，需要及时进行修改，使法律更好地适应我国经济社会发生的广泛而深刻的变化，更好地发挥对现实生活的规范作用。

从改革开放以来历年的立法统计数据可以看出，随着新法的不断制定和法律体系的不断完善，加强对现行法律的修改逐步成为立法工作的重要内容。2000 年，修改法律的数量首次超过制定法律的数量（见图 4）。修改完善现行法律被逐渐放到更加突出的位置。

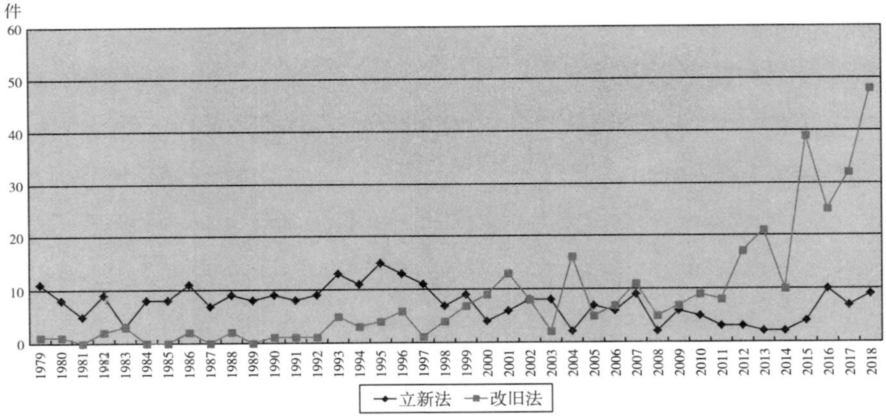

图 4　历年法律制定修改情况（截至 2018 年年底）

改革开放以来修改法律的数量在立法中所占的比重不断增加（见图 5），从中也可以预见今后修改完善现行法律的任务将越来越重。要进一步加强对现行法律的修改完善工作，对不适应改革要求的现行法律，及时修改或废止，不能让一些过时的法律条款成为改革的“绊马索”。使法律更好地适应新时代改革开放和社会主义现代化建设的需要，已成为立法工作新的重要表现形式。

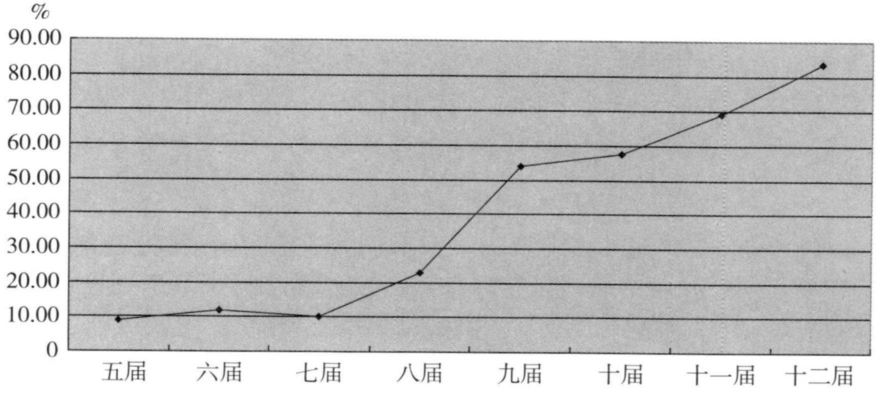

图5　五届以来修改法律在立法中所占的比重

随着修改法律的比重和数量不断增加，修改的形式也日益多样化，主要有三种修改形式：一是全面修订，二是修改，三是统筹修改。结合立法实践，依据对内容修改的不同情况，根据修改法律的分量、比重，可以将法律修改的形式分为全面修改与局部修改两类。

全面修订即对法律的全面修改，自1996年10月29日修改《中国人民解放军选举全国人民代表大会和县级以上地方各级人民代表大会代表的办法》第一次在题注中明确注明采取修订形式起，到2019年8月底，全国人大及其常委会采用修订形式修改的法律共55件。

修改属于对法律的局部修改，包括修正案和修正两种形式。采用法律修正案形式修改的目前只有宪法和刑法，其中宪法自1988年起已通过5个修正案，刑法自1999年以来已通过10个修正案。修正又称修改法律的决定。在改革开放初期，也曾以作出修改法律的决议的形式修改法律，如1979年7月1日五届全国人大二次会议通过的关于修正《中华人民共和国宪法》若干规定的决议，是改革开放以来全国人大及其常委会第一次进行的修改法律的立法活动。自1983年9月2日通过《全国人民代表大会常务委员会关于修改〈中华人民共和国人民检察院组织法〉的决定》以来，除宪法和刑法采用修正案的形式外，局部修改都采用修改法律的决定的形式，到2019年8月底，已通过154个修改决定。

统筹修改俗称“打包”修改或“一揽子”修改，是指就多部法律中涉及同类事项或者同一事由，需要集中予以修改的个别条款，一并提出法律案进行合并修改的方式。2015年3月修改的立法法第43条正式确立了法律“打包”修改制度。十二届以前统筹修改的数量不多。比如，十届全国人大常委会“打包”修改法律1次，修改法律9件。十一届“打包”修改3次，共修改法律和有关法律问题的决定68件次。当时，采用统筹修改方式的主要有两类：一是为了保持与新法的协调衔接。比如，2004年十届全国人大常委会为保证行政许可法的实施，并为国务院和地方分别清理、修改相关行政法规和地方性法规中有关行政许可的规定提供依据，通过了关于修改公路法的决定等9部法律。这也是国务院首次将多件法律修正案草案集中在一个议案中提请全国人大常委会审议，全国人大常委会对这9部法律分别作了修改决定。十一届全国人民代表大会期间，为了与社会保险法协调衔接，通过了关于修改煤炭法的决定、关于修改建筑法的决定；为了保证修改后的刑事诉讼法有效实施，分别通过了关于修改监狱法的决定等7部法律。二是为了开展法律清理。十一届全国人大常委会期间通过了关于修改部分法律的决定，共修改法律55件、有关法律问题的决定4件。

党的十八大以来，以“打包”方式修改法律的形式被大量运用。十二届全国人大及其常委会期间，共修订法律12件，通过2个刑法修正案，作出修改法律的决定33件（涉及修改法律113件次），其中包含15个统筹修改法律的决定，涉及修改法律95件次。2018年3月至2019年8月底，十三届全国人大及其常委会履职的第一年，共作出1个宪法修正案，修订法律6件，作出修改法律的决定13件（涉及修改法律60件次），其中包含8个统筹修改法律的决定，涉及修改法律49件次。

综上所述，为适应中国特色社会主义新时代推进改革的需要，及时在立法中把党中央的改革决策法律化、制度化，通过法治引领、推动、保障改革顺利展开，修改法律已经成为重要的立法工作，全面修订、修改，特别是统筹修改法律的方式正在被进一步大量常态化地运用。统筹修改提升了立法效率，节约了立法资源，同时使立法能够主动适应改革和经济社会发展需要。今后需要进一步完善统筹修改的实施标准、表决通过方式等，注意做好统筹规划，尽量避免通过多次“打包”的方式短期内对同一部法律频繁修改，或者借“打包”修改进行“搭便车”式立法，使一些原本不适合“打包”修改的内容被借机“打包”修改。

（三）适应改革开放经济社会快速发展的新形势，坚持多种立法手段并用，确保重大改革于法有据

除了制定新法和修改现有法律这两种最主要的立法形式外，废止、解释、授权、决定、清理、法律编纂等多种立法形式也各自发挥着不同的重要作用。为适应改革开放经济社会快速发展的需要，多种立法手段并用的立法形式将会持续一段时期，并成为一种新常态。

1. 及时废止不适应社会新形势的法律，消除经济社会发展的制度障碍

法律的废止是根据经济社会发展的实际需要，对于明显不合时宜，已无继续实行必要的法律，在认真研究的基础上及时予以废止，以消除经济社会发展的制度障碍。

改革开放后，截至2019年8月底，全国人大及其常委会废止法律的方式主要有：

一是在法律中设置废止条款。据统计，现行有效的274部法律中有41部法律（不包含专门废止法律的法律）存在废止条款。包括：（1）废止相关法律。比如，1980年通过的婚姻法，在附则中明确规定，“1950年5月1日颁行的《中华人民共和国婚姻法》，自本法施行之日起废止”。2006年修订的企业破产法在附则中规定，“本法自2007年6月1日起施行，《中华人民共和国企业破产法（试行）》同时废止”。2014年通过的

反间谍法在附则中明确规定，“本法自公布之日起施行。1993 年 2 月 22 日第七届全国人民代表大会常务委员会第三十次会议通过的《中华人民共和国国家安全法》同时废止”。2018 年通过的监察法在附则中规定，“本法自公布之日起施行。《中华人民共和国行政监察法》同时废止”。（2）同时废止相关法律和行政法规。如 2007 年 3 月通过的企业所得税法在附则中规定，1991 年 4 月通过的外商投资企业和外国企业所得税法、1993 年 12 月国务院发布的企业所得税暂行条例同时废止。（3）废止行政法规。如车辆购置税法、耕地占用税法、烟叶税法、资源税法等单行税法，均规定废止国务院公布的相关条例。

二是制定专门的法律或作出专门的决定废止法律。到目前为止，运用这种方式废止法律的并不多，共有 4 件。其中两件统计为法律：一件是 2005 年作出的关于废止农业税条例的决定；另一件是 2009 年作出的关于废止部分法律的决定。还有两件统计为有关法律问题的决定：一件是《全国人民代表大会常务委员会关于批准法制工作委员会关于对 1978 年年底以前颁布的法律进行清理的情况和意见的报告的决定》；另一件是 2013 年根据党的十八届三中全会关于废止劳动教养制度的精神，通过的关于废止有关劳动教养法律规定的决定。其中，关于批准法制工作委员会关于对 1978 年年底以前颁布的法律进行清理的情况和意见的报告的决定和 2009 年作出的关于废止部分法律的决定，是在进行法律清理时作出的。

目前，还存在一些全面修订或制定了新的法律却没有明文规定原相关法律是否废止的情况。对于实际已经失效的法律，宜在今后制定新法的同时明文予以废止，或通过制定专门的废止法律的方式予以废止。

2. 通过法律解释明确法律规定的含义，促进法律正确、有效实施

法律解释是一项重要的立法活动，主要是对法律规定的含义进行说明和阐述，以明确法律的执行界限，目的是保证实施过程中对法律条文的正确理解和适用。我国的法律解释制度是在长期的法律实践中逐渐形

成的，且有明确的法律规定。如前文所述，改革开放前，我国就已经对法律解释作了制度性安排。改革开放后的1981年6月，为了肃清“文化大革命”给法制建设带来的严重后果，巩固和发展安定团结的政治局面，重建社会主义法制的权威，全国人大常委会通过关于加强法律解释工作的决议，重新确立了法律解释制度。1996年5月15日，八届全国人大常委会第十九次会议通过《全国人民代表大会常务委员会关于〈中华人民共和国国籍法〉在香港特别行政区实施的几个问题的解释》，这是改革开放以后作出的第一个法律解释。2000年制定、2015年修改的立法法的第二章第四节也对法律解释作了专门规定。2004年，十届全国人大常委会第十二次委员长会议通过了全国人大常委会法律解释工作程序。

为保障法律的正确实施，全国人大常委会积极行使解释法律的职权。据统计，从1979年至2019年8月底，全国人大常委会共作出法律解释25件，全都现行有效。其中2件是关于国籍法的解释、5件是关于香港特别行政区基本法的解释、13件是关于刑法的解释、1件是关于澳门特别行政区基本法的解释、3件是关于刑事诉讼法的解释、1件是关于民法通则和婚姻法的解释。分届别来看，八届作出法律解释1件，九届作出法律解释8件，十届作出法律解释5件，十一届作出法律解释2件，十二届作出法律解释9件。法律解释手段的运用和经济社会发展变化的形势需求紧密相关。党的十八大以来，全国人大常委会坚持“立改废释”并举，统筹考虑立新废旧、法律间协调完善和衔接等问题，在综合运用其他立法形式的基础上，加强了法律解释工作。审议通过关于刑法、刑事诉讼法有关规定的法律解释7件，就民法通则、婚姻法有关公民姓名权的规定作出法律解释1件，对香港特别行政区基本法第104条作出法律解释1件，坚决遏制和反对“港独”行径，捍卫宪法和基本法权威。上述法律解释都是针对法律实施中出现的问题，根据有关方面提出的解释要求或者建议，由全国人大常委会作出的，解决了法律实施中迫切需要明确的问题，取得了良好的效果。实践证明，开展法律解释，对于不断完善中国特色社会主义法律体系、保证法律法规的准确有效实施、全面落实依法治国基本方略、加快建设社会主义法治国家，具有重要作用。

3. 通过授权允许先行先试，支持和推动相关领域改革

习近平总书记提出，“要坚持改革决策和立法决策相统一、相衔接，立法主动适应改革需要，积极发挥立法引导、推动、规范、保障改革的作用，做到重大改革于法有据，改革和法治同步推进，增强改革的穿透力。对实践证明已经比较成熟的改革经验和行之有效的改革举措，要尽快上升为法律。对部门间争议较大的重要立法事项，要加快推动和协调，不能久拖不决。对实践条件还不成熟、需要先行先试的，要按照法定程序作出授权，既不允许随意突破法律红线，也不允许简单以现行法律没有依据为由迟滞改革”[1]。我国当前正处于重大的历史变革期、社会转型期，经济社会发展日新月异，各种新情况、新问题层出不穷。对各方面提出的创新需求，不能简单地以现行法律、法规没有依据或者不能突破予以否定，要从国家长远利益和人民根本利益出发，从党和国家工作全局来权衡，积极主动研究，提出解决问题的路径和办法，通过立法来推进和保障改革。改革创新涉及需要修改现行法律规定的，应当及时按照法定程序修改；对一些局部的改革创新正处于探索过程之中，还需要逐步总结教训、积累经验，通过立法向全国范围推广的条件还不具备的，要及时按照法定程序作出授权，允许先行先试，确保改革于法有据、顺利进行。

改革开放后的第一部授权立法是1981年11月由全国人大常委会通过的关于授权广东省、福建省人大及其常委会制定所属经济特区的各项单行经济法规的决议。自那时起到1996年，全国人大常委会又通过了关于授权汕头市和珠海市人大及其常委会、人民政府分别制定法规和规章在各自的经济特区实施的决定。这段时间的授权决定总体数量较少，而且

[1] 中共中央文献研究室编：《习近平关于全面依法治国论述摘编》，中央文献出版社2015年版，第52页。

由于法律还不健全，需要依靠国务院或地方制定相关的规范性文件来对一些具体事项作出规范，因此基本都是概括性的授权，对授权的范围规定得比较宽泛，对授权期限及到期后的处理等也没有作出具体规定。

2000 年制定的立法法明确规定，授权决定应当明确授权的目的、范围。2006 年，十届全国人大常委会作出关于授权香港特别行政区对深圳湾口岸港方口岸区实施管辖的决定，首次对授权期限作出规定。2012 年，十一届全国人大常委会作出关于授权国务院在广东省暂时调整部分法律规定的行政审批的决定，首次对授权到期后的处理作出规定。

党的十八大以来，为适应中国特色社会主义新时代改革发展的需要，全国人大常委会共作出 25 件授权决定和改革决定，其中十二届全国人大常委会作出 21 件授权决定和改革决定，涉及自由贸易试验区、行政审批制度、农村集体土地制度、司法体制、股票发行注册制、国防和军队等方面的一系列重大改革。十三届全国人大常委会自 2018 年 3 月至 2019 年 8 月履职一年多时间作出 3 个授权决定，涉及药品上市许可持有人制度、农村集体土地制度和地方政府债务等。这些授权决定和改革决定，和以往相比，不仅在数量上遥遥领先（见图 6），还通过不断完善改革授权的工作机制和方式，逐步推动这项工作实现制度化、规范化、常态化。依法作出授权决定，是以法治思维和法治方式推进改革的创新探索，既可

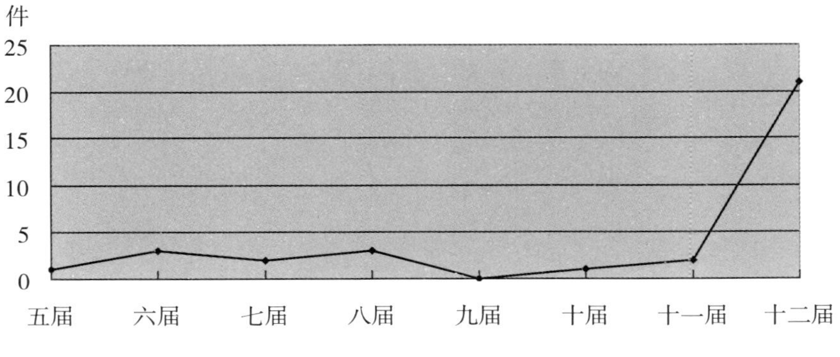

图 6　历届授权决定和改革决定的数量

坚持做到深化改革立法先行，确保重大改革于法有据，又能为进一步修改完善法律制度积累实践经验，也是对发挥立法引领和推动作用的有益探索和实践，对于推进实现国家治理体系和治理能力现代化具有重要作用。

一是规范授权决定的内容要件。针对与现行法律规定不一致、修改法律尚不成熟、需要先行先试的改革举措，依法作出授权决定或改革决定的，应当明确规定授权决定的内容要件。2015 年，修改了立法法，对授权决定作了进一步规范，规定授权决定应当明确授权的目的、事项、范围、期限以及被授权机关实施授权决定应当遵循的原则等。同时规定，授权期限不得超过 5 年，但是授权决定另有规定的除外。被授权机关应当在授权期限届满的 6 个月以前，向授权机关报告授权决定实施的情况，并提出是否需要制定有关法律的意见；需要继续授权的，可以提出相关意见，由全国人大及其常委会决定。被授权机关应当严格按照授权决定行使被授予的权力，不得将被授予的权力转授给其他机关。修改后的立法法还规定，全国人大及其常委会可以根据改革发展的需要，决定就行政管理等领域的特定事项授权在一定期限内在部分地方暂时调整或者暂时停止适用法律的部分规定。

二是督促和推动相关改革试点工作顺利实施。为确保授权改革试点工作取得成效，探索积累可复制可推广的有益经验，有的授权决定明确规定，被授权机关在试点期限届满前要总结试点经验，向全国人大常委会提出授权决定实施情况的报告。全国人大常委会则会按照授权决定的要求，通过听取审议“一府两院”关于改革举措、试点工作实施情况的报告，加强监督问效，推动贯彻落实。

三是探索完善授权期满处理机制。主要分为三种：第一种是对需要继续探索的改革举措，决定延长试点期限或纳入新的试点加以完善。比如，2015 年 11 月，十二届全国人大常委会作出关于授权国务院在部分地方开展药品上市许可持有人制度试点和有关问题的决定；试点期限 3 年即将届满前的2018年10月，十三届全国人大常委会作出了关于延长该试点期限的决定。2015年2月，十二届全国人大常委会作出关于授权国务院在北京市大兴区等三十三个试点县（市、区）行政区域暂时调整实施有关法律规定的决定；2017年11月，十二届全国人大常委会作出关于延长该试点期限的决定；2018年12月，十三届全国人大常委会作出了关于再次延长该试点期限的决定。有的授权决定到期后不是通过延期方式继续试点，而是融入了新的授权决定。比如，2016年《全国人民代表大会常务委员会关于授权最高人民法院、最高人民检察院在部分地区开展刑事案件认罪认罚从宽制度试点工作的决定》，就将2014年授权“两高”在上述地区开展刑事速裁程序试点工作的有关内容纳入认罪认罚从宽制度试点工作范围并加以扩大完善，按照新的试点办法继续试行。第二种是试点期满后，对实践证明行之有效的改革举措，通过修改完善相关法律予以复制推广。比如，2013年8月，全国人大常委会作出决定，授权国务院在中国（上海）自由贸易试验区内，对国家规定实施准入特别管理措施之外的外商投资，暂时调整外资企业法、中外合资经营企业法和中外合作经营企业法规定的有关行政审批。2014年12月，全国人大常委会再次作出决定，授权在广东、天津、福建自由贸易试验区以及上海自贸区扩展区域暂时调整有关法律规定的行政审批。总结上述试点的成功经验，2016年9月，十二届全国人大常委会第二十二次会议通过了关于修改外资企业法等四部法律的决定，将上述自由贸易试验区试点的改革措施上升为法律，同时相应终止了上述两个授权决定的法律效力。再如，2017年6月，十二届全国人大常委会通过的修改行政诉讼法和民事诉讼法的决定，是在2015年7月1日通过的关于授权最高人民检察院在部分地区开展公益诉讼试点工作的决定到期后，将公益诉讼改革试点的有益经验以立法形式予以推广。2018年4月，十三届全国人大常委会通过的人民陪审员法，也是在2015年作出的人民陪审员制度改革试点工作的决定到期并于2017年延长了一次试点期限后，将试点工作中行之有效、可复制推广的改革举措上升为法律规范的。第三种是对实践证明不宜调整的，恢复施行有关法律规定。比如，十一届全国人大常委会通过的关于授权国务院在广东省暂时调整部分法律规定的行政审批的决定，该授权决定所涉法律较多，对于部分实践证明可行的，及时修改了相关法律，部分实践证明不宜调整的，2018 年 1 月 1 日前未提出修改有关法律议案的，恢复施行了有关法律规定。

4. 通过作出有关法律问题和重大问题的决定，确保贯彻落实党中央的重大决策部署

有关法律问题的决定有别于法律。法律一般以某种社会关系作为调整对象，直接规范公民的权利、义务，规范国家机构某方面的职责和权力，可以创设反复适用的制度规则。有关法律问题的决定主要是解决特定的、单一的、具体的法律问题，在有关法律问题依据该有关法律问题的决定解决后该决定就不再适用，也就是有关法律问题的决定并不能针对不特定的对象反复适用，具体问题的法律适用应当依据相关法律来进行。另外，相较于法律，有关法律问题的决定一般都是为了明确法律中的具体问题。例如，《全国人民代表大会常务委员会关于维护互联网安全的决定》是针对互联网安全这一特定的、单一的问题作出的规定，但该决定并未创设任何新的制度和权利义务规范，如果当事人出现该决定中的行为，应当适用刑法或者治安管理处罚法处罚。有关法律问题的决定在制定程序上与立法法规定的立法程序也有区别。

党的十八大以来，以习近平同志为核心的党中央强调提高党依法执政能力和水平，注重运用法治思维和法治方式推动改革发展。为适应新形势新要求，十二届全国人大常委会依照宪法和法律规定，及时对若干重要问题作出决定，共通过有关法律问题和重大问题的决定 46 件次，确保党中央重大决策部署的贯彻落实，促进和保障宪法法律的正确实施和相关工作的顺利开展。一是为加强宪法实施和监督，通过一系列树立宪法意识、彰显宪法权威、推动宪法实施的有关法律问题和重大问题的决

定。二是为弘扬爱国主义精神和社会主义核心价值观，依法作出三个确立有关纪念日的决定。三是为全面贯彻落实“一国两制”，对香港特别行政区行政长官普选问题通过决定。四是为贯彻落实“单独两孩”决策，通过关于调整完善生育政策的决议。

十三届全国人大常委会自 2018 年 3 月至 2019 年 8 月履职一年多时间，已通过有关法律问题和重大问题的决定 14 件次，其中包括：为认真贯彻党的十九大和十九届三中全会精神，就国务院机构改革涉及行政法规规定的行政机关职责调整问题作出决定；贯彻党中央决策部署和十三届全国人大一次会议精神，作出关于全国人民代表大会宪法和法律委员会职责问题的决定；根据党中央部署，按照宪法有关规定，通过关于在中华人民共和国成立七十周年之际对部分服刑罪犯予以特赦的决定；巩固和深化司法体制改革成果，作出关于设立上海金融法院的决定、关于专利等知识产权案件诉讼程序若干问题的决定；贯彻落实习近平生态文明思想，作出《全国人民代表大会常务委员会关于全面加强生态环境保护 依法推动打好污染防治攻坚战的决议》；为保障海警队伍改革依法稳妥推进，确保转隶后海上维权执法任务接续完成，作出关于中国海警局行使海上维权执法职权的决定等。

5. 适时开展法律清理，保证法律体系内部和谐统一

为保证中国特色社会主义法律体系的科学和谐统一，改革开放以来，全国人大常委会、国务院和有立法权的地方人大常委会先后多次对法律法规进行全面清理或专项清理，并在总结法律法规清理工作经验的基础上，建立起法律体系自我更新完善的机制。

1979 年 11 月，五届全国人大常委会第十二次会议通过关于中华人民共和国建国以来制定的法律、法令效力问题的决议，确定，“从一九四九年十月一日中华人民共和国建立以来，前中央人民政府制定、批准的法律、法令；从一九五四年九月二十日第一届全国人民代表大会第一次会议制定中华人民共和国宪法以来，全国人民代表大会和全国人民代表大

会常务委员会制定、批准的法律、法令，除了同第五届全国人民代表大会制定的宪法、法律和第五届全国人民代表大会常务委员会制定、批准的法令相抵触的以外，继续有效”。这是改革开放后加强法律清理的一项重要措施。

1987年，全国人大常委会对新中国成立以来至1978年年底制定的法律、法令进行了一次全面清理。根据五届全国人大三次会议常委会工作报告提出的清理新中国成立以来颁布的法律的要求，责成法制工作委员会对1978年年底以前颁布的法律（包括有关法律问题的决定）进行系统梳理，提出清理报告。六届全国人大常委会第二十三次会议通过了《全国人民代表大会常务委员会关于批准法制工作委员会关于对1978年底以前颁布的法律进行清理的情况和意见的报告的决定》。报告指出，在这一期间制定或者批准的134件法律中，已经失效的有111件，继续有效或者继续有效正在研究修改的有23件。已经失效的111件法律分为以下四种情况：已由新法规定废止的11件；已由新法代替的41件；由于调整对象变化或者情况变化而不再适用或者已经停止施行的29件；对某一特定问题作出的具有法律效力的决定、条例，已经过时的30件。对现已失去法律效力的111件法律，除已由新法规定废止的11件以外，对其余的100件，由全国人大常委会明确这些法律已经不再适用，同时明确过去根据这些法律对有关问题作出的处理仍然是有效的。此外，在1978年年底以前，全国人大常委会批准民族自治地方的人民代表大会和人民委员会组织条例48件，因新宪法、地方组织法和民族区域自治法已经制定，各民族自治地方人民代表大会都已成立常务委员会，且都已经或正在另行制定自治条例，上述组织条例已因情况变化而不再适用。

从2008年开始，按照全国人大常委会的部署，先后开展了法律、行政法规和地方性法规的集中清理工作。2009年，全国人大常委会通过关于废止部分法律的决定和关于修改部分法律的决定。此次清理废止了8件法律和有关法律问题的决定，对59件法律的141个条文作出统筹修改。

另外，废止行政法规 7 件，修改行政法规 107 件；废止地方性法规 455 件，修改地方性法规 1417 件，基本解决了现行法律中明显不适应经济社会发展需要、相互之间不一致或者不够衔接，以及行政法规、地方性法规与上位法明显不一致、不协调等问题，保证了法律体系内部的科学和谐统一。

十三届全国人大常委会还通过执法检查并作出有关决议，推动各地各部门开展规范性文件清理工作。专门加开一次会议，听取审议大气污染防治法执法检查报告，作出《全国人民代表大会常务委员会关于全面加强生态环境保护　依法推动打好污染防治攻坚战的决议》。督促全国 31 个省级人大常委会完成大气污染防治法规的制定和修改工作，各地各部门全面清理生态环保方面的规范性文件，各地方人大常委会共修改 514 件、废止 83 件地方性法规。

今后要在总结法律法规清理工作经验的基础上，建立健全通过清理实现法律体系适时更新和自我完善的机制，要探索法规清理工作长效机制，实现法规清理工作的常态化。对与新制定或者新修改的上位法不一致、不协调，以及不适应改革和经济社会发展要求的规定，及时予以修改或者废止。在制定新法时，同时研究考虑与新出台法律不一致、不协调的其他法律或者其他法律中相关条文的修改、废止，力争做到立、改、废同步进行。不能同步进行的，在法律出台之后，也应及时对相关法律规定进行修改、废止，防止出现新的不一致、不协调等问题。

6. 适时开展法律编纂，推动法律规范法典化、法律制度系统化

法律编纂是由国家立法机关依照法定权限和程序，对现行同类法律规范或者同一部门法律规范进行整理、审查，并加以修改、补充，使之形成集中统一、系统的法律的立法活动，它以制定法典为目的，因而又称法典编纂。法律编纂可以实现对现行某一类法律的系统化，有利于法律的执行。法律编纂可以改变原有法律规范的内容，既可以删除原有法律规范中已经过时或者不适合的内容，消除相互重叠或者矛盾的内容，

还可以增加新的内容。法律编纂是法律规范法典化、法律制度系统化的基本方式，在一定意义上，有利于实现法律制度的统一协调，维护国家法制统一。

我国正在开展民法典编纂工作。民法是市场经济的基本法，是构建市场经济的基石。党的十八届四中全会提出编纂民法典这一重要立法任务。十二届全国人大及其常委会以高度的责任感和使命感，全力以赴做好民法典编纂工作，从实际出发，研究提出了“两步走”的工作思路，即先制定民法总则、再整合编纂各分编，争取2020年形成统一的民法典。2017年3月，民法典的开篇之作、在民法典中起统领性作用的民法总则由十二届全国人大五次会议通过。民法总则贯彻全面依法治国要求，坚持人民主体地位，坚持从我国国情和实际出发，坚持社会主义核心价值观，弘扬中华优秀传统文化，总结继承我国民事法治经验，适应新形势新要求，全面系统地确定了我国民事活动的基本规定和一般性规则，为编纂民法典奠定了坚实基础。十三届全国人大常委会在过去工作的基础上，加快进度，形成6编共1034条的民法典各分编草案，并于2018年8月进行了整体审议，12月对合同编、侵权责任编草案进行了分拆审议；2019年4月对物权编和人格权编进行了分拆审议，6月审议了婚姻家庭编和继承编，8月第三次审议了人格权编和侵权责任编，朝着2020年完成民法典编纂任务目标迈出坚实步伐。

进行法律编纂的前提是有一定数量的、同类的单行法律，在这些法律的基础上进行删改、补充，形成新的法律。除民法外，我国目前在劳动法、教育法、环境保护法等领域出台了多部法律，具备了法律编纂的基本条件。今后基于相关领域法律制度建设情况，可以考虑在环境保护法、教育法、劳动法等领域，开展法律编纂的理论研究和前期准备工作，适时提出法律编纂工作建议和工作方案，推进法律编纂工作，不断提高法律系统化程度，以适应新情况、新变化，使法律制度更加统一协调，更加有利于法律的实施。

党的十八大以来，中国特色社会主义进入了新时代，适应新时代的新形势新要求，我国的立法事业取得了重大的进展和突破，在立法形式上也呈现出立、改、废、释、授权、决定、清理、法律编纂多种手段并用的立法工作新常态。随着改革的不断深入推进和经济社会的发展变化，可以预见，今后这些立法形式还将被继续运用，并且日益规范化和常态化。要继续做好授权决定和改革决定相关工作，加强涉及改革的法律“立改废释”工作，保证改革在法治轨道上顺利推进。要增强立法的系统性，综合运用制定、修改、废止、解释、法律清理和法律编纂等多种形式，组合协同，做到各项制度相互衔接、统筹协调，科学和谐统一。

附：

新中国成立70年来法律法规清理情况概述

法律法规是社会实践的反映，其规范的内容由经济社会发展的实际所决定，又反作用于经济社会的发展。法律法规规范内容的发展进步必须随着经济社会发展进步的实践变化而变化。定期对法律法规开展清理，检视法律法规与社会发展实际的差异，对法律法规进行修改完善，协调法与法之间、法与社会变革和社会需求之间的关系，是依法促进一个国家社会秩序健康稳定、和谐有序发展的必然要求。

中华人民共和国成立 70 年来，中国社会制度和经济发展都发生了翻天覆地的变化，中国的各项法律制度也适应中国社会发展不同阶段的实际，适时地进行着变化和调整。在中国的社会主义现代化建设实践中，中国始终注重法律法规与经济社会发展实际相适应，形成了有效的法律法规清理工作机制。特别是改革开放 40 多年来，随着中国特色社会主义法治建设步伐不断加快，适时开展法律法规清理工作，成为有效维护国家法制统一、形成和不断完善中国特色社会主义法律体系的重要举措，为保持中国特色社会主义法律体系更加科学和谐统一发挥了重要作用。认真梳理总结新中国成立 70 年来开展法律法规清理工作的有效做法和经验，对于在新时代开展社会主义法治体系建设、建设社会主义法治国家、实现国家治理体系和治理能力现代化具有重要意义。

一、关于法律清理的情况

习近平总书记指出，“新中国成立初期，我们党在废除旧法统的同时，积极运用新民主主义革命时期根据地法制建设的成功经验，抓紧建设社会主义法治，初步奠定了社会主义法治的基础”。事实上，从新中国成立开始，我们党对法制建设就十分重视，在根据国家经济社会发展变化制定新法律的同时，加强对旧法律的清理，注重维护国家法制的统一和权威。

（一）全国人大及其常委会于 1954 年和 1979 年先后两次作出具有法律清理性质的决议

1. 关于现行法律、法令继续有效的决议

该决议于 1954 年 9 月 26 日，由一届全国人大一次会议审议通过（1987 年 11 月 24 日失效）。决议指出，宪法颁布以后，所有自从 1949 年 10 月 1 日中华人民共和国建立以来，由中央人民政府制定、批准的现行法律、法令，除同宪法相抵触的以外，一律继续有效。这个决议明确了宪法颁布以前制定的法律、法令的效力，是我国第一个具有法律清理性质的文件。这种做法本身体现了我们党对以法治思维和法治方式进行治国理政的探索。

2. 关于中华人民共和国建国以来制定的法律、法令效力问题的决议

该决议于 1979 年 11 月 29 日，由五届全国人大常委会第十二次会议审议通过。按照这个决议，从 1949 年 10 月 1 日中华人民共和国建立以来，前中央人民政府制定、批准的法律、法令；从 1954 年 9 月 20 日一届全国人大一次会议制定宪法以来，全国人大及其常委会制定、批准的法律、法令，除了同第五届全国人民代表大会制定的宪法（1978 年宪法）、法律和五届全国人大常委会制定、批准的法令相抵触的以外，继续有效。这是加强法律清理的一项重要决议，明确了新中国成立以来制定、批准的法律、法令的效力问题。

以上两项决议没有具体列出废止修改的法律、法令目录，只是具有

法律清理性质的决议。重申过去法律、法令的效力，一方面，运用已有的法律，保护人民民主权利，维护社会秩序，巩固安定团结的政治局面，保障社会主义建设事业的顺利进行。另一方面，可以使我们在当时立法任务繁重、立法力量不足的情况下，集中力量制定过去没有而又急需的法规。这也是健全社会主义法制的一项重要措施和有效做法。

（二）全国人大常委会于1987年和2009年两次集中开展法律清理

1. 1987年全国人大常委会对中华人民共和国成立以来至1978年年底制定的法律、法令进行清理

根据五届全国人大三次会议上的常务委员会工作报告提出清理中华人民共和国成立以来颁布的法律的要求，全国人大常委会法制工作委员会同有关部门对1978年年底以前全国人大及其常委会制定或者批准的134件法律（包括有关法律问题的决定）进行系统梳理并逐件研究后，于1987年11月向六届全国人大常委会第二十三次会议提出了关于对1978年底以前颁布的法律进行清理的情况和意见的报告。经过审议，全国人大常委会作出批准该报告的决定。按照这个报告，从1949年9月至1978年底，由中国人民政治协商会议第一次会议、中央人民政府委员会、全国人大及其常委会制定或者批准的134件法律中，有111件已经失效，继续有效或者继续有效正在研究修改的有23件。在111件已经失效的法律中已由新法明确规定废止的11件；已有新法代替的41件；由于调整对象变化或者情况变化而不再适用或者已经停止施行的29件；对某一特定问题作出的具有法律效力的决定、条例，已经过时的30件。此外，1978年底以前，全国人大常委会批准的48件民族自治地方的人民代表大会和人民委员会组织条例，因新宪法、地方组织法、民族区域自治法已经制定，各民族自治地方人民代表大会都已成立常务委员会，各自治地方都

已经或正在另行制定自治条例，而不再适用。

此次清理不同于前两次法律清理只是公布了具有法律清理性质的决议，而是在清理后公布了失效、废止的法律目录，将法律清理真正实践化，使之落实落地。

2. 2009 年全国人大常委会对 20 世纪 90 年代以前制定的法律进行清理

在十一届全国人大常委会第二次闭幕会上，吴邦国同志提出，要围绕确保到 2010 年形成中国特色社会主义法律体系这一目标任务，组织开展对现行法律的清理工作。根据吴邦国同志提出的要求，需要完善的法律大体分三种情况：一是有的法律是 20 世纪 80 年代或 90 年代初制定的，当时还是计划经济，有些规定已经明显不适应发展社会主义市场经济的需要；二是由于法律制定的时间有先有后，有的后法与前法的一些规定有不尽一致或不够衔接的地方；三是有的法律可操作性不强，难以保证有效实施。

为了不断完善中国特色社会主义法律体系，围绕需要研究解决的这三个方面的问题，全国人大常委会决定开展对法律的系统清理工作。2008 年 7 月 21 日，全国人大常委会办公厅发出关于开展法律清理工作的通知，提出了法律清理工作的实施方案，对 20 世纪 90 年代以前制定且没有作过系统修改的现行法律进行清理。按照全国人大常委会工作部署，全国人民代表大会各专门委员会、常务委员会有关工作机构、国务院法制办、中央军委法制局、最高人民法院和最高人民检察院等部门依照确定的清理范围和任务分工，先后对 200 多部法律提出了 1972 条清理意见和建议。全国人大常委会法制工作委员会法律清理小组对这些意见、建议进行汇总、整理，并经全国人民代表大会法律委员会、常务委员会法制工作委员会召开会议研究论证，提出了废止和修改部分法律以及作其他处理的“一揽子”清理意见。2009 年 6 月 27 日、8 月 27 日分别提交十一届全国人大常委会第九次、第十次会议审议。会议分别通过了《全国人民代表大会常务委员会关于废止部分法律的决定》和《全国人民代表大会常务委员会关于修改部分法律的决定》。这次法律清理需要废止和修改的法律共67件，其中废止的法律8件，修改的法律59件，涉及法条141条。8件废止的法律包括：4件新中国成立初期制定的法律；1件改革开放初期对经济体制改革一些专门事项进行的立法；3件已被新法代替，因内容“过时”，与实际不相适应被废止。民法通则有关计划经济和指令性计划的规定、全民所有制工业企业法有关指令性计划的规定、体育法有关指定审定机构的规定、教育法有关教育费附加和集资办学的规定、防洪法有关农村义务工和劳动积累工的规定，因明显不适应经济社会发展要求的实际已不适用而被删除。为解决法律规定之间不对应、不衔接问题，与2004年宪法修正案有关征收、征用规定保持一致，对16件法律和法律解释进行了修改。对1997年现行刑法出台前制定的25件法律引用原刑法条文进行了修改。对2005年现行治安管理处罚法出台前制定的32件法律引用原治安管理处罚条例的条款作出修改。对兵役法、气象法、人民警察警衔条例、仲裁法引用其他法律名称或具体法律条文序号作出修改。考虑到需要废止和修改的法律比较多，采用了“一揽子打包”的处理方式。

2009年集中开展法律清理工作，取得了阶段性成果。基本解决了现行法律中明显不适应经济社会发展需要、相互之间不一致、不衔接等问题。这是确保2010年形成中国特色社会主义法律体系的重要举措。

（三）党的十八大以来全国人大常委会关于法律的清理修改

全国人大常委会对法律的定期清理，有利于维护中国特色社会主义法律体系的科学和谐统一，前几次清理也发挥了应有的重要作用。但定期清理存在的一个问题就是在法律没有清理之前，法律规定之间发生冲突时往往给执法或司法带来困惑，使有关法律问题处于不确定状态。实际情况是，自2009年集中开展法律清理以来，全国人大常委会再没有进行过全面集中清理工作，但却把法律的清理修改融入了日常的立法工作中。党的十八大以来，我们党把法治作为治国理政的基本方式，明确提出法治是国家治理体系和治理能力的重要依托，强调“凡属重大改革都要于法有据”。全国人大及其常委会坚决贯彻党中央的重大决策部署，坚持立法决策与改革决策相衔接，立法主动适应改革和经济社会发展需要，不断创新立法工作机制，形成新的法律清理修改机制。即在制定新法的同时一并考虑相应修改与之不协调、不适应改革需要的其他法律中的个别条款。用这种“打包”的方式统筹修改有关法律，避免了因专门进行集中清理不及时，致使有关法律长期得不到修改而产生法律冲突。统筹修改法律取得较好效果，主要体现在以下几次统筹修改中：

1. 2011年4月，为与社会保险法和刑法修正案（八）的有关规定相衔接，对煤炭法、建筑法、道路交通安全法的个别条款进行了修改。

2. 2012年10月，为解决相关法律规定与修改后的刑事诉讼法不一致、不衔接的问题，对监狱法等7部法律的个别条款一并进行了修改。

3. 2012年12月，为与修改的农业技术推广法的决定保持一致，对农业法的个别条款作出修改。

4. 落实关于国务院机构改革和政府职能转变方案的决定，依法推进行政审批制度改革和政府职能转变，进一步激发市场、社会的创造活力，发挥好地方政府贴近基层的优势，促进和保障政府管理由事前审批更多地转为事中事后监管。2013年至2018年年底，对文物保护法等12部法律，海洋环境保护法等7部法律，保险法等5部法律，港口法等7部法律，电力法等6部法律，义务教育法等5部法律，计量法等5部法律，药品管理法，节约能源法等6部法律，对外贸易法等12部法律，会计法等11部法律，招标投标法、计量法，国境卫生检疫法等6部法律，森林法等7部法律，野生动物保护法等15部法律，产品质量法等5部法律，电力法等4部法律，劳动法等7部法律中有关行政审批事项、工商登记制度、价格管理、职业资格认定等方面的个别条款作出修改，完善相关行政审批程序，提高审批效率，不断提高政府管理科学化、规范化水平。

5. 根据有关授权决定的实施情况，对有关法律进行修改完善。一是根据全国人大常委会关于授权国务院在中国（上海）自由贸易试验区暂时调整有关法律规定的行政审批的决定和全国人大常委会关于授权国务院在中国（广东）自由贸易试验区、中国（天津）自由贸易试验区、中国（福建）自由贸易试验区以及中国（上海）自由贸易试验区扩展区域暂时调整有关法律规定的行政审批的决定，2016年9月，对外资企业法、中外合资经营企业法、中外合作经营企业法和台湾同胞投资保护法作出修改。二是根据全国人大常委会关于授权最高人民检察院在部分地区开展公益诉讼试点工作的决定，2017年6月，修改民事诉讼法和行政诉讼法。三是根据全国人大常委会关于授权国务院在广东省暂时调整部分法律规定的行政审批的决定、全国人大常委会关于授权国务院在广东省暂时调整部分法律规定的行政审批试行期届满后有关问题的决定，2017年12月，修改招标投标法、计量法。

6. 为完善法律职业准入制度，健全国家统一法律职业资格考试制度，推进法治工作队伍正规化、专业化、职业化，2017年9月，对法官法等8部法律中涉及法律职业资格制度等部分条款进行修改补充。

二、关于行政法规清理的情况

行政法规是中国特色社会主义法律体系的重要组成部分，其法律效力仅次于国家法律，在国家的经济社会发展中发挥着重要作用。及时开展行政法规清理，对于促进经济社会发展、维护法制统一具有重要意义。新中国成立70年来，国务院先后对行政法规进行全面清理6次，专项清理15次，分别简述如下：

（一）全面清理

这里的全面清理是指国务院根据经济社会发展变化的客观形势和实践需求，对所有行政法规进行的清理。新中国成立以来共有 6 次。

1. 1956 年，根据周恩来总理的指示和国务院常务会议关于整理法规的决议，原国务院法制局在国务院各部门的协助下，对原政务院制定和批准的 250 多件法规进行了清理。经过清理决定废止 144 件、修改 64 件。

2. 1983 年到 1987 年，按照国务院关于清理法规的统一部署，国务院法制局组织国务院各部门，对 1949 年 10 月至 1984 年年底经国务院（含原政务院）发布或批准的 3298 件行政法规和法规性文件进行一次全面清理。国务院各部门清理法规的情况报告反映了不少法规已不适应国民经济和社会发展的要求，法规内部关系不协调，影响执行的效果；法规名称多而乱，缺乏规范性等问题。经过清理，继续有效的法规 661 件，其余的 2637 件法规，有的改为一般文件，有的予以废止，有的作了重大修改。

3. 1994 年 5 月，为适应改革开放和建设社会主义市场经济体制新形势的需要，国务院发布《关于废止 1993 年底以前发布的部分行政法规的决定》，经过对 684 件行政法规进行全面清理，决定予以废止的法规 21 件，其中：已制定新的相应法律或者由新的行政法规代替而应予废止的 13 件；由于调整对象消失、适用期限已过或者对某一特定问题作出的具有法律约束力的具体规定已经过时而自行失效的 8 件。

4. 为适应改革开放和建立健全社会主义市场经济体制及我国加入世贸组织新形势的需要，国务院对截至 2000 年年底前发布的 756 件行政法规进行了全面清理。2001 年 10 月，国务院颁布《关于废止 2000 年底以前发布的部分行政法规的决定》，将主要内容与新的法律或者已经修改的法律、党和国家新的方针政策或者已经调整的方针政策不相适应的，以及已被新的法律或者行政法规所代替的71件行政法规，予以废止；将适用期已过或者调整对象已经消失，实际上已经失效的80件行政法规，宣布失效。

5. 2007年2月25日国务院办公厅印发《关于开展行政法规规章清理工作的通知》，对截至2006年年底现行655件行政法规进行全面清理。2008年1月，国务院颁布《关于废止部分行政法规的决定》，将主要内容被新的法律或者行政法规所代替的49件行政法规予以废止；将适用期已过或者调整对象已经消失，实际上已经失效的43件行政法规，宣布失效。这是新中国成立以来最大规模的一次行政法规清理，是国务院为更好地适应加快建设法治政府、全面推进依法行政的要求，采取的重大举措。

6. 根据全国人大常委会和国务院的统一部署，国务院法制办从2010年年初开始，对截至2009年年底的现行的691件行政法规进行了清理。这是国务院在1983年以来，对行政法规进行4次全面清理的基础上，根据经济社会发展和改革深化的新情况、新要求，对现行行政法规的又一次全面清理。2011年1月，国务院颁布《关于废止和修改部分行政法规的决定》，废止7件行政法规；将107件行政法规中的172个条款予以修改；将部分行政法规中明显不适应社会主义市场经济和经济社会发展新情况的表述，关于征收、征用的规定等作出修改。此次清理，全部删除了行政法规中的“投机倒把”规定，以及有关“计划经济”和“指令性计划”等过时表述。

（二）专项清理部分行政法规

除上述全面清理外，国务院还根据实际工作需要，多次针对某个方面专门事务的法规开展专项清理。

1. 1986年7月，国务院颁布《关于废止部分财贸法规的通知》，对

1949年至1984年期间，经国务院（含政务院）发布或者批准发布的财政、金融、商业、审计、物价和工商行政管理方面的行政法规和法规性文件进行清理。经过清理，应予废止的行政法规和法规性文件104件，已明令废止的23件，由于适用期已过或者调整对象已经消失而自行失效的359件。

2. 1986年9月，国务院颁布《关于废止部分农林法规的通知》，对1949年至1984年期间，经国务院（含政务院）发布或者批准发布的农（牧渔）业、林业、水利电力和气象方面的行政法规和法规性文件进行清理。经过清理，应予废止的24件，已明令废止的3件，适用期已过或者调整对象已经消失而自行失效的76件。

3. 1987年1月，国务院颁布《关于废止部分外事外经贸、工交城建、劳动人事和教科文卫法规的通知》，对1949年至1984年，经国务院（含政务院）发布或者批准发布的外事外经贸、工交城建、劳动人事以及教科文卫方面的行政法规和法规性文件进行清理。经过清理，应予废止的158件，已明令废止的68件，由于适用期已过或者调整对象消失等原因而自行失效的513件。

4. 1987年6月，国务院颁布《关于废止部分政法、军事、机关工作和其他法规的通知》，对1949年至1984年，经国务院（含前政务院）发布或者批准发布的政法、军事、机关工作和其他方面的行政法规和法规性文件进行清理。经过清理，应予废止的48件，已明令废止的18件，由于适用期已过或者调整对象已经消失等原因而自行失效的210件。

5. 1988年，为配合进一步对外开放，加快实施沿海地区经济发展战略，促进我国沿海地区外向型经济的发展，国务院组织有关部门对国务院发布或者批准发布的现行涉外方面的行政法规和法规性文件进行了清理。经过清理，分两批共废止29件，宣布失效27件。

6. 为贯彻实施行政许可法开展对有关行政许可规定的清理，2003年9月，国务院下发《关于贯彻实施〈中华人民共和国行政许可法〉的通知》，要求各地区、各部门抓紧清理现行有关行政许可的规定，对与行政许可法规定不一致的，要及时予以修改或者废止；对确需制定法律、法规的，要抓紧依法上升为法律、法规，并向社会公布清理结果。截至2005年年底，31个省、自治区、直辖市人民政府和58个国务院部门共清理涉及行政许可的规定25,000多件，废止3981件，修改2493件。

7. 为贯彻实施行政强制法，2011年8月，国务院下发《关于贯彻实施〈中华人民共和国行政强制法〉的通知》，要求国务院各部门对现行有效的行政法规中有关行政强制的规定进行清理，对其中与有关新制定的法律不一致的、与经济社会发展形势明显不适应的，提出修改或者废止的建议。2012年11月，国务院颁布《关于修改和废止部分行政法规的决定》，修改5件行政法规的7个条款；废止5件行政法规。一些地方和部门也相继完善了行政强制规定的清理工作，报送有关清理结果的法规规章103件。

8. 十二届全国人大一次会议审议批准《国务院机构改革和职能转变方案》，提出转变国务院机构职能，必须深化行政审批制度改革。为了及时从制度上巩固和规范改革成果，国务院法制办会同有关部门对取消和下放行政审批项目涉及的行政法规进行清理。2013年7月，国务院颁布《关于废止和修改部分行政法规的决定》，废止煤炭生产许可证管理办法；对25件行政法规的部分条款予以修改。同年12月，国务院颁布《关于修改部分行政法规的决定》，修改了16件行政法规，涉及取消的行政审批项目11项，下放的行政审批项目16项。2014年7月，国务院公布了《关于修改部分行政法规的决定》，修改了21件行政法规，56个条款，涉及取消行政审批项目23项、下放行政审批项目7项。

9. 为贯彻落实党的十八届三中全会作出的《中共中央关于全面深化改革若干重大问题的决定》中推进工商注册制度便利化的要求，依据2013年12月28日十二届全国人大常委会第六次会议通过的修改公司法的决定，落实国务院批准的注册资本登记制度改革方案关于注册资本实缴登记改为认缴登记、年度检验验照制度改为年度报告公示制度，以及完善信用约束机制的内容，国务院对涉及的行政法规进行了清理。2014年2月，国务院公布《关于废止和修改部分行政法规的决定》，将2件行政法规予以废止；对8件行政法规的部分条款予以修改。

10. 2015年，国务院全面推进简政放权，放管结合，优化服务各项改革，为保障各项改革于法有据，实现立法与改革相衔接，国务院对取消行政许可项目及制约新产业、新业态、新模式发展涉及的行政法规进行了清理。一是2016年2月，国务院公布《关于修改部分行政法规的决定》，修改66件行政法规，涉及取消和调整审批项目146项、价格改革项目3项、收费项目2项。二是2017年3月，国务院公布《关于修改和废止部分行政法规的决定》，修改36件行政法规的部分条款，废止3件行政法规。三是2017年10月，国务院公布《关于修改部分行政法规的决定》，修改15件行政法规。四是2017年11月，国务院公布《关于修改部分行政法规的决定》，修改2件行政法规。五是2018年3月，国务院公布《关于修改和废止部分行政法规的决定》，修改18件行政法规的部分条款，废止5件行政法规。六是深入推进“互联网+政务服务”和政务服务“一网通办”，2019年3月，国务院公布《国务院关于修改部分行政法规的决定》，修改6件与政务服务“一网通办”不相适应的有关行政法规的部分条款。

三、关于地方性法规清理的情况

地方性法规是中国特色社会主义法律体系的又一重要组成部分。改革开放40多年来，地方立法围绕党和国家工作大局，扎根中国特色社会主义现代化建设伟大实践，与时代同步伐，与改革同频率，与实践同发展，为形成和完善以宪法为核心、与推进国家治理体系和治理能力现代化相适应的中国特色社会主义法律体系作出了重要贡献，有力推进了社会主义法治国家建设。在这个过程中，地方立法也顺应时代要求，为维护国家法制统一进行了数次清理。

（一）根据国家法律和改革要求进行集中清理的情况

改革开放以来，我国立法体制不断完善，省、自治区、直辖市和设区的市人大及其常委会依法相继拥有了一定的地方立法权，制定了大量的地方性法规，为保证国家法律、行政法规在本行政区域内的遵守和执行，推进当地经济社会发展进步发挥了积极的作用。同时，随着国家法律制度的发展完善，根据国家改革发展变化的形势，各地结合本地实际，开展了不同规模的集中清理，有效维护了国家法制统一。

1. 1996年，根据全国人大常委会的部署和贯彻落实行政处罚法的要求，各地集中清理了地方性法规中与行政处罚法的规定不相适应的条款。

2. 2000年，为履行我国加入世贸组织的承诺，按照国家的统一部署和要求，各地对地方性法规中有违我国加入世贸组织协定承诺的规定进行了集中清理。

3. 2004年，根据全国人大常委会的部署和贯彻实施行政许可法的要求，各地对地方性法规中与行政许可法规定不一致，滥设行政许可的规定进行了集中清理。

4. 2009年，在中国特色社会主义法律体系即将形成之前，按照全国人大常委会的部署，各地就地方性法规中存在的不适当、不一致、不协调的有关规定开展清理，保证法律体系的科学和谐，内部统一。

5. 2012年，根据全国人大常委会的部署和贯彻实施行政强制法的要求，各地对地方性法规中与行政强制法规定不一致的规定进行了集中清理。

6. 2016年以来，根据“放管服”和机构改革的要求，各地集中清理了一些不适时的地方性法规，为推进“放管服”和机构改革提供了有效法律保障，努力确保重大改革于法有据。

7. 2018 年，结合加强生态文明建设和环境保护工作，按照全国人大常委会的要求，各地对不符合生态文明建设和环境保护要求，与有关法律、行政法规不相适应或者与上位法相抵触的地方性法规进行了集中清理，并按照时间节点要求该修改的修改、该废止的废止，为打好污染防治攻坚战提供了良好法治保障。

（二）根据监督工作需要及实践中发现的问题开展专项清理的情况

除上述各地根据本地实际情况集中开展清理外，全国人大常委会就某些特定事项集中开展了专项清理工作，维护了国家法制统一。

1. 2006 年 8 月 27 日，十届全国人大常委会第二十三次会议通过监督法，自 2007 年 1 月 1 日起施行。吴邦国同志在此次常委会闭幕会上指出，请各地利用实施前的这段时间，在认真学习监督法的基础上，对有关地方性法规进行全面梳理，对符合监督法规定的要加以深化和细化，对与监督法规定和精神不一致的要及时做出调整，加以规范。为了解有立法权的地方人大常委会清理与监督法有关的地方性法规的情况，全国人大常委会法制工作委员会于 2006 年 11 月 17 日，向 80 个有立法权的地方人大常委会下发了关于报送监督法实施前地方性法规梳理情况的通知。截至 2007 年 2 月 5 日，80 个地方全部报送了梳理情况报告，主要就规定述职评议、个案监督和一些规定质询、特定问题调查、撤职等程序的地方性法规进行了梳理。其中，55 个地方人大常委会认为其制定的 219 件地方性法规存在与监督法的规定和精神不一致的问题，或者需要根据监督法的规定进行细化。219 件地方性法规中已经修改、废止了 22 件，拟修改、废止 180 件，需要进一步研究，暂未列入修改计划的 17 件。25 个地方人大常委会反映其制定的地方性法规不存在与监督法的规定和精神不一致的问题。为进一步落实这项工作，2007年4月13日，全国人大常委会法制工作委员会又向80个地方人大常委会下发了关于报送与监督法有关的地方性法规和工作文件修改、废止情况的通知。截至2007年6月4日，77个地方报送了情况报告，主要对规定述职、个案监督、专项工作报告、执法检查、预决算的审查监督、特定问题调查等内容进行了清理。其中，56个地方认为其制定的208件地方性法规存在与监督法的规定和精神不一致的问题，需要修改或者废止。208件地方性法规中，已经修改、废止了94件，已列入立法规划且拟修改、废止114件。21个地方认为其制定的地方性法规不存在与监督法不一致问题。

2. 2017年2月22日，全国人大常委会法制工作委员会向各省、自治区、直辖市人大常委会发出关于印送《对地方性法规中以审计结果作为政府投资建设项目竣工结算依据有关规定的研究意见》的函，要求各省、自治区、直辖市人大常委会对有关审计的地方性法规进行自查，对其中直接规定以审计结果作为政府投资建设项目竣工结算依据和规定建设单位应当在招标文件中载明或者在合同中约定以审计结果作为竣工结算依据的条款提出处理意见。根据各地反馈的清理情况，发现11个省、自治区、直辖市的地方性法规（北京、河北、上海、江苏、浙江、安徽、山东、海南、四川、贵州、宁夏），8个设区的市的地方性法规（石家庄、呼和浩特、青岛、郑州、洛阳、武汉、广州、银川），2个经济特区的法规（深圳、汕头）存在上述问题，需要进行修改或者废止。2018年2月，全国人大常委会法制工作委员会向有关地方人大常委会发出督办函，要求各地抓紧开展相关工作。根据反馈情况，上述各省区市人民代表大会常务委员会已经全部完成法规修改废止工作。

3. 2017年6月，全国人大常委会法制工作委员会备案审查室在党中央通报甘肃祁连山自然保护区存在“立法放水”等突出问题后，对涉及自然保护区管理的近50件地方性法规集中进行专项审查研究，并先后于2017年9月、2018年4月两次致函各省（区、市）人大常委会，要求各地抓紧对涉及生态环保的地方性法规进行全面自查和清理，查找并纠正地方性法规中存在的故意“放水”、降低标准、管控不严等问题，确保地方性法规与党中央精神相符合、与宪法法律相一致。31个省、自治区、直辖市反馈清理情况和处理意见，共修改、废止相关地方性法规35件，拟修改、废止700件。

4. 2018年7月，十三届全国人大常委会第四次会议通过《关于全面加强生态环境保护　依法推动打好污染防治攻坚战的决议》，决议明确提出：“抓紧开展生态环境保护法规、规章、司法解释和规范性文件的全面清理工作，对不符合不衔接不适应法律规定、中央精神、时代要求的，及时进行废止或修改。”为落实全国人大常委会决议要求，开展生态环保法规全面清理，全国人大常委会办公厅向各省、自治区、直辖市人大常委会发出通知，提出了做好清理工作的明确要求。各省（区、市）人大常委会在2017年工作基础上，扩大法规清理工作范围，督促本省（区、市）政府抓紧开展生态环境保护地方政府规章和规范性文件的全面清理工作。31个省（区、市）反馈清理工作情况。各地清理发现存在与上位法规定不一致等问题需要研究处理的法规共1029件，已修改514件、废止83件，还有432件列入立法工作计划，拟抓紧修改或者废止。同时，各地严格按照全国人大常委会执法检查报告要求，大力开展大气污染防治条例的制定、修改工作，31个省（区、市）人大常委会已经全部完成大气污染防治地方性法规制定、修改工作，其中新制定大气污染防治条例17件、修改14件。

四、关于建立法律法规清理长效工作机制的思考

党的十九大提出，要推进科学立法、民主立法、依法立法，以良法促进发展、保障善治。科学立法首先要做到法律体系自身的科学和谐统一，保证法律之间平衡协调、完整有序，法律的上下前后左右关系能得

到很好的衔接，既要做到新法与旧法、特别法与一般法、程序法与实体法的协调一致，又要做到下位法与上位法的和谐一致、均衡有效。

我国是一个集中统一的单一制的社会主义国家，国家的性质决定了必须维护社会主义法制统一。这是建设中国特色社会主义法治体系、建设社会主义法治国家的必然要求。党和国家高度重视法律法规清理问题，从前面梳理情况可以看出，新中国成立70年来国家多次根据客观形势的变化和法律的制定修改，作出了开展法律法规清理的部署。中国特色社会主义法律体系形成后，为适应建立更加成熟、科学、完备的法律制度要求，全国人大常委会强调了加强法律法规清理工作的重要性。2011年1月，吴邦国同志在形成中国特色社会主义法律体系座谈会上的讲话中再次强调要加强法律清理工作。2013年3月，张德江同志在十二届全国人大常委会第一次会议上的讲话中强调，要更加注重法律的修改完善，及时修改不适应经济社会发展的法律，将法律中比较原则的规定具体化，提高法律的针对性、及时性、系统性，建立法律清理长效机制。国务院也根据国家法治建设要求，制定了《全面推进依法行政实施纲要》，明确提出要："建立和完善行政法规、规章修改、废止的工作制度和规章、规范性文件的定期清理制度。"为此，结合新中国成立70年来法律法规清理的实践经验，提出如下几点建议：

（一）总结法律法规清理工作经验，建立健全法律法规清理的长效工作机制

清理法律法规是确保法律适应实践，改革于法有据的一项主要任务。党的十八届四中全会提出，要实现立法和改革决策相衔接，对不适应改革要求的法律法规，要及时修改和废止。因此，我们要研究制定法律法规清理的长效工作机制，总结清理工作的规律性问题，完善清理工作制度，制定清理工作办法，对清理工作的启动机制、清理程序、清理组织、

清理方法等作出规范，使法律法规清理逐步规范化、制度化，使法律法规始终适应经济社会发展的需要，为经济社会发展提供有力的法制保障。

（二）明确开展法律法规清理工作途径和方式

1. 及时清理和定期清理相结合

一是，对某些法律法规脱离当前实际情况，不符合科学发展观的新理念、新体制、新制度要求的，要适时启动修改程序，进行及时清理。二是，法律法规实施后，通过执法检查、立法后评估等专项工作发现与经济社会发展明显不适应、不协调、后法与前法的规定不一致或不衔接、可操作性不强等问题，集中研究处理，对于确实存在问题需要修改和完善的，应当列入立法规划、立法计划，进行定期清理。

2. 加强法律制定、修改统筹工作

总结党的十八大以来制定、修改法律的有益经验和做法，制定和修改法律时通盘考虑与之相关的其他法律，及时对不一致、不衔接甚至相互矛盾的法律规定作出相应修改。

3. 完善“包裹立法”，助推法律清理常态化

2009 年法律清理的一大亮点，是将 59 部法律以“一揽子打包”的方式统一修改，严格遵循了立法程序，降低了审议成本，提高了审议效率，成为法律清理活动和立法制度变革的一个历史性拐点。党的十八大以来，在立法实践中也多次运用这一方式解决了立法不衔接、立法滞后等问题。今后在制定或修改相关法律时，凡有可能引发立法抵触等问题，都应采用“包裹立法”方式，在立法时“一揽子”修改相关法律，使每次立法行为都附随相应的法律清理，即时消除法律之间的不协调、不一致等问题，既能提高立法效率，节约立法成本，同时也能促使立法机关在立法之初，全面梳理相关法律，通盘考虑法律内部的协调、衔接问题，将立法后可能产生的法律冲突止于萌芽状态。

4. 明确对配套法规的制度要求

建议今后在确定立法项目、起草法律草案时，要统筹安排制定配套法规，督促国务院和有关方面抓紧制定与法律配套的相关行政法规，力争与法律同步实施，个别不能同步的也要抓紧出台，以保障法律的有效实施。同时，督促和指导有关方面进一步做好行政法规、地方性法规的清理工作。

立法是国家重要的政治活动，是为国家定规矩、为社会定方圆的神圣工作。我国已进入中国特色社会主义新时代，发展要高质量，立法也要高质量，要以立法高质量保障和促进经济持续健康发展为目标。立法工作要充分认识和把握当代中国实际情况和面临的现实问题，根据建设和改革的需要和可能，在当前经济社会快速发展和行政审批制度改革、政府职能转变不断推进的情况下，坚持立法与改革相衔接，在法治下推进改革，在改革中完善法治，在总结法律法规清理工作经验的基础上，逐步建立起法律法规清理的工作机制，实现法律体系适时更新和自我完善，以适应社会主义经济、政治、文化、社会及生态文明建设的客观需要，使中国特色社会主义法律体系不断完善，更加科学和谐统一，努力为经济社会发展提供高质量、高效用的制度供给，依法引领、推动和保障新时代改革开放事业的顺利进行，为完善以宪法为核心的、与推进国家治理体系和治理能力现代化相适应的中国特色社会主义法律体系作出新贡献。

科学立法、民主立法、依法立法的理论与实践

我们党团结带领全国人民进行新民主主义革命，领导社会主义革命、建设和改革，始终坚持以马克思主义科学原理为指导，坚持人民民主原则，开辟了中国特色社会主义道路。这个过程中，同样走出了一条中国特色社会主义立法路子，其最显著的特点就是始终体现了科学立法、民主立法、依法立法的原则精神。新中国成立 70 年来，我国立法工作坚持党的领导、人民当家作主、依法治国有机统一，坚持从我国国情和实际出发，尊重社会发展的客观规律，坚持科学立法、民主立法、依法立法相结合，在理论和实践上都取得了突出成就。科学立法、民主立法、依法立法，是我们党领导全国人民在建立、巩固、发展和完善社会主义制度的过程中，在逐步深化对共产党执政规律、社会主义建设规律和人类社会发展规律认识的基础上，从不同的视角总结出立法工作应当长期坚持的有益做法，并在立法实践中不断规范化、制度化，成为立法工作的基本原则。2000 年，立法法第 4 条、第 5 条和第 6 条分别就依法立法、民主立法、科学立法作出相关规定，使之成为我国立法工作必须遵循的

法定的基本原则。[1]

一、科学立法、民主立法、依法立法的理论内涵和基本要求

科学立法、民主立法、依法立法是密切相关的统一整体。依法立法是基本前提，不依法制定的法律，缺乏合法性前提，其科学性和民主性无从谈起；立法权源于人民，通过提升立法的民主性，才能使立法决策更加符合人民群众需求和客观实际，提高立法质量，增进立法实效；科学立法既在方法论上为立法工作提供指导，又在价值层面衡量立法质量的高低，是判断立法质量的重要标尺。三者统一于完善以宪法为核心的中国特色社会主义法律体系立法实践。

（一）党和国家领导人、党中央对科学立法、民主立法、依法立法的理论阐述和要求

新中国成立初期，党领导人民开始探索社会主义法制建设，在相当长的时期，虽然没有明确提出系统的科学立法、民主立法、依法立法理论，但在《共同纲领》、宪法等重要法律制定过程中，毛泽东等党和国家领导人充分发扬科学民主精神，为形成科学立法、民主立法理论提供了

---

〔1〕 2000年立法法第4条规定，立法应当依照法定的权限和程序，从国家整体利益出发，维护社会主义法制的统一和尊严。第5条规定，立法应当体现人民的意志，发扬社会主义民主，保障人民通过多种途径参与立法活动。第6条规定，立法应当从实际出发，科学合理地规定公民、法人和其他组织的权利与义务、国家机关的权力与责任。

重要思想渊源。[1]

改革开放之初，针对“文化大革命”期间法治不彰的惨痛教训，党的十一届三中全会明确提出，为了保障人民民主，必须加强社会主义法制。邓小平同志明确指出：“社会主义民主和社会主义法制是不可分的，不要社会主义法制的民主，不要党的领导的民主，不要纪律和秩序的民主，决不是社会主义民主。”针对立法空白的局面，邓小平同志提出“法律条文开始可以粗一点，逐步完善。有的法规地方可以先试搞，然后经过总结提高，制定全国通行的法律。修改补充法律，成熟一条就修改补充一条，不要等待‘成套设备’。总之，有比没有好，快搞比慢搞好”，“法制要在执行中间逐步完备起来，不能等”。彭真同志强调，法律是成熟的政策的法律化，成熟几条，先定几条，要言简意赅，等等。2001 年，九届全国人大四次会议的常委会工作报告中提出“在立法工作中坚持民主集中制原则，力争做到立法决策的民主化、科学化”，2006 年在十届全国人大四次会议上的常委会工作报告要求“要在总结经验的基础上，进一步推进科学立法、民主立法，使之制度化、规范化和程序化”。会议通过的“十一五”规划纲要提出要“贯彻依法治国基本方略，推进科学立法、民主立法，形成中国特色社会主义法律体系”。2007 年党的十七大报告也明确提出“要坚持科学立法、民主立法，完善中国特色社会主义法律体系”。

党的十八大以来，以习近平同志为核心的党中央就深入推进科学立

---

〔1〕比如，1954 年 6 月 14 日中央人民政府委员会第三十次会议讨论宪法草案，针对有人提议将这部宪法定名为“毛泽东宪法”，毛泽东同志坚决予以拒绝，并要求草案删除“中华人民共和国主席为国家元首”的内容，有观点认为删掉这些内容是毛泽东同志“特别谦虚”的原因，对此，毛泽东同志严肃指出，“不能这样解释，这不是谦虚，而是因为那样写不适当，不合理，不科学。在我们这样的人民民主国家里，不应当写那样不适当的条文。不是本来应当写而因为谦虚才不写。科学没有什么谦虚不谦虚的问题。搞宪法是搞科学。我们除了科学以外，什么都不要相信……要破除迷信。不论古代的也好，现代的也好，正确的就信，不正确的就不信，不仅不信而且还要批评。这才是科学的态度。”参见中共中央文献研究室编：《毛泽东文集》（第六卷），人民出版社 1999 年版，第 330 页。

法、民主立法、依法立法作出一系列重要论述。党的十八大提出，“要推进科学立法、严格执法、公正司法、全民守法”。党的十八届四中全会作出《中共中央关于全面推进依法治国若干重大问题的决定》，进一步提出“深入推进科学立法、民主立法”。党的十九大报告提出，深化依法治国实践，推进科学立法、民主立法、依法立法，以良法促进发展、保障善治。在中央全面依法治国委员会第一次会议上，习近平同志指出，良法是善治的前提，要完善立法规划，加强重点领域立法，提高科学立法、民主立法、依法立法水平。在中央全面依法治国委员会第二次会议上，他再次指出，发展要高质量，立法也要高质量；要积极推进重点领域立法，深入推进科学立法、民主立法、依法立法，提高立法质量和效率。习近平同志还对科学立法、民主立法的内涵作了深刻阐释，他指出，科学立法的核心在于尊重和体现客观规律。遵循和把握立法规律，就要自觉遵循经济规律、自然规律、社会发展规律以及立法活动规律，使制定出来的法律能够反映和体现规律的要求，符合客观实际。民主立法的核心在于为了人民、依靠人民。这些重要论述是习近平总书记全面依法治国新理念新思想新战略的重要组成部分，对科学立法、民主立法、依法立法实践提出了更高要求。

概括地讲，从新中国成立到中国特色社会主义法律体系形成，党对依法治国的十六字方针中关于立法的要求是“有法可依”，主要解决“有没有”的问题。从 21 世纪初开始，随着依法治国实践发展和理论提升，党的十七大提出，要坚持科学立法、民主立法，完善中国特色社会主义法律体系。首次正式提出了“科学立法”的要求。党的十八大提出依法治国的新十六字方针，进一步强调了“科学立法”，要求在加快立法步伐的同时提高立法质量，即主要解决“好不好”、是否科学的问题。

（二）2000年立法法制定以来，科学立法、民主立法、依法立法理论的形成及发展完善

1. 科学立法、民主立法、依法立法确定为法定的立法基本原则，并在适应新时代解决新问题中不断修改完善

1982年宪法对全国人大及其常委会、国务院的立法权作了基本规定，对立法权限划分、立法体制等更具体的内容未作规定。1992年，党的十四大确立了建设社会主义市场经济体制的改革目标。市场经济要求市场在资源配置中发挥决定性作用，但各地政府以出台“红头文件”等手段对微观经济进行干预，排斥外地产品，形成地方保护和市场壁垒；地方越权立法现象较为普遍，一些地方本应由地方性法规规定的事项，却因怕麻烦、图省事，改用政府规章规定；有的地方性法规改变法律的规定，增加处罚种类，扩大处罚幅度；立法中的部门本位主义思想严重，一些部门在起草法律草案时，不从全局出发，只着眼于本部门、本行业的利益，想方设法扩大本部门的权力；部委规章之间、部委规章与政府规章之间、部委规章与地方性法规之间，矛盾、冲突较多，使基层执法单位无所适从。[1] 所有这些问题，都迫切需要制定一部立法法来解决。

2000年九届全国人大三次会议上，顾昂然同志在关于《中华人民共和国立法法（草案）》的说明中指出，“1979年以来，我国的立法工作取得了显著成就，积累了不少经验，但在实际工作中也存在着一些问题，主要是：有些法规、规章规定的内容超越了权限；有些法规、规章的规定同法律相抵触或者法规之间、规章之间、法规与规章之间存在着相互矛盾、冲突的现象；有的质量不高，在起草、制定过程中，有的部门、地方存在着不从国家整体利益考虑而为部门、地方争局部利益的倾向。

---

〔1〕 乔晓阳：《开展立法法研究——在立法法起草工作研讨会上的讲话》，载《行政法学研究》1994年第3期。

这些问题在一定程度上损害了国家法制的统一和尊严，也给执法造成困难”。这其中既有不依法立法、损害法制统一的问题，也有立法不够符合客观规律、立法过程不够民主的问题。2000 年通过的立法法在总则第 4 条至第 6 条分别规定了依法立法、民主立法、科学立法的内容，作为立法的基本原则。同时，对法律、法规以及规章的制定程序作出统一规定，使之更加规范化、制度化。

2000 年立法法总则部分共 6 条，其中涉及依法立法的条款占两条，一条是第 3 条规定立法应当遵循宪法的基本原则，另一条是第 4 条规定依法立法，且放在第 5 条民主立法、第 6 条科学立法前面，足见立法法对依法立法的重视。2000 年立法法通过后，不依法立法的问题在一定程度上得到了解决。

2015 年修改立法法时，为进一步规范立法活动，深入推进科学立法、民主立法、依法立法，对总则基本原则部分和其他章节作了修改完善。一是，将“提高立法质量”明确为立法的一项基本要求，强调努力使制定和修改的法律能够准确体现党的主张和人民意愿，立得住、行得通、真管用，切实增强法律的针对性、及时性、系统性、可执行性。二是，落实党的十八届四中全会提出的发挥立法的引领和推动作用要求，第 1 条增加规定“发挥立法的引领和推动作用”，强调要注重运用法律手段调整利益关系、推动改革发展，努力做到政治决策和立法决策协调同步。三是，对立法发扬民主，保障人民通过多种途径参与立法作了补充和修改，主要有：为增强立法的公开性，第 5 条增加了“坚持立法公开”的内容；其他章节的修改有，完善立法论证、听证、法律草案公开征求意见的制度，健全向下级人大征询意见机制，增加吸收专家起草法律草案的规定，发挥代表参与起草和修改法律的作用，健全法律草案公开征求意见和公众意见采纳情况反馈机制。四是，在第 6 条增加了立法应当“适应经济社会发展和全面深化改革的要求”的规定。我国改革已进入攻坚期，深化各领域各方面改革，必须推进体制机制创新，加强相关制度建设，这些都与完善法律体系有密切关联。必须加强和改进立法工作，充分发挥立法在引领、推动和保障改革方面的重要作用。基于此，对第6条作出修改完善。[1]

2015年修改立法法，赋予设区的市在“城乡建设与管理、环境保护、历史文化保护”等方面的事项制定地方性法规的权力。截至2019年8月，我国享有地方立法权的设区的市、自治州共有322个，立法主体数量从过去的80家增加到300多家，维护法制统一的难度明显增大，对贯彻落实依宪立法、依法立法提出了新的任务和要求。

2. 科学立法、民主立法、依法立法的基本要求

第一，科学立法的基本要求。一是，立法应当从实际出发，适应当前经济社会发展需要。“当时而立法，因事而制礼。”立法从实际出发，就是要充分尊重和准确反映法所调整的社会关系的客观规律，回应当时的经济社会发展诉求。[2] 立法者要扎实细致做好调查研究工作，准确把握不同时期、不同地域经济社会发展需要，研判立法需求，区分轻重缓急，突出重点，使每一项立法都符合客观实际要求。

二是，科学合理地规定国家机关的权力与责任，公民、法人和其他组织的权利与义务。法治建设的重要环节是实现国家权力实施的法治化，避免行政部门争权诿责。在规定国家机关的权力和职责时，要坚持两者相统一的原则，既不能通过立法使行政部门利益法制化，也要赋予其必

---

〔1〕 全国人大常委会法制工作委员会国家法室编著：《中华人民共和国立法法释义》，法律出版社2015年版，第4～5、24～25、27页。

〔2〕 在不同时期，经济社会发展对立法有不同的要求。比如，在改革开放之初，针对“无法可依”的局面，“有比没有好”“快比慢好”“宜粗不宜细”是对立法工作的要求；1993年党中央作出《中共中央关于建立社会主义市场经济体制若干问题的决定》，“加强经济立法”“建立社会主义市场经济法律体系”是对立法工作的要求；世纪之交我国申请加入世贸组织，完善与WTO规则相衔接的法律制度是对立法工作的要求；中国特色社会主义进入新时代，围绕统筹推进“五位一体”总体布局、协调推进“四个全面”战略布局，推进全面深化改革、打好污染防治攻坚战、促进和保障经济高质量发展、落实区域协调发展战略等对立法工作提出新要求，人民群众对民主、法治、公平、正义、安全、环境、文化、旅游等美好生活的向往对立法工作也提出新要求。

要的权力，满足社会治理的需要。在规定公民、法人和其他组织的权利义务时，应遵守宪法有关公民基本权利和义务的规定，法律既是保障公民权利的有力武器，也是公民必须遵守的行为规范；对宪法规定的公民基本权利，法律法规规章及其他规范性文件不得任意加以限制和剥夺。

三是，遵循立法技术规范。立法既是一项重要的政治活动，也是一门难度较大的技术性工作，有其自身的活动规律。搞立法就是搞科学，科学立法要求立法者遵守立法技术规范。立法技术规范包括结构规范、语言规范、修改规范、废止规范、解释规范、授权立法规范、法典编纂规范等。以语言规范为例，法律条文表述应力求准确、严谨，实现法律用语的标准统一；应简洁、平易，避免内容和表述上的重复；应使用法言法语，避免照抄照搬政策文件。如果条文表述含糊不清、模棱两可，则适用者必然会进退失据、不知所从。[1]

第二，民主立法的基本要求。一是立法应当体现人民意志。“立法者应以公共利益为目标，最大范围的功利应成为他一切思考的基础。”[2]我国宪法规定了国家性质即人民民主专政的社会主义国家，立法必须为人民当家作主、管理国家和社会事务服务，必须真正反映最广大人民的共同意志和利益。二是坚持立法公开。公开是法治的基本原则。实现民主立法，应当确保利益相关方充分获得立法信息，知晓立法过程，了解立法进度。立法公开是衡量一国立法民主化程度的重要标尺。首先，立法公开便于人民行使监督权。立法权源于人民，对人民负责，受人民监督。没有立法公开，就没有立法监督。其次，立法公开有利于弥补代议制立法的缺点。代议制民主的特点是效率高、专业性强，但存在反映民意不够充分的缺点，立法公开为公众直接参与和行使立法权打开了一扇门，保障了人民对立法过程和内容的知情权。最后，立法是利益的初次分配，

---

〔1〕 在语言简洁方面，中西有共同的认识：明太祖朱元璋曾言，“法贵简当，使人易晓”。西谚有云“简洁乃法律之友”。

〔2〕 ［英］边沁：《立法理论》，李贵方等译，中国人民公安大学出版社2004年版，第1页。

应确保利益各方机会均等、充分博弈，立法公开不足，必然导致各利益相关方参与不够，就会出现信息垄断者在立法过程中舞弊和寻租，立法的公正性就难以保证。因此，应坚持立法公开，在立项、起草、审议、通过前评估、通过后评估、法规清理、备案审查等各个环节都应最大限度地向社会公开，关涉国家秘密等不宜公开的事项除外。[1] 三是扩大公众有序参与。公众参与立法是一国公民政治参与的重要组成部分，对健全民主政治、提高立法质量、推进法律实施有重要作用。首先，法律的制定过程本身是一种重要的政治实践，立法过程也是政治决策的过程，充分而有序的立法参与有助于增强公众对国家的政治认同。其次，公众参与可以增进立法决策的合法性和公正性。在决策过程不民主、公众参与不充分的场合，所制定的法律就可能只代表少数人的意志，有失公正；也可能一经制定就沉睡过去，不解决实际问题。最后，公开透明、规范有序的立法参与还有助于引导和教育社会公众以法治思维和法治方式思考问题、行使权利、合理表达诉求，有助于提升公众守法的积极性，降低法律实施的成本，增强法律实施效果。正如美国学者科恩所言，“法律可能是不好的法律（我还可以反对），但我参与的确定法律的过程使我有义务承认它们的合法性并服从它们。……那种义务来自这一事实：我是构成社会的成员之一，社会的法律就是我的法律，制定法律时我出过力”[2]。

---

〔1〕 立法公开是国际通行准则，比如，美国、法国、日本等国家的法律都作了较为详细的规定。在美国，规范性法律文件必须依法在联合公告上登载草案、说明，否则，会因不符合立法程序而不能生效。美国宪法规定：“各院应有本院会议记录，并应随时予以公布，但它认为需要保密的除外。”在法国，1791 年法国宪法就规定了议事公开和议事记录公开的原则：“立法会议的讨论应当是公开的，会议记录应予复印。”1958 年宪法对此再次肯定：“两院会议均应公开，会议记录全文刊登在政府公报上。”日本宪法规定，两议院保存会议记录，除认为秘密会议记录中应特别保密者外，均须发表。同时规定，两议院的会议均为公开会议，但经出席议员 2/3 以上多数议决时，可以举行秘密会议。可见，在这些国家，法律审议阶段的会议纪要、听证记录等资料一般应予公开。参见张萍：《全国人大常委会立法公开问题研究》，中央民族大学 2017 年硕士学位论文。

〔2〕［美］科恩：《论民主》，聂崇信、朱秀贤译，商务印书馆 1988 年版，第 233 页。

公众有序参与立法，要求立法机关根据不同立法环节的需求和目的，选用合理的参与形式，比如，法律草案向社会公开征求意见，立法中涉及重大利益调整需召开专家论证会、听证会、立法咨询、立法座谈、立法论证、问卷调查、公民旁听等。同时，要细化参与程序，包括参与主体选定，参与期限，议事规则，意见收集、整理和分析，意见采纳与反馈，组织保障，等等。这其中每一个环节都涉及更为复杂的多元考虑，比如在选定参与主体时，要考虑代表的充分性、处理复杂信息的能力、理解议事规则并进行合理分析判断的能力、理性作出决策的能力等。

第三，依法立法的基本要求。一要依宪立法。宪法是根本法，是国家各种制度和法律法规的总依据，具有最高的法律效力。立法法第3条明确规定立法应当遵循宪法的基本原则。坚持依宪立法，首先，从法的产生渊源上分析，宪法是一切法律的制定依据。其次，从法的内容上分析，所有法律法规的立改废释都必须符合宪法的原则和要求，不得同宪法规定相抵触。二要依法定权限立法。立法是公权力行使的表现，必须遵循“法无授权不可为”的公权力行使原则，按照法定的立法职权进行。宪法、立法法就中央与地方、权力机关与行政机关的立法权限做了明确规定。2015年，修改后的立法法进一步完善了法律保留事项，加强对授权立法的规范和限制，并赋予了设区的市三个方面事项的立法权限。各立法主体应准确把握各层次立法的权限安排和功能定位，处理好宪法、法律、行政法规、地方性法规与规章的关系，处理好创制性立法与实施性立法的关系，在维护国家法制统一的前提下，充分发挥各个层次的作用，依法行使好立法权。[1] 三要依法定程序立法。“程序先于权利”（process before rights）。立法程序是立法机关在法律文件创制过程中所遵循的协调利益冲突、配置立法资源的路径。在法律的起草、审议、公布等立法过程中，立法程序都起着桥梁与支撑作用，确保立法活动在法定

〔1〕 安东：《坚持依法科学民主原则，切实提高立法工作水平》（上），载《法制日报》2016年12月14日。

轨道上运行。有学者指出，程序是制约立法质量的内在因素：激情、卤莽、专断将被程序一一化解，唯存理性；偏私、贪婪、邪恶将被程序一一阻截，唯有正义。〔1〕立法法、全国人大常委会议事规则、国务院组织法等法律规定了制定法律、行政法规、地方性法规的程序，包括编制立法规划和计划、立项、起草、审议、表决等。这些程序性规定对防止和克服立法工作的随意性，提高立法的规范化、制度化水平具有重要意义。四要贯彻党的方针政策。宪法序言部分规定建设中国特色社会主义，必须坚持中国共产党的领导。2018 年通过的宪法修正案在宪法第 1 条增写“中国共产党领导是中国特色社会主义最本质的特征”。通过人民代表大会制度依法履行立法职能，使党的主张通过法定程序上升为国家意志，形成全社会一体遵循的行为准则，是党的主张和人民根本利益有机统一的集中体现，也是我国立法工作的基本经验。

二、科学立法、民主立法、依法立法的实践探索

1949 年 9 月新中国成立前夕，由于召开全国人民代表大会和制定宪法的条件尚不具备，我们党组织召开了中国人民政治协商会议第一届全体会议，通过了起着临时宪法作用的《共同纲领》。1954 年 9 月一届全国人大一次会议通过宪法。从 1957 年至 1976 年，由于党的指导思想出现偏差，党和国家事业发展受到严重干扰，国家机关正常活动无法开展。全国人大作为享有国家立法权的唯一机关，除通过了《1956 年到 1967 年全国农业发展纲要》和 1975 年宪法外，没有制定其他法律。因此，改革开放以前的立法工作，最能体现科学民主精神的是《共同纲领》和 1954 年宪法。

〔1〕 孙潮、徐向华：《论我国立法程序的完善》，载《中国法学》2003 年第 5 期。

（一）《共同纲领》和1954年宪法的制定是科学立法、民主立法的生动典范

1.《共同纲领》的制定过程及其特点

在我们党的领导下，《共同纲领》的制定旗帜鲜明发扬民主、反对专制，制定发起过程、参与主体、主要内容等都体现了科学民主精神，为新中国的成立奠定宪制基础、法治根基，起到了临时宪法的作用。

一是制定发起过程。1945年抗日战争胜利前夕，毛泽东同志在《论联合政府》中指出，“中国急需把各党各派和无党无派的代表人物团结一起，成立民主的临时的联合政府……然后，需要在广泛的民主基础之上，召开国民代表大会，成立包括更广大范围的各党各派和无党无派代表人物在内的同样是联合性质的民主的正式的政府”。中共中央在1948年“五一劳动节”前夕号召迅速召开政治协商会议，成立民主联合政府，得到各民主党派、各人民团体、无党派民主人士和海外华侨的热烈响应。可见，与以往相比，中国共产党在怎样建立新中国这样一个重大问题上，始终旗帜鲜明地充分发扬民主、反对独裁专制，这种将民主法治精神融入政治实践的做法，成为新中国与生俱来的优良传统，奠定了新中国成立的法治之基、政治之基。

二是参与制定主体和过程。《共同纲领》是集体智慧的结晶。1949年6月15日新政协筹备会成立，中国共产党、各民主党派、各界民主人士、国内各少数民族代表和海外华侨代表人物等23个单位134人参会。会议决定在常务委员会领导下设六个小组，第三小组负责起草《共同纲领》。初稿由以“全心全意为人民服务为宗旨”的中国共产党草拟。自初稿提出至1949年9月16日新政协筹备会常委会第六次会议通过，该稿除各党派在本组织内讨论外，先后经过了由全体政协代表（五六百人）分组讨论（2次）、政协筹备会起草组讨论（3次）、筹备会常委会讨论（2次）等

共计7次反复讨论，代表们字斟句酌，认真推敲，真正做到集思广益。[1]

三是集中体现了人民意志和人民利益。《共同纲领》规定，人民是新中国的主人，“国家政权属于人民”，“制定保护人民的法律、法令”，人民享有选举权、被选举权等广泛的自由和权利，规定妇女在政治、经济、文化教育等方面享有与男子平等的权利，实行男女婚姻自由，国家机构、组织均冠以“人民”二字，少数民族聚居地区实行区域自治，等等。这些规定充分表明《共同纲领》是充分反映人民利益的纲领性文件。

四是内容符合国情和客观实际。新中国成立前夕，将解放战争进行到底、恢复国民经济、完成土地改革、彻底消灭封建主义等，是当时迫切的任务，体现在内容方面，《共同纲领》规定国家性质是新民主主义的国家，在经济政策上注重保护小资产阶级、民族资产阶级的利益，如确定了公私兼顾、劳资两利的方针，而不是立即消灭民族资产阶级，等等。这些规定反映了中国当时的具体国情，符合实际、切实可行。

2. 1954年宪法制定过程及其特点

1953年年底，毛泽东同志率领宪法起草小组到杭州，主持起草新中国第一部宪法。1954年9月新中国第一届全国人民代表大会全票通过。1954年宪法的制定过程充分体现了科学民主精神，是科学立法、民主立法的生动典范。毛泽东同志提出了著名的“搞宪法就是搞科学”论断，其科学性和民主性主要体现在以下几个方面：

一是围绕是否需要制定宪法广泛征求意见。召开全国人民代表大会和制定宪法是关系国家体制的根本问题，需要在作出决策以前同各个阶层、团体和阶级进行平等的协商，以寻求社会共同体的基础。围绕是否

---

〔1〕 讨论中提出的意见，有的被采纳或基本被采纳，有的为进一步修改提供了参考。比如，民盟代表罗隆基提出，人民的各种自由都已有了条文，“但对人身自由独未提及，请解释”，在总纲第5条中增加了人身自由的内容。1949年9月17日将草案提交新政协筹备会第二次全体会议基本通过后，又进行了修改。整个制定过程充分表明，共同纲领草案是一部广泛吸纳各方面意见、体现科学精神的民主议定的草案。参见许崇德：《中华人民共和国宪法史》（上），福建人民出版社2005年版，第31页。

要制定宪法问题，社会各界意见不尽相同。为了听取社会各界对制宪问题的意见，1953年1月11日毛泽东同志同18位民主党派负责人进行了座谈；1月12日周恩来同志召集了政协座谈会，对制宪问题广泛听取意见。〔1〕

二是宪法起草委员会的组成具有广泛的代表性。1953年1月中央人民政府委员会成立了以毛泽东同志为首的宪法起草委员会。委员会组成人员共33人，广泛吸纳民主党派、无党派民主人士、人民团体等各方面代表参加。〔2〕

三是制宪过程中充分讨论。宪法起草委员会于1954年3月23日举行第一次全体会议，到6月11日举行第七次全体会议，历时81天。在此期间，中国人民政治协商会议全国委员会以及各大行政区、各省市的领导机关，各民主党派、各人民团体的地方组织和武装部队的领导机关，组织各方面人士8000余人参加对宪法草案初稿的讨论，提出修改意见共计5900余条。这些意见中有许多被采纳。在后续的组织发动群众对宪法草案提出修改意见过程中，共有1.5亿多人参与学习、宣传和讨论。与此同时，全国各省、市、县和一部分乡、镇召开人民代表大会会议，以宪法草案的讨论为会议主要内容之一。从1954年6月15日到9月10日，历时近3个月的讨论中，全国人民对宪法草案提出修改和补充的意见，经整理后共计118万多条。这些意见从全国各地送达北京之后，由宪法起草委员会办公室归纳分类，刊印成《全民讨论意见汇编》共16册。

---

〔1〕参见韩大元：《1954年宪法制定过程》，法律出版社2014年版，第76页。

〔2〕委员会组成人员包括：主席：毛泽东。委员：朱德、宋庆龄、李济深、李维汉、何香凝、沈钧儒、沈雁冰、周恩来、林伯渠、林枫、胡乔木、高岗、乌兰夫、马寅初、马叙伦、陈云、陈叔通、陈嘉庚、陈伯达、张澜、郭沫若、习仲勋、黄炎培、彭德怀、程潜、董必武、刘少奇、邓小平、邓子恢、赛福鼎、薄一波、饶漱石。其中，既有中央人民政府委员会、政务院、最高人民法院等国家最高机关的负责人，还包括民主党派代表性人物，如马叙伦是中央人民政府委员会委员、著名民主党派代表；马寅初是北京大学校长，是学术界代表。从宪法起草委员会的构成看，它是高规格的、具有广泛代表性和权威性的机构，体现宪法起草工作的权威性与广泛性。参见韩大元：《1954年宪法制定过程》，法律出版社2014年版，第79～80页。

四是充分发扬民主，不搞“一言堂”，尊重专家意见。比如，毛泽东同志对于全国人大常委会行使批准和废除同外国缔结的条约的职权时，所写的批语为“此条应采纳周鲠生意见”。周鲠生是宪法起草委员会聘请的法律顾问，先后留学日本、法国和英国，是著名的国际法专家。而毛泽东同志尊重周鲠生的意见，体现了对专家意见的尊重。这种“择善而从”“不以人的轻重贵贱来判别意见正确与否”的民主作风体现在宪法制定过程的方方面面。

五是学习借鉴外国及中国近代以来制宪经验。刘少奇同志在关于宪法草案的报告中指出，我国宪法“不只是我国人民革命运动的产物，而且是国际社会主义运动的一个产物”。苏联 1936 年宪法、越南 1946 年宪法、保加利亚 1947 年宪法、朝鲜 1948 年宪法、匈牙利 1949 年宪法、波兰 1952 年宪法等社会主义国家宪法对当时中国制宪环境与过程产生了重要影响。[1] 此外，毛泽东同志在杭州起草宪法过程中，给在北京的刘少奇等中央领导同志发的电报中提及，将 1913 年天坛宪法草案、1923 年曹锟宪法、1946 年蒋介石宪法、法国 1946 年宪法等作为主要参考文件。这其中既有社会主义性质的宪法，也有资本主义性质的宪法。毛泽东同志认为，1912 年《中华民国临时约法》在当时是好的，当然，也是不完全的、有缺点的。他特别强调了 1946 年法国宪法的特点，认为法国宪法是代表了比较进步、比较完整的资产阶级内阁制宪法。毛泽东同志比较分析近代中国宪法文件时发现，从《十九信条》到《中华民国临时约法》，共同特点是条文不多，文字简明，很受启发，提出中国的宪法以 100 条左右为宜，文字要简明，不能有多种解释。

此外，作为国家最高领导人，毛泽东同志对宪法草案的批语也充分体现了制宪的科学性和民主性。比如，“序言应有说明”“此条似应移至总纲”“‘土地改革’不成文，应加‘制度的’”“‘镇压反革命’下加

---

〔1〕 参见韩大元：《1954 年宪法制定过程》，法律出版社 2014 年版，第 62 页。

‘分子’”“此处不写‘发布’为宜，免与主席职权分歧”，等等。上述批语主要涉及具体制度设计和宪法词汇方面的内容，反映出毛泽东等老一辈无产阶级革命家在制宪中非常关注宪法作为法律文件的特点，重视宪法语言的科学性，力求准确，达到了“字斟句酌”的程度；另外，毛泽东同志自己对草案有不同意见的，多采用“为宜”“不妥”等商量措辞，没有以领袖的地位压制不同意见。这就说明，在制宪过程中，大家均以平等身份参与讨论，在宪法规范的科学性问题上不盲从权威，尊重科学。[1]

六是宪法有效实施证明其科学性。实践是检验真理的唯一标准。1954 年宪法制定得好不好，应由实践检验。在宪法施行的前三年，由于各方面都比较重视，实施情况较好。据彭真同志回忆：“那个时候，中央决定重大问题时，毛主席、周总理常问：是不是符合宪法？”可见当时中央领导同志是注意依照宪法办事的。这三年，各级人民代表大会认真履行宪法赋予的各项职责，在国家生活中发挥着重要作用。全国人大及其常委会制定了 80 多个法律、法令，并抓紧了刑法、民法等基本法律的起草工作，到 1957 年已起草出刑法初稿第 22 稿，发给全国人大代表征求意见。全国人大及其常委会还讨论决定了一系列重大问题。[2] 可以说，这几年是我国民主法制建设和人大工作正常开展的时期，国家政治、经济和社会各项事业顺利发展，这与宪法的有效实施是分不开的。

1954 年宪法的制定过程是新中国成立以来尊重立法的科学性和发挥立法的民主性方面最为经典的范例之一。现行 1982 年宪法正是在 1954 年宪法的基础上修改完成的，也反映了对 1954 年宪法的高度肯定。

---

〔1〕 参见韩大元：《1954 年宪法制定过程》，法律出版社 2014 年版，第 93 ~96 页。

〔2〕 刘政：《1954 年宪法施行三年后为什么被逐渐弃废》，载《中国人大》2002 年第 14 期。

（二）改革开放以来科学立法、民主立法、依法立法的实践探索

改革开放以来，全国人大及其常委会坚持问题导向，不断完善立法体制，在工作机制上不断进行实践创新、总结归纳，形成了许多行之有效的经验做法，科学立法、民主立法、依法立法逐步走向规范化、制度化。

1. 坚持党对立法工作的领导

党领导立法是社会主义法治的一条基本经验。彭真同志曾经指出，我们的法律是党和国家的方针、政策的定型化。1979 年，彭真同志起草关于草拟或修改法律、法规应先将问题和意见报经中央批准的请示报告，确立了立法工作中的请示报告制度。1991 年党中央在总结实践经验的基础上，出台了党领导立法的专门文件，明确党中央对国家立法工作主要实行政治即方针政策的领导，对党中央讨论重要法律及程序作出规定，提出要支持和保证全国人大及其常委会充分地行使立法权。

党的十八大以来，党中央高度重视立法工作，不断完善党领导立法的体制机制。2014 年党的十八届四中全会专题研究全面推进依法治国重大问题，提出“凡立法涉及重大体制和重大政策调整的，必须报党中央讨论决定”“党中央向全国人大提出宪法修改建议，依照宪法规定的程序进行宪法修改”等一系列要求。2016 年党中央出台关于加强党领导立法工作的文件，明确党对立法工作的领导，包括党中央领导全国立法工作、研究决定国家立法工作中的重大问题，有立法权地方的党委按照党中央大政方针领导本地区立法工作，提出完善党委领导、人大主导、政府依托、各方参与的科学立法工作格局。2018 年、2019 年党中央两次召开中央全面依法治国委员会会议，对法治工作、立法工作作出新部署提出新

要求。[1]

全国人大及其常委会坚决贯彻落实党中央决策部署和要求，严格执行重要立法事项和重大问题向党中央请示报告制度，加强重点领域立法，立法工作在党的领导下取得新发展。比如，在党中央领导下，十三届全国人大一次会议完成了宪法修改的崇高任务，[2] 确立习近平新时代中国特色社会主义思想在国家政治和社会生活中的指导地位，充实坚持和加强中国共产党全面领导的内容。又如，在制定监察法、电子商务法、土壤污染防治法、民法典各分编，修改刑事诉讼法、农村土地承包法、公务员法、人民法院组织法、人民检察院组织法过程中，通过全国人大常委会党组向党中央请示汇报，把党中央作出的决策部署不折不扣贯彻到立法中去。

2. 完善立法体制

我国立法体制的发展变迁，是我国政治体制改革、经济发展和社会变革的缩影。在1979年地方组织法修订之前，我国实行中央集中统一的立法体制，即立法权集中于全国人民代表大会。这是我国实行高度集中的计划经济体制的政治需要。但实践证明，中央集权的立法模式，只有中央一个积极性，不利于地方积极性的发挥。党的十一届三中全会以来，为了适应工作重心转移到经济建设上来的需要，调动中央和地方两个积

[1] 在长期的立法实践中，党领导立法的形式、内容日益丰富，概括起来主要有：习近平总书记和党中央直接交办立法任务；党的会议决议、文件等部署立法工作；党中央直接提出修宪建议和立法建议；审定批准全国人大常委会立法规划、批准重要立法项目；党中央听取有关方面关于重要立法事项的请示报告；制定党内规范性文件对党领导立法作出规范；党中央加强对立法工作的组织领导和督查落实；加强党中央对立法工作的组织领导和队伍建设。参见全国人大常委会法制工作委员会研究室编：《我国改革开放40年立法成就概述》，法律出版社2019年版，第18～21页。

[2] 自新中国第一部宪法颁布以来，我国就形成了由党中央根据社会实际情况的发展变化，向全国人大常委会提出宪法修改建议，然后由全国人大常委会形成宪法修正案草案，再提交全国人民代表大会审议的宪法惯例。现行的1982年宪法自公布施行后，根据改革开放和社会主义现代化建设的实践和发展，党中央已先后五次向全国人大常委会提出宪法修改建议，对1982年宪法的个别条款和部分内容作出必要修正，共通过了52条宪法修正案，历次修改均反映了我国经济社会发展的客观规律，体现了宪法的与时俱进、完善发展。

极性，宪法、立法法、地方组织法等法律逐步完善立法体制，在坚持中央集中统一领导的前提下，建立起权力机关与行政机关之间、中央与地方之间分享立法权的模式。这种统一而又分层次的立法模式有利于调动中央和地方两个积极性，让广大人民群众有更多机会通过立法参与管理国家和社会事务，提升立法的科学化、民主化水平。

一是赋予全国人大及其常委会国家立法权。1982 年宪法对全国人大及其常委会的立法权作出规定。2000 年立法法规定了法律保留事项，2015 年修改立法法落实“税收法定”原则，增加规定“税种的设立、税率的确定和税收征收管理等税收基本制度”只能由法律规定。二是授予并逐步规范国务院行使立法权。1982 年宪法首次赋予国务院制定行政法规的职权。2015 年修改立法法时确立了特定事项授权制度，细化了授权决定内容和授权期限。三是确立并不断扩大地方人大及其常委会立法权。1979 年地方组织法第一次以法律形式赋予地方立法权。1982 年宪法确认了 1979 年地方组织法规定的地方立法制度。1986 年再次修改地方组织法，进一步规定省会市和较大的市的人大及其常委会有权制定地方性法规报省级人大常委会批准后施行。2000 年制定立法法时，明确地方性法规可以就两类事项作出规定，并赋予经济特区所在地的市以较大的市地方立法权。2015 年修改立法法时，贯彻落实党的十八届三中、四中全会精神，规定所有设区的市的人大及其常委会可以对城乡建设与管理、环境保护、历史文化保护等方面的事项制定地方性法规，设区的市制定的地方性法规须报省级人大常委会批准后施行。

此外，宪法和立法法赋予民族自治地方制定自治条例和单行条例的权力，立法法还对部门规章和地方政府规章的制定作出规范。

3. 完善立法工作机制

近年来，全国人大常委会不断总结实践经验，完善相关法律制度，建立健全立法工作制度，取得显著成效，有力提升了立法质量和效率。

一是建立立法项目征集和论证制度。出台立法项目征集和论证工作规范，要求在编制和调整立法规划、拟定年度立法计划具体工作过程中，应当通过多种渠道，广泛征求、收集立法项目建议。

二是建立并完善法律草案向社会公开征求意见的制度。全国人大常委会初审和再审的法律草案都及时在网上向社会公开并征求意见；[1] 2015年出台法律草案征求全国人大代表意见的文件，在继续坚持通过中国人大网代表专区发送全国人大代表征求意见外，更加注重发挥专门从事法律工作的代表以及近年来提出过相关议案、建议的代表在立法工作中的作用；建立和完善基层立法联系点制度；[2] 通过采取座谈会、听证会、论证会、调查问卷、走访、实地调研等形式，听取有关专家、人大代表、行政部门、政协委员等方面的意见，建立并不断完善立法顾问制度。[3]

三是完善审议制度。建立并完善三审制；建立分别审议和统一审议相结合的制度。把有关专门委员会“专”的优势与宪法和法律委员会“统”的功能结合起来；建立暂不表决制度和终止审议制度。

四是完善草案表决程序。2015年修改立法法时确立了重要条款单独表决制度，规定法律草案表决稿交付常委会会议表决前，委员长根据常委会会议审议的情况，可以决定将个别意见分歧较大的重要条款提请常

---

〔1〕 2013年7月，在坚持以往对法律草案一审稿公布征求意见的基础上，首次对环境保护法草案二次审议稿公开征求公众意见，共收到网民2434条意见和48封来信，两次公开征求意见累计收到10,394人提出的1.4万余条意见，并由此促进实现法律草案二审稿公开征求意见常态化。

〔2〕 全国人大常委会2015年在上海虹桥、江西景德镇、湖北襄阳、甘肃临洮建立4个基层立法联系点，作为听取基层群众意见的“直通车”“解剖麻雀”的典型样本。对联系点提出的意见建议，认真分析研究并予以吸收采纳，使立法工作更加接地气、察民意。

〔3〕 2005年全国人大法律委员会、财政经济委员会和全国人大常委会法工委举行首次立法听证会，就修改个人所得税法涉及的工薪所得减除费用标准问题，直接听取公众和有关方面意见。从近5000名报名者中确定的20名公众听证陈述人和个人所得税法修正案起草部门的代表、全国总工会的代表以及4个省（自治区、直辖市）财政、税务部门代表，共28名陈述人在听证会上就听证事项阐述了各自的观点、理由和论据。有18名出席听证会的旁听人员提交了书面意见。时任全国人大法律委员会主任委员杨景宇在主持听证会时指出，“个人所得税工薪所得减除费用标准，涉及国家对收入分配的合理调节，直接关系广大工薪收入者的切身利益。在全国人大常委会审议个人所得税修正案草案的过程中，通过举行听证会的方式听取意见，是本届全国人大常委会坚持走群众路线，充分发扬民主，增加立法工作透明度，推进立法民主的一项重大举措”。

委会单独表决。

五是建立法律草案通过前评估、立法后评估制度。对新制定、全面修改以及对重大制度作出修改的法律草案在常委会会议审议通过之前，请有关方面对法律草案中主要制度规范的可行性、出台的时机、立法可能产生的社会影响、实施中可能出现的问题进行评估。法律实施一段时间后，为检验实施情况和法律制度的社会效果，运用定性分析和定量分析相结合的方法，对法律实施的情况进行评估，为修改完善法律以及改进立法、执法等工作提供参考依据。

六是制定了关于立法中涉及的重大利益调整论证咨询的工作规范和关于争议较大的重要立法事项引入第三方评估的工作规范。这两个规范坚持问题导向，通过建立有效便捷的工作机制，及时妥善解决和处理立法工作中遇到的重大利益调整问题和争议较大的重要立法事项，着力提高立法质量和效率，避免立法决策失当、失准和久拖不决。

七是加强改进立法调研工作。坚持以问题为导向，增强调研实效，创新了多种“一竿子插到底”的调研方式，通过调研形成立法解决方案。

八是制定立法技术规范。在不断总结立法实践经验的基础上，全国人大常委会法工委把立法工作中经常遇到的、带有普遍性的、亟须解决和各方面意见比较一致的意见，通过工作规范的办法先规定下来，制定了供内部工作人员参考使用的《立法工作规范手册（试行)》，为起草、审议和修改法律工作规范发挥了重要作用。按照全国人大常委会领导同志关于对具有普遍性的立法技术问题进行研究规范的批示精神，对地方立法技术规范制定和实施过程中的经验和问题进行总结分析，积极开展立法技术规范修订工作，修改形成了立法技术规范征求意见稿及其说明，并广泛征求意见，以推进立法技术更加规范完善。

九是加大督查配套法规制定工作。力求配套法规与法律同步起草、同步出台、同步实施。比如，2018 年 8 月 31 日，十三届全国人大常委会第五次会议通过了新修改的个人所得税法，为保障新个人所得税法顺利实施，国务院及时对个人所得税法实施条例作了修改，修订后的实施条例自 2019 年 1 月 1 日起与新个人所得税法同步施行。

十是发挥人大及其常委会对立法的主导作用。重要法律案的制定和修改通过人民代表大会审议，自 2015 年起连续五年安排人民代表大会审议重要法律案；建立全国人大专门委员会、常委会工作机构组织起草重要法律草案制度；认真研究人大代表建议，不断拓宽人大代表参与立法工作的渠道，邀请相关代表参与立项调研和论证等。

十一是其他方面，建立并不断完善立法解释制度；建立法工委发言人制度，积极宣介立法成就，回应社会关切。

4. 坚持依法治国与以德治国相结合，把社会主义核心价值观融入立法

习近平总书记指出，法律是成文的道德，道德是内心的法律。法律和道德都具有规范社会行为、调节社会关系、维护社会秩序的作用，在国家治理中都有其地位和功能。法安天下，德润人心。法律有效实施有赖于道德支持，道德践行也离不开法律约束。法治和德治不可分离、不可偏废，国家治理需要法律和道德协同发力。2016 年 12 月，中共中央、国务院发布关于进一步把社会主义核心价值观融入法治建设的指导意见，提出深入分析社会主义核心价值观建设的立法需求，积极推进相关领域立法，使法律法规更好地体现国家的价值目标、社会的价值取向、公民的价值准则。2018 年 5 月，中共中央发布关于将社会主义核心价值观融入法治建设立法修法规划，要求着力把社会主义核心价值观融入法律法规的立改废释全过程，力争经过 5 年到 10 年时间，推动社会主义核心价值观全面融入中国特色社会主义法律体系。全国人大及其常委会贯彻落实党中央要求，在立法工作中注重弘扬社会主义核心价值观。比如，民法总则第 1 条明确规定“弘扬社会主义核心价值观”，新增加了鼓励见义勇为、不得违背公序良俗等条款。十三届全国人大一次会议通过的宪法修正案将社会主义核心价值观写入宪法。2018 年 4 月通过的英雄烈士保

护法，贯彻落实习近平总书记要崇尚、捍卫、学习、关爱英雄烈士的指示精神，加强对英雄烈士的保护，严肃惩治歪曲丑化、侮辱诽谤英雄烈士的行为，依法推动在全社会传承和弘扬英雄烈士精神、爱国主义精神，受到社会各界的高度评价和热烈拥护，有力弘扬了社会主义核心价值观。

5. 加强法规备案审查工作

对规范性文件开展备案审查，是符合中国国情、具有中国特色的一项宪法性制度设计，是保障宪法法律实施、维护国家法制统一的制度安排。改革开放以来，随着立法体制改革完善，各层级立法步伐不断加快，行政法规、地方性法规数量迅速增加，备案审查工作重要性日益凸显。2000 年，立法法对备案审查制度作了全面系统的规定。九届、十届全国人大常委会期间，先后制定行政法规、地方性法规、自治条例和单行条例、经济特区法规备案审查工作程序，司法解释备案审查工作程序等规范性文件，备案审查工作逐步规范化、制度化。2004 年，全国人大常委会法工委增设法规备案审查室，专门承担对行政法规、地方性法规、司法解释的审查研究，为全国人大常委会履行备案审查职责提供服务保障。

党的十八大以来，党中央高度重视加强备案审查工作，十八届三中、四中全会都对加强规范性文件备案审查制度和能力建设提出明确要求。全国人大常委会不断加强和改进备案审查工作，主要体现在以下方面：

一是不断加大审查工作力度。积极开展主动审查，对报送备案的法规、司法解释逐件开展主动审查研究，提出处理意见；扎实做好依申请进行的审查，认真研究处理公民、组织提出的审查建议，对地方性法规、司法解释中存在的问题提出处理意见、积极督促纠正；有重点地开展专项审查，比如，2017 年，围绕党中央通报甘肃祁连山的突出问题及其教训，对 49 件专门规定自然保护区的地方性法规进行专项审查。推动开展生态环境规范性文件全面清理工作。

二是大力开展备案审查制度和能力建设。研究制定对提出审查建议的公民、组织进行反馈的工作办法，法规、司法解释备案审查工作规程

(试行)，备案审查工作进一步制度化、规范化；扎实推进全国统一的备案审查信息平台建设，全国人大备案审查信息平台于2016年年底开通运行，各省级人大备案审查信息平台也实现与全国人大备案审查信息平台互联互通；与中共中央办公厅等建立健全备案审查衔接联动机制，初步形成互联互通工作格局；积极探索建立人大常委会听取备案审查工作情况报告制度，2017年12月全国人大常委会首次听取和审议备案审查工作情况报告，2018年延续这一做法；研究起草统一的备案审查工作规定；开展备案审查工作培训、研讨和经验交流，加强对地方人大备案审查工作的指导；等等。

三、科学立法、民主立法、依法立法的发展完善

中国特色社会主义进入新时代。当前，人民群众对立法的期盼，已经不是有没有，而是好不好、管用不管用、能不能解决实际问题。立法工作的重心已从解决无法可依的数量问题转向实现良法善治。新时代做好立法工作，要进一步深化科学立法、民主立法、依法立法实践，立足社会主要矛盾发生转变的客观实际，把握人民对美好生活的向往，坚持立法决策与改革决策相结合，更加遵循立法活动规律，强化违背立法规律的刚性约束，努力提高立法质量。

（一）坚持以习近平新时代中国特色社会主义思想为指导

中国共产党的领导是中国特色社会主义最本质的特征，是全面推进依法治国、加快建设社会主义法治国家最根本的保证。立法要坚持以习近平新时代中国特色社会主义思想为指导，贯彻落实习近平总书记全面依法治国新理念新思想新战略，坚持党对立法工作的领导特别是党中央的集中统一领导，确保党中央重大决策部署在立法工作中得到有效贯

彻落实。

坚持运用法治思维、法治方式，实现党对立法工作领导的制度化、规范化、程序化，充分发挥党总揽全局、协调各方的作用，确保立法工作始终沿着正确方向前进。要把握好坚持党领导立法与发挥人大在立法中的主导作用的关系，既要通过加强党领导立法工作的制度安排，确保立法反映党和国家事业要求、人民群众关切期待，又要确保党领导立法工作必须在宪法法律范围内进行，依法依规开展工作，尊重立法工作自身规律。

（二）坚持以宪法为根本遵循，维护社会主义法制统一

党的十八大以来，党和国家治理方式发生深刻变革。习近平总书记多次强调，依法治国首先是依宪治国。立法作为推动宪法实施的重要方式，在全过程中要自觉恪守宪法原则、弘扬宪法精神，有效推动宪法实施。

一是牢固树立宪法意识，审议修改法律案，研究重大问题、重大制度设计等，都必须坚持以宪法为总依据，使每一项立法决策都符合宪法精神。二是落实好2018年宪法修正案的主要内容，做好相关领域立法工作。比如，修正案把建设“美丽”中国写入宪法，今后应进一步加强生态和环保领域立法。三是完善宪法解释机制。宪法是所有法律制定的总依据。在立法过程中不可避免会遇到对宪法条文的理解问题，应探索建立权威高效、规范有序的宪法解释机制，以回应各方面的释宪需求。四是积极稳妥推进合宪性审查工作。党的十九大提出，加强宪法实施和监督，推进合宪性审查工作，维护宪法权威。要在备案审查工作的基础上，完善合宪性审查工作的制度安排，建立合宪性审查工作机制，创新合宪性审查工作方法，坚决纠正违宪违法问题，维护宪法权威和尊严。

（三）改进调查研究方式，实事求是反映社会需求

科学立法要求法律规定符合客观实际，实事求是反映和解决现实社

会的客观需求。要坚持问题导向，加强调研，有针对性地设计出切实管用的条款。当前立法工作的一个重要问题，就是所立的法不大管用。一个重要原因就是调查研究工作做得还不够深入，作出的立法决策、制度设计没能实事求是地反映和回应真实的社会需求。

实践出真知。立法是一门实践性很强的活动，如果不能以实践为基础，没有深入调查研究，就不能准确把握党中央的决策意图，在这样的情况下，即使立法技巧再娴熟，立法逻辑再严密，都不能解决实际问题，立出来的都不能成为良法。与法院、检察院偏重“办事”相比，人大工作偏重“办文、办会”，但办好文的前提恰恰是做好调查研究。调查是弄清事物的特殊性，研究是把握同类事物的普遍性。起草好、审议好法律条文，调查研究是基本功。调查研究工作要务求“深、实、细、准、效”，即：“深”就是要深入群众，深入基层，善于与工人、农民、知识分子和社会各界人士交朋友，到田间、厂矿、群众和社会各层面中去解决问题。“实”，就是作风要实，做到轻车简从，简化公务接待，真正做到听实话、摸实情、办实事。“细”，就是要认真听取各方面的意见，深入分析问题，掌握全面情况。“准”，就是不仅要全面深入细致地了解实际情况，更要善于分析矛盾、发现问题，透过现象看本质，把握规律性的东西。“效”，就是提出解决问题的办法要切实可行，制定的政策措施要有较强操作性，做到出实招，见实效。[1] 这就要做到坚持真理，不唯书，不唯上，不回避矛盾，不掩盖问题，提出的立法对策和制度设计要经得起实践的检验。

当前，我国社会主要矛盾已经转化为人民日益增长的美好生活需要与不平衡不充分的发展之间的矛盾。地区之间、城乡之间、社会各个阶层之间对法治建设和立法工作的需求和期待，存在很大的差异。立法者应深入实际、深入基层、深入群众，不厌其烦、不走形式，准确把握不

〔1〕 习近平：《之江新语》，浙江人民出版社2007年版，第1页。

同地域、不同层次、不同方面的社会需求，作出科学的制度设计，使法律真正成为分配社会利益、调整社会关系和处理社会矛盾的平衡器。

（四）坚持法治与德治并举，加强弘扬社会主义核心价值观立法

当前，公德失范、诚信缺失，突破道德底线、践踏社会良知的现象屡有发生，成为人民群众迫切希望解决的道德领域突出问题，必须加大对失德失范行为的法律规范和约束。比如，将反映社会公德、家庭道德、个人美德，优秀传统文化、红色文化、本土文化的核心价值观融入立法工作，通过立法传承和发扬中国优秀传统文化，引导网络文化积极健康、向善向上发展；抵制历史虚无主义，形成崇尚、捍卫、学习、关爱英雄烈士的良好社会风尚；预防校园欺凌和暴力；健全守法诚信褒奖机制和违法失信行为联合惩戒机制；完善社会救助体系，推动全社会形成尊重妇女、关爱未成年人、尊敬老人、爱护残疾人、尊重优待退役军人和烈军属的良好氛围；等等。同时，我们也应当避免机械地贯彻党中央文件，忽略法律与道德的区别。法律与道德各有分工，法律规范人的外在行为和维护公共秩序，强调权利义务一体对待，道德规范人的内心世界，从观念上端正人心，导民向善；法律和道德调整的社会关系也不完全相同，并不是所有的社会关系都适宜法律调整，比如亲情、友谊、公共交通工具上让座等，更适宜通过道德教化来引导，通过教育、舆论来提升，而难以用法律规定义务、责任。因此，立法权应保持适度的“谦抑性”，不能无限扩张，应选择合适的领域对失德失范行为进行规制。

“观今宜鉴古，无古不成今。”中华文明绵延数千年，有其独特的价值体系。中华优秀传统文化已经成为中华民族的基因，植根在中国人内心，潜移默化影响着中国人的思维方式和行为方式。尽管时移世易，“德礼为本、政刑为用”“礼以导其志，乐以和其声，政以壹其行，刑以防其奸。礼乐政刑，其极一也，所以同民心而出治道也”“为政以德，譬如北

辰，居其所而众星拱之”等德法并行的治理观，所倡导的重视法治与德治的互补性、兼容性和一致性，所传递的治国理政观念，仍有跨越时空的现实意义。在中华民族走向伟大复兴的今天，作为新时代立法者，要注重从两千年来中国传统文化之深厚蕴积中寻找法治元素，从客观的历史事实和丰富的民间实践中总结道德共识，结合现代法治理念，对其进行转换和提升，从而使制定出的法律更契合大众心理和民族精神，更易于为人民群众所接受，能更好弘扬社会主义核心价值观。

（五）坚持深化民主立法实践，发挥人大代表主体作用

在肯定我国民主立法取得巨大进步的同时，应注意到，当前立法公开和公众参与还存在很多不足，比如在立法公开领域，公开范围的随意性较大，哪些内容公开，哪些内容不公开，由立法机关自己决定；有些法律草案在起草阶段“关门作业”，对存在重大立法争议的制度设计缺乏充分讨论和论证，待草案成型后，纠错难度加大、纠错成本更高；公众参与立法的实效性不足，听证会形式大于实质，对公众意见注重前期收集而忽略后期反馈沟通等。

深化民主立法实践，提高立法过程中发扬民主的质量，要推进民主立法制度化建设。一要加大立法公开力度。关于法律草案文本及其说明，尤其是关键性、争议大的条款，对其具体内涵、背景、立法理由的说明、审议过程等，在不涉密的情况下都应当公开，尽可能扩大社会公众的立法知情权、参与权。二要拓展公众参与立法的广度和深度。公众参与的程序设计，既要反映多数群体的意见，也要让少数群体的意见得到充分尊重。比如，对于听证程序存在的听证人员代表性不够、程序设置不尽合理、过程过于形式、采纳反馈机制不够完善、适用率过低等问题，要创新组织方式和工作机制，简化工作程序，多邀请人大代表、基层群众参加，反映真实声音，增强工作实效。同时，要善于运用新兴技术提高

公众参与立法的积极性，将立法公开、座谈、听证、论证等民主立法措施与互联网、大数据、人工智能等现代科技手段深度融合，降低公众参与成本、提升参与效率。三要发挥人大代表在立法中的主体地位。党的十九大报告提出，更好发挥人大代表作用，使各级人大及其常委会成为同人民群众保持密切联系的代表机关。当前，除了基层立法联系点、邀请人大代表列席会议等制度外，代表在立法工作中联系群众的制度化建设整体上比较低，人民群众向人大代表提出立法意见的渠道还不够通畅。中国特色社会主义进入新时代，人民群众对民主、法治、公平、正义、安全、环境的要求越来越高，这方方面面的制度设计都要从立法上来突破。如果不及时回应这种需求，尽快建立规范有序的民主立法渠道，不仅立不出高质量的法，无法满足人民群众对美好生活的向往，人民群众的政治参与感、对国家的政治认同也会降低，从而影响党在人民群众中的执政形象。因此，应加强制度建设，细化代表在立法工作中联系群众的程序设计，让人大代表在其位、谋其职、尽其用，发挥好“代表人民”的作用。[1]

（六）遵循立法自身规律，推进立法工作制度创新发展

一是制定通用的立法技术规范。2015 年立法法修改后，享有立法权的主体大量增加，“新手上路”，需要规范指引。制定通用的立法技术规范，既为人大立法工作机构提供规范指引，也便于常委会委员掌握必要的立法知识。二是适时启动法典编纂。中国特色社会主义法律体系形成后，有法可依基本实现，但同时也出现各单行法的规定交叉重复、不衔接、不协调的问题。因此，有必要对单项法律按照类别进行统一整合，

〔1〕 在坚持深化民主立法实践、提高民主立法实效的同时，也应注意，民主的发展需要一定的量的积累，离不开必要的经济、社会和文化条件，而经济、社会和文化的发展有它历史的连续性和渐进性，不是一朝一夕可以改变的。因此，民主立法的发展也必然是渐进的，应因地制宜，因时制宜，与本地方经济社会文化发展进程相适应。

废除过时的规定，修改相互抵触的规定，弥补缺陷或空白，在有关部门法领域形成体例科学、内容协调、有机联系的综合性法典。目前，民法典编纂工作正稳步推进。今后还可以总结民法典编纂工作中的成功经验，对一些单行法中共同规则多、规范关联度高，适宜采用综合性立法的领域（如环保法领域、劳动法领域），适时启动相关法典编纂工作，在相关领域形成体例更科学、结构更严谨、内部更和谐的法律制度规范。三是加强不同法域交流互鉴，以我为主，为我所用。“他山之石，可以攻玉。”全球化时代，制定法律既要立足本国国情，又要注重学习借鉴域外先进立法经验，要有海纳百川的心态、放眼全球的视野，对域外先进立法经验有选择地汲取、消化、吸收。借鉴域外经验应坚持以我为主，为我所用，不能失掉“主心骨”；坚持有鉴别地学习、吸收，取其精华、弃其糟粕；坚持结合具体国情，对域外制度进行改造、转化，注重与本土资源相衔接，[1] 不断提高立法质量，加快推进完善以宪法为核心的中国特色社会主义法律体系。

新中国成立70年来，在党中央集中统一领导下，全国人大及其常委会紧紧围绕党和国家工作大局，持续推进科学立法、民主立法、依法立法，不断坚持真理、修正错误，走出了一条中国特色立法道路，为开辟、坚持和发展中国特色社会主义提供了坚实法治保障。中国特色社会主义进入新时代，科学立法、民主立法、依法立法的理论创新和实践发展，将为推动中国特色社会主义制度完善发展、推进国家治理体系和治理能力现代化、实现中华民族伟大复兴的中国梦贡献新的制度力量。

---

〔1〕 比如，在大数据和人工智能时代，各国均面临个人信息及隐私权保护、自动驾驶等问题，2012年新加坡制定《个人数据保护法》，2016年4月，欧盟开始实施《通用数据保护条例》，2018年5月欧洲议会通过《一般数据保护条例》，成为欧盟个人信息保护的核心法律。2017年德国修改道路交通法，在世界上首次将自动驾驶纳入道路交通法，2017年美国发布《自动驾驶系统2.0：安全展望》，表明了美国联邦政府对自动驾驶汽车技术的支持。这些域外经验均可为我国今后完善相关领域立法提供有益借鉴。此外，我国很多省份、城市和国外法治发达地方缔结了友好省份和友好城市关系，应充分利用这一平台，学习对方先进的法治经验和立法理念，提高地方治理的法治化水平。

我国立法工作的基本经验

新中国成立70年来，在党中央集中统一领导下，我国立法工作从新中国成立初期废除国民党旧法统、积极运用新民主主义革命时期根据地法制建设经验、抓紧建设社会主义法制的探索实践开始，历尽艰辛，走出了一条中国特色的立法路子。70年特别是改革开放40多年来，我国立法工作始终扎根中国社会主义建设事业伟大实践，紧紧围绕党和国家工作大局，有计划、有重点、有步骤地推进法律制度建设。经过各方面共同不懈努力，到2010年如期形成了中国特色社会主义法律体系，国家经济建设、政治建设、文化建设、社会建设、生态文明建设各个方面实现了有法可依。党的十八大以来，在以习近平同志为核心的党中央坚强领导下，我国立法工作不断适应国际国内社会深刻变革的复杂形势，适应我国社会主要矛盾变化对立法工作提出的新要求，围绕统筹推进"五位一体"总体布局和协调推进"四个全面"战略布局要求来考虑、来谋划、来推进，加强重点领域立法，以宪法为核心的、与国家治理体系和治理能力相适应的中国特色社会主义法律体系不断完善，中国特色社会主义法治体系建设取得巨大成就。70年来，立法任务之重世所罕见，克服困难之多前所未有，成绩来之不易，经验弥足珍贵。

一、坚持完善和发展中国特色社会主义制度的本质要求

习近平总书记指出，“中国特色社会主义法治道路，是社会主义法治建设成就和经验的集中体现，是建设社会主义法治国家的唯一正确道路”。[1] 把道路问题放在关系全面依法治国全局、决定社会主义法治建设成败的中心位置，是贯穿习近平总书记全面依法治国新理念新思想新战略的一条最鲜明的红线。回顾新中国成立70年的不平凡历程，在举什么旗、走什么路的问题上，杂音、噪声、反对的声音从来就没有消失过。宪法和法律是中国特色社会主义制度的法律表现。在党中央的集中统一领导下，全国人大及其常委会坚持立法的社会主义方向、立场和原则，通过制定和修改宪法、制定并不断完善有关国家体制和机构的相关法律，确认中国特色社会主义政治制度和基本经济制度，巩固和维护安定团结的政治局面，保证国家发展沿着正确道路稳步前进。

宪法是国家的根本法，是治国安邦的总章程。1949年9月29日，中国人民政治协商会议第一届全体会议通过的具有临时宪法作用的《共同纲领》，确立了新民主主义革命的成果，确立了新中国的前进方向，规定国家实行属于社会主义的人民代表大会的根本政治制度，为我国社会主义制度的最终建立奠定了法律基础。1954年，一届全国人大一次会议通过宪法，以国家根本法的形式确立了中国共产党的执政地位、在国家政治和社会生活中的领导地位、在宪法秩序中的合法地位，同时把人民民主原则和社会主义原则固定下来，把人民代表大会制度坚持并固定下来。1978年12月，党的十一届三中全会开启了改革开放新的历史时期。1982年12月，五届全国人大五次会议通过了修改后的宪法。改革开放标志着中国向世界打开了大门，国际国内关于中国改革开放在政治制度上将走

---

[1] 《关于〈中共中央关于全面推进依法治国若干重大问题的决定〉的说明》。

向何方的议论纷繁复杂。西方政客和学者认为，社会主义中国搞改革开放，接受外国资本和市场经济，也必定会接受资本主义制度。在这样的背景下，我们党确立宪法修改的指导思想，旗帜鲜明地宣布：坚持社会主义道路，坚持人民民主专政，坚持中国共产党的领导，坚持马克思列宁主义、毛泽东思想四项基本原则。四项基本原则是全国人民团结奋斗的思想政治基础，是社会主义现代化建设的根本政治保证。四项基本原则入宪，就是以国家根本法的形式向国内外宣布改革开放不会改变中国的社会主义性质。事实证明，四项基本原则写入宪法，以及宪法确立的政治制度、基本经济制度等一系列制度、原则和规则，为改革开放奠定了根本政治前提和制度基础。根据改革开放和社会主义现代化建设的实践和发展，在党中央领导下，全国人民代表大会于 1988 年、1993 年、1999 年、2004 年、2018 年先后 5 次对现行宪法部分内容作出重要修正，共通过了 52 条宪法修正案，使我国宪法在坚持并不断完善中国特色社会主义制度的轨道上实现与时俱进。从 1954 年宪法、1982 年宪法到 5 个宪法修正案，都是在中国特色社会主义事业发展的关键节点上，中国共产党领导人民作出的重大政治抉择，是中国特色社会主义法治道路的成功实践。

新中国成立 70 年来，全国人大及其常委会以宪法为核心，加强重点领域立法，不断推动中国特色社会主义政治制度完善发展。制定国家机构的组织、职权、运行规则方面的法律，确立不同国家机关的体制、职责权限、运作方式、工作原则、议事程序，保障国家机关协调高效运转，依法履职。制定规范和保障行政机关依法行使各项行政职权的法律，推动了适应现代化社会管理需要的法治政府建设。1984 年制定了民族区域自治法，为维护和发展平等团结互助和谐的社会主义民族关系，提供了法律保障。1987 年通过了村民委员会组织法（试行），1989 年通过了城市居民委员会组织法，形成了中国特色社会主义基层民主制度。根据“一国两制”方针，1990 年、1993 年先后制定了香港特别行政区基本法、澳门特别行政区基本法。这两部法律被国际社会称为“中国的政治智慧”，为香港、澳门的顺利回归和长期繁荣稳定提供了法律保障。党的十八大之后，贯彻总体国家安全观，制定国家安全法、反间谍法、反恐怖主义法、境外非政府组织境内活动管理法、网络安全法、国家情报法等，为维护国家安全和核心利益提供有力的法治保障，保证了国家前进的社会主义方向。

二、坚持党对立法工作的领导

习近平总书记指出，“党的领导是中国特色社会主义最本质的特征，是社会主义法治最根本的保证”[1]。这个重大论断是对新中国成立 70 年特别是改革开放 40 多年来法治建设基本经验的高度概括，是对我国社会主义法治本质的深刻揭示，抓住了中国特色社会主义法治的核心和关键。新中国成立 70 年特别是改革开放 40 多年来，立法工作取得的巨大成就，最根本、最关键的就在于坚持了党对立法工作的领导，特别是党中央对立法工作的集中统一领导。

坚持党的领导，必须坚决维护党中央权威和集中统一领导，把坚持党总揽全局、协调各方的领导核心作用贯彻落实到全面依法治国的全过程和各方面。新中国成立 70 年特别是改革开放 40 多年来，中国共产党历届中央领导集体深刻总结历史经验教训，准确把握时代特征、党的任务和执政条件，从中国国情和实际出发，适应社会主义民主法制建设的要求，适时做出推进社会主义民主法制建设的正确决策，逐步提出和实践依法办事、依法治国、依法执政等执政理念。党的十八大以来，党中央进一步完善加强对立法工作领导的体制机制，习近平总书记主持中央政治局常委会会议，审定全国人大常委会立法规划和立法规划的调整，并

〔1〕《关于〈中共中央关于全面推进依法治国若干重大问题的决定〉的说明》。

以中央文件形式转发。党中央就重要法律的制定修改工作听取全国人大常委会党组关于立法工作重要事项和重大问题的汇报，研究立法工作中的重大问题，审议立法涉及的重大体制和重大政策调整，协调解决重大立法争议等。实践证明，只有在中国共产党的领导下，坚决贯彻实施依法治国的基本方略，中国特色社会主义法治建设才不会偏离正确的政治方向，才不会脱离中国自己的国情和现阶段发展实际，才能保证最广大人民的根本利益得到实现。

在立法工作中，全国人大及其常委会始终坚持党的领导不动摇，认真贯彻落实党中央关于加强党领导立法工作的意见，发挥人民代表大会制度优势，确保党中央总揽全局、协调各方的权威，确保党中央重大决策部署在立法工作中得到落实。使党的主张通过法定程序成为国家意志，成为全社会一体遵循的行为规范和活动准则，从制度上、法律上保证党的路线方针政策的贯彻落实，保证改革开放和社会主义现代化建设的顺利进行。一是，紧紧围绕党和国家中心任务统筹谋划立法工作，科学制定立法规划和立法计划，积极推进重点立法项目，保证党和国家重大决策部署的贯彻落实。二是，围绕党中央决策部署开展立法工作，对党中央提出的立法建议，及时启动立法程序，坚决贯彻中央决策部署，尤其在事关全局、影响深远、分歧较大的事项上保持政治定力，自觉与党中央保持一致。三是，坚持重大立法项目和立法中的重大问题向党中央请示报告制度。重要法律的起草修改和立法工作中的其他重大事项，都及时向党中央请示报告，并将党中央的指示要求认真贯彻落实到立法工作中，形成了立法工作重大立法项目和重大问题向党中央请示报告的常态化、制度化机制。实践证明，坚持党的领导，有利于把党中央的主张和重大决策精神不折不扣地贯彻到立法工作中，让中央及时掌握全国人大及其常委会的立法工作情况，切实保障中央重大决策部署通过法定程序成为全国人民一体遵循的法律，得到贯彻落实。

三、坚持以中国特色社会主义理论体系为指导

法律是实践证明正确的、成熟的、需要长期执行的党的路线方针政策的制度化、规范化和程序化。坚持正确的指导思想，是加强民主法制建设、做好立法工作的根本前提。中国特色社会主义理论体系是包括邓小平理论、“三个代表”重要思想、科学发展观、习近平新时代中国特色社会主义思想等重大战略思想在内的科学理论体系，是马克思主义中国化的最新成果，是我们党最宝贵的政治和精神财富，是全国各族人民团结奋斗的共同思想基础，是必须长期坚持的指导思想，是做好一切工作的根本指针。

党的十一届三中全会以来，以邓小平同志为核心的党的第二代中央领导集体，明确提出了“加强社会主义民主，健全社会主义法制”的历史性任务，确定了“有法可依，有法必依，执法必严，违法必究”的社会主义法制建设方针，形成了邓小平理论中的重要法制思想。以江泽民同志为核心的党的第三代中央领导集体，在全面推进改革开放和社会主义现代化建设、形成“三个代表”重要思想的过程中，继续推动社会主义民主法制建设的理论创新，将依法治国确定为党领导人民治理国家的基本方略，明确提出到2010年形成中国特色社会主义法律体系的新时期立法工作总目标。以胡锦涛同志为总书记的党中央坚持以邓小平理论和“三个代表”重要思想为指导，提出了科学发展观和构建社会主义和谐社会的重要战略思想，把坚持党的领导、人民当家作主、依法治国有机统一起来，为依法治国基本方略提供了更为坚实的理论和实践基础。

党的十八大以来，习近平总书记在深刻把握中国特色社会主义法治道路、法治体系等重大理论问题的基础上，在建设社会主义法治国家的伟大实践中，围绕全面依法治国作出一系列重要论述，形成全面依法治国新理念新思想新战略，内容涵盖新的历史条件下全面依法治国的根本

保证、力量源泉和总目标、总路径、总任务、总布局等各个方面，深刻回答了中国特色社会主义法治向哪里走、跟谁走、走什么路、实现什么目标、如何实现目标等一系列重大问题，创新发展了中国特色社会主义法治理论，对于推进全面依法治国、建设社会主义法治国家，推进实现国家治理体系和治理能力现代化，把我国建设成为富强民主文明和谐美丽的社会主义现代化强国，具有重大理论意义、历史意义和现实价值。

在立法工作中，我们始终坚持以中国特色社会主义理论体系为指导，并以此统一思想认识、确定立法思路，保证制定的法律法规有利于完善和发展中国特色社会主义制度，有利于解放和发展社会生产力，有利于发挥社会主义制度的优越性。

四、坚持人民主体地位

习近平总书记指出，“坚持人民主体地位，必须坚持法治为了人民、依靠人民、造福人民、保护人民”[1]。我国是人民民主专政的社会主义国家，国家的一切权力属于人民。这决定了立法必须坚持人民主体地位，有利于实现人民当家作主，必须坚持立法为了人民、依靠人民、造福人民、保护人民。要把体现人民利益、反映人民愿望、维护人民权益、增进人民福祉落实到立法全过程，使法律及其实施充分体现人民意志。要以保证人民根本利益为出发点和落脚点，保证人民享有广泛的权利和自由、承担应尽的义务，维护社会公平正义，促进实现共同富裕。

在立法工作中，全国人大及其常委会始终坚持把实现好、维护好、发展好最广大人民的根本利益作为出发点和落脚点，无论在立法过程中还是在法律规范上都坚持以人民为中心，尊重人民主体地位，尊重人民首创精神，从人民的实践创造中汲取智慧，从人民的发展要求中获得动

---

〔1〕《加快建设社会主义法治国家》，载中共中央文献研究室编：《十八大以来重要文献选编》（中），中央文献出版社 2016 年版，第 185 页。

力，通过立法实现人民的根本利益，满足人民对幸福美好生活的追求，满足人民对社会公平正义的追求。

一是，以人民期盼为导向，保障人民的权利和利益。新中国成立70年来，国家经济实力和综合国力大幅提升，其中人民群众得到实惠最多，法律成为调整社会利益结构和权利关系最重要的手段。不断完善社会主义市场经济立法，促进社会财富不断增长，为增加人民福祉提供物质条件；不断完善税收等方面的立法，筹集国家财政收入，平衡地区发展，保障公共事业支出，调节经济和分配关系；制定慈善法，鼓励捐赠和慈善事业，鼓励扶贫济困；制定社会保险法、老年人权益保障法等法律，保障劳有所得，病有所医，老有所养。

二是，在立法工作中立足中国国情和实际，遵循和把握立法规律，把握和反映法所调整的社会关系的客观规律，在法律制度设计中体现为民情怀和人文关怀，切实把人民权利实现好、维护好、发展好，为权利保障法治化夯实制度基础。正确把握最广大人民根本利益、现阶段群众共同利益、不同群体特殊利益的关系，正确反映和统筹兼顾不同方面群众的利益。注意正确处理权力与权利的关系、权力与责任的关系，既赋予行政机关、监察机关、审判机关、检察机关必要的权力，又注意对权力的行使加以规范、制约和监督，切实维护公民、法人和其他组织的合法权益。

三是，坚持立法为了人民、立法依靠人民，通过多种形式听取人民群众意见，统筹协调平衡各方面利益关系，努力使每一项立法都回应人民群众的关切和期待。全国人大常委会把提高立法质量摆在更加突出的位置，完善立法工作机制和方式，立法科学化、民主化水平不断提高。充分发挥人大代表在立法中的作用，不断扩大公民对立法的有序参与，通过公布法律草案征求意见和举行立法座谈会、论证会、听证会等多种形式，广泛听取各方面意见尤其是基层群众的意见，切实做到集思广益、凝聚共识，使制定的法律充分体现人民群众的共同意愿。

五、坚持推进国家治理体系和治理能力现代化制度创新

新中国成立70年特别是改革开放40多年来的立法，最鲜明的时代特点，就是在党的领导下，紧紧围绕改革开放、坚持和发展中国特色社会主义，发挥立法的服务保障和引领推动作用，一边破除阻碍改革开放的体制机制和制度，一边调适和确立发展中国特色社会主义的新制度，有计划、有步骤、有重点地推进立法，逐步形成并不断完善以宪法为核心、与国家治理体系和治理能力现代化相适应的中国特色社会主义法律体系。这一法律体系，确立了国家发展中带有根本性、全局性、稳定性和长期性的重大制度，夯实了立国兴邦、长治久安的法治根基，有力推动和保障了我国社会主义经济、政治、文化、社会和生态文明建设，成功实践了一条不同于西方的现代化道路。

一是，推动我国经济实现从高度集中的计划经济体制向社会主义市场经济体制的根本转变，依法管理和保障经济持续快速健康发展。改革开放以来，我国法治建设始终坚持以经济建设为中心，注重学习西方的先进管理经验，制定实施公司法、合同法、物权法、企业破产法、价格法、反垄断法等法律，确立和完善社会主义市场经济体制，规定国有企业、集体经济组织的经营自主权，赋予私营经济、个体经济等非公有制经济合法地位，推进生产要素市场化配置，加大对公民合法财产的保护力度，从无到有构建起与社会主义市场经济相适应的市场主体、产权保护、市场竞争、宏观调控法律制度体系。通过建立和完善法治，我国不断打破计划经济体制桎梏，调动了十几亿中国人民发展社会主义市场经济的智慧和力量，有力推动和保障了中国经济的大变革大发展。

二是，推动社会主义民主政治制度化、规范化、程序化，保障人民民主、公民权利和人权。新中国成立70年来，我国立法工作始终坚持党的领导、人民当家作主、依法治国有机统一，坚持维护和发展社会主义

制度，坚持和发展中国特色社会主义民主政治制度，制定并与时俱进修改宪法，制定实施代表法、选举法、国家机关组织法、监督法、监察法等一系列法律，保障党的领导核心地位，保证人民民主权利，建立起比较完善的人民当家作主制度体系、党和国家监督体系、权力运行机制。在党的领导下，通过建立和完善法治，人民民主不断扩大，社会主义民主政治不断发展，公民权利和人权得到切实保障，形成、巩固和发展了生动活泼、安定团结的政治局面。

三是，推动社会主义文化建设和社会建设，保障文化繁荣兴盛与社会和谐稳定。新中国成立70年来，我国高度重视通过法治弘扬美德义行、促进社会文明、维护公平正义，制定实施英雄烈士保护法、电影产业促进法、文物保护法、公共文化服务保障法等法律，培育和践行社会主义核心价值观，促进社会主义文化繁荣发展；制定实施教育、就业、收入分配、社会保障、医疗卫生、食品安全、社会救助、社会组织、社会治理等法律，加强社会建设，创新社会治理，维护社会稳定，促进社会和谐；制定实施网络安全法等法律，建立网络综合治理体系，营造清朗的网络空间；建立健全诉讼、调解、仲裁、行政复议、行政裁决等多元化纠纷解决机制，推进社会矛盾纠纷公正理性解决。通过建立和完善法治，我国逐步实现了法律和道德相辅相成、依法治国和以德治国相互结合、法治德治自治相得益彰的社会治理模式，全社会崇德向善、尊法守法的氛围日益浓厚，人民群众的获得感、幸福感、安全感不断增强。

四是，推动绿色发展和生态文明建设，保障人与自然和谐共生。我国生态文明法治建设与改革开放同时起步，并随着工业化城镇化进程的加快而不断加强，制定实施环境保护法、海洋环境保护法、水污染防治法、大气污染防治法、土壤污染防治法等30多部法律，实行最严格的源头保护制度、损害赔偿制度、责任追究制度，完善环境治理和生态修复制度，着力解决突出环境问题，用最严格的制度、最严密的法治为建设美丽中国提供可靠保障。通过建立和完善法治，我国生态文明建设的力度不断加大，环境保护与经济建设相互促进、人与自然和谐发展的良好局面正在形成。

六、坚持以改革开放的社会主义现代化建设实践为基础作出立法决策

改革开放是我们党在新时代最鲜明的旗帜。处理好改革开放和立法的关系，是当代中国面临的一个重大的政治课题。改革和法治目标是完全一致的，但表现形式不同。法治是立，改革是破。法治是定，改革是变。法治强调维护现行法律的权威和经济社会秩序的稳定，改革强调突破既有体制机制的约束。全国人大及其常委会在立法工作中努力处理好改革与法治的关系，确保重大改革于法有据、确保经济社会发展既生机勃勃又平稳有序。

一是立法授权改革。改革开放之初，我们的主要任务是逐步打破计划经济体制对生产力的束缚，建立充满生机与活力的社会主义市场经济。在制定和修改法律条件尚不成熟、改革举措需要先行先试的情况下，全国人大常委会按照法定程序作出授权决定，授权国务院和经济特区立法，为特定领域或者局部地区先行先试提供法律依据，为改革开放先行先试提供了支持和法律保障。党的十八大以来，改革进入深水区。习近平总书记强调要“在法治下推进改革，在改革中完善法治”[1]。党的十八届三中全会确定了336项改革任务，四中全会确定了190项改革任务，这些改革任务大都涉及法律制度的调整。十二届全国人大及其常委会把着力发挥立法引领和推动作用，确保重大改革于法有据作为立法工作的一条主线。2015年修改立法法，增加规定：全国人民代表大会及其常务委员会可以根据改革发展的需要，决定就行政管理等领域的特定事项授权在

〔1〕 习近平：《加强党对全面依法治国的领导》，载《求是》2019年第4期。

一定期限内在部分地方暂时调整或者暂时停止适用法律的部分规定，为立法授权改革提供了法律依据。十二届全国人大及其常委会五年期间共制定法律25件，修改法律127件次，通过法律和重大问题的决定46件次，作出法律解释9件，其中仅授权决定就有16件。授权对象包括国务院、最高人民法院、最高人民检察院等，主要是调整部分法律规定的实施，支持先行先试。党的十九大站在更高的起点上谋划和全面深化改革，十三届全国人大常委会履职以来，已经作出了授权国务院延长药品上市许可持有人制度试点期限等授权决定，支持改革举措进一步深化。

二是立法引领改革。党的十八届三中、四中全会分别对全面深化改革、全面依法治国作出总体部署，使立法与改革的关系有了新的时代内涵。全国人大及其常委会坚持立法决策与改革决策相衔接，立法主动适应改革开放和经济社会发展需要，综合运用立改废释等多种方式，在法治下推进改革，在改革中完善法治。例如，全面贯彻党中央关于深化财税体制改革、改进预算管理制度的精神，2014年对预算法作出较大修改完善。2015年贯彻落实党的十八届三中、四中全会精神，修改立法法，完善立法体制，明确立法权限，健全保证科学立法、民主立法的机制和程序。2018年贯彻落实党中央关于深化国家监察体制改革决策部署，在先后两次作出改革试点决定的基础上制定监察法，创新和完善国家监察制度，推动以法治思维和法治方式开展反腐败工作。

三是通过修改法律消除改革的障碍。对不适应改革要求的现行法律，及时修改或废止，不让过时的法律条款成为改革的“绊马索”。例如，随着行政审批制度改革力度的加大，全国人大常委会在总结经验的基础上形成了“一揽子”修改法律的机制，通过对部分法律中涉及同类事项或者同一事由需要修改的个别条款，采取一并提出法律案的方式进行统筹修改，消除改革的法律障碍。十二届全国人大常委会通过15个统筹修改法律的决定，涉及修改法律95件次，主要涉及简政放权、工商登记、价格管理等领域制度改革。这些统筹修改，既为行政审批制度改革的顺利实施提供了有力支持，也有利于法律体系内部的相互衔接与和谐统一。

四是及时总结改革试点经验，通过修改完善法律予以复制和推广。对需要继续探索的改革举措，决定延长试点期限或纳入新的试点加以完善；对于实践证明行之有效、具备复制推广条件的改革举措，及时总结修改完善相关法律。例如，2013 年和 2014 年，全国人大常委会先后两次作出决定，授权国务院在上海、广东、天津、福建自贸区暂时调整实施有关法律规定的行政审批。2016 年 9 月，在第一个授权决定到期之际，全国人大常委会对外资企业法等 4 部法律作出统筹修改，将自由贸易试验区试点的改革措施上升为法律，同时相应终止两个授权决定的法律效力。2019 年 3 月，十三届全国人大二次会议审议通过外商投资法，将试点经验再次上升为法律，进一步完善了改革开放的法律制度。

从改变既有法律规则和秩序以适应改革开放需要的角度，有学者把我国 40 多年改革开放进程说成是古今中外历史上覆盖人口最多、持续时间最长、取得成就最大的“变法”。在党中央的集中统一领导下，“新政”与“变法”相互支持，相得益彰。在全面深化改革、全面依法治国的伟大进程中，改革开放成为法律发展的动力源泉，法律制度是改革开放的制度化保障，这种“双轮驱动”“两翼齐飞”的效应体现了我国政治制度的优势。

七、坚持从中国国情和实际出发

走什么样的法治道路，建设什么样的法律体系，是由一个国家的基本国情决定的。马克思指出：“社会不是以法律为基础，那是法学家的幻想。相反，法律应该以社会为基础。法律应该是社会共同的，由一定的物质生产方式所产生的利益需要的表现。”[1]在立法工作中，全国人大及

---

〔1〕 马克思等：《马克思恩格斯全集》（第六卷），人民出版社 1961 年版，第 291 ~292 页。

其常委会始终坚持从我国国情和实际出发，把改革开放和社会主义现代化建设的伟大实践作为立法基础，顺应时代发展和社会进步的新要求，把握规律、因势而谋、顺势而为，通过70年的成功立法实践，形成了与中华民族伟大复兴相适应的中国特色社会主义法律体系。

一是，立足中国现实国情，建立符合中国国情的立法体制机制，充分发挥中央和地方两个积极性。中国是一个统一的单一制多民族的社会主义国家，地域广阔、人口众多，各地社会生产力发展不平衡不充分。新中国成立70年特别是改革开放40多年来，为消除这种不平衡不充分的现实情况，我们逐步建立了符合中国国情和实际的立法体制，赋予民族地方自治权，赋予省、自治区、直辖市和设区的市人大及其常委会制定地方性法规的权力，在保证国家宪法、法律、行政法规的执行和中央政令畅通的情况下，充分调动和发挥地方立法的重要作用，发挥地方立法的实施性、补充性、探索性作用，推动形成和完善了与国家治理体系和治理能力相适应的中国特色社会主义法律体系，为社会主义现代化建设提供了有效的制度保障。

二是，把改革开放和社会主义现代化建设的伟大实践作为立法基础，紧紧围绕党和国家的中心工作开展立法工作。坚持遵循社会发展的客观规律，妥善处理法律前瞻性与可行性的关系，一方面注意及时把改革中成功的经验用法律形式固定下来，对现有法律中不适应改革开放和现实生活需要的规定及时作出修改，为改革提供可靠的法制保障；另一方面又注意为深化改革留下空间，把法律的“定”和改革的“变”有机结合起来，确保立法进程与改革开放和社会主义现代化建设进程相适应，确保法律体系适应经济社会发展的实际需要。

三是，深入分析立法需求和现实情况，努力提出科学的方案建议，确保立法能够真实反映社会现实需求，符合实际，站得住、行得通、真管用。比如，在大气污染防治法修订过程中，努力把握经济发展进入新常态的阶段性特征，妥善处理环境保护与经济发展的关系，在制度设计上着眼解决现实中只注重经济效益忽视环境效益、大气污染形势严峻的突出问题，合理构建大气污染防治的制度体系，用最严的法律制度解决现实问题，同时对目前时机还不成熟的新技术新能源的利用等，作出倡导性规定，使立法既符合实际，又有一定的前瞻性。

四是，做好调查研究，遵循和把握立法规律。立法要符合国情和实际、符合客观规律，就必须做好调查研究这项基础工作。坚持深入推进科学立法、民主立法，着力加强和改进立法调研，创新调研方式方法，力争最大限度地为立法掌握第一手资料，将问题的本质和规律把握准确，将解决问题的思路对策研究透彻。做到既不迁就不合理现状，造成制度设计失之宽松，起不到应有的规范约束作用；又避免脱离国情和实际，超越发展阶段，造成制度设计看起来很严很美，实际上难以实施，“好看不管用”。通过作出既有前瞻性又现实可行的科学合理的制度安排，确保立出来的法站得住、行得通、真管用。

新中国成立70年特别是改革开放40多年来，我国立法在坚持从我国国情和实际出发的基础上，还充分学习借鉴了包括西方立法经验在内的一切人类立法文明的有益成果，不仅大量学习借鉴西方经济立法、民商事立法、环境与资源保护立法、社会立法等方面经验，而且适量学习借鉴西方民主政治立法、行政立法等方面经验；不仅学习借鉴西方大陆法系的立法经验，而且学习借鉴普通法系和其他法系的立法经验；不仅学习借鉴外国的立法经验，而且学习借鉴中国香港、澳门和台湾地区的立法经验，同时结合中国古代法制的优秀传统，做到古为今用。在制定各项法律时，注意收集、整理国外有关的法律规定，加以研究、比较，从中汲取对我国有用的东西。对于其中反映市场经济规律性、共同性的内容，以及国际交往中形成的国际法规范和惯例，大胆地吸收和借鉴。例如，在民商法领域，民法总则、物权法、合同法等法律，兼采普通法系和大陆法系国家的诸多基本制度，吸收了国际通行的私法精神与立法原则。在行政法领域，吸收了现代行政法治中通行的比例原则、信赖保护原则等。在刑事法领域，刑法和刑事诉讼法借鉴和吸收了国外罪刑法定和公开审判等现代刑事法治的基本原则和精神。

八、坚持依法治国和以德治国相结合

习近平总书记指出，“法律是成文的道德，道德是内心的法律，法律和道德都具有规范社会行为、维护社会秩序的作用。治理国家、治理社会必须一手抓法治、一手抓德治，既重视发挥法律的规范作用，又重视发挥道德的教化作用，实现法律和道德相辅相成、法治和德治相得益彰”。“要注意把一些基本的道德规范转化为法律规范，使法律法规更多体现道德理念和人文关怀，通过法律的强制力来强化道德作用、确保道德底线，推动全社会道德素质提升。”并强调“‘不知耻者，无所不为。’没有道德滋养，法治文化就缺乏源头活水，法律实施就缺乏坚实社会基础”。[1]这些重要论述深刻揭示了法律和道德、法治和德治的内在联系，对于使德法共治这一中华古老的国家和社会治理智慧在新时代焕发出新活力，具有重要指导意义。发挥好法律的规范作用，必须以法治体现道德理念、强化法律对道德建设的促进作用。发挥好道德的教化作用，必须以道德滋养法治精神、强化道德对法治文化的支撑作用。

在立法工作中，我们注重把社会主义核心价值观融入法律制度建设之中，弘扬社会主义核心价值观，弘扬中华传统美德，培育社会公德、职业道德、家庭美德、个人品德，提高全民族思想道德水平，为依法治国创造良好人文环境。一是，坚持以社会主义核心价值观为引领，把社会主义核心价值观的要求体现到宪法法律和法规规章之中，转化为具有刚性约束力的法律规范，提高人们对社会主义核心价值观的认知认同感和践行自觉性。全面贯彻社会主义核心价值观的精神要义，在法律中始

---

〔1〕《加快建设社会主义法治国家》，载中共中央文献研究室编：《十八大以来重要文献选编》（中），中央文献出版社2016年版，第185页。

终注重体现富强、民主、文明、和谐的社会主义现代化强国建设要求，始终注重体现自由、平等、公正、法治的社会主义法治建设要求，始终注重体现爱国、敬业、诚信、友善的社会主义精神文明修养要求，确保以宪法为核心的中国特色社会主义法律体系的中国智慧和独特文明本质，创造体现中国主流核心价值的制度规则，弘扬社会主义核心价值观，坚定人民的中国特色社会主义道路自信、制度自信、理论自信、文化自信、法治自信。二是，坚持“问题导向”，注重解决失德背德的突出问题。针对社会上存在的违反核心价值观的突出问题，通过法律的强制性和惩罚性规范来引领道德风尚，发挥法律对道德建设的保障作用。比如，落实宪法修正案关于“国家倡导社会主义核心价值观”的规定精神，制定英雄烈士保护法，坚决回击丑化、诋毁、贬损英雄烈士的恶劣行为，依法维护英雄烈士尊严和合法权益，推动在全社会传承和弘扬英雄烈士精神、爱国主义精神，促进社会尊崇英烈、抑恶扬善，凝聚建设社会主义的正能量。三是，注重弘扬中华优秀传统文化蕴含的丰富思想道德。例如，在民法总则制定过程中，按照强化规则意识、增强道德约束、倡导契约精神、维护公序良俗等中华民族传统美德的要求，结合时代特色，对草案进行了修改完善，体现了德法共治、与时俱进的时代特征。

九、坚持社会主义法制统一

我国是统一的多民族的单一制的社会主义国家。社会主义法制的统一，是维护国家统一、民族团结、社会稳定，建立统一的现代市场体系，建设社会主义法治国家的基础，是做好立法工作、完善以宪法为核心的中国特色社会主义法律体系的内在要求。我国地域辽阔，各地经济、文化、社会发展很不平衡，立法需求也不尽相同。加强社会主义民主法治建设，发展社会主义市场经济，既要调动中央和地方两个积极性，又要维护社会主义法制统一，维护宪法和法律的权威。近年来，全国人大及其常委会紧紧围绕党和国家工作大局，通过法律规定的方式和程序来加强对宪法和法律实施的监督，推动中央重大决策部署的贯彻落实，保证中央政令畅通，维护社会主义法制权威，取得很大成效。

一是，为树立宪法权威、保障宪法实施提供制度保障。全国人大常委会通过关于设立国家宪法日的决定，以立法形式将12月4日设立为国家宪法日，规定通过多种形式开展宪法宣传教育活动。通过关于实行宪法宣誓制度的决定，明确要求由各级人民代表大会或者其常务委员会选举或者决定任命的国家工作人员，以及各级人民政府、监察委员会、人民法院、人民检察院任命的国家工作人员，在就职时应当公开进行宪法宣誓。各有关方面全面贯彻实施宪法宣誓制度，彰显了宪法尊严和权威。贯彻落实党的十八届四中全会提出的健全宪法解释程序机制要求，全国人大常委会党组认真研究制定有关健全宪法解释程序的意见，切实为推动做好宪法解释工作作出制度设计安排，保证宪法正确有效实施。根据宪法修正案的规定，全国人民代表大会设立宪法和法律委员会，常务委员会作出关于宪法和法律委员会职责问题的决定，明确规定宪法和法律委员会在继续承担原“法律委员会”统一审议法律草案等工作职责的基础上，增加推动宪法实施、开展宪法解释、推进合宪性审查、加强宪法监督、配合宪法宣传等职责，以积极推进宪法实施，维护宪法权威。

二是，不断加强和改进立法工作，维护法律体系内部的科学和谐统一。通过立法前论证、立法中调研、立法后评估等方式，使相关法律规范都能够相互衔接，协调配套，得到有效实施。重要法律通过后，及时对相关法律进行修改或者废止，解决相关法律规定不一致、不衔接的问题。对法律规定需要进一步明确具体含义或者法律制定后出现新情况需要明确适用法律依据的，及时作出立法解释，赋予法律条文更加准确、更具针对性的内涵，发挥法律解释对保障法律正确有效实施的重要作用。

三是，积极推进规范性文件备案审查工作。规范性文件备案审查是宪法法律赋予县级以上人大及其常委会的一项重要监督职权，是符合中国国情、具有中国特色的一项宪法性制度设计，是保障宪法法律实施、维护国家法制统一的一项重要举措。全国人大常委会根据中央要求，把所有规范性文件纳入备案审查范围，实现备案审查全覆盖，做到规范性文件在哪里，备案审查工作就要跟到哪里，实现“有件必备、有备必审、有错必究”。不断完善备案审查工作程序，着力加强主动审查，及时督促修改、纠正与宪法法律不一致的法规和其他规范性文件，扩大审查过程中的公众参与，积极探索开展审查建议的反馈和向社会公开等举措，有力维护了社会主义法制统一。

加快形成完备的法律规范体系 推进国家治理体系和治理能力现代化

“法者，治之端也。”中华人民共和国成立，中国共产党领导全国各族人民治理新中国，肇始于制宪立法。1949 年 9 月，我们党筹备召开了由我党、各民主党派、各人民团体、各地区、人民解放军、各少数民族、国外华侨及其他爱国分子代表组成的中国人民政治协商会议，会议通过了具有临时宪法性质的《共同纲领》和中央人民政府组织法，为新中国成立奠定了宪制基础。从此，新中国开始了立法征程上的长期探索实践，历经建设改革的顺境逆境、高峰低谷，我们党逐步掌握治国理政的基本规律，深刻认识到法治在推进国家治理体系和治理能力现代化中不可替代的作用，开始娴熟地运用法治方式处理国家生活和社会生活的各项事务，迎来了社会主义新时代全面依法治国的新局面。

纵翻史册，抚今追昔，法治中国，苦难辉煌！新中国成立的 70 年，是我们党领导中国人民总结正反两方面经验，摆脱照搬他国模式和“左”的思想干扰，独立自主地走出一条符合中国国情社会主义法治道路的 70 年；是坚持以马克思主义为指导，把马克思主义法治基本原理与中国建设改革实践与时俱进的时代品格相结合，创建发展中国特色社会主义法治理论体系的 70 年；是形成完善以宪法为核心的中国特色社会主义法律体系，逐步构建社会主义法治体系，确立巩固并不断发展中国特色社会主义制度的70年；是承继中华法系德法并重的优秀传统和革命时期红色法治基因，培育传播中国特色社会主义法治文化，推动社会主义法治理念深入人心的70年。新中国成立70年来，作为法治建设起始的龙头，立法事业取得举世瞩目的成就，以其系统完备的制度规范、民主高效的体制机制，在社会主义法治道路、理论、体系和文化的确立、形成和发展过程中，发挥了基础性、先发性、实践性的重要作用。

70年的立法，是全面推进依法治国、建设社会主义法治国家的重要实践，是人民代表大会制度和社会主义民主政治发展的重要内容，是中国特色社会主义制度的重要组成部分。70年来，在党中央的坚强领导下，随着人民代表大会制度不断完善发展，立法工作坚持党的领导、人民当家作主、依法治国有机统一，始终保持正确的政治方向、鲜明的时代特征、坚实的民意基础，不断发挥对建设改革开放的引领、推动、规范和保障作用，在推进国家治理体系和治理能力现代化过程中发挥着越来越重要的作用。回顾新中国成立70年的立法史，就是一部社会主义法治道路上的奋斗史、一部社会主义法治理论的发展史、一部社会主义制度体系的完备史、一部社会主义法治文化的传播史。

一、新中国成立70年的立法实践，把马克思主义国家观、法律观与中国法治建设实际紧密结合，为开辟中国特色社会主义法治道路奠定坚实基础

习近平总书记深刻指出："具体讲我国法治建设的成就，大大小小可以列举出十几条、几十条，但归结起来就是开辟了中国特色社会主义法治道路这一条。"[1]坚定选择中国特色社会主义法治道路，全面推进依法

---

〔1〕 习近平：《加快建设社会主义法治国家》（二〇一四年十月二十三日），载《求是》2015年第1期。

治国就走对了路。但新中国社会主义法治道路不是“一马平川”，不是“从一个成功走向另一个成功”，而是在艰苦的探索中，在不断扬弃自我的过程中，发现法治、探索法治、建设法治进而完善法治。[1] 这条道路最初探索源起于中国革命时期，实现了从新民主主义法治向社会主义法治的发展过渡，经历过曲折前行、停滞破坏，迎来了拨乱反正、快速发展，进入了社会主义新时代历史新方位。这期间，既有生动实践凝聚出来的有益经验，又有血泪相和的惨痛教训；既有“以俄为师”的模仿借鉴，或曾陷入以他国经验为金科玉律的照抄照搬，又有及时总结调整的政治觉醒，坚持马克思主义科学理论的指导，实事求是、从本国国情出发搞建设；既有通过厉行法治与革命政权的敌人坚决斗争、巩固革命政权和制度，又有不断纠正来自内部的“左”倾干扰、重建法治。经历浴火重生、凤凰涅槃，我国终于走出一条中国特色社会主义法治道路。

（一）革命根据地法制建设开启了新民主主义法治道路的探索，培育出法治建设初始基因

20世纪二三十年代，我们党在革命根据地所辖的有限区域内，通过制宪立法、推行法治，不断积累治国理政的经验。1931年至1937年，中华苏维埃以党的方针政策为依据，建立各革命根据地的地方政权，制定了许多地区性的法律法令。中华苏维埃共和国在彻底摧毁国民党旧法体系基础上，大力开展法制建设，颁布了《中华苏维埃共和国宪法大纲》（以下简称《宪法大纲》），先后制定了政权组织法、刑事条例、土地法、劳动法、婚姻法等法律法令130余部，初步建立起一个新民主主义的法律体系框架。《宪法大纲》是我们党领导人民制定的第一部宪法性的文献，在中国共产党的政权建设史和法制建设史上具有独特地位，对巩固

[1] 亓光：《新中国法治建设历程》，世界知识出版社2011年版，第4页。

和发展苏维埃政权起到了极为重要的作用。[1] 各项法律文件的制定、颁布及其实施，在一定程度上满足了苏维埃区域内社会经济文化生活对法律的需要，为巩固苏维埃政权、保证革命战争胜利发挥了重要作用，也成为后来我国社会主义法治建设的萌芽。革命根据地法制的宝贵经验，如坚持中国共产党的领导，以党的政策为依据，从中国的实际情况出发，与中国革命的性质和任务相适应，坚持人民民主，坚持社会主义等，以及纠正照搬苏联模式和“左”倾错误，对于今天坚持四项基本原则，改革开放，进行社会主义现代化建设的各项立法，都是极为宝贵的经验，应该珍视和继承。[2] 毛泽东同志在《共产党人发刊词》中精辟总结指出，土地革命战争的阶段（中华苏维埃时期），“党开辟了人民政权的道路，因此也就学会了治国安民的艺术……所有这些，都是党的重大进步和重大成功”。[3]

在面临严酷外部武装斗争压力的革命时期，我们党对于半封建半殖民地中国的基本国情、中国各阶层的状况、中国革命的特点和规律认识更深入，把握更准确，将马克思列宁主义理论和中国革命实践相结合，不断增长治党、治政、治军水平，开始探索和积累执掌地方政权、进行各方面建设的执政经验。在法治领域，运用马克思列宁主义的法律观指导开展法制建设，初步建立起一套革命根据地的法制体系，培育了党内早期的法治基因，是中国革命和建设法治道路弥足珍贵的实践财富。可以这样说，“没有这一时期革命法制的实践，就没有后来各革命根据地法制建设的健康发展，也就没有今天的社会主义法制”。[4]

---

〔1〕 周萌：《中华苏维埃时期对人民代表大会制度的初始探索实践》，载《求是》2019 年第 5 期。

〔2〕 卓帆：《中华苏维埃法制史》，江西高校出版社 1992 年版，序一。

〔3〕 毛泽东：《共产党人发刊词》，载《毛泽东选集》（第二卷），人民出版社 1991 年版，第 611 页。

〔4〕 卓帆：《中华苏维埃法制史》，江西高校出版社 1992 年版，序二。

（二）废除伪法统、制定《共同纲领》，建立人民民主法制，逐步从新民主主义法治向社会主义法治道路过渡

土地革命、抗日战争直到解放战争，随着解放区的不断扩大，我们党领导苏区、根据地革命以及各解放区政权，建立革命法制，这是由地方区域法治建设实践逐步向全国范围推开的历史进程。为夺取全国胜利，1949年2月，中共中央发布《关于废除国民党的六法全书与确立解放区的司法原则的指示》，宣布废除国民党的伪宪法和伪法统。1949年9月，中国人民政治协商会议第一次会议通过了《共同纲领》，从法律层面宣布："废除国民党反动政府一切压迫人民的法律、法令和司法制度，制定保护人民的法律、法令，建立人民司法制度。"这就为彻底推翻反动政权提供了法律依据，为新中国国家政权和宪制秩序的建立提供了法制保障，为新中国法治建设指明了方向。董必武同志曾指出，"在革命胜利以后，我们的人民民主专政的政权废除了旧的法律，这当然是很好的，旧的法律一定要彻底废除，彻底粉碎，不能让它留下任何痕迹。所谓彻底粉碎，是粉碎它的法律系统，因为旧的法律是代表反动统治者的意志的"。这是马克思主义关于无产阶级建政原则、法律观的重大实践，是法治建设史上具有里程碑意义的重大事件，标志着新旧两个时代的交替，新民主主义法治从区域经验向全国实践铺开，取代了原有的国民党政权反动剥削的治理体系，从根本上改变人们的国家观念、法律观念，为逐步向社会主义法治道路迈进创造了有利条件。

习近平总书记指出："新中国成立初期，我们党在废除旧法统的同时，积极运用新民主主义革命时期根据地法制建设的成功经验，抓紧建设社会主义法治，初步奠定了社会主义法治的基础。"〔1〕新中国成立初

〔1〕 中共中央宣传部编：《习近平总书记系列重要讲话读本》，学习出版社、人民出版社2016年版，第86页。

期，先后制定了婚姻法、土地改革法、工会法、惩治反革命条例、惩治贪污条例和其他许多保护人民的法律、法令，同时有系统有步骤地建立了人民司法制度。董必武同志曾指出，事实证明，革命法制对于维护革命秩序、巩固人民民主专政、保护人民的民主权利和合法利益、保障国家经济建设是有决定意义的。我们的革命法制，也是在同各种错误的思想倾向不断斗争中建立与健全起来的。[1]

毛泽东同志在《中国革命和中国共产党》中指出，中国共产党领导的整个中国革命运动，是包括民主主义革命和社会主义革命两个阶段在内的全部革命运动；这是两个性质不同的革命过程，只有完成了前一个革命过程才有可能去完成后一个革命过程。民主主义革命是社会主义革命的必要准备，社会主义革命是民主主义革命的必然趋势。[2] 1949 年至 1956 年，是新中国从新民主主义革命向社会主义革命的过渡时期。法治事业面临的主要问题，是妥善解决两种革命法制的衔接过渡，保证革命转变时期法制建设的稳定持续发展，这是胜利实现新民主主义革命向社会主义革命的转变，确立社会主义的政治、经济、文化制度的基本条件。这个问题，中国共产党人第一次遇到，在国际共产主义运动史上也是第一次出现，马克思主义理论体系中没有现成的答案，其他社会主义国家也没有这方面的经验。[3] 1954 年宪法制定后，一届全国人大一次会议作出的关于中华人民共和国现行法律、法令继续有效的决议规定：所有自从 1949 年 10 月 1 日中华人民共和国建立以来，由中央人民政府制定、批准的现行法律、法令，除同宪法相抵触的以外，一律继续有效。这一决定将合乎社会主义性质宪法要求的新民主主义类型法律，转化为新的法治条件下的制度，保证了两种革命法制的有效对接、平稳过渡。中国共

---

〔1〕 董必武：《五年来政治法律工作中的几个问题和加强守法教育问题》，载董必武：《董必武政治法律文集》，法律出版社 1986 年版，第 370 页。

〔2〕 毛泽东：《中国革命和中国共产党》，载《毛泽东选集》（第二卷），人民出版社 1991 年版，第 651 页。

〔3〕 参见李仲达：《毛泽东法律思想和实践》，陕西人民教育出版社 1989 年版，第 205 页。

产党领导中国人民，运用中国智慧走出了一条自己的路，为世界法治文明提供了新实践、新经验、新模式。

（三）制宪立法开启了中国社会主义法治道路，在学习借鉴苏联立法的同时更加强调“走自己的路”

制宪立法，以制度建设成果建立、巩固和发展社会主义，有力推进了社会主义法治建设进程，反映和保障了新中国广大人民群众的根本利益。1954年，一届全国人大一次会议通过了新中国第一部宪法（即1954年宪法）。这部宪法既总结了近一百年来和新中国成立五年来的历史经验，又为我国走向社会主义指明了道路和方向，标志着我国政治文明发展进入新的历史阶段。《共同纲领》、1954年宪法为建立和巩固中华人民共和国奠定了坚实的宪法基础。从《共同纲领》到1954年宪法，从根本法上完成对国家根本政治制度、经济制度、文化制度、社会制度的顶层设计，保障了国家从新民主主义逐步过渡到社会主义。毛泽东同志在关于宪法草案的讲话中指出，“用宪法这样一个根本大法的形式，把人民民主和社会主义原则固定下来，使全国人民有一条清楚的轨道，使全国人民感到有一条清楚的明确的和正确的道路可走”〔1〕。董必武同志也指出，从此，走社会主义道路成为家喻户晓的行动指南。我国法制建设也由此进入了一个新的阶段。〔2〕正是沿着这条道路，新中国在短短两三年时间里迅速制定颁布了近1000件法律、法令和法规，同时抓紧起草刑法、民法、民事诉讼法、刑事诉讼法等基本法律，努力构建社会主义法律体系

〔1〕毛泽东：“在中央人民政府委员会第三十次会议上关于中华人民共和国宪法草案的讲话”（一九五四年六月十四日），中共中央文献研究室编：《毛泽东思想年编》（一九二一——一九七五），中央文献出版社2011年版，第765页。

〔2〕董必武：《进一步加强人民民主法制，保障社会主义建设事业》，载董必武：《董必武政治法律文集》，法律出版社1986年版，第479~480页。

的基本框架。[1]“万丈高楼平地起。”构筑宏伟的法治大厦，新中国面临繁重而艰巨的立法任务。党的八大提出，目前在国家工作中的迫切任务之一，是着手系统地制定比较完备的法律，健全我们国家的法制；国家必须根据需要，逐步地、系统地制定完备的法律，要做到“有法可依、有法必依”。这一历史时期，在党中央的领导下，我国立法迎来了第一个高潮，有力推动了农业、手工业、资本主义工商业社会主义改造的顺利完成，为建立社会主义制度、巩固人民民主专政的国家政权提供了可靠的法制保障。

20世纪初“十月革命”以来，苏联经验就是中国和东欧等社会主义国家所模仿借鉴的标杆。从革命根据地立法起，我们就模仿苏联法律体系，借鉴苏联立法经验，吸收苏联法治理论，来指导开展自己的立法工作。我们党领导人民首次尝试制宪的成果《宪法大纲》主要参考了苏俄宪法，多数条文与苏俄宪法具有相似性，一些关于工农劳动群众基本民主权利的规定，显然来自作为苏俄宪法第一部的“劳动群众权利宣言”[2]。这是当时的历史条件、政治环境、世界形势所决定的。毛泽东同志在《论人民民主专政》明确指出：“十月革命一声炮响，给我们送来了马克思列宁主义。十月革命帮助了全世界的也帮助了中国的先进分子，用无产阶级的宇宙观作为观察国家命运的工具，重新考虑自己的问题。走俄国人的路——这就是结论。”“一边倒，是孙中山的四十年经验和共产党的二十八年经验教给我们的，深知欲达到胜利和巩固胜利，必须一边倒。积四十年和二十八年的经验，中国人不是倒向帝国主义一边，就是倒向社会主义一边，绝无例外。”[3]意识形态和国家制度倒向苏联，意味着对苏联模式的全盘接受，其中包括法律制度在内。[4]苏联派专家顾

---

〔1〕曹康泰：《新中国60年法治建设的探索与发展》，载《求是》2009年第14期。

〔2〕韩大元：《苏俄宪法在中国的传播及其当代意义》，载《法学研究》2018年第5期。

〔3〕毛泽东：《论人民民主专政》，载《毛泽东选集》（第四卷），人民出版社1991年版，第1471～1473页。

〔4〕王志华：《苏联法影响中国法的几点思考》，载《华东政法大学学报》2008年第1期。

问来华支援我国建设，苏联法学专家为中国的政法工作建设献策献力。例如，苏联法学专家对中国创制或已拟就的各种法规条例，直接参加草拟或提供意见；对政法部门的工作及时提出建议并系统地介绍苏联经验，等等。

学习借鉴苏联法律，立法上“一边倒”，体现在新中国成立初期一些重要法律的立法过程中，不仅是法律指导思想、立法原则、法理，甚至有些条文规定都是直接移植了苏联法律。举几个例子，比如，刘少奇同志所作的关于中华人民共和国宪法草案的报告就提出：“我们所走的道路就是苏联走过的道路，这在我们是一点疑问也没有的。苏联的道路是按照历史发展规律为人类社会必然要走的道路。要想避开这条路不走，是不可能的。”1954 年宪法主要参考的重要文献就是 1936 年苏联宪法及斯大林报告、1918 年苏俄宪法，苏俄宪法所体现的社会主义理念与原则融入其中。[1] 又如刑法草案，从强调阶级性的刑法任务、犯罪概念和刑法目的，到反对罪刑法定主义原则而肯定类推制度和刑法具有溯及力，苏联具有特色的刑法制度都被我们刑法草案所接受。[2] 再如民法典草案，新中国第一次民法典草案不仅在框架体系上完全模仿了 1922 年《苏俄民法典》的总则、物权、债和继承的四编制模式，而且在总则编的立法和学术研究上，也深受苏联的影响，在规定民法的调整对象、民事主体和民事客体等基本制度和原则上，采取了同苏联相同的立场，一些重要的民法制度和原则都是移植苏联民事立法和民法理论的结果。[3] 新中国婚姻家庭法的创制也受到了苏联模式和经验的影响，作为一个部门法已被理论学界和实践部门顺理成章地普遍加以接受，并延续影响达数十年之久。[4]

有效借鉴苏联的社会主义法制建设经验、立法经验，对于帮助我国立法部门开展理论和业务学习、尽快摆脱旧法统思维、迅速提高立法工作能力和水平发挥了巨大作用，使我们的一些立法工作有同质的经验可

[1] 韩大元：《苏俄宪法在中国的传播及其当代意义》，载《法学研究》2018 年第 5 期。
[2] 李秀清：《新中国刑事立法移植苏联模式考》，载《法学评论》（双月刊）2002 年第 6 期。
[3] 李秀清：《中国移植苏联民法模式考》，载《中国社会科学》2002 年第 5 期。
[4] 李秀清：《新中国婚姻法的成长与苏联模式的影响》，载《法律科学》2002 年第 4 期。

循，缩短摸索经验和准备的时间，避免了多走弯路。同时，我们党也越来越注意到苏联建设中出现的问题，法制建设也越来越强调自己特色、中国道路。

1956 年，在广泛听取情况汇报、总结新中国成立初期社会主义建设经验基础上，毛泽东同志发表《论十大关系》，以苏联的经验为借鉴，总结中国的经验，对适合中国国情的社会主义建设道路开始了初步探索。几年后，毛泽东同志在总结新中国成立后的历史经验时，仍然把这个讲话看作一个转折。他在一篇短文中写道："前八年照抄外国的经验。但从一九五六年提出十大关系起，开始找到自己的一条适合中国的路线。"〔1〕一句话，《论十大关系》这篇讲话的核心思想就是"走自己的路"。

从这一转折开始，我们党对苏联经验和模式的认识、对探索形成中国道路有了更加清醒且深刻的认识。1956 年 12 月《再论无产阶级专政的历史经验》〔2〕一文强调，要认真地研究苏联的全部经验，包括某些错误和失败的经验在内，成功的基本经验尤其重要。"关于苏联的革命和建设的经验，就它们的国际意义说来，有几种不同的情况。在苏联的成功的经验中，一部分具有基本的性质，在人类历史的现阶段具有普遍意义。这是苏联经验中的首要和基本的方面。另一部分不具有这种普遍意义。此外，苏联还有一些错误的、失败的经验。错误和失败，尽管在表现形式和严重程度上各有不同，却是任何国家在任何时期都不能完全避免的。而苏联由于是第一个社会主义国家，没有成功的经验可以借鉴，它的一些错误和失败更加难于避免。这些错误和失败，对于所有共产主义者都是极其有益的教训。"1957 年 6 月，周恩来同志在一届人大四次会议上所作的政府工作报告中指出："我们不应该硬搬别国的经验，即使是他们成功的经验，也必须有所选择，并且在运用的时候，还必须同本国的具体

---

〔1〕 逄先知、金冲及：《〈论十大关系〉发表前后》，载《百年潮》2003 年第 12 期。

〔2〕 人民日报编辑部：《再论无产阶级专政的历史经验》，载《人民日报》1956 年 12 月 29 日。这篇文章是根据中国共产党中央政治局扩大会议的讨论，由人民日报编辑部写成的。

情况结合起来。我们正在做前人所没有做过的事业，当我们还没有经过实践的时候，对别国的经验要选择恰当并不容易，要做到同本国的具体情况相结合就更不容易。提高选择能力和学会正确运用，不但要有一定的时间，而且可能要付出一定的代价。如果学习得好，可以缩短时间，也可以少付代价。”从这个建设方向上的重大转变开始，我国立法也有了较大调整，更加注重强调中国具体实际，把马列主义法律观与中国立法具体实践相结合。董必武同志对新中国立法工作提出要求：建立人民民主专政，保护和巩固人民胜利果实的新国家机器，必须学习研究苏联社会主义国家的先进经验；而在学习吸取苏联在立法、司法和法学研究方面的经验时，首先必须要更多地采用与中国当前革命实践相结合的方法，注意中国具体的历史条件及实际的社会政治环境，使这些经验变成我们所需要的、完全适合于中国当前实际情况的东西。[1] 我们可以看到，1964 年新中国第二次民法典草案就与第一次草案有显著不同，第二次民法典草案体现出力图脱离苏联影响、旨在自力更生创建全新的民法典体系和内容的努力，并试图既摆脱苏联民法模式又与资本主义国家民法划清界限。[2]

（四）立法活动停滞，社会主义法治道路遭遇曲折

社会主义法治道路不是一帆风顺的。立法从开始“走俄国人的路”到“走自己的路”，更加强调探索符合中国国情的法治道路。到 20 世纪 50 年代后期，党的指导思想开始出现“左”的偏差，特别是 60 年代中期，由于对国际和国内形势判断严重失误，“左”倾错误进一步发展，造成了延续十年之久的“文化大革命”。受国内大环境的影响，立法工作受到来自“左”的干扰，甚至破坏，国家立法机关一度停止活动，社会主义立法

---

〔1〕［苏］苏达里可夫、贝可夫：《苏维埃国家与法律问题讲座》，中央人民政府法制委员会编译，中央人民政府法制委员会 1951 年版，序言。

〔2〕李秀清：《中国移植苏联民法模式考》，载《中国社会科学》2002 年第 5 期；王志华：《苏联法影响中国法的几点思考》，载《华东政法大学学报》2008 年第 1 期。

事业遭遇严重挫折。据统计，从1964年3月以后，除了通过1975年宪法之外，全国人大及其常委会曾在长达14年时间内没有制定一部法律（法令）。

由于诸多因素交织集合，新中国成立初期十几年时间内，我国长时间内未能实现规模化法律体系的构建，以完备的制度构筑治国理政规范化的“防波堤”；未能有效地把党内民主集中制的优良基因注入国家制度建设和组织运作，实现党的制度与国家制度同质化构建；未能把握住坚持走社会主义法治道路的一些好机遇，切实推进人民民主法制。法律制度的不健全、立法活动的停滞，导致国家和社会生活很多领域“无法可依”，再加上封建传统漠视法制的遗毒和“左”倾思想严重干扰，进一步导致了“有法不依”。比如，与人民的基本权利的保障及一般社会关系的调整最有密切关系的刑法典、刑事诉讼法典、民法典、民事诉讼法典等还没有颁布；什么是合法的，什么是违法的，什么不是犯罪，什么是犯罪，以及应如何处罚等，在好多场合，一般人固然无从知晓，就是侦查、检察、审判人员也没有统一明确的标准足资遵循。[1] 1981年6月党的十一届六中全会关于建国以来党的若干历史问题的决议深刻指出，逐步建设高度民主的社会主义政治制度，是社会主义革命的根本任务之一。中华人民共和国成立以来没有重视这一任务，成了“文化大革命”得以发生的一个重要条件，这是一个沉痛教训。

虽然社会主义法治建设出现曲折，但是，党领导全国人民对社会主义的探索始终没有停止。习近平总书记指出，我们党领导人民进行社会主义建设，有改革开放前和改革开放后两个历史时期，这是两个相互联系又有重大区别的时期，但本质上都是我们党领导人民进行社会主义建设的实践探索。中国特色社会主义是改革开放历史新时期开创的，但也是在新中国已经建立起社会主义制度并进行了二十多年建设的基础上开

---

〔1〕 参见公丕祥：《中国的法制现代化》，中国政法大学出版社2004年版，第467页。

创的。[1] 新中国法治建设探索和发展既具有阶段性，又具有一贯性。从前后两个阶段看，70年来，探索、推动中国特色社会主义法治建设的核心主题始终没变，即运用马克思主义基本原理，结合中国的国情，探索和解决什么是社会主义法治，如何建设社会主义法治国家的问题。这一思想主题的一贯性决定了新中国法治建设的一贯性，决定了新中国的法治建设必定始终指向"什么是社会主义法治、如何建设社会主义法治国家"的主题，这是由中国特色社会主义政治发展道路的性质和特征决定的。[2] 习近平总书记强调，对改革开放前的历史时期要正确评价，不能用改革开放后的历史时期否定改革开放前的历史时期，也不能用改革开放前的历史时期否定改革开放后的历史时期。改革开放前的社会主义实践探索为改革开放后的社会主义实践探索积累了条件，改革开放后的社会主义实践探索是对前一个时期的坚持、改革、发展。对改革开放前的社会主义实践探索，要坚持实事求是的思想路线，分清主流和支流，坚持真理，修正错误，发扬经验，吸取教训，在这个基础上把党和人民事业继续推向前进。[3] 这是辩证唯物主义、历史唯物主义的鲜明态度。我们应该客观地认识到，没有人民民主法制的建设就没有社会主义法治国家，没有社会主义法律思想的树立就没有依法治国基本方略的正确选择，没有社会主义法律制度的伟大创建就没有社会主义法治文明的当代成果，没有法制建设的徘徊与踟蹰，就没有坚持建设社会主义法治国家的坚强决心。[4]

（五）改革开放后大规模立法掀开社会主义法治道路的新篇章

"雄关漫道真如铁，而今迈步从头越。"新中国成立70年的立法工

[1] 习近平：《关于坚持和发展中国特色社会主义的几个问题》，载《习近平关于"不忘初心、牢记使命"重要论述选编》，党建读物出版社、中央文献出版社2019年版，第69页。
[2] 亓光：《新中国法治建设历程》，世界知识出版社2011年版，序言，第46页。
[3] 习近平：《关于坚持和发展中国特色社会主义的几个问题》，载《习近平关于"不忘初心、牢记使命"重要论述选编》，党建读物出版社、中央文献出版社2019年版，第69～70页。
[4] 亓光：《新中国法治建设历程》，世界知识出版社2011年版，序言，第51页。

作，与中国特色社会主义建设事业、改革事业相伴相随，也分为两个历史时期。两个历史时期虽然形势、任务等不相同，但立法工作面临的境况非常相似。新中国成立之初的立法活动是在打碎旧法统、废除“六法全书”的基础上开展的，对社会主义法治的认识与从民主主义过渡到社会主义、建设社会主义一样都是全新的，法制大厦几乎从零开始打基础；改革开放之初，立法面临“文化大革命”时期留下的法治真空，可用的法制资源寥寥无几，1982 年宪法无异于从头再来。但是，对于社会主义法治道路的探索，中国共产党和中国人民孜孜以求，从未间断。1982 年宪法继承和发展了 1954 年宪法，刑法、刑事诉讼法等基础法律也是源于改革开放前的社会主义实践积累和总结。走过弯路，受过教训，也收获了经验。中国社会主义法治道路伴随着中国特色社会主义建设事业的曲折发展，通过不断调适、调整，总结正反两方面的经验教训，最终选择了正确的道路。我们深刻认识到这条道路奋斗的艰辛和不易，“我们党的历史经验，也是在自己同各种错误路线作斗争的过程中使自己获得了锻炼，因此取得了伟大的革命胜利和建设胜利的”[1]。党的十一届三中全会后，党中央拨乱反正，实行改革开放，总结社会主义法治事业受挫的教训，更加注重制度建设在加强国家和社会治理、实现社会主义现代化中的根本作用。

改革开放新时期，有了中国特色社会主义理论体系的指导，社会主义法治建设的方向更加清晰，立法的中国特色更加鲜明，成效更加显著。改革开放以来，我们党坚持马克思主义的思想路线，不断探索和回答什么是社会主义、怎样建设社会主义等重大理论和实际问题，不断推进马克思主义中国化，开辟了中国特色社会主义道路，形成了中国特色社会主义理论体系。党的十七大报告首次提出中国特色社会主义理论体系，包括邓小平理论、“三个代表”重要思想以及科学发展观等重大战略思想在内的科学理论体系。在这一科学理论体系的指导下，我们党提出的社

---

〔1〕 人民日报编辑部：《关于无产阶级专政的历史经验》，载《人民日报》1956 年 4 月 5 日。这篇文章是根据中国共产党中央政治局扩大会议的讨论，由人民日报编辑部写成的。

会主义法治道路目标更加明确，描绘出立法的宏伟蓝图。党的十五大提出依法治国、建设社会主义法治国家。党的十六大提出，发展社会主义民主政治，最根本的是要把坚持党的领导、人民当家作主和依法治国有机统一起来。党的十七大提出，依法治国是社会主义民主政治的基本要求，强调要全面落实依法治国基本方略，加快建设社会主义法治国家。法治国家建设目标的确立，对立法工作提出明确要求。党的十五大明确提出“加强立法工作，提高立法质量，到二〇一〇年形成有中国特色社会主义法律体系”的立法工作目标；党的十六大重申了这一目标，正式提出“中国特色社会主义法律体系”的提法；党的十七大强调要坚持科学立法、民主立法，完善中国特色社会主义法律体系。

制度是管长远的，带有根本性。在改革开放新时期加强立法就是要使社会主义制度更加成熟更加定型。党的十一届三中全会后，我们党以全新角度思考国家治理问题，强调制度的全局性、稳定性和长期性，始终把制度建设摆在重要位置，将改革开放与推进制度创新有机结合，把改革成果制度化。邓小平同志提出“制度是决定因素”，特别强调“领导制度、组织制度问题更带有根本性、全局性、稳定性和长期性。这种制度问题，关系到党和国家是否改变颜色，必须引起全党的高度重视”[1]。为此，他要求，“要认真建立社会主义的民主制度和社会主义法制。只有这样，才能解决问题”。1982年宪法将“四项基本原则”作为一项根本性的制度建设，夯实了中国特色社会主义制度的根基，完善国家机构设置，为“一国两制”提供宪法依据，进一步巩固了改革开放新时期国家政权，保障了中国特色社会主义建设。1992年，邓小平南方讲话时深谋远虑地提出，“恐怕再有三十年的时间，我们才会在各方面形成一整套更加成熟、更加定型的制度”[2]。

---

〔1〕 邓小平：《党和国家领导制度的改革》（一九八〇年八月十八日），载《邓小平文选》（第二卷），人民出版社1994年版，第333页。

〔2〕 邓小平：《在武昌、深圳、珠海、上海等地的谈话要点》（一九九二年一月十八日—二月二十一日），载《邓小平文选》（第三卷），人民出版社1994年版，第372页。

中国特色社会主义法律体系形成，是中国特色社会主义法治道路的重要里程碑。1979 年，五届全国人大二次会议制定了刑法、刑事诉讼法、选举法、地方组织法等 7 部法律，拉开了新时期立法工作的序幕。中国特色社会主义法律体系，随着中国经济社会发展和改革开放的进程，先后历经了“形成社会主义市场经济法律体系”“中国特色社会主义法律体系初步形成”“中国特色社会主义法律体系基本形成”“中国特色社会主义法律体系形成”几个发展阶段。经过各方面长期不懈的共同努力，2010 年中国特色社会主义法律体系如期形成，国家生活和社会生活各个方面总体上实现有法可依。习近平总书记在《关于〈中共中央关于全面推进依法治国若干重大问题的决定〉的说明》中称赞说，“这是一个了不起的重大成就”。中国特色社会主义法律体系形成是我国社会主义法制建设史上的重要里程碑，是中国特色社会主义制度逐步走向成熟的重要标志，有力地推动和保障了改革开放和社会主义现代化建设的顺利进行。截至 2019 年 8 月底，我国现行有效的法律为 274 件，行政法规 600 多件，地方性法规 12, 000 多件，中国特色社会主义法律体系不断完善，基本能够适应我国改革开放社会主义事业的需要，具备了新时代推进国家治理体系和治理能力现代化所需的良好法律规范。

（六）党的十八大以来社会主义法治道路更加清晰更加明确更加坚定

党的十八大以来，以习近平同志为核心的党中央励精图治，统筹推进“五位一体”总体布局和协调推进“四个全面”战略布局，推动改革开放向更宽的领域、更深的层次拓展。党中央高度重视依法治国，强调落实依法治国基本方略，加快建设社会主义法治国家；要更加注重发挥法治在国家治理和社会管理中的重要作用。正如习近平总书记所指出，“（这次全会）部署全面推进依法治国，是我们党在治国理政上的自我完善、自我提高，不是在别人压力下做的”，“全面推进依法治国，要有利于加强和改善党的领导，有利于巩固党的执政地位、完成党的执政使命，决不是要削弱党的领导”。[1]

党的十八届三中全会提出，全面深化改革的总目标是完善和发展中国特色社会主义制度，推进国家治理体系和治理能力现代化。习近平总书记强调：“摆在我们面前的一项重大历史任务，就是推动中国特色社会主义制度更加成熟更加定型，为党和国家事业发展、为人民幸福安康、为社会和谐稳定、为国家长治久安提供一整套更完备、更稳定、更管用的制度体系。”[2]这体现了我们党对制度建设的高度重视。国家治理体系本质上是国家制度体系，国家治理能力本质上就是对国家制度体系的执行力。国家制度体系的法律表现形式就是党的十八届四中全会提出的“中国特色社会主义法治体系”。这个体系中包括以《中国共产党章程》为统领的党内法规制度体系、以宪法为统领的法律制度体系。中国特色社会主义进入新时代，党的十九大修改党章，为党内法规制度体系的完善提供了新的指引，为确保党内法规与国家法律制度体系的有机衔接提供了保证；2018年宪法修正案的颁布实施，为完备的法律规范体系的形成提供了新的遵循；党的十八大、十九大以来，党中央出台的一系列新政举措，为政策制度体系的稳定提供了新的方案。全国人大及其常委会还制定修改了一大批重要法律，作出法律解释，通过多项改革决定和授权决定，推动在更高层次、更高水平、更高质量上完善了以宪法为核心的中国特色社会主义法律体系，为建设中国特色社会主义法治体系、建设社会主义法治国家作出了新贡献。

新中国成立70年特别是改革开放40多年来，法治建设经历了从百废俱兴、欣欣向荣到停滞虚化，从“文化大革命”时的法治不彰到改革开放初期的“有法可依”，从“有法可依、有法必依”到“有法可依、有

---

〔1〕 习近平：《加快建设社会主义法治国家》（2014年10月23日），载习近平：《习近平谈治国理政》（第二卷），外文出版社2017年版，第114页。

〔2〕 习近平：《不断提高运用中国特色社会主义制度有效治理国家的能力》（二〇一四年二月十七日），载习近平：《习近平谈治国理政》，外文出版社2014年版，第104～105页。

法必依、执法必严、违法必究”再到“科学立法、严格执法、公正司法、全民守法”，从“法制”到“法治”，从“科学执政、民主执政”到“科学执政、民主执政、依法执政”，从“依法治国”到“依法治国和以德治国相结合”，从形成“中国特色社会主义法律体系”到建设“中国特色社会主义法治体系”，诸多实践历程。我们党在改革开放实践中不断深化认识党和法的关系，逐步将法治上升到“治国理政的基本方式”的高度，来认识法治在完善和发展中国特色社会主义制度、推进国家治理体系和治理能力现代化中的重要作用，成功总结出“党的领导和社会主义法治是一致的，社会主义法治必须坚持党的领导，党的领导必须依靠社会主义法治”的基本经验，鲜明提出“新形势下，我们党要履行好执政兴国的重大职责，必须依据党章从严治党、依据宪法治国理政；党领导人民制定宪法和法律，党领导人民执行宪法和法律，党自身必须在宪法和法律范围内活动，真正做到党领导立法、保证执法、支持司法、带头守法”的基本经验，把党执政纳入法内，而不是在法外施政，成功开辟出一条中国特色社会主义法治道路。习近平总书记指出：“依法治国是我们党提出来的，把依法治国上升为党领导人民治理国家的基本方略也是我们党提出来的，而且党一直带领人民在实践中推进依法治国。”在全面依法治国中，立法坚持党的领导，是完全符合立法活动的性质、地位和所承担的使命的。从改革开放的发展历程来看，坚持党对立法工作的领导，并通过法治这一治国理政的基本方式来实现对国家和社会事务的领导，是我们党从实践中汲取的基本经验，保证了我国社会主义法治建设的正确政治方向。社会主义法治道路的前景更加光明。

二、新中国成立70年的立法实践，在党的指导思想引领下不断探索法治规律、积累总结法治经验，推动形成、发展了中国特色社会主义法治理论

习近平总书记指出：“每一种法治形态背后都有一套政治理论，每一

种法治模式当中都有一种政治逻辑，每一条法治道路底下都有一种政治立场。”[1]只有科学的法治理论才能引领和保证法治实践的长远健康发展。党的十八届四中全会《中共中央关于全面推进依法治国若干重大问题的决定》第一次提出了“发展符合中国实际、具有中国特色、体现社会发展规律的社会主义法治理论”。习近平总书记在《关于〈中共中央关于全面推进依法治国若干重大问题的决定〉的说明》中从“全面推进依法治国这件大事能不能办好”高度，将“贯彻中国特色社会主义法治理论”与“坚持党的领导”、“坚持中国特色社会主义制度”并列为关键的三个要素，足见其重要程度。

习近平总书记指出：“中国特色社会主义法治理论，本质上是中国特色社会主义理论体系在法治问题上的理论成果。”中国特色社会主义法治理论是中国特色社会主义理论体系的重要组成部分，是对马克思主义经典作家关于国家与法学说的继承发展，是马克思主义法治思想基本原理与中国法治建设实践相结合的法治经验的科学总结，是秉承红色法治基因、传承中华传统法治优秀文化、兼收并蓄世界范围内法治先进经验的创新成果。马克思主义法治思想中国化的伟大进程，波澜壮阔，与时俱进，极大地推动了中国特色社会主义法治理论的创新发展。[2] 中国特色社会主义法治理论围绕“建设什么样的法治国家，怎样建设社会主义法治国家”这个基本命题展开，为坚持党对法治中国建设的集中统一领导提供坚实理论支撑，为科学立法、严格执法、公正司法、全民守法等社会主义法治建设各个领域实践发展提供坚实理论支撑，为沿着中国特色

---

〔1〕 习近平：《在省部级主要领导干部学习贯彻党的十八届四中全会精神全面推进依法治国专题研讨班上的讲话》（二〇一五年二月二日），载中共中央文献研究室编：《习近平关于全面依法治国论述摘编》，中央文献出版社2015年版，第34～35页。

〔2〕 参见莫纪宏、翟国强：《中国特色社会主义法治理论的新发展》，载《人民日报》2018年3月5日，第7版；李林：《在新时代发展中国特色社会主义法治理论》，载《人民日报》2018年7月25日；公丕祥：《中国特色社会主义法治理论的探索之路》，载《社会科学战线》2015年第6期；《朝阳法律评论》编委会编：《孙国华教授纪念文集》，浙江人民出版社2018年版，第78页。

社会主义法治道路不断前进、推进中国特色社会主义制度完善发展、发展中国特色社会主义法治文化提供坚实理论支撑。

立法是探索形成社会主义法治理论的主渠道。70 年丰富的立法工作为社会主义法治理论的发展提供了坚实的实践基础；70 年来，对立法活动规律性的把握、立法工作经验的总结和立法理论的系统化，也成为法治理论的重要组成部分。社会主义法治理论在我国发展不同阶段的重大科学成果，又反过来指导了立法实践向更高层次、更高水平、更高目标发展前进。

（一）70 年立法开拓前行，推动社会主义法治理论形成发展

法治中国，立法先行。因此，社会主义法治理论是以社会主义立法实践为根基产生的，并且以执法、司法、守法等活动为实践支撑。

社会主义法治理论源自新民主主义时期的法治理论，萌芽于新民主主义革命实践。经历中国革命各阶段，以毛泽东同志为代表的中国共产党人在坚持革命斗争的同时，高度重视政权建设，积累法制建设经验，并以此为基础总结经验、借鉴比较，形成了一整套关于人民民主法制的理论。中华苏维埃时期，为了让新生的红色政权鲜明区别于国民党的独裁统治，成为“历史上任何国家形式所不能比拟的”民主法治政权，毛泽东同志深入实际进行调查研究，总结群众创造的经验，并将其中带有普遍意义的典型做法制度化、法律化，亲自起草和领导制定了一系列苏维埃法律及政策，提出了“应该把苏维埃法令政策的彻底与忠实的执行，移在全部苏维埃人员的肩上去”等一系列重要论述。[1] 在新民主主义理论指导下，我们党不断积累出法制建设活动的宝贵经验，如从新民主主义革命的实际出发来建设新民主主义革命的法制，要废除旧法律、创立

---

〔1〕 周蔺：《中华苏维埃时期对人民代表大会制度的初始探索实践》，载《求是》2019 年第 5 期。

新法律，以法制保障人民权利，等等。以此为基础形成的一些关于法治的理念和原则等，成为社会主义法治理论产生发展的先声。

中国特色社会主义法治理论开始形成是以新中国成立为契机，特别是在1954年宪法制定后逐步发展起来的。毛泽东、周恩来、刘少奇、董必武、彭真等老一辈无产阶级革命家，在新民主主义革命和社会主义革命与法制建设的长期探索与实践中，创造性地提出了与这两个时期革命与建设实际相适应、具有鲜明中国风格的马克思主义法治理论观点，通过新中国建立后的法治实践体现出社会主义法治理论对新民主主义革命法治理论的继承、扬弃、发展和超越。[1] 从新民主主义法治向社会主义法治过渡过程中，我们党运用马克思主义的眼光和方法，在学习借鉴苏联经验的基础上，从新中国成立以来的立法实践以及执法、司法实践中，探索社会主义法治理论。理论初期大致可以提炼出以下一些要点：关于法和社会主义法的概念、性质、价值等历史唯物主义的法律观，[2] 国家、政权和法律的关系（新旧法制的关系），[3] 社会主义法制的性质、内容、

---

〔1〕 参见张文显：《中国特色社会主义法治理论的科学定位》，载《法学》2015年第11期。

〔2〕 毛泽东同志指出："法律是上层建筑。我们的法律，是劳动人民自己制定的。它是维护革命秩序，保护劳动人民利益，保护社会主义经济基础，保护生产力的。"董必武同志指出，"什么叫法律呢？照列宁的话来讲，法律是国家的最高权力机关依照规定的程序制定出来的，它是表现统治阶级意志的东西"。谢觉哉同志指出："法律是综合人民的意志，为着人民的利益，又经过自己所选举的代表和政府，研究讨论才制定的，所以每一个公民都必须遵守。"彭真同志指出："我们的法律不是超阶级的，它有明确的阶级性，是反映人民利益而不利于一切反革命分子的。我们的法律是代表工人阶级领导的绝大多数人民的长远利益的，执行法律，就是保护绝大多数人民的利益，服从绝大多数人民的利益，同时也保护了自己的合法权益。"参见王玉明主编：《毛泽东法律思想库》，中国政法大学出版社1993年版，第7、9、406页。

〔3〕 毛泽东同志指出："废除一切束缚人民爱国运动的旧法令，颁布革命的新法令。"董必武同志指出："以蔑视与批判态度对待国民党六法全书及欧美、日本等资本主义国家一切反人民的法律，用革命精神来学习马列主义、毛泽东思想的国家观、法律观，学习新民主主义的政策、纲领、法律、命令、条例、决议，来搜集与研究人民自己的统治经验，制作出新的较完备的法律来。"谢觉哉同志指出："我们要破资产阶级的法律，立社会主义的法律，破资产阶级法律我们这么多年做了很多工作，司法改革，把资产阶级法律观真正的批判了一下，破资产阶级法律观就为建设社会主义法律和法律观奠定了基础。"参见王玉明主编：《毛泽东法律思想库》，中国政法大学出版社1993年版，第14～15页。

发展方向和道路，[1] 等等。这一时期，我们党继续发扬善于经验总结和理论升华的优良作风，以董必武同志为代表的政法工作者以理论创新的勇气和智慧对新中国法治理论进行了早期探索。1959 年 5 月，董必武同志在全国公安、检察、司法先进工作者大会上指出："一切知识来源于实践，所谓理论就是实践的总结，把经验条理化、系统化，加以提高，就成了理论，理论形成之后，又对实践起着指导作用。"[2] 他领导中国政治法律学会就如何符合中国革命、中国建设的实际，推进法制建设和法学研究，做了大量的工作，形成了一系列重要思想。[3] 1956 年在党的八大上，他指出，我们人民民主法制是有力量的，并分析了之所以有力量的五大原因：一是由于它是在摧毁旧法制的斗争中产生的，是真正表现人民意志的和为人民服务的法制；二是由于它是适应国家建设的迫切需要而逐步建立起来的；三是我们的法制有效地发挥了人民群众的积极性，并且促进了社会生产力的发展；四是由于它实事求是地总结了人民斗争的经验和贯彻了群众路线；五是还吸取了我国历史上和国际上一切对人民有益的经验，特别是苏联的经验。[4] 这是我们党对新中国成立后法制经验的第一次系统的总结概括，体现出中国共产党人探寻法治规律的理

[1] 如刘少奇同志指出："无产阶级法制，就是人民民主的法制，也就是社会主义法制。法制不一定是指专政方面的，人民内部也要有法制。"董必武同志指出："我们的人民民主法制，是工人阶级领导的人民群众通过国家机构表现出来的自己的意志，是我们国家实现人民民主专政的重要工具。"又指出："我认为依法办事，是我们进一步加强人民民主法制的中心环节"，"依法办事有两方面的意义：其一，必须有法可依，其二，有法必依。"谢觉哉同志指出："马克思主义法律观的普遍真理，与人民司法的具体实践相结合，是我们建设法律的方针。"参见王玉明主编：《毛泽东法律思想库》，中国政法大学出版社 1993 年版，第 42 ~ 43 页、第 49 页。

[2] 董必武：《实事求是地总结经验，把政法工作做得更好》，载董必武：《董必武政治法律文集》，法律出版社 1986 年版，第 544 页。

[3] 陈冀平：《总结法治建设经验推进全面依法治国——在中国法学会董必武法学思想（中国特色社会主义法治理论）研究会 2017 年年会暨十八大以来法治建设成就回顾高端论坛开幕式上的讲话（代序）》，载《董必武法学思想与中国特色社会主义法治理论研究文集》（2018 年卷）。

[4] 董必武：《进一步加强人民民主法制，保障社会主义建设事业》，载董必武：《董必武政治法律文集》，法律出版社 1986 年版，第 478 ~ 481 页。

论自觉。这些从中国法制实践、立法实践中总结的宝贵经验，逐渐在毛泽东思想指导下统一化、集中化、体系化，成为中国特色社会主义法治理论的早期组成部分。遗憾的是，这些来之不易的理论创新还没来得及形成完备的制度，就被阶级斗争扩大化、“文化大革命”所湮没，社会主义法治理论的发展进程受到重挫。

改革开放后社会主义大规模立法活动极大促进了社会主义法治理论的发展，理论探索更为活跃，理论研究更具深度。经历了“文化大革命”，我们党痛定思痛，厉行法治。邓小平、叶剑英、彭真等老一辈无产阶级革命家总结社会主义建设失败的教训，放眼世界和未来，高瞻远瞩，提出了一系列关于社会主义法制的重要论述，成为邓小平理论的重要组成部分和中国特色社会主义法治理论的重要渊源。这一时期立法面临的基本任务主要有三个方面：一是迫切需要全面修改宪法，为改革开放新时期发展提供根本法保障；二是迫切需要弥补新中国成立30年来基本法律缺失，如国家机构组织法、刑法、民法、诉讼法等，以法治力量恢复遭受“文化大革命”后的社会的稳定；三是急需制定与改革开放新形势相适应的、面向未来发展的法律，如引进外资、与商品经济相适应的法律，使中国经济社会发展重回前进的轨道。这是中国迈向治理体系和治理能力现代化的新起点。随着改革开放的纵深发展和社会主义现代化建设的飞速前进，社会主义法治事业不断推进，立法工作迎来高速增长期，在1979年到2013年的30多年间，年平均制定、修改法律和作出法律解释以及有关法律问题决定约18.5件，为社会主义法治建设奠定了坚实制度基础。在这一过程中，法治理念、战略实现了从“法制”向“法治”的转变，宪法确定了社会主义法治国家的目标，中国特色社会主义法律体系形成并不断完善，改革决策与立法决策衔接更加紧密，社会主义精神文明对法治建设的促进作用与日俱增，这些理论和实践创新有力推动了中国特色社会主义法治理论迈上新台阶。改革开放初期重获新生的社会主义法治理论，在很大程度上继承了新中国成立初期法治理论成果，适应了新形势新任务新要求，并进一步发展完善，大致有以下内容：深刻总结我国民主与法制建设的经验教训，[1] 坚持党对社会主义法制的领导，[2] 党必须在宪法和法律范围内活动，[3] “摸着石头过河”的立法经

〔1〕 如邓小平同志指出，“人民的民主权利，在林彪、‘四人帮’横行时期遭到践踏。粉碎‘四人帮’以后，特别是三中全会以后，我们一直在努力发扬民主。现在这方面的工作做得还很不够，还要继续努力做。”叶剑英同志指出：“我国的社会主义法制从建国以来，还没有很好地健全起来，林彪、‘四人帮’钻了这个空子，在所谓‘加强无产阶级专政’的幌子下，想抓谁就抓谁，对广大干部和人民实行法西斯专政，这一教训使得我们懂得，一个国家非有法律和制度不可。”彭真同志指出：“回顾建国以来的历史，我们可以得出一个结论：发展社会主义民主，健全社会主义法制，反映了中华人民共和国历史发展的必然规律，符合各民族人民的根本利益。什么时候我们按照这个规律去做，国家就能够安定团结，比较能够经得起各种风险，顺利地进行社会主义现代化建设；什么时候违背了这个规律，就要吃苦头。这是不以哪个人的意志为转移的，是历史发展的客观必然性。因此，在这个问题上，我们今后决不可以疏忽、动摇，也绝不应该疏忽、动摇。”参见王玉明主编：《毛泽东法律思想库》，中国政法大学出版社 1993 年版，第 46、50 页。

〔2〕 如邓小平同志指出：“社会主义道路，人民民主专政即无产阶级专政，党的领导，马列主义、毛泽东思想，对于这四项基本原则，必须坚持，绝不允许任何人加以动摇，并且要用适当的法律形式加以确定。”彭真同志指出：“宪法修改草案序言肯定了坚持四项基本原则，就是坚持社会主义，坚持人民民主专政，坚持马列主义、毛泽东思想，坚持中国共产党的领导。这是我国近代历史基本经验的总结，是经过实践检验的真理，它反映了我国历史发展的规律。”又指出：“党的领导与依法办事是一致的。强调发展社会主义民三、健全社会主义法制，还要不要党的领导？要加强党的领导，改善党的领导。政法机关必须坚持党的领导，接受党的领导，重大问题必须向党委请示报告。在我们的国家，党领导人民制定宪法和法律，党又领导人民遵守、执行宪法和法律，党自己也必须在宪法和法律的范围内活动。健全社会主义法制这件事，不由党来领导，谁也领导不好。”参见王玉明主编：《毛泽东法律思想库》，中国政法大学出版社 1993 年版，第 38 ~ 39 页、第 64 页。

〔3〕 如邓小平同志指出：“斯大林严重破坏社会主义法制，毛泽东同志就说过，这样的事件在英、法、美这样的西方国家不可能发生。他虽然认识到这一点，但是由于没有在实际上解决领导制度问题以及其他一些原因，仍然导致了‘文化大革命’的十年浩劫。这个教训是极其深刻的。不是说个人没有责任，而是说领导制度、组织制度问题更带有根本性、全局性、稳定性和长期性。这种制度问题，关系到党和国家是否改变颜色，必须引起全党的高度重视。”彭真同志指出：“党的领导与依法办事是一致的、统一的。党领导人民制定宪法和法律，党也领导人民遵守、执行宪法和法律。党章明确规定，党的组织和党员要在宪法和法律的范围内活动。这句话，是经过痛苦的十年内乱才写出来的。所以，党员、党的干部，要成为知法、懂法、守法的模范。只要我们有正确的政策，再建立、健全法制，把正确的政策用法律形式固定下来，做到任何人都得遵守，这样，野心家、阴谋家想篡夺党和国家的领导权就不容易了。”参见王玉明主编：《毛泽东法律思想库》，中国政法大学出版社 1993 年版，第 63 ~ 64 页。

验论，[1] 社会主义法制与精神文明的关系，[2] 等等。以彭真同志为代表的立法工作者高度重视法治理论研究，开始注重理论研究的实证化、体系化，注重以世界眼光开展比较研究，注重探索和把握法治建设的规律性，取得了很多重要理论成果。彭真同志身体力行，在立法中主动总结经验和规律，树立了法治理论研究的榜样。他曾指出，“这些经验证明，对新的重大问题、重要改革，要制定法律，必须先有群众性的探索、试验，即社会实践检验的阶段。在这个基础上，经过对各种典型、各种经验的比较研究，全面权衡利弊，才能制定法律。这是立法的一般性经验，也可以说是规律。我们要自觉地掌握、运用这方面的经验”[3]。他还要求全国人大常委会机关工作人员，“要做好上述三方面的工作，就必须学习理论、熟悉情况和法律。有正确的理论指导，真正了解实际，才可能有正确的政策；有正确的法律理论和熟悉情况，才可能制定出正确的法律条文。立法要有理论，不能光啃条文，同时还要熟悉情况，光有理论不熟悉情况也是不能搞好立法的。因此，我们要有系统的马克思列宁主义的法律理论，又要熟悉中国的实际情况”。[4]在改革开放新时期，把以马列主义基本原理为指导与坚持从中国实际情况出发相结合，从中国法

---

[1] 如邓小平同志指出：“现在立法的工作量很大，人力很不够，因此法律条文开始可以粗一点，逐步完善。有的法规地方可以先试搞，然后经过总结提高，制定全国通行的法律。修改补充法律，成熟一条就修改补充一条，不要等待‘成套设备’。总之，有比没有好，快搞比慢搞好。此外，我们还要大力加强对国际法的研究。”彭真同志指出：“现在对外开放、经济体制改革正在进一步展开，急需的主要还不是立法，而是制定一些暂行的规定或者条例，以便使工作比较有条理地有秩序地进行。目前这个阶段，许多新的问题需要探索、试验。实践证明可以定下来的，才可以立法。因此，人大常委会有个提案，就是在试验阶段，授权国务院制定暂行的规定或者条例。这是经中央政治局常委批准后才提出来的。”又指出：“经过实践检验，经验成熟的，能行得通的，至少是有科学的而不是主观制造的典型经验，才能定成法，成熟一个搞一个，能制定部分的先制定出一部分；不太成熟的，可以先搞大纲、草案，继续在实践中检验，总结经验，征求意见，等成熟了再定……”参见王玉明主编：《毛泽东法律思想库》，中国政法大学出版社1993年版，第70、71、73、75页。

[2] 本文将在第四部分中重点阐释。

[3] 彭真：《关于立法工作》（一九八五年一月二十三日），载彭真：《彭真文选》，人民出版社1991年版，第507页。

[4] 彭真：《全国人大常委会机关要为立法工作服务》（一九五四年十月二十九日），载彭真：《彭真文选》，人民出版社1991年版，第262页。

治实践经验中归纳探索规律，再反过来在法治实践中检验，进而指导实践，这就是中国特色社会主义法治理论的发展路径。

党的十八大以来，以习近平同志为核心的党中央高度重视全面依法治国，将其提升到“四个全面”战略布局的高度来看待、认识和部署。党的十八届四中全会专门作出《中共中央关于全面推进依法治国若干重大问题的决定》，这是我们党历史上第一次以中央全会的形式专题研究社会主义法治建设，极大鼓舞和提振了人民群众对法治中国建设的信心、决心。党中央高度重视立法工作，坚持依宪执政、依法执政，坚持立法先行，不断加强党对立法工作的领导，我国立法工作取得重要进展和突出成绩。六年多来，进行了第五次宪法修改，制定了监察法、国家安全法、反恐怖主义法、土壤污染防治法等重要法律，修改了两院组织法、公务员法等法律，作出一系列改革授权决定和重大问题的决定，以宪法为核心的中国特色社会主义法律体系不断完善发展。作为依法治国前提基础的立法，紧紧抓住中国特色社会主义进入新时代的特征和要求，为推进全面建成小康社会、全面深化改革、全面从严治党提供了宪法法律支撑，与严格执法、公正司法、全民守法的实践一道形成和发展出具有新时代特点的中国特色社会主义法治理论。“中国特色社会主义法治理论”的提出，说明我们党经过长期实践摸索和理论探索，已经将社会主义法治理论研究成果系统化并发扬光大，为建设中国特色社会主义法治体系、建设社会主义法治国家的实践提供了理论指导和支撑，也为世界法治理论提供了中国经验和中国模式。

（二）立法实践的经验总结和理论升华是社会主义法治理论的重要组成部分

在领导中国革命、建设和改革的过程中，我们党不断探索社会主义法治道路，总结立法实践经验，探求立法活动规律，形成并不断完善具有中国特色的立法理论。这些理论在革命、建设和改革的不同阶段，各有特点。在新民主主义革命阶段，通过中华苏维埃共和国、陕甘宁边区和各抗日根据地、各解放区等不同阶段的立法活动，开始初步形成一些关于立法的思想和原则，但较为零碎、不系统。主要有：坚持宪法在建立和巩固政权方面的基础性、决定性作用；坚持以法律手段解决农民的土地需求问题；坚持新婚姻制度和妇女解放，高度重视劳动者权益保障；坚持以严厉刑罚和司法镇压打击反革命和卖国分子、保护人民群众；[1]等等。新中国成立后，我们党把领导治理地方经验扩展到全国范围，废除国民党政府伪法统，从立法实践和理论上实现了新民主主义向社会主义法治的转换，成为法治建设的新起点。通过这一时期的立法实践，可以提炼出以下一些思想和理论要点：社会主义宪法制定和实施理论，[2]

〔1〕张晋藩：《中国法制史》，商务印书馆2010年版，第495～507页；蓝全普：《七十年法律要览》，法律出版社1997年版，第1～161页；卓帆：《中华苏维埃法制史》，江西高校出版社1992年版；韩延龙主编：《中华人民共和国法制通史》（上），中共中央党校出版社1998年版，第5～20页。

〔2〕如毛泽东同志指出："这个宪法草案，总结了历史经验，特别是最近五年的革命和建设的经验。它总结了无产阶级领导的反对帝国主义、反对封建主义、反对官僚资本主义的人民革命的经验，总结了最近几年来社会改革、经济建设、文化建设和政府工作的经验。这个宪法草案也总结了从清朝末年以来关于宪法问题的经验，从清末的'十九信条'起，到民国元年的《中华民国临时约法》，到北洋军阀政府的几个宪法和宪法草案，到蒋介石反动政府的《中华民国训政时期约法》，一直到蒋介石的伪宪法……我们的宪法是属于社会主义宪法类型的。我们是以自己的经验为主，也参考了苏联和各人民民主国家宪法中好的东西。"又指出："我们的宪法草案，结合了原则性和灵活性。原则基本上是两个：民主原则和社会主义原则。我们的民主不是资产阶级的民主，而是人民民主，这就是无产阶级领导的、以工农联盟为基础的人民民主专政。人民民主的原则贯穿在我们整个宪法中。""搞宪法是搞科学。我们除了科学以外，什么都不要相信，就是说，不要迷信。"刘少奇同志指出："中华人民共和国宪法草案是历史经验的总结，我们制定宪法是以事实做根据的。我们所根据的事实是什么呢？这就是我国人民已经在反对帝国主义、反对封建主义和反对官僚资本主义的长期革命斗争中取得了彻底胜利的事实，就是工人阶级领导的、以工农联盟为基础的人民民主国家已经巩固地建立起来了的事实，就是我国已经建立起社会主义经济的强有力的领导地位、开始有系统地进行社会主义改造、正在一步一步地过渡到社会主义社会去的事实。从这些事实出发，我们制定的宪法当然只能是人民民主的宪法。这是属于社会主义类型的宪法，而不是属于资产阶级类型的宪法。我们提出的宪法草案，是中国人民一百多年以来英勇斗争的历史经验的总结，也是中国近代关于宪法问题和宪政运动的历史经验的总结。"又指出："从一九五三年起，我国已经按照社会主义的目标进入有计划的经济建设时期，因此，我们有完全的必要在共同纲领的基础上前进一步，制定一个像现在向各位代表提出的这样的宪法，用法律的形式把我国过渡时期的总任务肯定下来。"参见王玉明主编：《毛泽东法律思想库》，中国政法大学出版社1993年版，第97～98页、第100页。

我国立法中坚持“从实际出发、总结实践经验”等一些基本原则，[1] 人民权利保障理论，还有在刑事、民事和诉讼方面的法律思想，比如，惩办与宽大相结合的刑事法律政策，男女平等、婚姻自由、解放妇女的婚姻家庭法律政策，公民在适用法律上一律平等原则，“以事实为依据、以法律为准绳”的诉讼原则，等等。虽然经过“文化大革命”长时间的中断和间隔，改革开放新时期的立法理论重续社会主义法治的薪火，并以修改宪法和大规模立法为契机，丰富拓展、发扬光大。从改革开放和社会主义现代化建设的立法实践可以提炼出以下一些思想和理论要点：建立与社会主义市场经济相适应的法律体系，国家尊重和保障人权，明确并强化罪刑法定原则，注重发挥诉讼程序对当事人权利的保护作用，规制政府行政权力，强调审判、检察机关依法独立行使职权，加强对未成年人、老年人、妇女、残疾人等特殊群体的保护，推进科学立法、民主立法，维护社会主义法制统一，等等。党的十八大以来，在党中央正确领导下，立法工作取得重大进展和显著成绩，由此积累出行之有效的经验，掌握了遵循立法规律的科学方法。

这些关于立法实践的经验总结、规律把握和理论升华，是我们党把马克思主义法律观基本原理与我国具体实践相结合的重大理论创新，科

---

[1] 如周恩来同志指出：“在国家建立之初，特别是在过渡时期，政治经济情况变动很快，在各方面都制订带有根本性的、长期适用的法律是有困难的。例如民法、刑法，在生产资料私人所有制的社会主义改造没有基本完成，社会主义所有制没有完全确立以前，是难以制订的。在这种情况下，国家颁布暂行条例、决定、指示等等来作为共同遵守的工作规范，是必要的，适当的。只有在这些条例、决定、指示行之有效的基础上，才可以总结经验，制订长期适用的法律。就是资本主义国家的法律，在初期也是不完备的，也是经过很长时期才逐渐制订出来的。现在生产资料私有制的社会主义改造已经基本完成，社会主义所有制已经确立，国家在各方面工作的实践中也取得了一定经验，这就使我们有可能在总结过去经验的基础上，在整理过去已有法规的同时，制订社会主义的各种法律，例如刑法已经有了初步草案，民法和治安管理处罚条例也在由有关方面草拟中。”董必武同志指出：“我国的法律都不是事先想好，写好法律再去做，而是先做起来，在总结经验的基础上制成了法律。”谢觉哉同志指出：“我们的法，要从实际出发，即从具体的实际情况和经验中，摸索出规律来。”参见王玉明主编：《毛泽东法律思想库》，中国政法大学出版社 1993 年版，第 70 页、第 73 ~ 74 页。

学回答了我国从新中国成立以来各阶段遇到的重大实践问题，丰富和发展了社会主义法治理论。在社会主义法治体系化、系统化、理论化的过程中，我们可以清晰地看到，70 年来特别是改革开放 40 多年来，我们长期坚持、逐步形成了贯彻于立法活动的基本原则，也成为社会主义法治理论的重要内容。主要有以下几条：

一是，始终坚持、不断加强和改进党对立法工作的领导。马克思主义关于国家政权建设的重要原则之一，就是无产阶级要掌握立法权，通过制定法律来保证在党的领导下实现无产阶级的宗旨和使命。马克思主义经典作家对这一主题作了鲜明而深刻的论述。恩格斯指出："一个积极的社会主义政党，如同一般任何政党那样，不提出这样的要求是不可能的。从某一阶级的共同利益中产生的要求，只有通过下述办法才能实现，即由这一阶级夺取政权，并用法律的形式赋予这些要求以普遍的效力。因此，每个正在进行斗争的阶级都必须在纲领中用法权要求的形式来表述自己的要求。"〔1〕列宁指出："工人阶级夺取政权之后，像任何阶级一样，要通过改变同所有制的关系和实行新宪法来掌握和保持政权，巩固政权。"〔2〕坚定不移地走中国特色社会主义道路，就必须牢牢把握和坚持中国共产党领导这个根本。习近平总书记要求我们必须牢记，党的领导是中国特色社会主义法治之魂，是我们的法治同西方资本主义国家的法治最大的区别。离开了中国共产党的领导，中国特色社会主义法治体系、社会主义法治国家就建不起来。〔3〕坚持党对立法工作的领导，是立法工作必须遵循的重大政治原则，是我们党从中华苏维埃时期以来成功经验的总结凝练，是新中国成立 70 年特别是改革开放 40 多年立法工

---

〔1〕 恩格斯：《法学家的社会主义》，载马克思等：《马克思恩格斯全集》（第二十一卷），人民出版社 1965 年版，第 567 ~568 页。

〔2〕 列宁：《俄共（布）第九次代表大会文献》，载中共中央马克思恩格斯列宁斯大林著作编译局编译：《列宁全集》（第三十八卷），人民出版社 2017 年增订版，第 307 页。

〔3〕 习近平：《在省部级主要领导干部学习贯彻党的十八届四中全会精神全面推进依法治国专题研讨班上的讲话》（2015 年 2 月 2 日），载中共中央文献研究室编：《习近平关于全面依法治国论述摘编》，中央文献出版社 2015 年版，第 35 页。

作不断取得新成绩、实现新发展的基本经验。在中国特色社会主义法治道路上，党领导人民制定宪法和法律，党领导人民执行宪法和法律，党自身在宪法和法律范围内活动，真正做到了领导立法、保证执法、支持司法、带头守法。党中央历来高度重视立法工作，但长期没有形成制度化。改革开放后，1991 年党中央专门出台加强对国家立法工作领导的意见，2016 年在总结经验基础上，修订出台了关于加强党领导立法工作的意见，为立法工作更好地坚持党的领导提供了重要遵循。在立法工作中，享有立法权的主体都要始终自觉坚持党对立法工作的领导，认真贯彻落实党中央关于加强党领导立法工作的意见，紧紧围绕党中央确定的立法工作目标任务，科学研究制定立法规划计划，坚持健全重大立法项目和立法中的重大问题向党中央或同级党委请示报告制度，及时将党的路线方针政策和重大决策部署贯彻落实到立法中，使党的主张通过法定程序成为国家意志，成为全社会一体遵循的行为规范和活动准则。

二是，坚持立法以人民为中心，从我国具体实践出发，坚定地走符合中国国情的法治道路。“人民群众”是马克思主义的核心词语之一，马克思主义经典作家关于人民群众历史地位和作用都有深刻论述。在立法方面，马克思指出：“只有使法律成为人民意志的自觉表现，也就是说，它应该同人民的意志一起产生并由人民的意志所创立。”〔1〕习近平总书记鲜明指出，法治建设要为了人民、依靠人民、造福人民、保护人民。必须牢牢把握社会公平正义这一法治价值追求，努力让人民群众在每一项法律制度、每一个执法决定、每一宗司法案件中都感受到公平正义。要把体现人民利益、反映人民愿望、维护人民权益、增进人民福祉落实到依法治国全过程，保证人民在党的领导下通过各种途径和形式管理国家

〔1〕 马克思：《论离婚法草案》，载马克思等：《马克思恩格斯全集》（第一卷），人民出版社1957 年版，第 184 页。

事务，管理经济和文化事业，管理社会事务。[1] 党的十九大报告再次重申：人民是历史的创造者，是决定党和国家前途命运的根本力量。坚持以人民为中心，充分反映人民意愿，切实保障人民的权益，不断满足人民对幸福美好生活的期盼，是社会主义法治的本质要求，是立法工作的根本出发点、落脚点，是我们党领导立法以来取得重大成就的根本动力和力量源泉。立法坚持以人民为中心，就是从人民群众最关心的、最关切的实际问题出发，就是从人民群众当前所处的社会物质文化生活的实际出发。我国立法充分体现了以人民为中心的理念，体现和反映了人民的意志。社会主义民主政治立法，保障人民当家作主、一切权力属于人民；社会主义市场经济立法，促进和保障了生产力迅猛发展、经济水平迅速提升，给人民群众带来了物质上的满足；社会民生立法，从老百姓的生老病死到衣食住行，给人民群众带来了社会保障和福利；文化立法促进社会主义文化事业的发展，给人民群众送来精神食粮；环境资源保护立法，就是要为人民群众留住绿水青山、美好环境，给人民群众以美丽家园；国家安全立法为实现国家的长治久安、给人民群众提供和平安全的生活环境提供法治保障。

立法坚持以人民为中心，这是由我国的国家性质决定的。我国是工人阶级领导的、以工农联盟为基础的人民民主专政的社会主义国家，这是我国立法所依据的最大国情、最大实际。毛泽东同志指出："认清中国社会的性质，就是说，认清中国的国情，乃是认清一切革命问题的基本的根据。"[2]邓小平同志指出："马克思列宁主义的普遍真理与本国的具体实际相结合，这句话本身就是普遍真理。它包含两个方面，一方面叫普遍真理，另一方面叫结合本国实际。我们历来认为丢开任何一面都不

---

〔1〕 习近平：《在中央全面依法治国委员会第一次会议上的讲话》（二〇一八年八月二十四日），载"学习强国"网站。

〔2〕 毛泽东：《中国革命和中国共产党》（一九三九年十二月），载《毛泽东选集》（第二卷），人民出版社1991年版，第633页。

行。”[1]立法要立足我们经济社会发展各阶段性的基本情况，就是要适应各阶段人民群众的意愿和需求，既不能裹足不前，也不能超越现在所处的历史阶段，在这方面我们有过成功的经验，但也有过深刻教训。从土地革命、抗日战争到解放战争，我们党根据中国革命不同阶段的特征，不断调整法律政策，取得了成功经验；新中国成立后，根据废除旧法统后的新形势，在加紧立法的同时及时把解放区的制度经验和政策推广开来，一边借鉴苏联立法经验，一边强调适应中国具体情况，积累了有益经验，但也有过“文化大革命”法制遭到严重破坏的惨痛教训。这些都为我们走出中国特色社会主义法治道路积聚了宝贵财富。改革开放以来，我们党更加强调走自己的路，通过立法致力于解决中国在推进国家治理体系和治理能力现代化道路上的各种问题，取得了举世瞩目的成就。我们绝不能生搬硬套西方的法治模式做法，绝不能走西方“宪政”“三权鼎立”“司法独立”的路子。

三是，坚持以宪法为统领，通过完备的法律推动宪法实施，维护社会主义法制统一。我国宪法是国家根本法，是国家各种制度和法律法规的总依据，具有最高的法律地位、法律权威、法律效力。从《宪法大纲》一直到《共同纲领》，从1954年宪法到1982年宪法，在国家治理结构和体系中宪法无疑发挥出极为重要的制度优势：建立和巩固中国共产党领导的国家政权，确立和发展社会主义制度，维护和保障人民群众权利，为建设富强民主文明和谐美丽的社会主义现代化强国、实现中华民族伟大复兴提供根本法保障。社会主义法治国家建设与时俱进，首先是现行宪法的与时俱进。我国宪法不断适应新形势、吸纳新经验、确认新成果，随着党和国家事业的发展而不断发展。1982年现行宪法实施以来，先后经过五次修改，每次修改都及时确认了党和人民创造的成就和经验，把党和人民在实践中取得的重大理论创新、实践创新、制度创新成果上升

---

〔1〕 邓小平：《马列主义要与中国的实际情况相结合》（一九五六年十一月十七日），载《邓小平文选》（第一卷），人民出版社1994年版，第258～259页。

为宪法规定，以更好发挥宪法的规范、引领、推动、保障作用。现行宪法自身的稳定，是改革开放制度层面的“压舱石”；现行宪法的与时俱进，是改革开放制度层面的“推进器”。我国现行宪法是一部好宪法，这是推进改革开放顺利进行、“两个一百年目标”顺利实现的最大制度红利。通过完备的法律推动宪法实施，是全面贯彻实施宪法的重要途径和方式。我国宪法规定了我国的国体、政体和国家的基本政治制度、经济制度，规定了公民的基本权利和义务，规定了国家机构、国家标志等，这些需要通过制定法律来予以具体化。我国社会主义法律体系是紧紧围绕宪法这一核心构建并不断发展的。只有不断地完善以宪法为核心的中国特色社会主义法律体系，才能保证宪法确立的制度和原则得到全面贯彻落实，保证改革开放基本国策的有效推行。维护国家法制统一，是全面落实依法治国基本方略的必然要求，是中国特色社会主义法治建设的成功经验。新中国成立后相当一段时期内，立法权集中于全国人民代表大会，立法主体单一。从改革开放到2015年修改立法法，我国立法体制逐步改变，立法主体逐步扩充，形成了多层次的立法格局。全国人大及其常委会通过立法不断完善立法体制机制，明确划分立法权限，规范立法程序，加强规范性文件备案审查，保证法律体系科学和谐统一，切实维护社会主义法制统一，防止法出多门、政出多门、各自为政、地方保护等问题，为在改革开放中维护中央权威、鼓励良性竞争、防止地域壁垒、形成统一市场提供了有力的法治保障。

四是，妥善处理法治与改革的辩证关系。“改革与法治如鸟之两翼、车之两轮。”这是我们党领导改革与法治经历了吹沙漉金、百折萦回的实践和理论探索作出的科学论断。如何顺应时代发展和社会进步的要求，使改革决策与立法决策相衔接，把深化改革、促进发展同完善立法有机地结合起来，通过立法实现科学决策、民主决策、依法决策的有机结合，改革开放40多年生动实践的历程给出了答案。改革开放初期，面对实践经验匮乏、意识形态束缚等诸多困难，党中央果断决策，全国人大及其常委会及时将立法工作摆上重要议事日程，制定出台了一系列法律。1979 年五届全国人大二次会议通过中外合资经营企业法就是立法决策与改革决策相衔接的突出实例，为我国打开国门、引进外资、加快社会主义现代化建设提供了法制保障，引领和推动我国对外开放迈出实质性步伐。一直到今天，立法都是在总结实践经验、巩固改革成果、不断循环往复的过程中推动改革开放的持续发展、螺旋式上升。邓小平同志强调，一手抓建设和改革，一手抓法制，两手都要硬。习近平总书记多次指出，凡属重大改革都要于法有据；把发展改革决策同立法决策更好结合起来；坚持问题导向，提高立法的针对性、及时性、系统性、可操作性，发挥立法的引领和推动作用。中国特色社会主义进入新时代，必然要求通过立法做好顶层设计、引领改革进程、推动科学发展。在处理立法与改革关系的方式方法上，我们也不断在探索。在继续加强传统的“立改废释”的基础上，又与时俱进采取作出有关授权决定和改革决定、“打包”修改法律等方式，使立法处理改革事项更为灵活、更有余地、更富成效。

（三）社会主义法治理论体系化的重大成果指导和促进每一相应阶段社会主义立法事业的发展前行

中国特色社会主义法治理论具有与时俱进、创新发展的自觉和品格，我们在社会主义法治道路不同阶段不断取得一个接一个重大理论成果。新中国成立 70 年特别是改革开放 40 多年来，社会主义法治理论经历了从“有法可依、有法必依”到“有法可依、有法必依、执法必严、违法必究”十六字方针，再到“科学立法、严格执法、公正司法、全民守法”新十六字方针，从“人民民主法制”到“社会主义法治”，从“依法治国”到“依法治国和以德治国相结合”，从形成“中国特色社会主义法律体系”到建设“中国特色社会主义法治体系”等认识过程和理论演进。在中国特色社会主义法治理论的形成与发展过程中，作为我国新时期社会主义法治建设的领导者、推动者、实践者，历届中央领导集体和邓小平、江泽民、胡锦涛、习近平等主要领导同志发挥了无可替代的重大作用。他们立足于改革开放、建立社会主义市场经济、发展社会主义民主政治、全面建成小康社会、实现国家长治久安的战略立场，从我国国情和社会主义法治建设的实践出发提出问题、反思教训、总结经验，在丰富实践经验的基础上形成法治理论并不断推进法治理论的创新发展。正是这些重大的原创性科学概念和理论观点构成了中国特色社会主义法治理论的基本体系。[1] 这些中国特色社会主义法治理论阶段性成果都反映在我们党的代表大会、中央全会精神和重要文件中，为立法工作提供了理论指导和基本遵循，保证了立法工作正确的政治方向，有效发挥出法律制度在推进国家治理体系和治理能力现代化中的重要作用和优势。

新中国成立后，我们党在社会主义法治理论探索中取得了一些成果，指导了当时的立法工作，只是未能形成完整的体系化的理论，无法承受法律虚无主义的干扰和“文化大革命”的严重破坏，所发挥的影响有限。但法治理念薪火相传，我们党对法治国家的追求初心不改，这也为社会主义法治理论形成发展播下了种子。1978 年党的十一届三中全会后，以邓小平同志为核心的第二代领导集体深刻总结我国长期忽视民主法制建设的严重后果和惨痛教训，提出了“发展社会主义民主、健全社会主义法制”“一手抓建设和改革、一手抓法制”“有法可依、有法必依、执法

[1] 张文显：《中国特色社会主义法治理论的科学定位》，载《法学》2015 年第 11 期。

必严、违法必究”等重大理论创新。[1] 20 世纪 90 年代至 21 世纪初期，以江泽民同志为核心的第三代领导集体提出，“党的领导、人民当家作主、依法治国有机统一”“依法治国是党领导人民治理国家的基本方略”“实行依法治国与以德治国相结合”等重大理论创新。[2] 21 世纪初到党的十八大之前，以胡锦涛同志为总书记的党中央在继续强调“坚持党的领导、人民当家作主和依法治国的有机统一”“全面落实依法治国方略，加快建设社会主义法治国家”基础上，提出“科学执政、民主执政、依

---

〔1〕 1978 年邓小平同志在《解放思想，实事求是，团结一致向前看》中指出，为了保障人民民主，必须加强法制。必须使民主制度化、法律化，使这种制度和法律不因领导人的改变而改变，不因领导人的看法和注意力的改变而改变。党的十一届三中全会公报中提出，为了保障人民民主，必须加强社会主义法制，使民主制度化、法律化，使这种制度和法律具有稳定性、连续性和极大的权威，做到有法可依，有法必依，执法必严，违法必究。1982 年党的十二大报告《全面开创社会主义现代化建设的新局面》指出，社会主义民主的建设必须同社会主义法制的建设紧密地结合起来，使社会主义民主制度化、法律化。1987 年党的十三大报告《沿着有中国特色的社会主义道路前进》提出，社会主义民主和社会主义法制不可分割。我们必须一手抓建设和改革，一手抓法制。法制建设必须贯穿改革的全过程。法制建设又必须保障建设和改革的秩序，使改革的成果得以巩固。应兴应革的事情，要尽可能用法律或制度的形式加以明确。参见中共中央党校教务部编：《十一届三中全会以来党和国家重要文献选编》（一九七八年十二月—二〇一四年十月），中共中央党校出版社 2015 年版，第 5、16、115、172 页。

〔2〕 1992 年党的十四大报告《加快改革开放和现代化建设步伐，夺取有中国特色社会主义事业的更大胜利》提出，要围绕经济建设这个中心，加强社会主义民主法制和精神文明建设，促进社会全面进步；高度重视法制建设。加强立法工作，特别是抓紧制订与完善保障改革开放、加强宏观经济管理、规范微观经济行为的法律和法规，这是建设社会主义市场经济体制的迫切要求。1993 年党的十四届三中全会《中共中央关于建立社会主义市场经济体制若干问题的决定》提出，社会主义市场经济体制的建立和完善，必须有完备的法制来规范和保障。要高度重视法制建设，做到改革开放和法制建设的统一。法制建设的目标是：……本世纪末初步建立适应社会主义市场经济的法律体系……坚持社会主义法制的统一。改革决策要与立法决策紧密结合。立法要体现改革精神，用法律引导、推进和保障改革顺利进行。1997 年党的十五大报告《高举邓小平理论伟大旗帜，把建设有中国特色社会主义事业全面推向二十一世纪》提出，健全社会主义法制，依法治国，建设社会主义法治国家。依法治国，是党领导人民治理国家的基本方略。到二〇一〇年形成有中国特色社会主义法律体系。2002 年党的十六大报告《全面建设小康社会，开创中国特色社会主义事业新局面》中提出，要把坚持党的领导、人民当家作主和依法治国有机统一起来。加强立法工作，提高立法质量，到二〇一〇年形成中国特色社会主义法律体系。依法治国和以德治国相辅相成。参见中共中央党校教务部编：《十一届三中全会以来党和国家重要文献选编》（一九七八年十二月—二〇一四年十月），中共中央党校出版社 2015 年版，第 200、207、231、257、264、265、331、332、334 页。

法执政”“科学立法、严格执法、公正司法、全民守法”“弘扬社会主义法治精神，树立社会主义法治理念”等重大理论创新。[1]

党的十八大以来，以习近平同志为核心的党中央在深刻把握中国特色社会主义法治道路、法治体系等重大理论问题的基础上，作出一系列重大决策，提出全面依法治国新理念新思想新战略，强调要坚持加强党对依法治国的领导，坚持人民主体地位，坚持中国特色社会主义法治道路，坚持建设中国特色社会主义法治体系，坚持依法治国、依法执政、依法行政共同推进，法治国家、法治政府、法治社会一体建设，坚持依宪治国、依宪执政，坚持全面推进科学立法、严格执法、公正司法、全民守法，坚持处理好全面依法治国的辩证关系，坚持建设德才兼备的高素质法治工作队伍，坚持抓住领导干部这个“关键少数”，明确了全面依法治国的指导思想、发展道路、工作布局、重点任务。这些新理

---

〔1〕 2004年党的十六届四中全会《中共中央关于加强党的执政能力建设的决定》提出，要坚持依法治国，领导立法，带头守法，保证执法，不断推进国家经济、政治、文化、社会生活的法制化、规范化。坚持党的领导、人民当家作主和依法治国的有机统一；贯彻依法治国基本方略，提高依法执政水平。2006年党的十六届六中全会《中共中央关于构建社会主义和谐社会若干重大问题的决定》提出，实施依法治国基本方略，建设社会主义法治国家，树立社会主义法治理念，增强全社会法律意识，推进国家经济、政治、文化、社会生活法制化、规范化，逐步形成社会公平保障体系，促进社会公平正义。坚持科学执政、民主执政、依法执政。完善法律制度，夯实社会和谐的法治基础。维护社会主义法制的统一和尊严，树立社会主义法制权威。坚持依法治国与以德治国相结合。2007年党的十七大报告《高举中国特色社会主义伟大旗帜 为夺取全面建设小康社会新胜利而奋斗》在宣布“中国特色社会主义法律体系基本形成、依法治国基本方略切实贯彻”的基础上，提出，全面落实依法治国方略，加快建设社会主义法治国家；要坚持科学立法、民主立法，完善中国特色社会主义法律体系。2011年《胡锦涛在庆祝中国共产党成立九十周年大会上的讲话》中指出，要全面落实依法治国基本方略，在全社会大力弘扬社会主义法治精神，不断推进科学立法、严格执法、公正司法、全民守法进程；坚持依法治国和以德治国相结合。2012年党的十八大报告《坚定不移沿着中国特色社会主义道路前进 为全面建成小康社会而奋斗》提出，全面推进依法治国；法治是治国理政的基本方式；要更加注重发挥法治在国家治理和社会管理中的重要作用；要推进科学立法、严格执法、公正司法、全民守法；完善中国特色社会主义法律体系，加强重点领域立法；弘扬社会主义法治精神，树立社会主义法治理念；加强生态文明制度建设。参见中共中央党校教务部编：《十一届三中全会以来党和国家重要文献选编》（一九七八年十二月—二○一四年十月），中共中央党校出版社2015年版，第360、364、428、429、435、456、539、589、593页。

念新思想新战略，对全面依法治国的论述更加清楚，对建设社会主义法治国家的论述更加丰富，推动中国特色社会主义法治理论实现了重大发展。

在这些理论指导下，立法机关奋发作为，在注重提高立法质量的前提下加快立法步伐，加快形成完备的法律规范体系，立法工作取得丰硕成果。从 1979 年五届全国人大二次会议一次通过地方组织法、刑法、刑事诉讼法、中外合资经营企业法等 7 部重要法律开始，经过各方面长期共同努力，党的十五大提出到2010 年形成中国特色社会主义法律体系的立法工作目标如期完成。2011 年 3 月，在十一届全国人大四次会议上，吴邦国同志在全国人大常委会工作报告中庄严宣布：“涵盖社会关系各个方面的法律部门已经齐全，各法律部门中基本的、主要的法律已经制定，相应的行政法规和地方性法规比较完备，法律体系内部总体做到科学和谐统一。一个立足中国国情和实际、适应改革开放和社会主义现代化建设需要、集中体现党和人民意志的，以宪法为统帅，以宪法相关法、民法商法等多个法律部门的法律为主干，由法律、行政法规、地方性法规等多个层次的法律规范构成的中国特色社会主义法律体系已经形成，国家经济建设、政治建设、文化建设、社会建设以及生态文明建设的各个方面实现有法可依。”习近平总书记在《关于〈中共中央关于全面推进依法治国若干重大问题的决定〉的说明》中称赞说，“这是一个了不起的重大成就”。中国特色社会主义法律体系形成是我国社会主义法制建设史上的重要里程碑，是中国特色社会主义制度逐步走向成熟的重要标志，有力地推动和保障了改革开放和社会主义现代化建设的顺利进行。党的十八大以来，以习近平同志为核心的党中央团结带领全国各族人民，继续以坚定的决心、饱满的信心和笃实的行动，奋力推动中国特色社会主义法律体系不断完善发展，推进实现国家治理体系和治理能力现代化，开创了社会主义法治的新时代。在我国国家和社会生活各方面总体实现有法可依的坚实基础上，紧紧围绕“五位一体”总体布局和“四个全面”

战略布局，不断加强和改进立法工作，扎实推进重点领域立法，在国家安全、民法典编纂、国家机构组织、生态环境保护以及社会、民生等方面取得新突破和新成效，以宪法为核心、与推进国家治理体系和治理能力现代化相适应的中国特色社会主义法律体系继续完善发展，中国特色社会主义法治体系日益完善，社会主义法治国家正在建成。

三、新中国成立 70 年的立法实践，形成并不断完善中国特色社会主义法律体系，推动构建中国特色社会主义法治体系，确立巩固和发展了中国特色社会主义制度

党的十八届三中全会提出，全面深化改革总目标是完善和发展中国特色社会主义制度、推进国家治理体系和治理能力现代化。党的十八届四中全会提出，全面推进依法治国总目标是建设中国特色社会主义法治体系、建设社会主义法治国家。对这两次会议，习近平总书记明确指出："党的十八届三中、四中全会分别把全面深化改革、全面推进依法治国作为主题并作出决定，有其紧密的内在逻辑，可以说是一个总体战略部署在时间轴上的顺序展开。"[1]两次会议的决定形成了姊妹篇，改革和法治如鸟之两翼、车之两轮，共同推动社会主义现代化建设事业向前发展。通过建设中国特色社会主义法治体系，来完善和发展中国特色社会主义制度；通过建设社会主义法治国家，来推进国家治理体系和治理能力现代化。

什么是中国特色社会主义制度？党的十八大报告明确指出，中国特色社会主义制度，就是人民代表大会制度的根本政治制度，中国共产党领导的多党合作和政治协商制度、民族区域自治制度以及基层群众自治

〔1〕 习近平：《在中共十八届四中全会第二次全体会议上的讲话》（2014 年 10 月 23 日），载中共中央文献研究室编：《习近平关于全面依法治国论述摘编》，中央文献出版社 2015 年版，第 13 页。

制度等基本政治制度，中国特色社会主义法律体系，公有制为主体、多种所有制经济共同发展的基本经济制度，以及建立在这些制度基础上的经济体制、政治体制、文化体制、社会体制等各项具体制度。正如习近平总书记指出“我们要建设的中国特色社会主义法治体系，本质上是中国特色社会主义制度的法律表现形式”，构建中国特色社会主义法治体系，首要的就是要形成完备的法律规范体系，完善以宪法为核心的中国特色社会主义法律体系，这既是中国特色社会主义制度的重要内容，又是中国特色社会主义制度统一发挥作用的有机载体。70 年来，我们积极开展立法工作，推动形成和完善中国特色社会主义法律体系，为建立新中国、从新民主主义向社会主义过渡、发展中国特色社会主义提供了有力的法律制度保障。1978 年，党的十一届三中全会以来，截至 2019 年 8 月底，全国人大及其常委会共通过宪法 1 部及 5 个修正案，制定修改法律 643 件次，通过法律解释 25 件，通过有关法律问题和重大问题的决定 258 件次；现行有效的法律达到 274 件。再加上国务院制定了 600 多件行政法规，有立法权的地方人大及其常委会制定了 12,000 多件地方性法规，中国特色社会主义法律体系不断发展完善，推动中国特色社会主义制度更加成熟更加定型。

（一）1949 年新中国成立准备时期，废除国民党伪法统和“六法全书”，为建立新中国奠定法理基础

在新中国成立前夕，1949 年 2 月，中共中央发出的《关于废除国民党的六法全书与确定解放区的司法原则的指示》指出，“国民党全部法律只能是保护地主与买办官僚资产阶级反动统治的工具，是镇压与束缚广大人民群众的武器”；并提出，在无产阶级领导的工农联盟为主体的人民民主专政政权下，国民党的“六法全书”应该废除，人民的司法工作，不能再以国民党“六法全书”为依据。也就是说，在国民党反动政府统

治下制订和建立的一切法律、典章、政治制度、政治机构、政治权力等均归无效，人民完全不能承认它们。[1] 1949年3月31日，董必武同志签署以华北人民政府主席、副主席名义发布的《废除国民党的六法全书及其一切反动法律》训令明确提出，兹决定：废除国民党的六法全书及其一切反动法律，各级人民政府的司法审判，不得再援引其条文。[2] 废除伪法统，既是一项重要的政治决策，又是一项必要的法治决策，直接指导了新中国成立前后法制活动，从法理基础上为推翻国民党反动统治、建立中华人民共和国、走社会主义道路做好了准备。

毛泽东同志在党的七届二中全会上豪迈指出："我们不但善于破坏一个旧世界，我们还将善于建设一个新世界。"[3]在"破"的同时，我们党也做好"立"的计划。《关于废除国民党的六法全书与确定解放区的司法原则的指示》指出，人民的司法工作，应该以人民的新法律作依据。在人民新的法律还没有系统地发布以前，应该以共产党的政策以及人民政府与人民解放军已发布的各种纲领、法律、条例、决议作依据。《废除国民党的六法全书及其一切反动法律》训令除继承了上述法律适用精神之外，还提出要用革命精神来学习马列主义、毛泽东思想的国家观、法律观，学习新民主主义的政策纲领、法律、命令、条例、决议，来搜集与研究人民自己的统治经验，制作出新的较完备的法律来。可见，我们党领导革命根据地、解放区的法制建设成果，成为新中国成立前夕的主要法制根据，革命法治精髓一脉相承，延续发展。

以土地法律制度为例。农民问题是中国革命的基本问题，农民的力

---

〔1〕《关于废除伪法统》（一九四九年二月二十四日），载《人民日报》1949年2月16日，收录于《宪法资料选编》（第2辑），北京大学法律系宪法教研室资料室编，北京大学出版社1982年版，第240~242页。

〔2〕董必武：《董必武政治法律文集》，法律出版社1986年版，第45页。

〔3〕毛泽东：《在中国共产党第七届中央委员会第二次全体会议上的报告》（一九四九年三月五日），载《毛泽东选集》（第四卷），人民出版社1991年版，第1439页。

量是中国革命的主要力量。[1] 农民最关注、最关心的就是土地问题。我们党高度重视土地革命，从井冈山时期就开始注重用立法来解决土地问题，先后制定了井冈山土地法（1928 年）、兴国土地法（1929 年）、中华苏维埃共和国土地法（1931 年）、陕甘宁边区土地租佃条例草案（1942 年）、陕甘宁边区土地典当纠纷处理原则及旧债纠纷处理原则（1943 年）、晋察冀边区租佃债息条例（1943 年）等。[2] 解放战争时期，1946 年 5 月 4 日，中共中央发布关于土地问题的指示（“五四指示”），将抗战时期减租减息的土地政策，改为没收地主土地分配给农民的土地改革政策。1947 年 10 月，中共中央制定施行《中国土地法大纲》，将解放区土地改革工作纳入统一法律轨道，成为当时土改工作的法律依据。[3]

（二）1949 年 10 月新中国成立到 1978 年改革开放前，制宪立法、曲折前进，确立并巩固国家政权和社会主义制度

1949 年 9 月中国人民政治协商会议第一届全体会议通过的《共同纲领》《中国人民政治协商会议组织法》《中华人民共和国中央人民政府组织法》，为新中国成立和中央人民政府建立提供了直接的宪制和法律依据。中央人民政府委员会成立后，制定了一系列的法律：在国家重要政治制度和国家机构组织方面，制定了民族区域自治实施纲要，政务院及其所属各机关组织通则，省、县、市各界人民代表会议组织通则，以及人民法院、人民检察署组织方面法律，确定了中华人民共和国国都、国歌、国旗等国家标志；在社会生活重要领域制定婚姻法、土地改革法、工会法；在刑事立法方面，制定了惩治反革命条例、惩治贪污条例；经济方面立法比较少，主要是新解放区农业税暂行条例、年度的国家经济

---

〔1〕 毛泽东：《新民主主义论》（一九四〇年一月），载《毛泽东选集》（第二卷），人民出版社 1991 年版，第 692 页。

〔2〕 韩延龙主编：《中华人民共和国法制通史》（上），中共中央党校出版社 1998 年版，第 9 页。

〔3〕 张晋藩：《中国法制史》，商务印书馆 2010 年版，第 505 页。

建设公债条例等。从上述分类情况看，这一时期，立法主要集中于国家制度和国家组织机构以及婚姻、土地等有关重要领域，虽然数量不多，但发挥了巩固国家政权和社会主义制度、推动实现婚姻家庭、土地所有制等重大改革目标的重要作用，极大解放了社会生产力，激发了人民群众建设社会主义的积极性。为实现新民主主义性质的法律向社会主义性质的法律的转化、衔接，1954年9月26日，一届全国人大一次会议通过关于中华人民共和国现行法律、法令继续有效的决议，通过合宪性确认的方式，解决了新中国成立以来由中央人民政府制定、批准的现行法律、法令在1954年宪法下的效力问题。

1954年，一届全国人大一次会议制定宪法，为新中国的建立和巩固、社会主义制度的确立和发展提供了根本法保障，开启了社会主义国家发展新篇章。从那时起到1958年，全国人大及其常委会以每年13.2件法律法令的速度开始建构社会主义法律体系。[1] 立法工作根据当时的实际需要，主要集中在加强国家政权组织建设、推进社会主义改造和保障经济建设方面。[2]

一是，及时制定国家机构方面的法律，基本实现国家政权组织的制度化。主要有全国人民代表大会组织法、国务院组织法、人民法院组织法、地方各级人民代表大会和地方各级人民委员会组织法、人民检察院组织法“五大组织法”，以及公安派出所组织条例、城市居民委员会组织条例、城市街道办事处组织条例。此外，还就涉及各级人民代表大会职权、程序问题等作出一些决定，解决了实践中法律规定较为原则带来的

〔1〕参见全国人民代表大会常务委员会办公厅编：《全国人民代表大会及其常务委员会大事记（1954-2014）》，中国民主法制出版社2014年版，附录一。

〔2〕孙国华主编：《中国特色社会主义法律体系研究——概念、理论、结构》，中国民主法制出版社2009年版，第33页。

问题。[1]

二是，在国家和社会生活的重点领域制定了一些急需的法律。在经济发展方面，制定颁布了农业生产合作社示范章程、高级农业生产合作社示范章程、一九五七年国家经济建设公债条例、地方经济建设公债条例、文化娱乐税条例、农业税条例，批准工商统一税条例草案、国家建设征用土地办法、商标管理条例。在社会管理方面，制定户口登记条例、消防监督条例、国境卫生检疫条例、关于处理违法的图书杂志的决定。在国防军事方面，制定兵役法、中国人民解放军军官服役条例、授予中国人民解放军在中国人民革命战争时期有功人员的勋章奖章条例等。此外，还批准了一些干部职工管理、保障方面的决定。[2]

三是，积极着手起草刑事、民事和诉讼等领域的基本法律，制定一些单行的条例，努力为国家社会生活提供制度供给。毛泽东同志高度重视刑法、民法起草工作，曾明确指出："不仅刑法要，民法也需要，现在是无法无天。没有法律不行，刑法、民法一定要搞。不仅要制定法律，还要编案例。"[3]在党的领导下，刑法、民法、刑事诉讼法、民事诉讼法

〔1〕如，关于在地方各级人民代表大会闭会期间省长自治区主席市长州长县长区长乡长镇长和地方各级人民法院院长缺额补充问题的决定，关于地方各级人民委员会的组成人员是否限于本级人民代表大会代表问题的决定，关于地方各级人民法院院长人民检察院检察长可否兼任各级人民委员会的组成人员问题的决定，关于在中华人民共和国主席和副主席休假或者外出期间由全国人民代表大会常务委员会委员长接受外国使节的决定，关于省人民代表大会闭会期间省人民检察院检察长产生程序的决定，关于自治州人民代表大会和人民委员会每届任期问题的决定，关于县、市、市辖区、乡、民族乡、镇人民代表大会代表名额等问题的决定，关于省、直辖市人民代表大会会议可以每年举行一次的决定，关于解释法律问题的决议，第一届全国人民代表大会第二次会议关于授权常务委员会制定单行法规的决议，等等。

〔2〕如，批准国务院关于国家行政机关工作人员的奖惩暂行规定的决议，国务院关于工人、职员退休处理的暂行规定的决议，国务院关于企业、事业单位和国家机关中普通工和勤杂工的工资待遇的暂行规定的决议，国务院关于国营、公私合营、合作社营、个体经营的企业和事业单位的学徒的学习期限和生活补贴的暂行规定的决议，国务院关于工人、职员回家探亲的假期和工资待遇的暂行规定的决议，国务院关于工人职员退职处理的暂行规定的决议，等等。

〔3〕赵苍璧：《在法制建设问题座谈会上的讲话》，载《人民日报》1978 年 10 月 29 日，第 2 版。

等法律也在抓紧起草。[1] 遗憾的是，一直到改革开放前都没能完成这些立法任务，未能满足治理国家迫切的法治需求、弥补关键制度的缺失。[2] 这个时期，制定逮捕拘留条例、人民警察条例、治安管理处罚条例，批准国务院关于劳动教养问题的决定，通过个别决定的形式对一些诉讼程序作了规定，[3] 为执法、司法提供了一定的法律依据。

到1959年夏秋，“政策就是法”的观点逐渐抬头，从1959年年底开始，我国的法制建设处于基本停滞状态。[4] 有一组统计数字可以说明：从1959年开始到1966年，一般每年制定法律法令1～2件，甚至从1966年至1977年的12年间，除了1975年修宪和特赦外，全国人大及其常委会没有立法活动。[5] 从以上制度建设情况可以看出，改革开放前三十年的立法未能实现体系化，对国家政权和社会主义制度仅仅起到了建立、巩固的作用，难以发挥推动社会主义制度完善和发展的制度力量。法律

〔1〕 刑法在1954年宪法制定前就已起草了两稿，到1957年已修改了22稿，并发给人大代表征求意见，到20世纪60年代修改到33稿。民法已完成大部分起草任务，并开始向有关单位征求意见。1962年按照毛泽东同志的指示要求，重新成立民法研究小组，恢复民法起草工作，1964年7月提出了民法草案试拟稿。刑事诉讼法开始起草，并于1957年6月写出了初稿。

〔2〕 赵苍壁同志说，制定刑法典，是实现毛主席的遗愿。我们的刑法草案早在1963年修改后发给一部分地方征求意见，还没有经过国家立法机关审议通过，即便如此，有的司法单位已经引用刑法草案的规定作为量刑的参考。这些都说明司法实践中迫切需要一部刑法典，使我们量刑有准，执法有据。参见赵苍璧：《在法制建设问题座谈会上的讲话》，载《人民日报》1978年10月29日，第2版。

〔3〕 如，关于不公开进行审理的案件的决定、关于被剥夺政治权利的人可否充当辩护人的决定、关于对反革命分子的管制一律由人民法院判决的决定、关于宽大处理和安置城市残余反革命分子的决定、关于死刑案件由最高人民法院判决或者核准的决议、关于死刑案件由最高人民法院判决或者核准的决议如何执行问题给最高人民法院的批复，等等。

〔4〕 孙国华主编：《中国特色社会主义法律体系研究——概念、理论、结构》，中国民主法制出版社2009年版，第35页。

〔5〕 二届全国人大及其常委会（1959年4月至1964年12月）通过法律、法律解释和有关法律问题的决定9件；三届全国人大及其常委会（1964年12月至1974年12月）通过法律、法律解释和有关法律问题的决定3件；四届全国人大及其常委会（1975年1月至1978年2月）通过法律、法律解释和有关法律问题的决定1件。参见全国人民代表大会常务委员会办公厅编：《全国人民代表大会及其常务委员会大事记（1954－2014）》，中国民主法制出版社2014年版，第87、125、151页和附录一。

制度自身的不完备、不成熟使其难以抵御“左”倾错误和法律虚无主义侵蚀，到“文化大革命”时期，法律制度形同虚设，已经失去了对国家社会生活的规范、引导和保障作用，社会主义法治建设遭到严重破坏。

（三）改革开放到21世纪初期，填补基础法律制度缺失，紧紧抓住经济建设这个中心，构建社会主义市场经济法律体系

“人心思法。”如何认识改革开放和法制建设的关系，在经历了“文化大革命”之后，在全党和人民群众中形成了共识，就是必须加强社会主义法制。反映在治理国家的方式选择上，我们党作出了重大调整，从“政策就是法”、完全依靠政策治理，转变到既依靠政策又依靠法律治理，再发展到强调法律在国家治理中的基础作用，实行依法治国。为适应法治的需要，加强立法工作，改革开放初期首先对我国的立法体制进行了改革，改变了只有全国人大制定法律、常委会只能制定法令、地方人大没有立法权的局面。1979 年修改地方组织法赋予省级人大及其常委会地方性法规制定权，1982 年宪法规定，全国人大及其常委会行使国家立法权，国务院有权制定行政法规。作为加强立法的重要举措之一，1979 年 2 月，五届全国人大常委会第六次会议决定设立法制委员会，协助全国人大常委会加强法制工作，通过由 80 人组成的法制委员会名单，彭真同志为主任。从此，社会主义立法事业进入快车道，承担起了三项重要的时代任务：一是，修改宪法，继承和发展我们党 20 世纪 50 年代“走自己的路”的精神品格，开辟中国特色社会主义道路；二是，填补前 30 年法律基础的缺失，提供巩固国家政权、保持社会稳定的“法治基本盘”；三是，因应改革开放新形势开拓进取，完善和发展中国特色社会主义制度，实现富强民主文明的国家建设目标。

一是，不忘初心，重拾传统，通过现行宪法。1982 年通过的现行宪法，继承和发展了 1954 年宪法的基本原则，全面总结了中国社会主义发

展的经验，体现了党的十一届三中全会所确立的路线、方针、政策，适应了改革开放和社会主义现代化建设的需要，是一部符合我国国情的好宪法。改革开放40多年来，宪法历经5次修正，保证了社会主义现代化建设事业顺利进行，取得丰硕成果，并继续担负起实现“两个一百年”奋斗目标的根本法使命。彭真同志曾指出：“宪法主要是从当前的实际出发，同时也要照顾到将来。第一着重现实，第二面向未来。”[1]现行宪法的稳定运行和与时俱进，保证了我们党领导的社会主义事业的稳定发展，保证了社会主义制度走向更加成熟更加定型，保证了中国特色社会主义法治道路的光明前景。

二是，制定刑事、民事和国家机构方面基本法律，重塑社会主义法制大厦的“四梁八柱”。改革开放前30年，在关键领域基本法律方面，我们只有涉及国家机构的几部法律，在刑事、民事和诉讼领域大部分是空白。改革开放后，特别是1982年宪法通过后，国家机构方面的法律也随之调整。1979年7月，五届全国人大二次会议一次通过7部重要法律，包括地方组织法、选举法、人民法院组织法、人民检察院组织法等。1982年宪法通过后，全国人大及其常委会按照宪法精神和原则，先后制定了全国人民代表大会组织法、全国人民代表大会议事规则、代表法、立法法、国务院组织法、民族区域自治法、村民委员会组织法（试行）、城市居民委员会组织法、香港特别行政区基本法、澳门特别行政区基本法以及国旗法、国徽法等，多次修改地方组织法、选举法、人民法院组织法、人民检察院组织法。宪法规定的人民代表大会制度的根本政治制度，民族区域自治制度以及基层群众自治制度等基本政治制度、特别行政区制度以及国家标志制度，都得以通过具体法律建立并有效运转起来。在民事立法方面，“由于民法牵涉范围很广泛，很复杂，经济体制改革刚开始，我们还缺乏经验，制定完整的民法典的条件还不成熟，只好先将

[1] 曾建徽、徐民和：《为了中国最大多数人民的最大利益——彭真同志谈中华人民共和国宪法修改草案》，载《瞭望》1982年第5期。

那些急需的、比较成熟的部分，制定单行法"[1]。全国人大及其常委会先后制定了民法通则、经济合同法、涉外经济合同法、技术合同法、合同法、消费者权益保护法、专利法、商标法、著作权法、婚姻法、继承法、海商法以及企业破产法（试行）等，为社会主义民事活动提供了法律支撑和准则，也为20世纪90年代建立社会主义市场经济作了制度铺垫。在刑事立法方面，1979年全国人民代表大会制定刑法，但改革开放和现代化建设新时期带来了社会结构全面变化，刑事犯罪也发生结构性变化。为解决刑法不能适应经济社会高速发展变化的问题，自落实1981年党中央提出从重从快严厉打击严重刑事犯罪的刑事政策，全国人大常委会自1982年通过关于严惩严重破坏经济的犯罪的决定起，到1997年刑法修订时，相继颁布了24件单行刑事法律规定。[2] 在诉讼程序方面，制定刑事诉讼法、民事诉讼法、行政诉讼法等三大诉讼法，以程序规范诉讼活动、保障人权，为实现程序正义提供有效制度载体。

三是，贯彻"市场经济必然是法治经济"理念，努力构建社会主义市场经济法律体系。改革开放后，为了吸引外资，扩大国际经济合作和技术交流，先后制定了中外合资经营企业法、外资企业法、中外合作经营企业法，统称为"外资三法"。这三部法律在计划经济体制下打开了一扇通往市场经济、融入世界经济的大门。我国在民事基本法律方面所作的努力，促进了社会主义商品经济的发展，也为建立和完善社会主义市场经济体制提供了有利法治条件。为处理好这一时期经济体制较快变革与立法相对滞后的问题，全国人大及其常委会两次向国务院作出授权，即关于授权国务院改革工商税制发布有关税收条例草案试行的决定、关于授权国务院在经济体制改革和对外开放方面可以制定暂行的规定或者条例的决定。1992年，党中央明确提出建立社会主义市场经济体制，

---

〔1〕 王汉斌：《关于〈中华人民共和国民法通则（草案）〉的说明》，1986年4月2日在第六届全国人民代表大会第四次会议上。

〔2〕 孙国华主编：《中国特色社会主义法律体系研究——概念、理论、结构》，中国民主法制出版社2009年版，第242页。

1993年宪法修正案规定，国家实行社会主义市场经济，明确要求加强经济立法。全国人大及其常委会围绕深化改革、扩大开放、建立社会主义市场经济体制，以改革的精神加快立法步伐，特别是把经济立法放在最重要的位置，推动形成社会主义市场经济法律体系。[1] 当时，全国人大常委会提出了形成社会主义市场经济法律体系框架的立法目标任务，主要集中在以下几个方面：一是，规范市场主体的法律，制定了公司法、合伙企业法、乡镇企业法、个人独资企业法，适时修改“外资三法”；二是，调整市场主体关系、维护公平竞争的法律，制定反不正当竞争法、证券法、票据法、仲裁法、拍卖法、招标投标法、保险法、信托法等；三是，改善和加强宏观调控、促进经济协调发展方面的法律，制定预算法、商业银行法、对外贸易法、税收征收管理法、台湾同胞投资保护法、中小企业促进法，作出关于外商投资企业和外国企业适用增值税、消费税、营业税等税收暂行条例的决定等；四是，建立和健全社会保障方面的法律，制定劳动法、工会法、职业病防治法、安全生产法等。

此外，在发展经济的同时，也加强了环境保护制度建设，先后制定了海洋环境保护法、水污染防治法、大气污染防治法、环境保护法、固体废物污染环境防治法、环境噪声污染防治法、环境影响评价法等。

（四）2006年至党的十八大，加强社会民生领域立法，以法制推动构建和谐社会，逐渐使法律体系实现平衡发展

改革开放以来，我国的立法工作同我国改革开放和现代化建设的总体进程相适应，在全面推进的同时一直服从并服务于经济建设这个中心，不断加强经济立法，社会主义市场经济法律制度基本形成并不断加以完善。同时，也要看到我国社会立法与经济立法存在明显的不平衡、不协

---

〔1〕 全国人大常委会办公厅研究室编：《中国特色社会主义法律体系形成大事记（1978－2010）》，中国民主法制出版社2011年版，第102～107页。

调状况，同深入贯彻落实科学发展观、构建社会主义和谐社会的要求有相当大的差距，已成为法制建设中一个不容忽视的问题。[1] 2006 年《中共中央关于构建社会主义和谐社会若干重大问题的决定》明确提出，要完善保障公民权利、推进社会事业、健全社会保障、规范社会组织、加强社会管理等方面的法律法规。2007 年以来，按照党中央全面建设小康社会的要求，全国人大常委会多次强调，要以改善民生为重点加强社会领域立法，切实解决人民群众最关心、最直接、最现实的利益问题，从法律制度上努力使全体人民学有所教、劳有所得、病有所医、老有所养、住有所居，促进社会公平正义。加强社会领域立法，是为社会主义法律体系“补短板”，从法律制度上解决市场经济发展带来的一些负面问题，在保持社会主义市场经济高效率的同时实现社会公平正义，体现社会主义“以人为本”的原则和理念。

十一届全国人大常委会立法规划对加强社会领域立法作了部署和安排，提出了今后五年要制定的项目，主要包括：一是，健全社会保障的法律法规，逐步建立社会保险、社会救助、社会福利和慈善事业相衔接的覆盖城乡居民的社会保障体系，如制定社会保险法、社会救助法、慈善事业法；二是，发展社会事业的法律法规，如制定基本医疗卫生保健法、精神卫生法、中医药法，修改药品管理法、职业教育法、非物质文化遗产保护法、图书馆法；三是，保障群众基本生活方面的法律法规，如制定食品安全法、住房保障法；四是，完善对特殊群体合法权益保护的法律法规，如修改老年人权益保障法；五是，规范社会组织、加强社会管理的法律法规，如制定人民调解法。

这个时期，全国人大常委会先后制定、修改了残疾人保障法、食品安全法、防震减灾法、农村土地承包经营纠纷调解仲裁法、侵权责任法、国家赔偿法、人民调解法、社会保险法、军人保险法、非物质文化遗产

---

〔1〕 沈春耀：《关于加强社会领域立法的若干问题》，十一届全国人大常委会专题讲座第九讲。

法等与人民群众利益直接相关的社会领域的法律，大大补强了社会领域立法板块。“由于推进社会领域立法往往直接涉及利益关系调整，再加上其他一些原因，使得社会领域立法在形成社会共识方面往往会遇到较大的困难，既得利益者与争取利益者之间的利益协调给立法工作带来新的挑战。”[1]因此，规划中的其他立法项目未能如期完成，有的立法周期很长，一直到党的十八大以后才得以出台，如慈善法、中医药法；有的近期才提请审议，如基本医疗卫生与健康促进法；有的立法条件尚不完全具备，难度大，调整为先由国务院制定条例摸索经验，如社会救助法、住房保障法。虽然加强社会领域立法进度在当时未达到预期效果，但取得的立法成就和所作的努力极大促进了社会主义法律体系的平衡发展，推动公平正义成为社会主义法治理念和社会主义制度的重要内核，为党的十八大以后社会领域法律制度的完善发展奠定了良好基础。

（五）党的十八大以来，紧紧围绕“五位一体”总体布局，全面完善、提升以宪法为核心的中国特色社会主义法律体系，推动社会主义制度更加成熟更加定型

党的十八大以来，全国人大及其常委会认真学习贯彻习近平新时代中国特色社会主义思想，坚定坚持党的领导、人民当家作主、依法治国有机统一，坚决贯彻落实党中央的重大决策部署，紧紧围绕统筹推进“五位一体”总体布局和协调推进“四个全面”战略布局，不断完善以宪法为核心的中国特色社会主义法律体系，立法工作迈出新步伐、取得新进展，呈现出数量多、分量重、节奏快的新特点，开启了新时代立法工作新篇章。党的十八大以来（截至2019年8月底），全国人大及其常委会通过宪法修正案1件，新制定法律37件，通过法律修订、修正案、

[1] 沈春耀：《关于加强社会领域立法的若干问题》，十一届全国人大常委会专题讲座第九讲。

修改决定70件，涉及修改法律191件次，作出法律解释9件，通过有关法律问题和重大问题的决定62件次，以宪法为核心的中国特色社会主义法律体系得到全面完善、提升和发展，社会主义制度更趋成熟、更趋定型。

一是，加强重点领域立法，全面完善中国特色社会主义法律体系。在政治建设方面，不断提高社会主义民主政治的制度化水平。2018年全国人民代表大会通过宪法修正案，实现国家指导思想的与时俱进，完善了国家制度和体制，夯实了新时代中国特色社会主义发展的根本法基础。制定监察法，建立监察制度，推进国家组织机构的发展完善；修改立法法、地方组织法、选举法、代表法及公务员法，完善人民代表大会制度、立法制度、司法制度。落实宪法有关规定，制定国家勋章和国家荣誉称号法、国歌法，推动宪法制度的实施。适应司法体制改革进程，完善司法体制机制，制定人民陪审员法、国际刑事司法协助法；修改人民法院组织法、人民检察院组织法、法官法、检察官法。贯彻总体国家安全观，加快推进国家安全领域立法，构建国家安全法律制度体系，先后制定国家安全法、反间谍法、反恐怖主义法、境外非政府组织境内活动管理法、网络安全法、国家情报法、国防交通法等，为维护国家安全、核心利益和重大利益提供了有力法治保障。

在经济建设方面，不断加强社会主义市场经济领域立法。在加强宏观调控、强化市场监督、促进产业振兴等方面，制定修改了一批重要法律。在加强宏观调控方面，修改预算法、证券投资基金法、商业银行法等；在规范主体行为、加强市场监管、维护市场秩序方面，制定旅游法、资产评估法、电子商务法、外商投资法等，修改反不正当竞争法、商标法、标准化法、广告法、测绘法、农民专业合作社法、公司法；在促进科技创新和产业振兴方面，修改促进科技成果转化法、种子法、中小企业促进法、农业法，制定航道法等；在民事活动领域，制定民法总则，修改农村土地承包法。在落实税收法定原则方面迈出重要步伐，制定环境保护税法、烟叶税法、船舶吨税法、耕地占用税法、车辆购置税法、资源税法，修改企业所得税法、个人所得税法，按照党中央批准的时间表和路线图加快推进税收立法。

在社会建设方面，以良法加快保障和改善民生、推进创新社会治理体制。全国人大常委会坚持问题导向，以人民群众普遍关心的问题为重点加强立法工作。在促进社会事业发展方面，制定慈善法、中医药法，修改人口与计划生育法、红十字会法、教育法、高等教育法、民办教育促进法等；在公民权益、特殊群体保障方面，修改消费者权益保护法、劳动合同法、社会保险法、老年人权益保障法，制定反家庭暴力法；在创新社会管理、维护人民生命财产安全方面，修改食品安全法、药品管理法、安全生产法，制定特种设备安全法、网络安全法、核安全法、消防救援衔条例，通过了刑法修正案（九）、刑法修正案（十）。此外，修改行政诉讼法、刑事诉讼法，保障公民诉讼程序权利。

在文化建设方面，进一步加快社会主义文化方面立法步伐。为弘扬社会主义先进文化，推动社会主义文化大发展大繁荣，增强全民族的文化创造力，坚定文化自信，推动社会主义核心价值观入法入规，积极推进文化立法工作，制定公共文化服务保障法、公共图书馆法、英雄烈士保护法、电影产业促进法，修改文物保护法。

在生态文明建设方面，推进立法理念和制度设计“升级换代”，加强“美丽中国”制度建设。制定环境保护税法、土壤污染防治法、深海海底区域资源勘探开发法，修改环境保护法、大气污染防治法、海洋环境保护法、水污染防治法、野生动物保护法，努力构建最严格的生态环境保护法律制度。

二是，全面提升中国特色社会主义法律制度的“质”，制度设计上更符合新时代要求、具有新时代气派。中国特色社会主义进入新时代，立法承担起新使命，踏上新征程，表现出新气象。贯彻习近平新时代中国特色社会主义思想，中国特色社会主义法律体系彰显了新时代的“精气神”，更表现出中国特色社会主义制度的自信。

编纂一部真正属于中国人民的民法典，是新中国几代人的夙愿，也是新时代法治的呼唤。新中国成立后，党和国家曾于1954年、1962年、1979年和2001年先后4次启动民法制定工作。“我国民法起草几起几落，不说明中国社会不需要民法，相反正说明中国社会存在着需要民法的一种根本性原因。只要中国社会存在需要民法的原因，只要中国正确地发现了这一原因，那么中国民法将会不以任何人的意志为转移而登上中国法制的历史舞台。”[1]由于社会实践经验、理论研究储备直到立法技术水平等原因，前两次尝试都没有取得实际成果，后两次及时根据我国实际情况调整立法思路，按照“成熟一个通过一个”的原则，制定民法通则、继承法、担保法、合同法、物权法、侵权责任法、涉外民事关系法律适用法等一批民事单行法，逐步形成了比较完整的民事法律规范体系。党的十八大后，以习近平同志为核心的党中央高度重视民法典编纂工作，党的十八届四中全会明确提出编纂民法典这一重大立法任务。目前，民法总则已经制定，民法典各分编按照既定时间表、路线图正在审议修改，“一部适应中国特色社会主义发展要求，符合我国国情和实际，体例科学、结构严谨、规范合理、内容协调一致的法典”呼之欲出。我们有理由相信，即将制定颁布的民法典是一部民事立法集大成者，是新时代中国法治建设的标杆、立法工作的重大成就，标志着中国特色社会主义法律体系完善发展迈入崭新阶段。

贯彻党的十八届四中全会精神，2015年修改立法法，完善立法体制，明确地方立法权限和范围，赋予设区的市地方立法权；2018年3月宪法修正案将设区的市地方立法权载入国家根本法。截至2019年3月底，我国享有设区的市地方立法权的市州达到322个（包括设区的市288个、自治州30个和不设区的地级市4个）。这是新中国成立70年特别是改

[1] 杨振山：《一部历史性的基本法律——纪念〈民法通则〉实施十周年》，载《中国法学》1997年第1期。

革开放40多年来我国立法体制上的重大发展，对于提高地方治理能力、调动设区的市致力于依法治国实践、依法推动本地区经济社会发展的积极性，具有重要意义，有利于释放出新时代地方立法的巨大动能，共同为建设中国特色社会主义法治体系、建设社会主义法治国家作出贡献。

习近平总书记关于“绿水青山就是金山银山”“用最严格制度最严密法治保护生态环境”等重要论述，是新时代生态环保立法的指导思想和根本遵循。贯彻落实习近平生态文明思想，全国人大常委会查漏补缺，制定土壤污染防治法，以最严格制度补强土壤这一环境污染重要空白点；修改大部分现行的环境保护方面的法律，重塑环境保护制度体系，注重发挥环保各链条、各环节的整体合力，努力构建最严格生态环境保护法律制度；作出关于全面加强生态环境保护依法推动打好污染防治攻坚战的决议，表明了各级人大及其常委会履行宪法法律赋予的职责、以法律的武器治理污染、用法治的力量保护生态环境的坚定决心。正如栗战书委员长强调的，保护生态环境，必须依靠法治、遵循法律，让法律制度的牙齿有力地咬合。[1]

三是，完善和发展中国特色社会主义法律体系的方式手段更加灵活多样，不断提高静态法律体系对动态经济社会发展的适应能力。中国特色社会主义进入新时代，我国发展处于新方位，社会主要矛盾发生新变化，改革开放任务越来越重、难度越来越大、精细度要求越来越高，我国所处世界形势也日益复杂，都对立法工作提出了更重任务、更高要求、更大责任，对社会主义法律体系的适应性、应变性提出新挑战。在党中央坚强领导、科学决策下，全国人大及其常委会在用好传统的“立改废释”立法手段基础上，探索更多、更灵活的方式方法，以期更好发挥立法的引领、推动、规范、保障作用。第一，更加频繁运用“打包”修改

---

〔1〕《栗战书在江苏检查水污染防治法实施情况时强调——依法治理水污染保护水环境　绘就新时代美丽中国新画卷》，载《人民日报》2019年6月7日，第1版。

的方式集中处理取消和下放行政审批事项。第二，作出有关授权决定和改革决定，允许在法律未修改情况下一定区域、一定范围内对某一事项依照授权进行试点，并及时总结有关试点经验，将成熟的可复制、可推广的改革措施上升为法律，成为全国一体推行的制度，手段方式更为灵活、更有余地、更富成效。比如，上海自由贸易试验区经全国人大常委会授权，探索创新外商投资管理制度、对外商投资企业实行准入前国民待遇加负面清单管理制度，取得成功经验，为修改“外资三法”、制定外商投资法奠定了实践基础。第三，统筹推动地方加强区域协同发展的立法保障工作，以法治促进长三角区域一体化、京津冀协同发展等区域发展战略，这是一项新的时代课题。通过不断探索、采用新的立法方式，更加敏锐、更加精准地提供制度设计，使立法及时反映、适应新时代社会主义现代化建设实践需要。

此外，我国高度重视构建高效的法治实施体系，全国人大常委会采取执法检查、作出合宪性判断等多种形式，推动宪法法律有效实施；高度重视严密的法治监督体系，加强法规备案审查工作，坚持“有件必备、有备必审、有错必纠”方针，坚决维护社会主义法制统一；高度重视有力的法治保障体系，不断增强全民法治观念，推进法治社会建设，营造良好的法治实施环境，同时着力建设一支高水平法治工作队伍，为全面依法治国提供人才保障。

四、新中国成立70年的立法实践，发展形成中国特色社会主义制度文明，弘扬社会主义法治精神，有力培育和传播了社会主义法治文化

一定的文化是一定社会的政治和经济在观念形态上的反映。[1] 习近

〔1〕 毛泽东：《新民主主义论》，载《毛泽东选集》（第二卷），人民出版社1991年版，第694页。

平总书记指出，中国特色社会主义文化，源自中华民族5000多年文明历史所孕育的中华优秀传统文化，熔铸于党领导人民在革命、建设、改革中创造的革命文化和社会主义先进文化，根植于中国特色社会主义伟大实践。[1] 具体而言，新中国成立70年特别是改革开放40多年来，我们在日益成熟的社会主义制度、不断发展完善的社会主义市场经济基础上，发展出了中国特色社会主义文化，从社会主义法治的伟大实践中孕育出了中国特色社会主义法治文化。党的十八届四中全会提出，“弘扬社会主义法治精神，建设社会主义法治文化”。这是我们党首次将“建设社会主义法治文化”写入中央全会决定，体现了对法治文化建设重要性、现实性、规律性的深刻认识和科学把握。

何为法治文化？其内涵是什么？学界大致上有以下几种观点：（1）有的观点是两分法，认为法治文化内涵包括理念精神层面、制度机构层面；[2] （2）有的观点是三分法，认为法治文化内涵包括文化的精神层

---

〔1〕 中共中央宣传部编：《习近平新时代中国特色社会主义思想三十讲》，学习出版社2018年版，第195页。

〔2〕 如蒋传光认为，法治文化是在建立法治社会的过程中形成的一种文化形态和社会生活方式，其核心是法治理念和法治思维模式的确立，以及在此理念支配下相应制度和组织机构的建立与运行。在法治理论研究中，一切对法治内涵的揭示，对法治社会表征和遵循原则的描述与总结，法治运行机制的建构和实践活动，如法治的价值目标追求，法治的理念和精神，法治的制度设计和运行模式，法治的实现状态等，都属于法治文化的内容。参见蒋传光：《大力繁荣中国特色社会主义法治文化》，载《学习时报》2017年6月12日，第3版。又如刘作翔认为，法治文化由表层结构和深层结构组成，前者包括法律规范、法律制度、法律组织机构、法律设施等，后者包括法律心理、法律意识、法律思想体系。法治文化就是法律的意识形态和与其相适应的社会制度和组织机构。参见刘作翔：《法治文化的几个理论问题》，载《法学论坛》2012年第1期。

面、制度层面和实践层面，[1] 或者物质层面、制度层面和精神层面；[2]（3）有的观点是四分法，包括文化的精神层面、制度层面、实践层面和器物层面，[3] 或者制度层面、精神层面、实践层面和环境层面。[4] 从以上观点可以看出，对于立法形成的社会主义制度文明，以及制度文明所培育出的理念精神和行为习惯，都是社会主义法治文化的重要内容，在这一点上是有共识的。董必武同志曾指出："人类从进入文明社会以后，说到文明，法制要算一项，虽不是唯一的一项，但也是主要的一项。简单地说，国家没有法制，就不能成为一个国家。"[5] 在社会主义法治文化中，制度文明处于极为重要的位置，发挥了不可替代的作用。制度文化还对其他文化要素具有统摄性。制度中沉淀着精神和价值观，制度也可

[1] 如李林认为，广义的社会主义法治文化，是指由体现社会主义先进文化内在要求的法治价值、法治精神、法治意识、法治理念、法治思想、法治理论等精神文明成果，反映中国特色社会主义民主政治本质特征的法律制度、法律规范、法治措施等制度文明成果，以及自觉依法办事和遵法守法等行为方式共同构成的一种先进文化现象和法治进步状态。参见李林：《社会主义法治文化概念的几个问题》，载《北京联合大学学报》（人文社会科学版）2012年第2期。又如刘斌认为，法治文化是指熔铸在人们心底和行为方式中的法治意识、法治原则、法治精神、法律行为及其价值追求，是一个国家的法律制度、法律机构、法律设施体现出来的文化内涵，是公民在日常生活、工作中所表现出的涉及法治的行为方式。参见刘斌：《当代法治文化的理论构想》，载《中国政法大学学报》2007年第1期。再如张效廉认为，法治文化是一整套思想、价值和行为体系，包括熔铸在人们内心的法治精神和法治信仰，镌刻于法律制度中的法治价值和法治权威，贯彻到行为方式上的行为习惯和行为准则。参见张效廉：《大力建设社会主义法治文化》，载《求是》2015年第9期。

[2] 如何勤华认为，社会主义法治文化，就是1949年新中国成立以来，中国人民在中国共产党的领导下，在建设社会主义社会的伟大实践中，在法治建设领域不断摸索、艰苦推进、勇于创新而取得的各项物质（法院、检察机关、监狱等）、制度（社会主义法律体系）和精神（社会主义法观念）等成果的总和。参见常锋：《开启社会主义法治文化建设新征程——访华东政法大学教授何勤华》，载《人民检察》2017年第21期。

[3] 如徐显明认为，法治文化包括精神、制度、行为方式、物质承载四个要素。法治文化的核心是制度文化。建设社会主义法治文化的核心是建设社会主义行之有效的法律制度。参见徐显明：《法治文化的核心是制度文化》，载《法制日报》2013年12月18日。

[4] 如张忠厚认为，社会主义法治文化是一个宏大的概念体系，简要而言，可以理解为：社会主义法治文化是科学完备的法律制度、公平正义的法治精神、守法用法的法治行为，以及自觉尊崇法律、维护法治权威的法治环境等要素的总和。参见张忠厚：《培育法律信仰：社会主义法治文化建设的核心》，载《人民法院报》2012年5月23日，第5版。

[5] 董必武：《在军事检察院检察长、军事法院院长会议上的讲话》（一九五七年三月八日），载董必武：《董必武政治法律文集》，法律出版社1986年版，第520页。

以塑造人们的行为，也可以通过有效实施而引导大家养成共同的生活方式和形成稳定的生活习惯。[1]

立法是社会主义法治文化中制度文明最基本、最有效、最直接的来源和载体。立法不仅创制了社会主义制度，促进了社会主义制度文明的发展，还通过发挥法律制度的引领推动、规范保障作用，培育社会主义法治精神，引导人民群众养成守法用法习惯，为社会主义法治文化提供了坚实的制度性支撑。社会主义法治文化是民族的、科学的、大众的。社会主义法治文化具有民族的形式，在法律制度方面主要体现就是70年法治建设形成的中国特色社会主义制度文明；社会主义法治文化具有科学的内容，在法律制度方面集中体现就是依法治国与以德治国相结合的制度文化；社会主义法治文化具有大众的方向，在法律制度方面主要体现就是以人民为中心，坚持立法为民、全民守法，推动法治社会建设，使法律成为人民内心的信仰和行为规范。

（一）中国特色社会主义制度文明是社会主义法治文化民族形式的重要体现

毛泽东同志在《新民主主义论》中曾深刻指出："中国共产主义者对于马克思主义在中国的应用也是这样，必须将马克思主义的普遍真理和中国革命的具体实践完全地恰当地统一起来，就是说，和民族的特点相结合，经过一定的民族形式，才有用处，决不能主观地公式地应用它……中国文化应有自己的形式，这就是民族形式。"[2]经过我们党建立98年、新中国成立70年，特别是改革开放40多年来的长期不懈探索实践，我们开辟了一条中国特色社会主义道路，通过制宪立法形成了一整套完整高

---

〔1〕 徐显明：《法治文化的核心是制度文化》，载《法制日报》2013年12月18日。

〔2〕 毛泽东：《新民主主义论》，载《毛泽东选集》（第二卷），人民出版社1991年版，第707页。

效的社会主义制度，也就使社会主义法治文化的形成发展、推广传播有了科学的制度载体。在当代而言，民族性就是要使这一科学的制度载体具有中国特色、中国风格、中国气派。

如何通过社会主义制度建设打造出中国特色社会主义法治文化？主要可以从三个维度来考察：

一是，以制度继承发扬党领导人民在革命、建设、改革中创造的红色文化基因，保证党的领导贯穿于社会主义法治文化发展全过程，保证法治文化建设的社会主义方向。98年来，我们党对法治的追求一以贯之，法治红色基因生根发芽、茁壮成长，使社会主义宪法根基、社会主义法制保持了强大的连续性，展现出惊人的韧性，保证了社会主义国家即使历经大风大浪、巨大冲击，仍然能够威严屹立，党领导的社会主义事业蒸蒸日上，这就是社会主义文化生生不息的命脉所在。以民主集中制为例。党章规定，党是根据自己的纲领和章程，按照民主集中制组织起来的统一整体。从建党开始，民主集中制就作为我们党的根本组织制度和领导制度，发挥了基础性作用，“它正确规范了党内政治生活、处理党内关系的基本准则，是反映、体现全党同志和全国人民利益与愿望，保证党的路线方针政策正确制定和执行的科学的合理的有效率的制度”[1]。这个好制度，在新中国成立后通过宪法和法律规定，从深度嵌入党的组织制度、领导制度中，扩展到成为宪法规定的国家机构组织原则，贯穿于国家机构构建、运行的整个过程。这样，我们党将民主议事、集中决策的优良基因注入国家制度建设和组织运作，党的制度与国家制度实现了同质化构建，使党的制度和国家制度能够相互契合、有效合作、协同运行，既体现出我国社会主义制度的巨大优势，又通过立法巩固和保障社会主义制度，进而使这种制度成为一种深入人心的法治文化理念。现在，我们一提到民主集中制，首先感受到的是党和国家制度的“精气

[1] 习近平：《始终坚持和充分发挥党的独特优势》，载《求是》2012年第15期。

神”。这就是我们党运用马克思列宁主义国家学说原理，与中国国情实际相结合而产生出的法治文化，体现出社会主义法治文化的中国特色、时代特色。

二是，社会主义制度文明传承优秀的中华民族文化传统和法制传统，以时代创新精神延续五千年文明史，展现东方文明古国深厚的文化底蕴。中华优秀传统文化是中华民族的“根”和“魂”。在人类文明历史长河中，中国人民创造了源远流长、博大精深的优秀传统文化，为中华民族生生不息、发展壮大提供了强大精神支撑。中华优秀传统文化蕴含的思想观念，如革故鼎新、与时俱进，脚踏实地、实事求是等，为我们认识和改造世界提供了有益启迪，为治国理政提供了有益借鉴。〔1〕这些思想观念指导了我们建立和发展社会主义制度、开展社会主义法治建设。中华传统优秀文化蕴含的道德规范，比如天下兴亡、匹夫有责的担当意识，精忠报国、振兴中华的爱国情怀，崇德向善、见贤思齐的社会风尚，孝悌忠信、礼义廉耻的荣辱观，是坚持依法治国与以德治国相结合、社会主义核心价值观融入法治建设的重要内涵，是支撑当代法律制度、法律规范的精神内核。中华法系法制文明更是中国古代文明的重要构成和鲜明标志，从历史进程上看从来没有中断过，其中产生的许多超越时空、具有普遍价值的经验和理论，至今仍是法治文明的合理内核。比如，“国无常强，无常弱。奉法者强则国强，奉法者弱则国弱”，“立善法于天下，则天下治；立善法于一国，则一国治”，“天下之事，不难于立法，而难于法之必行”，“法立，有犯而必施；令出，唯行而不返”；〔2〕等等。这些中华优秀传统文化的精髓已深深融入我们的法治建设、制度规范之中。在新时代新实践中，我们还要继续对中华优秀传统文化的内涵加以补充、拓展、完善，推动实现创造性转化、创新性发展，呈现出中国特色社会

---

〔1〕 中共中央宣传部编：《习近平新时代中国特色社会主义思想三十讲》，学习出版社2018年版，第206页。

〔2〕 人民日报评论部编著：《习近平用典》，人民日报出版社2015年版，第267～279页。

主义制度鲜明的时代特征。对于中华传统法律文化，要联系当代实际进行科学改造和扬弃，把那些能够与以科学、理性、民主、自由、公平、人权、法治、和平、秩序、效率为内容的时代精神融为一体的文化传统，融入社会主义法治理论、法治体系和法治实践之中，使中国特色社会主义法治理论的民族精神和时代精神浑然一体。[1]

三是，社会主义制度文明合理借鉴外来先进法治经验，取长补短、扬长避短，使中国特色社会主义法治文化兼具中国特色和世界眼光。毛泽东同志曾鲜明指出："中国应该大量吸收外国的进步文化，作为自己文化食粮的原料，这种工作过去还做得很不够。这不但是当前的社会主义文化和新民主主义文化，还有外国的古代文化，例如各资本主义国家启蒙时代的文化，凡属我们今天用得着的东西，都应该吸收。"[2]长期以来，我们党在革命、建设、改革的不同时期，始终面临着没有现成经验、模式可用的境况，立足自力更生、艰苦奋斗，把马克思列宁主义基本原理与中国具体实践相结合，坚持走自己的路，是我们党始终遵循的一条基本原则。同时，我们也非常注意学习外国的先进经验。我们长期以俄为师，向苏联学习；改革开放后，我们更加扩大学习视野，也向西方发达国家学习，成为我们国家迅速发展繁荣的重要外因之一。在制度建设、法治建设方面，我们借鉴英美法系、大陆法系等西方法治文明优秀成果，吸收它们推进国家治理体系和治理能力现代化的合理成分、有效措施，不断完善我国社会主义制度体系和法律规范，使这些有益部分转化、融入我们的制度之中，成为我们制度文明的重要组成部分。比如，正在进行的民法典编纂对法国、德国等大陆法系以及英美法系相关法律都有所借鉴。在实践中，我们要坚决反对"全盘西化"的主张、"全面移植"的理念、照抄照搬的做法。毛泽东同志曾告诫我们说："形式主义地吸收

---

[1] 张文显：《中国特色社会主义法治理论的科学定位》，载《法学》2015年第11期。

[2] 毛泽东：《新民主主义论》，载《毛泽东选集》（第二卷），人民出版社1991年版，第706～707页。

外国的东西，在中国过去是吃过大亏的。”要坚持以我为主、为我所用，坚持认真鉴别、合理吸收的原则，借鉴世界上优秀的法治文明成果。习近平总书记指出，文明因交流而多彩，文明因互鉴而丰富。通过交流互鉴，使中国特色社会主义法治文化在为世界呈现出中国特色、中国气派，贡献中国智慧的同时，更具世界眼光，更加密切互动合作。

（二）依法治国与以德治国相结合产生的制度文化是社会主义法治文化科学内容的集中体现

法安天下，德润人心。习近平总书记指出，中国特色社会主义法治道路的一个鲜明特点，就是坚持依法治国和以德治国相结合，强调法治和德治两手抓、两手都要硬。[1] 依法治国与以德治国相结合，塑造了我国法律体系的民族之魂、中国底色，传承了五千年治国理政的经验要义，在马克思主义基本原理指导下与时俱进，符合中国国家治理现代化的要求，符合中国社会主义法治建设具体实际，符合中国人民群众共同的法治心理和人文素养，具有理论科学性、制度创新性和时代实践性。

新中国刚刚建立，我们党就开始重视以法治明确社会主义的道德导向，以制度发挥社会主义道德的教化作用。比如，《共同纲领》确定了肃清封建的、买办的、法西斯主义的思想，以发展为人民服务的思想作为人民政府文化教育工作的主要任务；规定了国民遵守法律、遵守劳动纪律、爱护公共财产等义务；明确提倡爱祖国、爱人民、爱劳动、爱科学、爱护公共财物为全体国民的公德。又如，1954年宪法坚持集体主义精神，作出国家禁止任何人利用私有财产破坏公共利益的规定，正确处理个人利益与公共利益的关系；规定了遵守宪法和法律、遵守劳动纪律、遵守公共秩序、尊重社会公德等公民义务。对此，刘少奇同志指出，我们的

---

[1] 习近平：《坚持依法治国与以德治国相结合》，载习近平：《习近平谈治国理政》（第二卷），外文出版社2017年版，第134页。

国家能够鼓舞广大的人民群众积极地参加国家和社会的公共生活，并且使人民群众从集体主义的观点出发，在公共生活中自觉地遵守他们对社会、对国家应尽的各项义务，这是我们的人民民主制度符合人民利益的证明。[1] 再如，在1950年的婚姻法中贯彻新民主主义、社会主义道德的要求，命令废除男尊女卑的封建主义婚姻制度，禁止旧有陋习，以法治推行男女权利平等、婚姻自由，为移风易俗、提振社会风气提供了法律依据。

党的十一届三中全会后，党中央提出加强社会主义精神文明建设，要坚持两手抓，一手抓社会主义物质文明，一手抓社会主义精神文明。1982年宪法一个显著特征是充实了关于社会主义精神文明建设的条款。在宪法第19条至第22条中对社会主义精神文明建设中的文化建设方面，即教育、科学、卫生体育和文化各自单列一条。宪法序言以及第24条也对社会主义精神文明的要求作了原则规定。[2] 在关于公民基本权利和义务方面，正如彭真同志在宪法修改草案的报告中所指出，宪法修改草案中关于公民的基本权利和义务的许多条款，实际上同时包含着建设社会主义精神文明的要求。[3] 社会主义宪法不仅把有关教育发达、科学昌明、

---

〔1〕 刘少奇：《关于中华人民共和国宪法草案的报告》（一九五四年九月十五日），载全国人大常委会办公厅、中共中央文献研究室编：《人民代表大会制度重要文献选编》（一），中国民主法制出版社、中央文献出版社2015年版，第218页。

〔2〕 吴大英、沈宗灵主编：《中国社会主义法律基本理论》，法律出版社1987年版，第124页。

〔3〕 彭真同志具体解释说，在我们的社会主义国家里，思想教育、社会舆论、道德要求和法律规定，这几个方面是相互结合的。我们的宪法规定了公民享有的权利，同时要求公民提高自己作为国家和社会主人翁的自觉性，正确地维护和行使自己的各项权利。维护自己的权利和尊重他人的权利不可分离。这就要求每个公民在维护自身权利的同时，维护国家、社会和集体的利益，尊重他人的自由和权利。宪法规定的公民义务，具有法律强制的性质，但更重要的是要求公民提高自己作为主人翁对国家、社会和其他公民的责任感，自觉地履行自己的各项义务，包括维护社会主义制度的义务，维护国家统一和全国各民族团结的义务，维护祖国的安全、荣誉和利益的义务，遵守宪法、法律、纪律和公共秩序的义务，爱护公共财产的义务，等等。提高这样的自觉性和责任感，按照社会主义、集体主义原则来处理公民个人同国家和社会的关系、同其他公民的关系，建立同社会主义政治制度相适应的权利义务观念和组织纪律观念，养成社会主义的公民意识，正是在全社会建设社会主义精神文明的重要内容。彭真：《关于中华人民共和国宪法修改草案的报告》（一九八二年十一月二十六日在第五届全国人民代表大会第五次会议上），载全国人大常委会办公厅、中共中央文献研究室编：《人民代表大会制度重要文献选编》（二），中国民主法制出版社、中央文献出版社2015年版，第566页。

文化繁荣这些有关社会主义精神文明的实体部分作为自己规范的对象，而且有的还就精神文明中有关意识形态部分作出相应的规定，突出地体现了社会主义宪法的本质特点，表明了社会主义宪法的优越性、先进性。[1] 加强社会主义精神文明建设的要求体现在了我国法律制度的各方面，贯彻到立法工作的全过程，成为规划立法项目、设计法律制度、起草法律文本的重要指导原则之一，在民事立法、教育科学文化等方面立法中都得到体现，取得了很好的法律效果和实施效果。

党的十六大以来，党中央提出，社会主义精神文明是中国特色社会主义的重要特征，实行依法治国和以德治国相结合。党的十八以后，以习近平同志为核心的党中央深刻总结我国社会主义法治建设的经验教训，准确把握治国理政规律，强调在新的历史条件下，必须坚持依法治国和以德治国相结合，使法治和德治在国家治理中相互补充、相互促进、相得益彰，推进国家治理体系和治理能力现代化。习近平总书记指出，法律是成文的道德，道德是内心的法律；并强调要把道德要求贯彻到法治建设中，立法、执法、司法都要体现社会主义道德要求，都要把社会主义核心价值观贯穿其中，使社会主义法治成为良法善治。[2]

社会主义核心价值观是社会主义法治建设的“灵魂”。把社会主义核心价值观融入法治建设，是坚持依法治国和以德治国相结合的必然要求，是加强社会主义核心价值观建设的重要途径。贯彻习近平总书记全面依法治国新理念新思想新战略，2016 年 12 月，中共中央办公厅、国务院办公厅印发了关于进一步把社会主义核心价值观融入法治建设的指导意见，为运用法律法规和公共政策向社会传导正确价值取向，把社会主义核心价值观融入法治建设提供了思想和政策指引。2018 年 5 月，中共中央印发了社会主义核心价值观融入法治建设立法修法规划，提出着力把社会

---

〔1〕 陈云生：《宪法与精神文明》，载张友渔等：《宪法论文集》，群众出版社 1982 年版，第 138 页。

〔2〕 习近平：《坚持依法治国与以德治国相结合》，载习近平：《习近平谈治国理政》（第二卷），外文出版社 2017 年版，第 134 页。

主义核心价值观融入法律法规的立改废释全过程，确保各项立法导向更加鲜明、要求更加明确、措施更加有力，力争经过5年到10年时间，推动社会主义核心价值观全面融入中国特色社会主义法律体系。全国人大及其常委会高度重视把社会主义核心价值观的要求转化为法律的精神、宗旨、原则，积极推动社会主义核心价值观入法入规，尽可能使每一部法律更好地体现道德理念和人文关怀，使社会主义核心价值观润泽、浸透中国特色社会主义法律体系，发挥推动社会主义道德养成和践行的制度作用。比如，在民法总则中，坚持将社会主义核心价值观融入全过程，弘扬讲仁爱、重民本、守诚信、崇正义、尚和合、求大同为核心思想理念的中华民族传统美德，强化规则意识，增强道德约束，倡导契约精神，弘扬公序良俗。又如，以宪法的原则、精神为依据，制定英雄烈士保护法，加强对英雄烈士的保护，传承和弘扬英雄烈士精神、爱国主义精神，维护社会公共利益，培育和践行社会主义核心价值观。再如，制定国歌法，维护国歌的尊严，规范国歌的奏唱、播放和使用，增强公民的国家观念，弘扬爱国主义精神。

（三）以人民为中心，坚持立法为民、全民守法，推动法治社会建设体现出社会主义法治文化的大众方向

人民立场是中国共产党的根本政治立场，是马克思主义政党区别于其他政党的显著标志。习近平总书记指出，党与人民风雨同舟、生死与共，始终保持血肉联系，是党战胜一切困难和风险的根本保证，正所谓“得众则得国，失众则失国”[1]。1944年9月8日，毛泽东同志发表题为《为人民服务》的讲演指出，我们这个队伍完全是为着解放人民的，是彻

〔1〕习近平：《在庆祝中国共产党成立九十五周年大会上的讲话》（二〇一六年七月一日），载《习近平关于“不忘初心、牢记使命”重要论述选编》，党建读物出版社、中央文献出版社2019年版，第235页。

底地为人民的利益工作的。[1] 按照《中国共产党章程》的规定，全心全意为人民服务是我们党的根本宗旨。习近平总书记指出，中国共产党人的初心和使命，就是为中国人民谋幸福，为中华民族谋复兴。党的十九大报告把“坚持以人民为中心”列为习近平新时代中国特色社会主义思想中十四条基本方略之一。以人民为中心，是我们进行社会主义法治建设的出发点和落脚点，这就决定了社会主义法治文化必须坚持大众方向，牢牢站稳人民立场，充分发扬社会主义民主，加强法治宣传教育，推动人人懂法、全民守法，加快法治社会建设，使全体人民群众真正成为社会主义法治的忠实崇尚者、自觉遵守者、坚定捍卫者。

一是，通过良法善治，不断增强人民群众对法治的信仰和拥护，树立宪法法律权威、社会主义法治权威。法律的权威源自人民的内心拥护和真诚信仰。那么人民群众信仰什么样的法律？人民群众拥护什么样的法律？这就是社会主义法治建设要回答的根本问题。一直以来，我们党坚持执政为民、立法为民，把人民拥护不拥护、赞成不赞成、高兴不高兴、答应不答应作为衡量立法质量高低、立法工作得失的根本标准，通过法律制度努力增强人民群众的获得感、幸福感、安全感。新中国成立70年特别是改革开放40多年来的法治建设之所以能够不断发展前进，社会主义法律体系之所以能够形成并不断完善，就是立法牢牢把握党在社会主义初级阶段基本路线这一党和国家的生命线、人民的幸福线，牢牢把握从群众中来、到群众中去的党的群众路线，牢牢把握人民群众日益增长的需求和对美好生活的向往。党领导人民群众制定出来的良法，赢得全体人民群众衷心拥护，宪法法律的权威树立起来，社会主义法治深入人心。党的十九大报告立足新时代定位，作出了我国社会主义主要矛盾发生转化的历史性判断，提出人民美好生活需要日益广泛，不仅对物质文化生活提出了更高要求，而且在民主、法治、公平、正义、安全、

---

〔1〕 毛泽东：《为人民服务》，载《毛泽东选集》（第三卷），人民出版社1991年版，第1004页。

环境等方面的要求日益增长。立法工作面临新时代带来的新形势、提出的新要求。因此，必须深入推进科学立法、民主立法，恪守立法为民理念，把公正、公平、公开原则贯穿立法全过程，增强法律的科学性、针对性、有效性，使每一项立法都符合宪法精神、反映人民意志、得到人民拥护，更好发挥法律对群众的教化教育作用，保证人民对宪法法律的内心拥护和真诚信仰，使宪法法律规范内化为人们的行为准则，更好地维护宪法法律权威。

二是，加强法治宣传教育，在全社会树立法治意识，弘扬社会主义法治精神，为建设法治中国提供良好社会环境。法治意识和法治精神是支配人们在日常生活中依法办事、遵守法律的内在力量。要树立法治意识，弘扬法治精神，必须加强社会主义法治宣传教育。宣传教育是我们党的优良传统，法治的宣传教育也是随着法治建设的发展不断强调、部署。新中国成立后，为解决当时面临的新旧法制转换的问题，党和国家采取很多措施来加大对法律政策的宣传学习，以改变从旧时代过来的人民群众法律知识、认识等问题。改革开放后，面对“文化大革命”的遗毒，邓小平同志注重从抓人们的文化素质开始作为加强法制的基础，提出“法制教育要从娃娃开始”[1]。彭真同志要求，广泛进行社会主义法制教育，肃清破坏社会主义法制和秩序的流毒，抵制外来资产阶级思想的侵蚀。[2] 1985 年，全国人大常委会作出了关于在公民中基本普及法律常识的决议，自此拉开了普法工作序幕。到目前，我国已经开展了七个普法五年规划。党的十八大以来，为了学习宣传习近平总书记关于全面依法治国的重要论述，全面推进依法治国，推动全体公民自觉尊法学法守法用法，推进国家治理体系和治理能力现代化建设，2016 年，全国人大常委会作出关于开展第七个五年法治宣传教育的决议，目标是使全社

---

〔1〕 邓小平：《在全体人民中树立法制观念》（一九八六年六月二十八日），载《邓小平文选》（第三卷），人民出版社 1994 年版，第 163 页。

〔2〕 彭真：《在五大城市治安座谈会上的讲话》（一九八一年五月二十一日、二十二日），载彭真：《彭真文选》，人民出版社 1991 年版，第 415 页。

会法治观念明显增强，法治思维和依法办事能力明显提高，形成崇尚法治的社会氛围。法治宣传教育经过30多年的发展，已经由基本的“普及法律常识”阶段，上升到增强法治观念、提高法治思维和依法办事能力的阶段。这是我国社会主义法治建设的巨大成绩，也是社会主义法治文化理念深入人心的硕果，为建设法治中国提供了良好社会氛围和环境。

三是，大力推进全民守法，筑牢法治社会建设基础，推动法治国家、法治政府、法治社会一体建设。遵守宪法法律是公民的基本义务，是法治国家建设的基石。我国宪法规定，全国各族人民、一切国家机关和武装力量、各政党和各社会团体、各企业事业组织，都必须以宪法为根本的活动准则，并且负有维护宪法尊严、保证宪法实施的职责；中华人民共和国公民必须遵守宪法和法律。毛泽东同志曾强调，一定要守法，不要破坏革命的法制。我们要求所有的人都遵守革命的法制。[1] 董必武同志曾根据新中国成立初期的历史条件、结合劳动人民的心理因素，专门就“为什么培养群众的守法思想是重要问题呢?”作了精辟论述。[2] 谢觉哉同志深刻指出，如何养成大家守法的观念，是今后一件大事。[3] 改革开放以来，我们一直强调教育培养人民群众遵守宪法法律，树立法制观念，学会运用法律武器。党的十八大以来，党中央高度重视全民守法在建设法治国家中的基础作用，把它作为依法治国“新十六字方针”中

[1] 毛泽东：《在省市自治区党委书记会议上的讲话》（一九五七年一月二十七日），《毛泽东文集》（第七卷），人民出版社1999年版，第197～198页。

[2] 董必武同志指出，劳动人民在解放以前对一切反动的法律存在着极端仇视和不信任的心理，这在旧社会中是可以理解的。劳动人民已经取得了政权，就必须建立革命秩序，遵守按照自己的革命意志定下来的法律秩序。但是，这一点是不容易很快做到的。……在过去，人民对旧的统治者的反动法律是仇视和不信任的，这种心理继续到革命胜利以后，那就是很不好的现象。这就是说，我们人民民主专政的政权要想办法使人民从不信法、不守法变成信法、守法，这虽然是比较困难的任务，但是我们必须完成这个任务。过去我们在这一方面做了许多工作，但是做得还很不够，今后还需要在长时期里来解决这个问题。董必武：《关于党在政治法律方面的思想工作》（一九五四年五月十八日），载董必武：《董必武政治法律文集》，法律出版社1986年版，第330～331页。

[3] 谢觉哉：《在司法培训班的讲话》（一九四九年一月），载谢觉哉：《谢觉哉文集》，人民出版社1989年版，第650页。

的重要一项、依法治国四要素的重要一环。全民守法要求，任何公民、社会组织和国家机关都要以宪法和法律为行为准则，依照宪法和法律行使权利或权力、履行义务或职责。人民群众是法律实施的重要主体，是全面推进依法治国的根本力量，人民群众知法信法守法是依法治国基本方略实施的社会基础。如果不重视建设法治社会，没有全民守法这个基础，法治国家、法治政府将是无源之水、无本之木。[1]

70 年峥嵘岁月，我国社会主义法治建设历经艰辛磨难，开辟出宽阔的社会主义法治道路；70 年思想积淀，因时定策、与时俱进，社会主义法治理论凝聚而成；70 年春华秋实，中国特色社会主义法律体系形成发展，保证社会主义制度日益成熟定型；70 年春风化雨，法治精神弘扬、法治理念革新，社会主义法治文化教化人心。习近平总书记指出，一切向前走，都不能忘记走过的路。我们继承革命先辈们的法治遗志，受教于革命先辈们的法治思想，一定要“不忘初心、牢记使命”，在党中央的坚强领导下走稳社会主义法治道路，加快建设社会主义法治国家，实现国家治理体系和治理能力现代化，为中华民族伟大复兴提供强大的法治动力、有力的法治支撑、全面的法治保障！

---

〔1〕 本书编写组编著：《党的十八届四中全会〈决定〉学习辅导百问》，党建读物出版社、学习出版社 2014 年版，第 113～114 页。

结　语

新中国成立70年，立法走过了曲折而又光辉的历程，取得举世瞩目的伟大成就，以宪法为核心的中国特色社会主义法律体系形成并不断完善发展，中国特色社会主义法治建设成就辉煌，推动中国特色社会主义制度更加完善、国家治理体系和治理能力现代化水平明显提高，为我们党领导人民创造世所罕见的经济发展奇迹和政治稳定奇迹，保证中华民族迎来从站起来、富起来到强起来的伟大飞跃，提供了坚强的国家制度和法律制度保障。

1992年，邓小平同志在视察南方重要谈话中指出："巩固和发展社会主义制度，还需要一个很长的历史阶段，需要我们几代人、十几代人，甚至几十代人坚持不懈地努力奋斗，决不能掉以轻心。"强调要加强法制建设，"恐怕再有三十年的时间，我们才会在各方面形成一整套更加成熟、更加定型的制度"。2012年党的十八大刚刚闭幕不久，习近平总书记于11月17日主持召开了十八届中央政治局第一次集体学习，发表了题为《紧紧围绕坚持和发展中国特色社会主义　学习宣传贯彻党的十八大精神》的重要讲话，重申了邓小平同志这段谈话，并强调"要把制度建设摆在突出位置，充分发挥我国社会主义政治制度优越性。我们要坚持以实践基础上的理论创新推动制度创新，坚持和完善现有制度，从实际出发，及时制定一些新的制度，构建系统完备、科学规范、运行有效的制度体系，使各方面制度更加成熟更加定型，为夺取中国特色社会主义新胜利提供更加有效的制度保障”。

党的十八大以来，以习近平同志为核心的党中央高度重视制度建设，围绕统筹推进“五位一体”总体布局、协调推进“四个全面”战略布局，坚持将完善和发展中国特色社会主义制度、推进国家治理体系和治理能力现代化建设，植根于中国大地、中国文化和中国人民的伟大创新实践，推动完善以宪法为核心的中国特色社会主义法律体系取得新的重大进展，迈出新的步伐。党的十八大提出，“要推进科学立法、严格执法、公正司法、全民守法”，“完善中国特色社会主义法律体系，加强重点领域立法”。党的十八届三中全会提出，“全面深化改革的总目标是完善和发展中国特色社会主义制度，推进国家治理体系和治理能力现代化”。党的十八届四中全会提出，“全面推进依法治国，总目标是建设中国特色社会主义法治体系，建设社会主义法治国家”。党的十八届三中、四中全会有紧密的内在逻辑，可以说是一个总体战略部署在时间轴上的顺序展开，让全面深化改革和全面依法治国像两个轮子，共同推动全面建成小康社会事业向前发展。十二届全国人大常委会坚决贯彻落实党中央的决策部署，加强重点领域立法，国家安全法律制度体系基本确立，民法典编纂取得重大进展，社会民生领域立法不断加强，公共文化领域立法深入推进，生态文明领域立法日臻完善，立改废释等多种立法手段综合运用，顺利完成改革急需的立法任务，使国家各方面的制度更加完备更加成熟更加定型，中国特色社会主义法律体系更加完善，国家制度和国家治理取得历史性成就，为政治稳定、经济发展、文化繁荣、民族团结、社会安宁、国家统一提供了有力法治保障。

当今世界正经历百年未有之大变局，我国正处于实现中华民族伟大复兴关键时期。党的十九大作出了一个重大判断：经过长期努力，中国特色社会主义进入了新时代，这是我国发展新的历史方位。新时代要有新气象新作为。党的十九大顺应时代潮流，适应我国社会主要矛盾变化，为不断满足人民对美好生活的新期待，对我国未来发展作出战略部署和规划，明确了“两个一百年”奋斗目标，其中对法治建设提出了新的更高要求，强调要推进科学立法、民主立法、依法立法，以良法促进发展、保障善治，提出了全面建成小康社会后国家治理方面两个“十五年”的奋斗目标，即从2020年到2035年，法治国家、法治政府、法治社会基本建成，各方面制度更加完善，国家治理体系和治理能力现代化基本实现；从2035年到本世纪中叶，全面建成社会主义现代化强国，实现国家治理体系和治理能力现代化。

十三届全国人大常委会正处于全面建成小康社会决胜期和“两个一百年”奋斗目标的历史交汇期，党中央提出的一系列重要改革举措、部署的一系列重大改革任务，许多都需要通过立法来落实，为下一步发展开好头、起好步，奠定更加扎实的法治基础。全国人大常委会全面贯彻落实党中央提出的战略部署，围绕决胜全面建成小康社会的目标，根据我国社会主要矛盾的发展变化、实现经济高质量发展要求、全面深化改革等社会实际，坚持改革创新，制定了五年立法规划，对现阶段立法工作进行了布局谋划，明确了目标任务。五年立法规划的完成，将为不断完善中国特色社会主义法律体系、坚持和完善中国特色社会主义制度、推进实现国家治理体系和治理能力现代化奠定更加坚实的基础。

新中国成立不久，毛泽东同志曾经说过，“中国应当对于人类有较大的贡献”。我们有理由相信，有中国共产党的坚强领导，党的十九大提出的到本世纪中叶实现中华民族伟大复兴的战略目标任务一定能够实现。到那时，中国将成为一个富强民主文明和谐美丽的社会主义现代化强国，我国物质文明、政治文明、精神文明、社会文明、生态文明将全面提升，实现国家治理体系和治理能力现代化，成为综合国力和国际影响力领先的国家。社会主义法治中国将为人类社会治理和文明发展贡献中国智慧、提供中国方案，中华民族将以一个民主法治文明的姿态屹立于世界民族之林。